ACCESO GRATIS ***a la Lectura en la Nube***

Para visualizar el libro electrónico en la nube de lectura envíe junto a su nombre y apellidos una fotografía del código de barras situado en la contraportada del libro y otra del ticket de compra a la dirección:

ebooktirant@tirant.com

En un máximo de 72 horas laborales le enviaremos el código de acceso con sus instrucciones.

EL PACTO VERDE EUROPEO
ANÁLISIS Y PERSPECTIVAS

EL PACTO VERDE EUROPEO ANÁLISIS Y PERSPECTIVAS

LAURA MOVILLA PATEIRO

Directora

tirant lo blanch

Valencia, 2024

En caso de erratas y actualizaciones, la Editorial Tirant lo Blanch publicará la pertinente corrección en la página web www.tirant.com.

Añadir en la página del copyright:
La presente obra ha sido sometida a la revisión de pares ciegos según el protocolo de publicación de la editorial a efectos de ofrecer el rigor y calidad correspondiente tanto en su contenido como en su forma, aplicándose los criterios específicos aprobados por la Comisión Nacional E 016 (BOE num. 286, de 26 de noviembre de 2016).

© TIRANT LO BLANCH
EDITA: TIRANT LO BLANCH
C/ Artes Gráficas, 14 - 46010 - Valencia
TELFS.: 96/361 00 48 - 50
FAX: 96/369 41 51
Email:tlb@tirant.com
www.tirant.com
Librería virtual: www.tirant.es
DEPÓSITO LEGAL: V-2772-2024
ISBN: 978-84-1071-187-7
MAQUETA: Disset Ediciones

Si tiene alguna queja o sugerencia, envíenos un mail a: *atencioncliente@tirant.com*. En caso de no ser atendida su sugerencia, por favor, lea en *www.tirant.net/index.php/empresa/politicas-de-empresa* nuestro procedimiento de quejas.

Responsabilidad Social Corporativa: http://www.tirant.net/Docs/RSCTirant.pdf

Índice

PARTE II
OTROS AVANCES Y DESAFÍOS SECTORIALES EN LA IMPLEMENTACIÓN DEL PACTO VERDE EUROPEO

PARTE III
CUESTIONES TRANSVERSALES DENTRO DEL PACTO VERDE EUROPEO

PARTE IV
ALGUNOS ASPECTOS DE LA DIMENSIÓN EXTERIOR DEL PACTO VERDE EUROPEO

PARTE V
LUCES Y SOMBRAS DEL PACTO VERDE EUROPEO EN ESPAÑA

PARTE VI
MIRADAS AL PACTO VERDE EUROPEO DESDE LA ECOLOGÍA Y LA ECONOMÍA

Presentación

A pesar del silencio de los Tratados originarios en materia ambiental, la política en este ámbito de la Unión Europea (UE) se ha ido formalizando jurídicamente de forma progresiva, firme y expansiva, hasta convertirse hoy en un ámbito de actuación muy relevante de las instituciones europeas. La UE ha ido desarrollado de este modo a nivel interno algunos de los estándares de protección ambiental más altos que existen, así como un compromiso claro con la lucha contra el cambio climático. Al mismo tiempo, la UE ha desplegado también una importante actividad a nivel internacional en el ámbito ambiental, a través de una importante diplomacia ambiental y, en especial, climática, con el objeto de contribuir a alcanzar compromisos multilaterales ambiciosos y su efectiva implementación. Su actuación en ambas esferas, nacional e internacional, le han hecho consolidar un liderazgo ambiental y climático a nivel global[1].

En su Comunicación de 11 de diciembre de 2019, bajo el título "El Pacto Verde Europeo" (PVE)[2], la Comisión Europea fue más allá y esbozó nada menos que una nueva estrategia de crecimiento "destinada a transformar la UE en una sociedad equitativa y próspera, con una economía moderna, eficiente en el uso de los recursos y competitiva, en la que no habrá emisiones netas de gases de efecto invernadero en 2050 y el crecimiento económico estará disociado del uso de los recursos"[3]. El PVE aspira también a proteger, mantener y mejorar el capital natural de la Unión,

---

1 Véase, entre otros: TOCCI, N., *A Green and Global Europe,* Polity Press, 2022.

2 Comunicación de la Comisión al Parlamento Europeo, al Consejo Europeo, al Consejo, al Comité Económico y Social Europeo y al Comité de las Regiones "El Pacto Verde Europeo", COM (2019) 640 final, Bruselas, 11.12.2019.

3 *Ibidem,* p. 2.

y la salud y el bienestar de los ciudadanos frente a los riesgos y efectos medioambientales. Al mismo tiempo, esa transformación debe ser justa e integradora, sin dejar a nadie atrás[4]. Se trató de una hoja de ruta inicial de las políticas y medidas clave, que se iría actualizando a medida que evolucionasen las necesidades y se formulasen las distintas respuestas políticas[5].

El establecimiento de un PVE había sido incluido ya como la primera de las seis prioridades del programa político con el que Ursula von Ursula von der Leyen defendió su candidatura a la presidencia de la Comisión Europea[6]. Una prioridad compartida también por el Consejo Europeo dentro de su Agenda Estratégica para 2019-2024[7], y el Parlamento Europeo[8], y que se ha mimetizado con el VIII Programa de Acción en materia ambiental de la UE, adoptado en abril de 2022[9].

La UE dio así un paso valiente al frente, convirtiendo en un objetivo del proceso de integración europea y una seña de identidad, algo que se ha vuelto evidente en los últimos años: que las actuales respuestas a los desafíos ambientales no resultan satisfactorias y es necesario ir más allá, haciéndose necesario un cambio sistémico

---

4 *Ibidem.*

5 COM (2019) 640 final, *op. cit.*, p. 3.

6 COMISIÓN EUROPEA. DIRECCIÓN GENERAL DE COMUNICACIÓN, *Leyen, U., Una Unión que se esfuerza por lograr más resultados: mi agenda para Europa: orientaciones políticas para la próxima Comisión Europea 2019-2024,* Oficina de Publicaciones, 2019, accesible en: https://op.europa.eu/es/publication-detail/-/publication/43a17056-ebf1-11e9-9c4e-01aa75ed71a1.

7 CONSEJO EUROPEO, *Una nueva agenda estratégica para 2019-2024,* accesible en: https://www.consilium.europa.eu/media/39964/a-new-strategic-agenda-2019-2024-es.pdff.

8 Resolución del Parlamento Europeo, de 15 de enero de 2020, sobre el Pacto Verde Europeo (2019/2956(RSP)) 2021/C 270/01.

9 Decisión (UE) 2022/591 del Parlamento Europeo y del Consejo, de 6 de abril de 2022, relativa al Programa General de Acción de la Unión en materia de Medio Ambiente hasta 2030, *DOUE* núm. 114, de 12 de abril de 2022, pp. 22 a 36.

que responda adecuadamente a la triple crisis ambiental actual climática, de pérdida de biodiversidad y de contaminación y residuos. Se trata, por lo tanto, también de su medio para implementar la Agenda 2030 y otros compromisos internacionales, como los del Acuerdo de París, tanto dentro de la UE, como promoviendo también esos objetivos fuera de ella. El PVE incorpora así también una importante dimensión exterior en la que la UE pretende consolidar su liderazgo ambiental global a través del ejemplo que supone el propio PVE, recurriendo también a la diplomacia, al comercio y a la cooperación al desarrollo para impulsar la acción por el clima; y al establecimiento de normas para un crecimiento sostenible en todas las cadenas de valor mundiales[10].

El PVE esbozaba entre sus elementos iniciales: un suministro de energía limpia, asequible y segura; la movilización de la industria en pro de una economía limpia y circular; un uso eficiente de la energía y los recursos en la construcción y renovación de edificios; la aceleración de la transición a una movilidad sostenible e inteligente; el establecimiento de un sistema alimentario justo, saludable y respetuoso con el medo ambiente, la preservación y restablecimiento de los ecosistemas y la biodiversidad; aspirar a una contaminación cero para un entorno sin sustancias tóxicas; la promoción de unas finanzas e inversiones ecológicas y la garantía de una transición justa; la ecologización de los presupuesto nacionales y emisión de las señales de precios correctas; la movilización de la investigación y fomento de la innovación; o la activación de la enseñanza y la formación. Todos estos elementos se encuentran estrechamente relacionados y son interdependientes del objetivo central del PVE: reducir al menos en un 55 % las emisiones de gases de efecto invernadero de aquí a 2030, en comparación con los niveles de 1990 y como paso intermedio para convertir a la UE en el primer continente climáticamente neutro en 2050, lo cual se ha

---

10 *La UE como líder mundial. El Pacto Verde Europeo,* diciembre de 2019, accesible en: https://ec.europa.eu/commission/presscorner/api/files/attachment/860079/EU_as_a_global_leader_es.pdf.pdf.

convertido en un mandato jurídico con la aprobación la primera "Ley del Clima" europea[11].

Los distintos componentes del PVE se han ido desarrollando a través de distintos tipos de instrumentos jurídicos, y con resultados diversos. El momento actual, transcurridos cinco años desde la puesta en marcha del PVE, en el que algunos de sus elementos empiezan a ponerse en entredicho desde algunos sectores, y en el contexto de unas nuevas elecciones al Parlamento Europeo y consiguiente nombramiento de una nueva Comisión, nos parece especialmente propicio para realizar un análisis de cómo se han ido desplegando algunos elementos de este ambicioso y necesario Pacto y aportar algunas reflexiones.

Esta obra colectiva recoge así análisis y perspectivas sobre diversos elementos del PVE realizadas por varios de los profesores que han participado en el desarrollo de las actividades del Módulo Jean Monnet "*The European Greendeal. Analysis and Insights* (GREENDEAL A+I)", coordinado desde la Universidade de Vigo, con la colaboración de docentes de la Universidade da Coruña, Barcelona y Valladolid. La mayoría de estos profesores procedemos del mundo del derecho –internacional público y administrativo-, por lo que esta obra contiene principalmente aportaciones jurídicas, cuya perspectiva se va a complementar de forma muy interesante y reveladora con otras tres procedentes de la historia, la ecología y la economía y que evidencian el carácter multidimensional y holístico del PVE.

La obra comienza con una Parte I con dos contribuciones que giran en torno a la energía: una en la que Luis Domínguez Castro, bajo el título "Del carbón y el átomo al Pacto Verde: la Unión Europea y la Energía (1950-2020)" nos guía por el cami-

---

11 Reglamento (UE) 2021/1119 del Parlamento Europeo y del Consejo de 30 de junio de 2021 por el que se establece el marco para lograr la neutralidad climática y se modifican los Reglamentos (CE) nº 401/2009 y (UE) 2018/1999 ("Legislación europea sobre el clima"), *DOUE* núm. 243, de 9 de julio de 2021, pp. 1-17.

no recorrido por la política energética de la UE hasta converger en la actualidad plenamente con la climática en el PVE, y otra en la que y Artak Mkrtichyan Minasyan nos presenta "La transición energética del Pacto Verde Europeo a la luz del conflicto en Ucrania". A continuación, la Parte II incluye contribuciones que analizan otros avances y desafíos sectoriales en la implementación del PVE. Entre ellas, José Manuel Sobrino Heredia nos ofrece un análisis sobre "La política de transporte marítimo de la UE y el Pacto Verde"; Mar Campins Eritja, sobre "Algunos retos en el despliegue de la iniciativa contaminación cero en relación con la producción, comercialización y uso de sustancias químicas"; Sara García García sobre "La protección y recuperación de la biodiversidad como un compromiso del Pacto Verde Europeo: el Reglamento europeo sobre la restauración de la naturaleza"; y Annina Cristina Burgin, sobre la "La estrategia "*farm to fork*" de la Unión Europea y el camino hacia un marco jurídico de un sistema alimentario sostenible comunitario". En la Parte III, se exploran dos cuestiones transversales dentro del PVE: "Una aproximación a la dimensión humana del Pacto Verde Europeo", de la mano de Gabriela A. Oanta; y el papel del patrimonio cultural europeo en la propuesta de la Unión Europea para afrontar el cambio climático, de la de Christoph R. Schreinmoser. En la Parte IV y en el marco de la dimensión exterior del PVE, Belén Sánchez Ramos nos introduce a las "Sinergias entre el Pacto Verde Europeo y la Agenda renovada de la UE de gobernanza internacional de los océanos: la "diplomacia azul" del Pacto Verde"; y, la autora de esta presentación y coordinadora de la obra, al "Poder normativo y económico unilateral de la UE como complemento a la acción multilateral ambiental e instrumento para la universalización del Pacto Verde Europeo". La Parte V analiza algunas de las luces y sombras del PVE en su aplicación en España, con las contribuciones sobre los "Vaivenes en la regulación del procedimiento de aprobación de proyectos de energías renovables en el contexto del pacto Verde europeo y de la crisis derivada de la guerra de Ucrania: el régimen del Real Decreto Ley 6/2022 y su evolución normativa", de Roberto O. Bustillo Bolado; la "Incidencia de la normativa medioambiental en la instalación de parques eólicos en Galicia: soluciones adoptadas por la reciente jurisprudencia del Tribunal Supremo", de María Antonia Arias Martínez; y "La contribución de la planificación del paisaje a la eficiencia e integración de los recursos del ecosistema urbano como elementos clave de la salud mental y la prevención de trastornos mentales", de Paula Gamallo Carballude. Por último, en la Parte VI, Emilio Fernández Suarez y Alberto Vaquero García nos acercan al PVE desde la mirada, respectivamente, de la ecología y la economía, con sus capítulos "El Pacto Verde Europeo: ¿una estrategia suficiente para afrontar la crisis ambiental?" y "La vertiente económica del Pacto Verde Europeo". La obra se cierra con una conclusiones finales sobre el conjunto de las contribuciones.

En Ourense, a 8 de marzo de 2024

LAURA MOVILLA PATEIRO

Coordinadora del Módulo Jean Monnet "The European Greendeal. Analysis and Insights (GREENDEAL A+I)", 101047905[12]

Universidade de Vigo

[12] Financiado por la Unión Europea. Las opiniones y puntos de vista expresados solo comprometen a su(s) autor(es) y no reflejan necesariamente los de la Unión Europea o los de la Agencia Ejecutiva Europea de Educación y Cultura (EACEA). Ni la Unión Europea ni la EACEA pueden ser considerados responsables de ellos.

PARTE I

PERSPECTIVA HISTÓRICA Y DESAFÍOS ACTUALES DE UN ELEMENTO CLAVE DEL PACTO VERDE EUROPEO: LA ENERGÍA

Del carbón y el átomo al Pacto Verde: la Unión Europea y la energía (1950-2020)

LUIS DOMÍNGUEZ CASTRO[1]

SUMARIO: 1. LA COMUNIDAD EUROPEA DEL CARBÓN Y DEL ACERO (CECA). 2. LA COMUNIDAD EUROPEA DE LA ENERGÍA ATÓMICA (EURATOM). 3. LA GARANTÍA DEL ABASTECIMIENTO DE FUENTES DE ENERGÍA. 4. LA LIBERALIZACIÓN DE LOS MERCADOS EN EL SECTOR ENERGÉTICO. 5. LA REDUCCIÓN DEL IMPACTO AMBIENTAL DERIVADO DE LA GENERACIÓN DE ELECTRICIDAD Y DEL CONSUMO DE COMBUSTIBLES FÓSILES. 6. CONCLUSIONES.

Setenta años son ya un recorrido largo en los acelerados tiempos de la contemporaneidad. A mediados de la pasada centuria, las preocupaciones ambientales no formaban parte de las agendas gubernamentales y la emergencia climática no se atisbaba en el horizonte de un continente arrasado por la más cruenta de las muchas guerras que hollaron su territorio. Hoy, las cosas son muy diferentes y la vívida percepción del cambio ambiental global se ha traducido, en el ámbito de las políticas públicas europeas, en un paquete de normas jurídicas al amparo del denominado Pacto Verde. En este contexto, la energía, en su conjunto, cobra un protagonismo nunca antes conocido. Mayor que el de cualquier otro sector. Conocer su evolución en estas siete décadas adquiere relevancia y a ello dedicaremos este capítulo.

---

1 Catedrático de Historia Contemporánea de la Universidad de Vigo. Titular de una Cátedra Jean Monnet *Ad Personam*. (dominguez@uvigo.gal).

La entrada en vigor del, popularmente llamado, Tratado de Lisboa, en 2009, ha supuesto la incorporación oficial de la política energética como un ámbito más de las políticas comunitarias. En efecto, el artículo 4.2 del Tratado de Funcionamiento de la Unión Europea (TFUE) menciona a la energía como uno de los once ámbitos de aplicación de las políticas compartidas entre la Unión Europea (UE) y los Estados Miembros. Es decir, un ámbito en que ambos tienen competencias y concurren a regularlas mediante actos jurídicamente vinculantes, si bien, como reza el artículo 2.2 del TFUE, los Estados miembros ejercerán su competencia en la medida en que la Unión no haya ejercido la suya[2]. Además, el TFUE contiene un título específico dedicado a la energía, si bien consta de un único artículo, el 194, que establece los objetivos y la manera en que debe compartirse la competencia entre la UE y los Estados. Se impide, por ejemplo, que las instituciones comunitarias puedan obligar a un miembro a invertir en determinado tipo de energía o explotar al máximo sus recursos energéticos para asegurar el abastecimiento del conjunto.

1. LA COMUNIDAD EUROPEA DEL CARBÓN Y DEL ACERO (CECA)

No obstante, mucho tiempo antes de esta regulación normativa, la UE y sus antecesoras las Comunidades Europeas actuaron en materia energética. Es más, dos de las tres Comunidades originarias tenían a la energía como razón de ser explícita. Sus propias denominaciones nos eximen de mayores comentarios: la Comunidad Europea del Carbón y del Acero (CECA), cuyo Tratado (TCECA) entró en vigor el 1 de enero de 1952, y la Comunidad Eu-

---

2 MANGAS MARTÍN, A., "La distribución de competencias en la Unión Europea y el principio de subsidiariedad" [en línea], (s.f.), <https://idpbarcelona.net/docs/actividades/seminarioue/distribucion_competencias_mangas_martin.pdf>. [Consulta: 11/10/2023.]

ropea de la Energía Atómica (Euratom), cuyo Tratado (TCEEA) entró en vigor el 1 de enero de 1958.

Una de las razones que explican que la CECA fuese la primera Comunidad Europea estriba en el objetivo primordial que perseguía la unificación europea: mantener la paz. El carbón y el acero son símbolos de la paz en cuanto su puesta en común aleja la posibilidad de conflicto armado entre las partes, al ser la fuente de energía abrumadoramente principal del esfuerzo bélico y la materia prima más destacada en la fabricación de armamento.

Otra razón, no menos importante, tiene que ver con la soberanía energética, o si se quiere con la dependencia. El carbón representaba en torno al 80% de la energía primaria consumida por los países de la CECA, en 1950. Francia, el país impulsor de aquella primera Comunidad, tenía que importar un tercio de su consumo por la insuficiencia de su producción nacional y aunque había realizado un importante esfuerzo de modernización tecnológica de sus minas, a través de la electrificación, estaba atrasada con relación a la innovación de la minería norteamericana. La productividad de su mano de obra se había mermado en un 11%, entre 1938 y 1949[3]. Una mano de obra escasa que se cubría, en un 40%, con inmigrantes y fuertemente sindicalizada. La CECA trajo consigo un incremento notable de los intercambios de carbón entre los Seis que pasaron de suponer el 5,2% de la producción total, en 1952, al 8,5% en 1957[4].

Con todo, los años dorados del carbón como fuente de energía primaria tocaban a su fin como consecuencia del ascenso imparable del consumo de petróleo. Un combustible fósil mucho

---

3 CHÉLINI, M-P., "Le charbon français de 1914 à 1946, une modernisation limitée", en VARIOS (dirs.), *État et énergie XIXe-XXe siècle,* Institut de la gestion publique et du développement économique, Vincennes, 2009, pp. 109-127.

4 DIEBOLD, W., *The Schuman Plan: A Study in Economic Cooperation 1950-1959,* Council on Foreign Relations, New York,1959, p. 589.

más limpio que el carbón y mucho más barato. De este modo, el petróleo va a sustituir al carbón como energía primaria consumida, en Europa Occidental, a partir de 1965[5]. La CECA tendrá una vida lánguida desde 1958 y prácticamente inexistente desde la unificación de los ejecutivos de las Comunidades Europeas, en 1967. El Tratado fundacional establecía una vigencia de 50 años. Al cumplirse estos, en 2002, la CECA dejo oficialmente de existir. No faltan autores que consideran que la extinción del TCECA ha supuesto un retroceso en el grado de integración comunitaria del sector de la energía, en realidad el único caso hasta el presente[6].

El TCECA sería un Tratado-Ley con una serie de reglas precisas a aplicar por la Alta Autoridad Común sin necesitar adaptación o trasposición alguna a las respectivas legislaciones nacionales, al tiempo que confería a la Alta Autoridad recursos financieros propios provenientes directamente de un impuesto comunitario sobre los beneficios del sector, sin pasar por las haciendas nacionales[7]. Ningún Tratado posterior ha alcanzado ese grado de supranacionalidad.

---

5 POZZI, D., "The Natural Gas Industry in Italy since Autarky until Eni's Hegemony (1935-1965)", en BELTRAN, A. (ed.), *A Comparative History of National Oil Companies,* Peter Lang, Brussels, 2010, pp. 233-263.

6 ANDOURA, S., HANCHER, L. y VAN DER WOUDE, M., "Vers une Communauté européenne de l'énergie: un projet politique» [en línea], (2011)", p. 49, https://institutdelors.eu/wp-content/uploads/dlm_uploads/2021/05/commeuropeenneenergieandoura-hancher-vanderwoudenejuil10.pdf. [Consulta: 22/09/2023.]

7 *Ibidem,* pp. 41-43.

2. LA COMUNIDAD EUROPEA DE LA ENERGÍA ATÓMICA (EURATOM)

Euratom nace como una apuesta francesa[8], es verdad, pero también en el marco de la iniciativa *Atoms for Peace* que Eisenhower lanza en la Asamblea General de la ONU, el 8 de diciembre de 1953, y de la aprobación de la ley Mac Mahon, en agosto de 1954. Esta ley autorizaba la creación de un sector industrial nuclear privado en los EE.UU. y la venta al exterior de tecnología nuclear, incluidos reactores de uranio enriquecido[9]. Uno de los frutos de *Atoms for Peace* será la creación, dentro de la estructura de la ONU, de la Agencia Internacional de la Energía Atómica, en 1957, con sede en Viena.

No es menos cierto que había un problema de falta de recursos propios para satisfacer la creciente demanda de electricidad que la fuerte recuperación económica de la Europa Occidental estaba generando. La crisis del canal de Suez, en 1956, derivada de su nacionalización por parte del gobierno egipcio, no hizo sino mostrar los riesgos de la dependencia y de la falta de soberanía energética que tenía Europa. La Europa de los Seis contaba, gracias a las colonias africanas de Francia y Bélgica, con mineral de uranio, especialmente rico en metal en el caso del Congo belga, principal suministrador de los países anglosajones.

El problema era la tecnología necesaria para poder liberar la energía del uranio y transformarla en electricidad. Esto generó un fuerte debate interno y acabó por ser una de las razones del fracaso de Euratom como impulsor de una poderosa industria nuclear europea. En efecto, el uranio natural está compuesto

---

8 SÖDERSTEN, A., *Euratom at de the Crossroads*, Edward Elgar, Cheltenham, 2018, p. 14.

9 "Les enjeux de l'énergie nucléaire" [en línea], (s.f.) <https://www.cvce.eu/collections/unit-content/-/unit/02bb76df-d066-4c08-a58a-d4686a3e68ff/1abd2e28-e7b4-42cc-9100-085bbee5e60f> [Consulta: 18/09/2023.]

de dos isótopos principales, el U-238 (representa el 99,2%) y el U-235 (representa el 0,7%). Solo el U-235 es fisible, es decir, es capaz de generar una reacción en cadena al ser bombardeado por neutrones térmicos. No obstante, dada su muy baja concentración en el uranio natural, es preciso enriquecer ese uranio mediante la separación isotópica hasta alcanzar 3-4% de U-235 en su composición, para poder ser empleado en una central nuclear. Si hablamos de la fabricación de armas, esa concentración debería alcanzar el 90%.

En Occidente, a la altura de 1954, solo existían cuatro fábricas de separación de isótopos, tres en EE.UU. y una en Gran Bretaña[10]. Francia propuso la creación conjunta de una fábrica capaz de enriquecer el uranio como uno de los objetivos prioritarios de Euratom. Los EE.UU., temerosos de una proliferación nuclear que mermase su posición hegemónica en el control de las armas atómicas, reaccionaron a esta propuesta con la oferta de todo el uranio enriquecido necesario para la producción europea de energía nuclear a un precio muy reducido. Sin duda, detrás de esta oferta estaba la intención de frenar la *forcé de frappe* que pretendía dotar del arma nuclear al ejército francés[11]. Los otros cinco países, encabezados por Alemania, van a preferir adquirir el uranio enriquecido norteamericano, a ese precio competitivo, antes que embarcarse en una costosa aventura tecnológica que, si bien incrementaría la soberanía energética europea, retrasaría y encarecería el programa nuclear conjunto. De hecho, las plantas nucleares serán construidas por iniciativa nacional y no de Euratom y, además, dado el bajo precio del

---

10 "Brochure du Mouvement européen sur l'atome au service de la prospérité et de la paix". [en línea], (1956), <https://www.cvce.eu/collections/unit-content/-/unit/02bb76df-d066-4c08-a58a-d4686a3e68ff/1abd2e28-e7b4-42cc-9100-085bbee5e60f/Resources#a914e059-eb28-4f22-a6e5-c9787ddbee00_fr&overlay> [Consulta: 19/09/2023.]

11 BITSCH, M.-Th., *Histoire de la construction européenne de 1945 à nos jours*, Complexe, Bruxelles, 2008, pp. 156-159.

petróleo y su accesibilidad de suministro, esas plantas habrán de esperar a las crisis de 1973 y 1979 para conocer un desarrollo significativo.

3. LA GARANTÍA DEL ABASTECIMIENTO DE FUENTES DE ENERGÍA

Desde mediados de los años sesenta del pasado siglo, hibernada la actividad de la CECA y muy mermada la de Euratom, las preocupaciones energéticas de la Comunidad Económica Europea (CEE) nunca dejaron de estar presentes, aunque siempre como orientaciones, a través de comunicaciones y recomendaciones al amparo del Tratado de la Comunidad Económica Europea (TCE). No alcanzaron el grado de políticas complementarias, esto es políticas necesarias para alcanzar los objetivos de las Comunidades avaladas por el Tribunal de Justicia, y nunca, hasta 2009, el de políticas comunes cuya legitimidad se derivase de los Tratados y del derecho originario, a excepción, claro está, de lo previsto en los Tratados TCECA y TCEEA en sus respectivos ámbitos.

De hecho, el 21 de abril de 1964, los seis gobiernos acordaron un protocolo con los objetivos de una política comunitaria de la energía que eran, en síntesis[12]:

a) Alcanzar un suministro barato, seguro y estable, tanto en términos de su coste como de las cantidades disponibles.

b) Procurar una progresividad en las sustituciones de fuentes de energía.

c) Velar por una competencia leal en el mercado común entre diferentes fuentes de energía.

---

12 COMMISSION DES COMMUNAUTES EUROPEENNES, *Première orientation pour une politique énergétique communautaire (Communication de la Commission présentée au Conseil le 18 décembre 1968)*, Bruxelles, 1968, p. 10.

d) Defender la libre elección del consumidor.

Como puede apreciarse, las preocupaciones ambientales no estaban presentes. Dicho esto, a lo largo del tiempo, los objetivos de las políticas comunitarias de la energía se pueden resumir en tres. Por orden de consolidación temporal: la garantía del abastecimiento de las fuentes de energía suficientes para satisfacer la creciente demanda, desafío animado por las crisis petroleras de los años setenta; la liberalización de los mercados en el sector energético, meta estimulada por el Acta Única y el triunfo del neoliberalismo a partir de los años ochenta; y la reducción del impacto ambiental derivado de la generación de electricidad y del consumo de combustibles fósiles, reto avivado por las decisiones sucesivamente adoptadas en el concierto internacional a partir de la Cumbre de Río de Janeiro, en 1992[13].

La preocupación por garantizar el abastecimiento está presente ya, como hemos visto, en el nacimiento tanto de la CECA como de Euratom. También, como hemos comentado, está directamente relacionada con la búsqueda de la soberanía energética europea. Con todo, no será hasta el estallido de las grandes crisis petroleras de 1973 y 1979 cuando se activen mecanismos para que esa garantía sea lo más real posible.

El primer documento estratégico, en materia de energía, de la Comisión Europea data de diciembre de 1968. Se trata de una comunicación al Consejo en la que se hacen una serie de propuestas para el caso de dificultades de aprovisionamiento, centradas en la creación de un stock de hidrocarburos y de combustibles

---

13 GAINAR, M., "Brève histoire de la politique énergétique de l'Union européenne (1973–2021)", en SCHIRMANN, S. y LIBERA, M. (eds.), *Péripéties européennes. Mélanges offerts à Marie-Thérèse Bitsch à l'occasion de son quatre-vingtième anniversaire*, Peter Lang, Bruxelles, 2022, pp. 101-116.

nucleares[14]. El Consejo aprobó la Directiva 68/414/CEE de 20 diciembre de 1968 por la que los Estados se comprometían a tener un stock equivalente a 65 días de consumo. El stock se elevaría a 90 días a través de la Directiva 72/425 de 19 de diciembre de 1972. Conviene recordar que, en base al artículo 16 del Tratado de fusión de los ejecutivos, se crea, también en 1968, la Dirección General de la Energía.

TABLA 1.- Grado de autosuficiencia energética (1950-2019)

CECA/CEE/ UE (países)	**1950**	**1967**	**1973**	**1974**	**1986**	**1992**	**2000**	**2010**	**2019**
CECA (6)	89%								
CEE (6)		48%							
CEE (9)			37%						
CEE (12)				38%	57%	49%			
UE (27)							43%	44%	39%

Fuente: Elaboración propia[15].

En 1950, las grandes economías europeas, a excepción de Italia, eran productoras netas de energía. En 1973, los nueve países de la Comunidad Económica Europea (CEE) eran importadores netos. Esto fue así porque conviene recordar que, en 1950, el 89% de la energía primaria requerida por el consumo de Europa Occidental procedía de fuentes locales, básicamente hulla

---

14 COMMISSION DES COMMUNAUTES EUROPEENNES, *Première orientation pour une politique énergétique communautaire (Communication de la Commission présentée au Conseil le 18 décembre 1968),* cit, p. 16.

15 A partir de COMMISSION DES COMMUNAUTES EUROPEENNES, *Première orientation pour une politique énergétique communautaire (Communication de la Commission présentée au Conseil le 18 décembre 1968), op.cit.*, p. 43-45; COMMISSION DES COMMUNAUTES EUROPEENNES, *Vers une nouvelle stratégie de politique énergétique pour la Communaute, COM (74) 550 final,* cit, p. 10bis; COMISIÓN EUROPEA, *Por una política energética de la Unión Europea (Libro verde COM (94) 659 FINAL,* Bruselas, 11 de enero1995, p. 58 y EUROPEAN COMMISION, *EU Energy in Figures*, Bruselas, 2021, p. 24.

(74%) y lignito. Sin embargo, a la altura de 1967, las fuentes locales ya suministraban tan solo el 48% de la energía primaria necesaria debido al aumento del consumo, a la diferencia de precios entre el carbón y el petróleo y a la mayor adaptabilidad de este a las necesidades del consumidor final[16]. Poco después, en 1973, las fuentes locales alcanzaban a cubrir solo el 37% de las necesidades[17].

El grado de autosuficiencia de la CEE a 12 miembros fue creciendo, como consecuencia de las medidas tomadas para paliar los efectos de las crisis petrolíferas de los años setenta del siglo pasado. Si en 1974 solo cubría el 38% de las necesidades de consumo, en 1986 alcanzaba el 57%, gracias al incremento muy significativo de la contribución aportada por la energía nuclear. En 1968 estaban en funcionamiento 18 centrales nucleares en territorio de los seis países comunitarios. Francia, con siete plantas, generaba el 44,8% de la electricidad de origen nuclear, seguida de Italia con el 26,2%, Alemania con el 20,3%, Bélgica con el 6,1% y, finalmente, los Países Bajos con el 2,2%[18]. En 1986 estaban operativas 129 centrales nucleares en los países de la CEE, destacando Francia (49), Gran Bretaña (38) y Alemania (21)[19]. Esto quiere decir que, en el plazo de escasos veinte años, las centrales nucleares habían tenido un crecimiento del 716%. Un dato en el que se debe tener en cuenta la adhesión de Gran Bretaña, en 1973, un gran productor entonces. Este incremento, sin embargo, se vería

---

16 COMMISSION DES COMMUNAUTES EUROPEENNES, *Première orientation pour une politique énergétique communautaire (Communication de la Commission présentée au Conseil le 18 décembre 1968), op.cit.*, pp. 43-45.

17 COMMISSION DES COMMUNAUTES EUROPEENNES, *Vers une nouvelle stratégie de politique énergétique pour la Communaute, COM (74) 550 final*, Bruxelles, 1974, p. 10bis.

18 COMMISSION DES COMMUNAUTES EUROPEENNES, *Première orientation pour une politique énergétique communautaire (Communication de la Commission présentée au Conseil le 18 décembre 1968), op.cit.*, p. 131.

19 CHAR, N.L. y CSIK, B.J., "L'énergétique nucléaire: son passé et son avenir", *AEIA Bulletin*, 3, 1987, 19-26.

drásticamente frenado por el gravísimo accidente nuclear de Chernóbil (1986).

En 1995, tras la cuarta ampliación, ocho países – Francia (56), Gran Bretaña (35), Alemania (19), Suecia (12), España (9), Bélgica (7), Finlandia (4) y Países Bajos (2) – albergaban 144 centrales[20]. Un hecho que sin duda se refleja en la pérdida de autosuficiencia que se observa en 1992, ayudado, sin duda, por la fuerte caída de los precios del petróleo, en torno al 60% entre de 1986 y 1992, como consecuencia del final de la guerra entre Irán e Iraq. Desde entonces, el grado de autosuficiencia energética ha ido mermándose hasta alcanzar los niveles previos a la crisis petrolera de 1973. Sin duda, el frenazo a la construcción de nuevas centrales nucleares, primero, y el cierre creciente de las existentes ayuda a explicar esta evolución. En 2022, tras el grave accidente de Fukushima (2011) y la salida de Gran Bretaña, los 27 países de la UE albergan 126 centrales, siendo Francia (56) quien genera el 53% de la electricidad de origen nuclear, seguida de Alemania (3) con el 9,5% y España (7) con el 7,8%[21]. Otro factor a tener en cuenta en esta evolución negativa de la autosuficiencia energética de la UE tiene que ver con el creciente consumo de gas natural cuya importación ha crecido desde el 65,7% en 2000 al 89,7% en 2019[22].

---

20 AIEA, "Nuclear Power Reactors in the World". [en línea] (2023), <https://www-pub.iaea.org/MTCD/Publications/PDF/RDS-2-43_web.pdf> [Consulta: 15/10/2023.]

21 "Energie nucléaire: quels sont les principaux pays producteurs en Europe?". [en línea] (2023), <https://www.touteleurope.eu/environnement/energie-nucleaire-quels-sont-les-principaux-pays-producteurs-en-europe/> [Consulta: 15/10/2023.]

22 EUROPEAN COMMISION, *EU Energy in Figures*, cit, p. 24.

TABLA 2.- Composición de la energía primaria consumida (1950-2018)

Año	**1950**	**1967**	**1973**	**1992**	**2000**	**2018**
Carbón	86%	37%	23%	20%	18,6%	11,6%
Petróleo	12%	51%	61%	44%	38,7%	34,6%
Gas Natural		5%	12%	19%	20,6%	23,1%
E. Nuclear		1,6%	1,4%	13%	14,8%	13,6%
Renovables			3%	4%	6,5%	15,8%
Otras					0,8%	1,4%

Fuente: Elaboración propia[23].

Sin duda, el tipo de fuente de energía empleada en el consumo final tiene su reflejo en el grado de dependencia energética de los países de la UE, en función de la capacidad de obtenerla o no dentro de sus fronteras. La situación de partida, en 1950, con el carbón representando el 86% de la energía consumida en esta parte del Viejo Continente, frente al 12% del petróleo, poco tiene que ver con la existente en 1973, a las puertas de la crisis petrolífera, cuando las cosas se habían invertido: el petróleo alcanzaba el 61% del consumo energético frente al 23% del carbón, con el gas ocupando el tercer puesto.

La crisis de los precios del petróleo de 1973 obligó a la Comisión a elaborar un nuevo documento estratégico, elevado al Consejo el 29 de mayo de 1974, con la meta puesta en disminuir al máximo la dependencia energética con el resto del mundo.

---

[23] A partir de WEYMAN-JONES, T., *Energy in Europe. Issues and Policies*, Routledge, London, 2019, pp. 15-16; COMMISSION DES COMMUNAUTES EUROPEENNES, *Première orientation pour une politique énergétique communautaire (Communication de la Commission présentée au Conseil le 18 décembre 1968), op.cit.*, p.43; COMMISSION DES COMMUNAUTES EUROPEENNES, *Vers une nouvelle stratégie de politique énergétique pour la Communaute, COM (74) 550 final, op.cit.*, p. 10; COMISIÓN EUROPEA, *Por una política energética de la Unión Europea (Libro verde COM (94)* 659 FINAL, Bruselas, 11.1.1995, pp. 52-59 y EUROPEAN COMMISION, *EU Energy in Figures, op.cit.*, p. 22.

Los objetivos marcados para 1985 eran: pasar de un consumo de electricidad del 25% al 35% en el total energético y, además, el 50% de la electricidad generada por energía nuclear; bajar de un 63% a un 40% la dependencia de fuentes externas; pasar de un consumo de petróleo del 60% al 40% del total; pasar de un consumo de gas natural del 12% al 25% del total; y dejar al carbón un 15% del consumo frente al 23% de 1973. Para ello era necesario mantener la producción, incrementar las importaciones y aumentar el uso de hulla en las centrales térmicas[24].

A la altura de 1992, la dependencia exterior había descendido, pero solo hasta el 51%, la mitad del objetivo previsto. La composición de las fuentes de energía consumidas tampoco era la planificada, aunque es verdad que en el caso del petróleo se acercaba bastante y en el del gas natural también. No tanto en la energía nuclear, a pesar del significativo avance, por las razones ya expuestas. Sin embargo, se percibe una clara resistencia en el descenso del consumo de carbón que se explica tanto por el incremento de su uso en las centrales térmicas como por la fuerza de su mano de obra sindicalizada a la hora de mantener abiertos pozos, gracias a las ayudas públicas permitidas por los Tratados, en este sector protegido.

En 2018, las cosas han variado. Recogiendo orientaciones de la Comisión Europea ya plasmadas en los libros verdes de 2005 y 2006 y en la principal comunicación de enero de 2007[25], la Estrategia Europa 2020 establecía el objetivo 20/20/20 en materia de clima y energía. Es decir, una reducción del 20% del

---

24 COMMISSION DES COMMUNAUTES EUROPEENNES, *Vers une nouvelle stratégie de politique énergétique pour la Communaute, COM (74) 550 final*, cit, p. 10bis

25 COMISIÓN EUROPEA, *Sobre la eficiencia energética; cómo hacer más con menos COM (2005) 265 final*, Bruselas, 22 de junio de 2005; COMISIÓN EUROPEA, *Estrategia europea para una energía sostenible, competitiva y segura, COM (2006)105 final*, Bruselas, 8 de marzo de 2006; COMISIÓN EUROPEA, *Una política energética para Europa, COM (2007) 1 final*, Bruselas, 10 de enero de 2007.

consumo de combustibles fósiles, un incremento del consumo de energías renovables, hasta alcanzar el 20% del total, y una reducción del 20% del consumo, a través de medidas de eficiencia energética[26]. El balance es discutible. La reducción del consumo de combustibles fósiles se ha quedado en poco más de la mitad del objetivo previsto. Si tomamos como referencia el año 2000, en el caso del más limpio, el gas natural incluso ha crecido un 12%, pero en el del más sucio, el carbón su caída ha superado el 37%. El incremento de las fuentes primarias de energías renovables ha aumentado un 143% su participación en el consumo final, en relación con 2000 y ha alcanzado su objetivo si, como veremos al final, se suma la participación de las fuentes de energía secundaria.

TABLA 3.- Componentes de la generación de energía eléctrica (1967-2019)

Año	**1967**	**1973**	**1983**	**1993**	**2003**	**2019**
Carbón	47,5%	38%	43%	33,2%	30,6%	15,9%
Petróleo	19,8%	32%	13%	8,6%	5,9%	1,8%
Gas Natural	7,2%	12%	9%	8,9%	16%	20,6%
E. Nuclear	1,6%	5%	22%	33,6%	32%	26,4%
Renovables	23,9%	13%	13%	15,5%	15,1%	34,6%
Otras				0,3%	0,3%	0,7%

Fuente: Elaboración propia[27].

[26] COMISIÓN EUROPEA, *EUROPA 2020. Una estrategia para un crecimiento inteligente, sostenible e integrador. COM (2010) 2020 final*, Bruselas, 2010.

[27] Desde 1993 los datos se corresponden con los actuales 27 estados. Elaboración a partir de WEYMAN-JONES, T., *op.cit.*, Routledge, London, 2019, p. 15; COMMISSION DES COMMUNAUTES EUROPEENNES, *Première orientation pour une politique énergétique communautaire (Communication de la Commission présentée au Conseil le 18 décembre 1968)*, cit., p. 148 y EUROPEAN COMMISION, *EU Energy in Figures*, *op.cit.*, p. 96.

La electricidad era el 25% del total energético, como hemos visto para 1974, y el objetivo de acrecentar ese porcentaje no ha llegado a cumplirse. De hecho, en 2019 representa el 23%. Se ha creado una gran meseta que mantiene, más o menos estable, su participación en el conjunto. Sin embargo, los tipos de energía empleados para generarla sí que han ido evolucionando a lo largo del tiempo. En 1967, los combustibles fósiles, con el carbón (47,5%) a la cabeza, suponían las tres cuartas partes de los tipos de energía utilizados en su producción, si bien las renovables, lideradas por la hidroeléctrica, alcanzaban un segundo puesto con el 23,9% del total.

En 1973, los combustibles fósiles subían a los cuatro quintos del conjunto, con el carbón (38%) que seguía siendo la principal fuente de energía en la generación de electricidad, el petróleo ya representaba el 32% y el gas natural un 12%; las renovables descendían hasta el 13%, mientras que la energía nuclear era la quinta con un escaso 5% de participación en el mix eléctrico. Diez años después, como consecuencia de la muy fuerte subida de los precios del petróleo, la situación era notablemente diferente. Los combustibles fósiles bajaban a los dos tercios del total y, además, el carbón ascendía el 43% con un incremento de 40 puntos porcentuales, al tiempo que el petróleo descendía hasta la cuarta posición con un 13%, tras perder 49 puntos porcentuales. La gran novedad era la energía nuclear alzándose hasta el segundo puesto, con un 22%, con un excepcional incremento de 414 puntos, por encima de los porcentajes en la generación de electricidad que tenía en Japón (18%) o en EE.UU. (12,6%)[28].

---

28 WEYMAN-JONES, T., *op.cit.*, p. 15. En 1967, la electricidad de origen nuclear generada por los seis países comunitarios era el 1,6% del total frente al 0,5% de EE.UU. o al 11,1% de Gran Bretaña. Este último dato es importante a la hora de calibrar el incremento porcentual de 1973, dado que en esa fecha Gran Bretaña ya era un país comunitario. Cfr. COMMISSION DES COMMUNAUTES EUROPEENNES, *Première*

El peso de los combustibles fósiles seguirá mermándose en la década final del siglo, hasta suponer solo la mitad del mix eléctrico, con el carbón retrocediendo al segundo tipo de energía del total y el gas natural superando al petróleo La energía nuclear se hace con la primera posición, escalando hasta el 33,6% con un incremento porcentual de 53 puntos en diez años y alcanzando su cénit. Las renovables se aupaban al tercer lugar.

Finalmente, en 2019, los combustibles fósiles apenas representan poco más de un tercio del mix eléctrico, con el gas natural (20,6%) desplazando al carbón y el petróleo (1,8%) siendo testimonial. Las energías renovables se elevan al primer lugar (34,6%), desplazando a la energía nuclear (26,4%), con una pérdida de 18 puntos porcentuales en casi tres décadas. Es decir, los combustibles fósiles han tenido una clara tendencia a la baja, mientras renovables y nuclear han experimentado un proceso a la inversa en la composición del mix eléctrico, menos dependiente ahora que en los comienzos del proceso de integración europea.

Para finalizar el análisis de la independencia energética de la UE nos resta comentar la procedencia de las fuentes de energía externas consumidas.

---

orientation pour une politique énergétique communautaire (Communication de la Commission présentée au Conseil le 18 décembre 1968), op.cit., p. 132.

TABLA 4.- Origen de las importaciones de fuentes de energía (1958-2019)

Año	**Carbón**	**Petróleo**	**Gas Natural**
1958		Oriente Medio: 86% América: 9,5% África: 2,5% URSS y Este: 1,5%	
1967	EE.UU.: 66%	Oriente Medio: 58% África: 34% URSS y Este: 4,9% América: 3,1%	
1992		Oriente Medio: 35%	Antigua URSS: 44,4% Argelia: 30,5% Noruega: 25%
2000	Sudáfrica: 27,1% Australia: 16,9% EE.UU.: 13,3% Colombia: 11,4% Rusia: 11,1% Otros: 20,2%	Rusia: 21,8% Noruega: 15,4% Arabia Saudí: 11,6% Reino Unido: 8,4% Libia: 8,4% Otros: 34,4%	Rusia: 47% Argelia: 22,6% Noruega: 19,3% Reino Unido: 4,3% Nigeria: 1,7% Otros: 5,1%
2019	Rusia: 46,8% EE.UU.: 18,1% Australia: 14,1% Colombia: 8,2% Sudáfrica: 2,9% Otros: 9,9%	Rusia: 26,9% Iraq: 9% Nigeria: 7,8% Arabia Saudí: 7,7% Kazajistán: 7,2% Otros: 41,4%	Rusia: 41,3% Noruega: 16% Argelia: 7,8% Qatar: 5,4% Nigeria: 3,5% Otros: 26%

Fuente: Elaboración propia[29].

[29] Los datos de 2000 y 2019 se corresponden con los actuales 27 estados, excluyendo por lo tanto al Reino Unido. Elaboración a partir de COMMISSION DES COMMUNAUTES EUROPEENNES, *Première orientation*

No resulta fácil obtener datos homogéneos sobre la procedencia de las importaciones de fuentes de energía a lo largo del tiempo y en los países que fueron conformando las Comunidades primero y la UE después. Con todo, dos factores son claramente destacables.

Uno es el paulatino incremento de la dependencia exterior en el campo energético. Las importaciones de hulla que apenas alcanzaban el 7,2% del principal de los carbones consumidos en la Europa de los Seis, a la altura de 1960, llegaban al 43,2% en 2000 y superaban el 69,6% en 2019. El petróleo proveniente del exterior suponía el 90% del consumido, en 1958, era el 93,3%, en 2000, y el 96,8%, en 2019. Por su parte, el gas natural foráneo representaba solo un 6% en 1974, ya era el 65,7% en 2000 y superaba el 89%, en 2019.

El otro se refiere a la procedencia de esas fuentes de energía ajenas a la UE, en donde se observa una mayoritaria tendencia a la diversificación, no exenta de dificultades. Así, la hegemonía del suministro de carbón procedente de EE.UU., con dos tercios del total, ha dado paso a una amplia desconcentración en 2000, donde el principal proveedor, Sudáfrica, no aportaba más allá del 27%; no obstante, en 2019 la situación ha empeorado con Rusia allegando casi el 47% del carbón consumido. El petróleo ha seguido una línea similar desde la incontestable hegemonía de Oriente Medio, con más de las cuatro quintas partes, en 1958, hasta la pluralidad de 2000, con Rusia y su 21,8% como tope y con el mismo país llegando al 27%, en 2019, pero en un contexto en el que se amplía considerablemente el número de operadores. Por último, el gas natural rompe esta tendencia a la diversificación manteniendo las importaciones de Rusia, o de la antigua URSS, siempre por encima del 40% del total consumido. Obviamente, las dificul-

---

pour une politique énergétique communautaire (Communication de la Commission présentée au Conseil le 18 décembre 1968), op.cit., pp. 56, 91 y 99; COMISIÓN EUROPEA, *Por una política energética de la Unión Europea (Libro verde COM (94) 659 FINAL*, cit, pp. 50 y 84; y EUROPEAN COMMISION, *EU Energy in Figures, op.cit.*, p. 26, 67-69.

tades apuntadas tienen que ver con el hecho de que Rusia sea el principal suministrador de combustibles fósiles, como ha puesto de manifiesto la guerra de Ucrania.

4. LA LIBERALIZACIÓN DE LOS MERCADOS EN EL SECTOR ENERGÉTICO

Tan importante como asegurar el abastecimiento es garantizar un acceso económico que evite los problemas derivados de la pobreza energética en la cohesión social y territorial de la UE. Acorde con los principios de liberalismo económico que informan el proceso de integración económica europea, desde sus orígenes, la liberalización de los mercados y la creación de un mercado interior de la energía son dos instrumentos necesarios para lograr esos precios asequibles que permitan un acceso lo más universal y barato posible.

En el primer documento estratégico, en materia de energía, de 1968 la Comisión Europea ya propugnaba la creación de un mercado común en ese sector. Para ello, presentaba una serie de medidas a tomar en cuatro ámbitos concretos: la libre circulación de mercancías, la libertad de establecimiento, la aplicación de reglas de concurrencia y la fiscalidad indirecta[30]. No obstante, los intereses nacionales divergentes no permitieron avanzar demasiado hasta la entrada en vigor del Acta Única (1987) y la posibilidad de aprobar paquetes legislativos, en materia de mercado interior, por mayorías cualificadas superando la etapa de unanimidades derivadas del Compromiso de Luxemburgo. En efecto, a la altura de 1986, existían marcadas diferencias entre países sin recursos naturales energéticos y otros bien dotados de carbón, hidrocarburos o hidroelectricidad; entre países que estaban reduciendo su intensidad energética, desde la crisis de

---

30 COMMISSION DES COMMUNAUTES EUROPEENNES, *Première orientation pour une politique énergétique communautaire (Communication de la Commission présentée au Conseil le 18 décembre 1968), op.cit.*, p. 16.

1973, como Bélgica o Dinamarca y otros como España, Portugal o Grecia que la incrementaron como consecuencia de su desarrollo económico y del aumento de sus rentas domésticas; entre países que optaron por la energía nuclear como estrategia de aprovisionamiento, caso de Francia, frente a quienes siguieron apostando por el petróleo, como Portugal, o se mudaron al gas natural, como los Países Bajos con importantes yacimientos; entre países exportadores netos como el Reino Unido, con sus hidrocarburos del Mar del Norte, o casi autosuficientes, como los Países Bajos, y aquellos con una dependencia exterior superior al 80%, como Italia, Portugal o Luxemburgo; entre países, en fin, cuyas opiniones públicas percibían la existencia de un serio problema energético, con Italia (80% de las respuestas) a la cabeza, frente a Luxemburgo (solo 15%) y una media de la Comunidad situada en el 49%[31].

Es verdad que el artículo 37 del TCE se refería a los monopolios nacionales de carácter comercial, pero la jurisprudencia del Tribunal de Justicia dejó asentado que esa disposición no implicaba la desaparición completa de los mismos. El Acta Única vino a insistir en las limitaciones tanto de los monopolios comerciales como de los de distribución de servicios, ayudada por un clima general de predominio de los principios neoliberales que impulsaban la privatización de las empresas del sector público. En cada país, el proceso revistió intensidades diferentes. España fue un alumno aventajado, cierto que mediatizado por las urgencias de cumplir con los requisitos para ser miembro fundador de la moneda única. Así, la Ley 34/1992 significó la completa desaparición del monopolio del mercado petrolífero que había ejercido CAMPSA, desde 1927. Además, se privatizaron dos joyas de la corona del sector energético: REPSOL, en el campo de los hidrocarburos, vendida en seis sucesivas ofertas públicas de venta de acciones y canjes de bonos por acciones a

---

[31] MAILLET, P., "À la recherche de l'introuvable politique énergétique européenne", *Revue du Marché Commun*, 321, Novembre 1988, p. 509-512.

lo largo de ocho años, entre 1989 y 1997[32]; ENDESA, que llegó a ser líder en el ámbito eléctrico, fue vendida en cuatro sucesivas ofertas públicas de venta, entre 1988 y 1998, con la paradoja de que su actual propietaria sea una empresa pública, la italiana ENEL. Por razones de seguridad y costes económicos, los monopolios de transporte y distribución del gas natural y la electricidad se consideran naturales y, en consecuencia, no sujetos a concurrencia. Es el caso de los gasoductos y de las grandes redes eléctricas.

La entrada en vigor del mercado único, el 1 de enero de 1993, tuvo repercusiones sobre la energía. El petróleo se consideraba un sector ya ampliamente competitivo[33] por lo que las actuaciones se centraron en la electricidad y el gas natural, con una fría acogida por parte de los actores económicos, tanto públicos como privados, de esos sectores[34]. Sendas directivas intentaron sentar reglas comunes para el mercado interior de la electricidad, la 96/92/CE de 19 de diciembre de 1996, y del gas natural, la 98/30/CE de 22 de junio de 1998. En ambos casos, la liberalización solo obligaba a alcanzar el 30% del mercado, lo que llevó a la aprobación de otras dos directivas, la 2003/54/CE de 26 de junio de 2003 para la electricidad y la 2003/55/CE de 26 de junio de 2003 para el gas natural. Su resultado fue desigual dado que 2005 se había alcanzado el 66% de liberalización en el mercado eléctrico, pero solo el 55% en el gasístico[35]. Un tercer paquete fue aprobado a través de dos directivas

---

32 VALENCIA MARTÍN, G., "La supresión del monopolio y el nuevo régimen jurídico del sector petrolero", *Revista de Administración Pública*, 138, septiembre-noviembre 1995, pp. 283-314.

33 COMISIÓN EUROPEA, *El mercado interior de la energía COM (88) 238 final*, Bruselas, 3 de junio de 1988, p. 40.

34 WILLIOT, J-P., "Le gaz naturel: Une énergie nouvelle au centre de l'Europe entre les années 1960 et 1980?" en BELTRAN, A., BUSSIÈRE, E. y GARAVINI, G (dirs.), *L'Europe et la question énergétique: les années 1960-1980*, Peter Lang, Bruxelles, 2016, pp. 310-311.

35 ANDOURA, S., HANCHER, L. y VAN DER WOUDE, M., "Vers une Communauté européenne de l'énergie: un projet politique", *op.cit.*, pp.

más: la 2009/72/CE de 13 de julio de 2009 para la electricidad y la 2009/73/CE de 13 de julio de 2009 para el gas natural[36].

Si la libre competencia en los mercados energéticos se vio lastrada por el principio de soberanía nacional tan caro a los Estados Miembros, lo mismo cabe afirmar de otra medida clave en la consecución del mercado interior: la interconexión eléctrica a través de las correspondientes infraestructuras de redes transeuropeas. La posibilidad de financiar con fondos comunitarios esas infraestructuras se abrió con la entrada en vigor del Tratado de Maastricht (TUE), en 1994. En efecto, en el ya superado artículo 154 del TUE se indicaba que "… la Comunidad contribuirá al establecimiento y al desarrollo de redes transeuropeas en los sectores de las infraestructuras de transportes, de las telecomunicaciones y de la energía"[37]. Las redes del gas natural tuvieron, en general, mejor fortuna que las de la electricidad. No obstante, la distribución espacial de las redes fue muy desigual. A la altura de 2011, España, los países bálticos y Polonia no alcanzaban el nivel del 5% de interconexiones eléctricas con el resto de Europa, mientras Portugal, Italia, Irlanda y Francia no llegaban al 10%. En consecuencia, se aprobó la directiva (UE) 2019/944 de 5 de junio de 2019 sobre normas comunes para el mercado interior de la electricidad que establece unos horizontes mínimos del 10% de interconexiones de electricidad, en 2020, y del 15%, en 2030, para los Estados miembros que no hayan logrado un nivel mínimo de integración en el mercado interior de la energía, que son los Estados Bálticos, Portugal y España, y para los Estados miembros que constituyen el principal punto de acceso de esos Estados al mercado interior de la energía.

21-22.

36 URREA CORRES, M., "La política energética de la Unión Europea a la luz del Tratado de Lisboa", en AAVV, *Seguridad, modelo energético y cambio climático,* Ministerio de Defensa, Madrid, 2011, pp. 115-144.

37 *Ibidem,* p. 124.

5. LA REDUCCIÓN DEL IMPACTO AMBIENTAL DERIVADO DE LA GENERACIÓN DE ELECTRICIDAD Y DEL CONSUMO DE COMBUSTIBLES FÓSILES

Más allá de referencias a la explotación racional de los recursos naturales, ya presentes en el TCECA, y de que el Tratado de Acta Única abogue por la introducción de la perspectiva ambiental en todas las políticas comunitarias[38], habría que esperar hasta la aprobación del quinto programa comunitario de actuación en materia de medio ambiente: hacia un desarrollo sostenible, en 1993, en el contexto de la Conferencia de Naciones Unidas sobre el medio ambiente y el desarrollo de Rio de Janeiro (1992), para que la energía tenga objetivos específicos en el ámbito de la sostenibilidad: la mejora de la eficiencia energética, la reducción de combustibles fósiles y la promoción de energías renovables. Los resultados fueron decepcionantes, debido a la unanimidad requerida en el seno del ECOFIN. A pesar de la puesta en marcha de programas como ALTENER, para la promoción de fuentes de energía renovable y sus tecnologías, o SAVE, para el fomento de la eficiencia energética y la utilización racional de los recursos energéticos, lo cierto es que los fondos asignados fueron inferiores a los inicialmente previstos y no se logró aprobar la directiva para la introducción de un impuesto sobre las emisiones de CO2 [39].

Si el Acta Única y la consecución del mercado interior habían espoleado la liberalización de los mercados energéticos, en sintonía con todos los demás, el elemento clave para elevar

---

[38] Con la destacada excepción de que no interfiriesen con las políticas nacionales de explotación de los recursos energéticos. Cfr. DEHOUSSE, F. y IOTSOVA, T., "L'Europe de l'énergie: un projet toujours reporté", *Courrier hebdomadaire du CRISP*, 33-34, 2000, pp. 1-76.

[39] COMISIÓN EUROPEA, *El medio ambiente en Europa: Hacia dónde encauzar el futuro. Evaluación global del Programa comunitario de política y actuación en materia de medio ambiente y desarrollo sostenible: 'Hacia un desarrollo sostenible', COM (1999) 543 final*, Bruselas, 24 de noviembre de 1999.

a categoría la reducción del impacto ambiental del sector de la energía hay que buscarlo en la conversión en prioridad política comunitaria, a partir de 2007, de la lucha contra el cambio ambiental global y la apuesta oficial por una economía hipocarbónica. La energía, como una de las principales responsables de la emisión de gases de efecto invernadero pasó al primer plano. La Comisión Europea lanzó un libro verde en 2006[40] y una batería de nueve Comunicaciones al Consejo, en enero de 2007, entre las que cumple destacar la que incluía la propuesta de "los tres veintes" a conseguir en el horizonte del año 2020: ahorrar un 20% del consumo a través de la mejora de la eficiencia energética, tanto en el consumo de energía primaria (PEC) como en el consumo final de energía (FEC); alcanzar un 20% de participación de las renovables en el consumo total energético y reducir los gases de efecto invernadero en un 20% con relación a los niveles de 1990[41]. Para hacer efectivos esos retos, el Parlamento y el Consejo aprobarían el Paquete Energía y Clima, en abril de 2009[42], antecedente directo del actual Pacto Verde.

Con todo, es conveniente recordar que el método abierto de coordinación, establecido como regla de trabajo comunitario, desde la Estrategia de Lisboa, implica que al lado de las directrices emanadas de la UE coexisten las derivadas de los Estados.

---

40 COMISIÓN EUROPEA, *Estrategia europea para una energía sostenible, competitiva y segura, COM (2006)105 final, op.cit.*

41 COMISIÓN EUROPEA, *Una política energética para Europa, COM (2007) 1 final, op.cit.*, pp. 23-24.

42 El paquete consta de un reglamento, cuatro directivas y una decisión. El reglamento: (CE) No 443/2009 del Parlamento Europeo y del Consejo, de 23 de abril de 2009. Las directivas: 2009/28/CE del Parlamento Europeo y del Consejo, de 23 de abril de 2009; 2009/29/CE del Parlamento Europeo y del Consejo, de 23 de abril de 2009; 2009/30/CE del Parlamento Europeo y del Consejo, de 23 de abril de 2009 y 2009/31/CE del Parlamento Europeo y del Consejo de 23 de abril de 2009. La decisión: 406/2009/CE del Parlamento Europeo y del Consejo, de 23 de abril de 2009.

En consecuencia, cada país miembro ha diseñado y aprobado sus respectivos planes nacionales de energía y clima, cuyos objetivos y metas no coinciden y, en no pocos casos, divergen con las normas comunitarias.

TABLA 5.- Grado de cumplimiento objetivos 2020 y 2030

Objetivo (desde año)	Real 2019	Pre. 2020	Pre. 2030
Eficiencia energética PEC (2005)	11%	13,8%	32%
Eficiencia energética FEC (2005)	5,8%	9%	23%
Energías renovables	19,7%	20%	32%
Reducción emisión de gases (1990)	24%	20%	40%

Fuente: Elaboración propia[43].

Si hacemos un balance de "los tres veinte", el panorama con el que nos encontramos se aproximaría al siguiente resultado. En primer lugar, en relación con el ahorro energético, la directiva sobre eficiencia energética 2012/27/UE de 25 de octubre de 2012[44] fijaba los objetivos para 2020, desde los niveles de 2005, en una reducción del 13,8% del PEC, es decir, incluida la necesaria para la generación de electricidad, y en un 9% del FEC. La Gran Recesión económica desatada en 2008 ayudó a lograr esas metas hasta que la recuperación posterior a 2014 enfrió las expectativas de alcanzar los objetivos previstos que de hecho no se lograron en 2019, con un PEC reducido en un 11% y un FEC en un 5,8%. La crisis de la COVID-19 ha alterado de forma extraordinaria los desplazamientos de personas y mercancías y la producción industrial, modificando los resultados obtenidos. En

---

43 El Pacto Verde ha ajustado las previsiones de eficiencia energética tomando como base el año 2007, en esta tabla se ajustan a la base del año 2005. Elaborado a partir de EUROPEAN COMMISION, *EU Energy in Figures*, Bruselas, 2021, p. 27-32.

44 Posteriormente modificada, sobre todo, por las directivas (UE) 2018/2002 del Parlamento Europeo y del Consejo de 11 de diciembre de 2018 y (UE) 2023/1791 del Parlamento Europeo y del Consejo de 13 de septiembre de 2023.

el PEC se ha conseguido una minoración del 16%, entre 2005 y 2022, gracias al notable incremento de energías renovables en la generación de electricidad en detrimento de los combustibles fósiles. En el FEC se produjo una disminución del 8%, en el mismo período, gracias a las mejoras en la transformación energética, los cambios estructurales hacia industrias menos intensivas en energía e inviernos gradualmente más cálidos[45]. No obstante, alcanzar los objetivos previstos en el Pacto Verde de reducir un 39% el PEC y un 36% el FEC, entre 2007 y 2030, obligaría a multiplicar por tres las reducciones anuales de la última década, para el PEC, y por nueve para el FEC[46].

En segundo lugar, en lo que atañe a las energías renovables, el objetivo de participación en el FEC se había alcanzado en 2019, al representar un 19,7%. No obstante, el reparto por sectores es muy desigual. En efecto, en la generación de electricidad las renovables estaban muy por encima del objetivo previsto, al sumar el 34,6% de la energía consumida. La participación en el consumo de sistemas de calefacción y refrigeración también lo superaba con un 22,1%. Por el contrario, en el transporte se quedaba muy por debajo con apenas una participación del 8,9% en el FEC. Sin embargo, teniendo en cuenta el punto de partida de 2005, la participación de las renovables en cada uno de estos sectores ha experimentado una evolución diferente. En el transporte la contribución de las renovables se incrementó un 345%, mientras que lo hizo en un 112% en la generación de energía y un 78% en el ámbito de la calefacción y la refrigeración[47]. Dentro de las renovables, si atendemos a la potencia eléctrica instalada en los 27 países de la UE, en 2019, la energía eólica sería la

---

45 EUROPEAN ENVIRONMENT AGENCY, "Primary and final energy consumption in Europe" [en línea] (2023) <https://www.eea.europa.eu/en/analysis/indicators/primary-and-final-energy-consumption> [Consulta: 30 de octubre de 2023.]

46 *Ibidem.*

47 EUROPEAN COMMISION, *EU Energy in Figures, op.cit.*, p. 27, 96, 126-127.

más importante (38%), seguida de la hidroeléctrica (34,3%) y la solar (27,4%), con una residual participación de la geotérmica (0,2%)[48].

Por último, es justo señalar que el firme compromiso de la UE con el Protocolo de Kyoto, que entró en vigor en 2005, y muy especialmente con los acuerdos de la COP21 celebrada en París, en 2015, ha permitido cumplir con el objetivo de la reducción de un 20% de las emisiones de gases de efecto invernadero con relación a los niveles de 1990. En concreto, la UE27, ya sin la presencia del Reino Unido, presentaba unos niveles inferiores al 24%, en el año 2019, si bien hasta 12 países, incluidos Alemania y Polonia, superaron sus niveles previstos[49]. En 2019, cinco países (Irlanda, España, Chipre, Austria y Portugal) todavía emitían más gases de efecto invernadero que en 1990[50].

6. CONCLUSIONES

En el dilatado proceso de construcción de la unidad europea, la energía ha pasado por sucesivas etapas que la han colocado en el epicentro (CECA y Euratom) y también en su periferia al estar ausente del derecho originario hasta 2009. En efecto, la primera Comunidad Europa, la CECA, tenía amplias atribuciones en todo lo relativo al sector del carbón, con recursos financieros propios y capacidad normativa directa, sin requerir el filtro de la adaptación a los correspondientes ordenamientos jurídicos nacionales. Además, el grado de soberanía energética que ofrecía

---

48 *Ibidem*, p. 92.

49 EUROPEAN ENVIRONMENT AGENCY: "Trends and projections in Europe 2020. Tracking progress towards Europe's climate and energy targets" [en línea] (2020) p. 14 <https://www.eea.europa.eu//publications/trends-and-projections-in-europe-2020>. [Consulta: 26 de octubre de 2023.]

50 EUROPEAN COMMISION, *EU Energy in Figures*, *op.cit.*, p. 32.

el carbón a los Seis rondaba el 89%. Fue flor de un día. La caída de productividad del sector y su consiguiente pérdida de competitividad en relación con las cuencas mineras norteamericanas y, sobre todo, el menor precio y la mucha mayor adaptabilidad del petróleo a las necesidades y gustos del consumidor final, sin contar con su muy visible contaminación ambiental, arruinaron sus posibilidades de futuro. Su presencia en el mix energético se mantuvo, sin embargo, gracias a las crisis petroleras, a su destacado empleo en las centrales térmicas generadoras de electricidad y a la herencia de las ayudas públicas al sector contempladas en el TCECA. La actual crisis energética, derivada de la Guerra de Ucrania y las tensiones de la UE con Rusia, ha servido para poner de manifiesto que, a pesar de todo, el carbón nunca se fue.

Tampoco la energía nuclear. Mucho más reciente en el mix energético, controvertida y polémica desde sus orígenes, tiene su propia Comunidad y su Tratado, Euratom y TCEEA. Conoció un rápido desarrollo en la década siguiente a la crisis petrolera de 1973 que, sin embargo, se vio frenado por el accidente de Chernóbil y la fuerte contestación pública de los movimientos ecologistas y los emergentes partidos verdes, desde los años ochenta del siglo pasado. Su presencia en el debate público es guadiánica. En la primera década de esta centuria parecía tener el viento a favor...hasta el nuevo accidente de Fukushima. No obstante, ha demostrado una gran resiliencia, gracias sobre todo a su aporte en el ámbito de la soberanía de abastecimiento y a la decisiva apuesta de Francia, en su favor. Hoy, la UE la considera una energía verde, a pesar de los problemas inherentes al almacenamiento de sus residuos.

La independencia en el suministro de energía primaria ha sido siempre un puntal de las estrategias energéticas comunitarias. La pobreza de recursos propios de hidrocarburos ha lastrado a los países de la UE y ha ido elevando el grado de su dependencia de los mercados exteriores, una tendencia solo invertida, durante poco más de tres lustros, tras la crisis de 1973. La soberanía nacional se ha impuesto hasta el presente sobre las políticas energéticas comunitarias. Cada país ha escogido su camino a la hora de abastecerse de fuentes de energía primaria con una creciente y peligrosa dependencia de las importaciones desde Rusia, en todos los combustibles fósiles. La actual crisis energética no se entiende sin este contexto previo.

La soberanía nacional también está detrás de las enormes dificultades para crear el mercado interior de la energía. Todavía un desiderátum como consecuencia de la débil infraestructura de redes transeuropeas para el transporte de electricidad, de gas natural o, en el futuro, de hidrógeno.

Sin duda, se ha avanzado mucho en la reducción de la huella de carbono y en la disminución de emisiones de gases de efecto invernadero. Un esfuerzo loable de la UE que, sin embargo, choca con el carácter mundial de la lucha contra el cambio ambiental global. Con todo, el ambicioso objetivo de alcanzar las emisiones cero para 2050 se enfrenta a la cruda realidad de que, en 2018, los combustibles fósiles representan el 70% de la energía primaria consumida.

RESUMEN: La energía ha estado en el epicentro de la CECA y de Euratom y en la periferia de la CEE, primero, y de la UE, después. Esto explica la ausencia de una política comunitaria de la energía hasta la entrada en vigor del Tratado de Lisboa (2009), del Paquete Energía y Clima (2009) y del Pacto Verde (2019). A falta de políticas, las instituciones comunitarias han ido diseñando y tratando de implementar sucesivas estrategias para hacer frente a la evolución del sector energético a lo largo de los últimos setenta años. Tres han sido los pilares de esas estrategias: garantizar un abastecimiento seguro y barato a los consumidores, desde la crisis petrolera de 1973; liberalizar el mercado de la energía hasta alcanzar una Unión de la Energía, desde el Acta Única; reducir el impacto ambiental de la generación y consumo de energía, desde la Cumbre de la Tierra de 1992.

ABSTRACT: *The energy has been at the epicenter of the ECSC and Euratom and on the periphery of the EEC, first, and the EU, later. This explains the absence of a EU energy policy until the Lisbon Treaty (2009), the EU Climate and Energy Package (2009) and the European Green Deal (2019) came in force. In the absence of policies, EU institutions have been designing and trying to implement successive strategies to face the evolution of the energy sector over the last seventy years. These strategies have been founded on three pillars:*

guaranteeing a safe and cheap supply to consumers, since the oil crisis of 1973; liberalizing the energy market until reaching an Energy Union, since the Single Act; reducing the environmental impact of energy generation and consumption, since the 1992 Earth Summit.

La transición energética del Pacto Verde Europeo a la luz del conflicto de Ucrania

ARTAK MKRTICHYAN MINASYAN[1]

SUMARIO: 1. INTRODUCCIÓN. 2. LAS PRINCIPALES DISPOSICIONES Y PRIORIDADES DE LA TRANSICIÓN ENERGÉTICA DEL PACTO VERDE EUROPEO. 3. LOS RETOS DE LA TRANSICIÓN ENERGÉTICA A LA LUZ DEL CONFLICTO DE UCRANIA. 3.1 La vuelta a la energía nuclear. 3.2 La vuelta a las plantas de carbón. 4. LAS VÍAS DE AVANCE DE LA TRANSICIÓN ENERGÉTICA DEL PACTO VERDE EUROPEO Y SUS DIFICULTADES. 5. CONSIDERACIONES FINALES.

1. INTRODUCCIÓN

La invasión de Ucrania por Rusia iniciada en febrero de 2022 ha establecido una nueva realidad internacional tanto desde el punto de vista político como económico. En estas circunstancias, el apoyo incondicional de casi la totalidad de los Estados europeos

---

1 Profesor Ayudante Doctor (acreditado a Contratado Doctor) de Derecho Internacional Público y Relaciones Internacionales y Secretario Académico del Instituto Universitario de Estudios Europeos "Salvador de Madariaga" de la Universidade da Coruña (a.mkrtichyan@udc.es). Este trabajo se enmarca en el Proyecto de investigación "La dimensión marítima del Pacto Verde Europeo" (ref. PID2020-117054RB-I00), financiado por MCIN/AEI//10.13039/501100011033, con duración del 1 de septiembre de 2021 al 31 de agosto de 2024. Todas las páginas web mencionadas en este estudio han sido consultadas el 28 de febrero de 2024.

junto con la propia Unión Europea (en adelante, "UE") a Ucrania ha tenido impacto en múltiples dimensiones de sus relaciones con Rusia. Aquí, sobre todo, podemos mencionar los nuevos retos que ello ha supuesto para Europa en su sector energético. En este sentido, cobra especial importancia la cuestión de la implementación de la transición energética que se enmarca dentro del Pacto Verde Europeo (en adelante, "PVE"), que como sabemos, implica alcanzar a medio-largo plazo unos objetivos muy ambiciosos, en particular la descarbonización del sector y el paso definitivo a las energías verdes[2].

Por un lado, la ruptura de relaciones comerciales y económicas con Rusia, que ha sido uno de los principales proveedores de fuentes de energía fósiles a los países de la Unión, y, por otro, la necesidad vital de fortalecer la seguridad energética de la UE han acelerado de manera significativa los esfuerzos del conjunto de la Unión hacia la mencionada transición. En el presente capítulo trataremos de examinar los objetivos y prioridades clave de la transición energética de la UE, enmarcada dentro del PVE, así como el impacto y las consecuencias que ha tenido el conflicto de Ucrania para su logro.

---

[2] Comunicación de la Comisión al Parlamento Europeo, al Consejo Europeo, al Consejo, al Comité Económico y Social Europeo y al Comité de las Regiones, de 11 de diciembre de 2019, COM(2019) 640 final, y Reglamento (UE) 2021/1119 del Parlamento Europeo y del Consejo de 30 de junio de 2021 por el que se establece el marco para lograr la neutralidad climática y se modifican los Reglamentos (CE) nº 401/2009 y (UE) 2018/1999 ("Legislación europea sobre el clima"), *DO* L 243, de 9.7.2021, p. 1/17

2. LAS PRINCIPALES DISPOSICIONES Y PRIORIDADES DE LA TRANSICIÓN ENERGÉTICA DEL PACTO VERDE EUROPEO

Las principales disposiciones y prioridades de la transición energética del PVE fueron formuladas en diciembre de 2019, cuando la Comisión Europea presentó un ambicioso paquete de medidas, que incluía entre otras, las siguientes disposiciones[3]:

- transición eficiente hacia la neutralidad climática antes de 2050, lo que supone reducir las emisiones de dióxido de carbono (CO_2) y compensar las que no se puedan reducir con las que se puedan absorber;
- economía circular, lo que significa disociar el crecimiento económico del uso de los recursos y adoptar sistemas circulares de producción y consumo;
- transición energética, que implica una transformación estructural del sistema energético mediante una reducción gradual de las fuentes de energía tradicionales, en paralelo a un aumento de la proporción de las fuentes de energía renovables en el consumo conjunto;
- desarrollo y aplicación de distintas políticas y subvenciones destinadas a estimular la investigación y la inversión en tecnologías respetuosas con el medio ambiente, etc.

Por otro lado, cabe mencionar que, al cabo de dos años, concretamente el 14 de julio de 2021, la Comisión presentó el programa climático actualizado comúnmente conocido como «Objetivo 55»[4], que se ha materializado en actos legislativos muy

---

3 COM(2019) 640 final, ya citada.

4 Su planteamiento se desarrolló en la Comunicación de la Comisión al Parlamento Europeo, al Consejo, al Comité Económico y Social Europeo y al Comité de las Regiones "Objetivo 55: cumplimiento del ob-

relevantes entre los que podemos destacar la llamada Directiva RED III[5], la Directiva de la eficiencia energética[6], la propuesta de refundición de la Directiva relativa a la eficiencia energética de los edificios[7] y la propuesta de Reglamento de reducción de emisiones de metano[8]. En cuanto a los objetivos marcados por

---

jetivo climático de la UE para 2030 en el camino hacia la neutralidad climática", de 14 de julio de 2021, COM(2021) 550 final.

5 Directiva (UE) 2023/2413 del Parlamento Europeo y del Consejo, de 18 de octubre de 2023, por la que se modifican la Directiva (UE) 2018/2001, el Reglamento (UE) 2018/1999 y la Directiva 98/70/CE en lo que respecta a la promoción de la energía procedente de fuentes renovables y se deroga la Directiva (UE) 2015/652 del Consejo, *DO* L, 2023/2413, 31.10.2023, ELI: http://data.europa.eu/eli/dir/2023/2413/oj. El objetivo principal de la Directiva RED III es el aumento del compromiso de los Estados miembros de la UE para 2030 respecto de la cuota de energía del consumo final bruto procedente de fuentes renovables de un 32% a un 42,5%. Para lograr este objetivo, la norma incorpora novedades de interés para los sectores de la energía renovable y los combustibles renovables de origen no biológico.

6 Se trata de la Directiva (UE) 2023/1791 del Parlamento Europeo y del Consejo de 13 de septiembre de 2023 relativa a la eficiencia energética y por la que se modifica el Reglamento (UE) 2023/955, *DO* L 231 de 20.9.2023, p. 1/111, que establece un conjunto de acciones comunes para fomentar la eficiencia energética dentro de la UE. Tiene un objetivo doble. Por un lado, pretende contribuir a alcanzar los objetivos marcados en materia de eficiencia energética, y por otro, busca fomentar la creación de un marco propicio para continuar mejorando en este ámbito en el futuro.

7 Se trata de la propuesta de Directiva del Parlamento Europeo y del Consejo relativa a la eficiencia energética de los edificios, de 15 de diciembre de 2021, COM(2021) 802 final, cuyo principal objetivo es la reducción de las emisiones de gases de efecto invernadero de los edificios y su consumo de energía final de aquí a 2030, y establecer una visión a largo plazo para los edificios con vistas a lograr la neutralidad climática en toda la UE en 2050.

8 Se trata de la propuesta de Reglamento del Parlamento Europeo y del Consejo relativo a la reducción de las emisiones de metano en el sector energético y por el que se modifica el Reglamento (UE) 2019/942, de

el propio paquete de medidas «Objetivo 55», cabe señalar los siguientes puntos[9]:

- reducir las emisiones de carbono en toda la UE en al menos un 55 % para el 2030 en comparación con los niveles de la década de los noventa;
- eliminar para 2030 el equivalente a 310 millones de toneladas de emisiones de CO_2 mediante el aumento de la capacidad de los bosques, los suelos, los humedales y las turberas, los océanos y las masas de agua para actuar como sumideros y reservas de carbono;
- desarrollo e implementación del Mecanismo de Ajuste en Frontera por Carbono (en adelante, "CBAM"), que implica gravar las mercancías importadas de la UE en función de su huella de carbono, aprobado en mayo de 2023[10].
- ampliación del Régimen Comunitario de Comercio de Derechos de Emisión (en adelante, "RCCDE") para incluir nuevos sectores, como la automoción, la aviación y el transporte marítimo[11];

---

15 de diciembre de 2021, COM(2021) 805 final, cuyo principal objetivo es reducir las emisiones netas de la UE de gases de efecto invernadero en al menos un 55 % de aquí a 2030.

9 COM(2021) 550 final, ya citada.

10 Reglamento (UE) 2023/956 del Parlamento Europeo y del Consejo de 10 mayo de 2023, por el que se establece un Mecanismo de Ajuste en Frontera por Carbono, *DO* L 130, 16.5.2023, p. 52/104.

11 *Vid., v.gr.*, Directiva (UE) 2023/958 del Parlamento Europeo y del Consejo de 10 de mayo de 2023 por la que se modifica la Directiva 2003/87/CE en lo que respecta a la contribución de la aviación al objetivo de la Unión de reducir las emisiones en el conjunto de la economía y a la adecuada aplicación de una medida de mercado mundial, *DO* L 130, de 16.5.2023, p. 115/133; Directiva (UE) 2023/959 del Parlamento Europeo y del Consejo de 10 de mayo de 2023 que modifica la Directiva 2003/87/CE por la que se establece un régimen para el comercio de derechos de emisión de gases de efecto invernadero en la Unión y la Decisión (UE) 2015/1814, relativa al estableci-

- medidas incentivadoras para animar a las empresas y particulares europeos a pasarse a las fuentes de energía renovables y para la adquisición de coches eléctricos (incluyendo la posibilidad del cese de las ventas de coches de gasolina y diésel para 2035, así como la introducción de normativa destinada a aumentar la disponibilidad de estaciones de carga y estaciones de servicio de hidrógeno[12]).

Sin embargo, resulta ya evidente que la aplicación de los objetivos de la estrategia verde de la UE se vio amenazada ya incluso antes del inicio del conflicto armado en Ucrania de 2022, debido a factores no sólo geoeconómicos, como fueron la creciente tensión en las relaciones de la UE con Rusia y las políticas sancionadoras adoptadas contra este país, sino también por la situación derivada de la propagación del COVID-19. En este sentido, ya en el periodo previo al conflicto se hizo evidente que la transición de la UE hacia una economía limpia requeriría importantes in-

---

miento y funcionamiento de una reserva de estabilidad del mercado en el marco del régimen para el comercio de derechos de emisión de gases de efecto invernadero en la Unión, *DO* L 130, de 16.5.2023 p. 134/202, y Reglamento Delegado (UE) 2023/2830 de la Comisión, de 17 de octubre de 2023, que completa la Directiva 2003/87/CE del Parlamento Europeo y del Consejo mediante el establecimiento de normas sobre el calendario, la gestión y otros aspectos de las subastas de los derechos de emisión de gases de efecto invernadero, *DO* L 2830/2830, 20.12.2023, p. 1/56. ELI: http://data.europa.eu/eli/reg_del/2023/2830/oj.

12 *Vid.*, *v.gr.*, Reglamento (UE) 2023/851 del Parlamento Europeo y del Consejo de 19 de abril de 2023 por el que se modifica el Reglamento (UE) 2019/631 en lo que respecta al refuerzo de las normas de comportamiento en materia de emisiones de CO_2 de los turismos nuevos y de los vehículos comerciales ligeros nuevos, en consonancia con la mayor ambición climática de la Unión, *DO* L 110 de 25.4.2023, p. 5/20, y Reglamento (UE) 2023/1804 del Parlamento Europeo y del Consejo de 13 de septiembre de 2023 relativo a la implantación de una infraestructura para los combustibles alternativos y por el que se deroga la Directiva 2014/94/UE, *DO* L 234 de 22.9.2023, p. 1/47.

versiones financieras, que fue la razón por la cual la Comisión propuso crear un fondo de 144.400 millones de euros hasta 2032 para mitigar las consecuencias socioeconómicas de la transición energética[13].

Esta amplia agenda regulatoria se vio reforzada y complementada por la respuesta que la Unión tuvo que dar a la crisis provocada por la invasión de Ucrania por Rusia. Aquí nos referimos al paquete de medidas del plan *REPowerEU*[14], que, además de incluir actuaciones extraordinarias y de emergencia adoptadas con carácter urgente, también ha incorporado el denominado Plan Industrial del Pacto Verde[15]. Este nuevo plan industrial, relativo a la cuestión de la reindustrialización acorde con el PVE, sin conducir a una deslocalización o pérdida del tejido industrial europeo. Su objetivo principal es dejar atrás el modelo económico basado en materias primas, evitando a la vez el cambio de unas dependencias por otras.

---

13 COM(2021) 550 final, *cit.* Se trata del Fondo Social para el Clima, creado y regulado por el Reglamento (UE) 2023/955 del Parlamento Europeo y del Consejo de 10 de mayo de 2023 por el que se establece un Fondo Social para el Clima y se modifica el Reglamento (UE) 2021/1060, *DO* L 130 de 16.5.2023, p. 1/51. De forma similar, se creó el Fondo de Transición Justa, regido por el Reglamento (UE) 2021/1056 del Parlamento Europeo y del Consejo, de 24 de junio de 2021, por el que se establece el Fondo de Transición Justa, *DO* L 231, de 30.6.2021, p. 1/20.

14 Comunicación de la Comisión al Parlamento Europeo, al Consejo Europeo, al Consejo, al Comité Económico y Social Europeo y al Comité Europeo de las Regiones "Plan REPowerEU", de 18 de mayo de 2022, COM(2022) 230 final.

15 Comunicación de la Comisión al Parlamento Europeo, al Consejo Europeo, al Consejo, al Comité Económico y Social Europeo y al Comité de las Regiones, "Un Plan Industrial del Pacto Verde para la era de cero emisiones netas", 1 de febrero de 2023, COM(2023) 62 final.

De esta forma, la escalada del conflicto entre Rusia y Ucrania en 2022 y la consiguiente ruptura de las relaciones entre los países de la Unión y de la propia UE con Rusia en múltiples ámbitos obligaron a la Unión, que tenía una gran dependencia del suministro de gas ruso, a plantearse de manera urgente una búsqueda de nuevos socios para el suministro de recursos de energía. En estas circunstancias, en marzo de 2022, la Agencia Internacional de la Energía (en adelante, "AIE") elaboró un plan con diez medidas que buscaban las vías para reducir la dependencia de los países europeos del gas procedente de Rusia en al menos 50.000 millones de metros cúbicos al año[16]. Posteriormente, las principales disposiciones de este plan se tuvieron en cuenta a la hora de elaborar el antes mencionado paquete de medidas *REPowerEU.* Entre estas disposiciones cabe señalar[17]:

- La negativa a celebrar contratos de largo plazo para la importación de gas de Rusia y su sustitución por el gas procedente de proveedores alternativos y de fuentes alternativas, como biometano, biogás e hidrógeno.

- El llenado de las instalaciones europeas de almacenamiento subterráneo de gas; la intensificación del desarrollo del sector de las energías renovables, dando mayor impulso a los proyectos de energía eólica, solar, biológica y nuclear, y el aumento de la eficiencia energética y del rendimiento energético.

---

16 AIE, *Un plan con 10 medidas para reducir la dependencia de la Unión Europea del gas natural ruso,* AIE, París, 2022, disponible en https://iea.blob.core.windows.net/assets/ad126269-172f-41ec-a611-3ffe82a96357/A10-PointPlantoReducetheEuropeanUnionsRelianceonRussianNatural-Gas_Spanish.pdf

17 *Ibidem.*

De esta forma, el plan *REPowerEU*, adoptado el 18 de mayo de 2022, fue la culminación de la política de abandono del suministro de recursos energéticos rusos, y consta de cuatro bloques temáticos, a saber[18]:

- ahorro de energía mediante la reducción del consumo de energía y la mejora de la eficiencia de los recursos, para lo que se prevé incentivar el aumento del objetivo obligatorio de eficiencia energética del 9 al 13% y la reducción del IVA para los sistemas de calefacción energéticamente eficientes, el aislamiento de edificios, y los aparatos y productos;
- diversificar el suministro energético aumentando las importaciones de gas natural licuado y, a largo plazo, de hidrógeno verde, con vistas a crear una plataforma energética de la UE en tres ámbitos: estructuración de la demanda energética mediante tecnologías digitales de la información y la comunicación; optimización de las infraestructuras de importación, almacenamiento y transporte de gas, y celebración de acuerdos a largo plazo con nuevos socios;
- acelerar el despliegue de las fuentes de energía renovables y el ritmo de la transición energética que supone sustituir los combustibles fósiles, agilizando así la transición energética de la Unión. Asimismo, se propone aumentar el objetivo principal para 2030 en materia de energías renovables del 40 % al 45 % en el marco del paquete de medidas «Objetivo 55» mediante el desarrollo intensivo de la energía eólica y solar, el hidrógeno renovable y la bioenergía. Se subraya la importancia del proceso de la modernización de los sistemas de suministro

---

18 COM(2022) 230 final, *op.cit.*

de calor urbanos e individuales, así como el uso del calor industrial, y

- llevar a cabo una política equilibrada e inteligente de inversiones inyectando 210.000 millones de euros adicionales hasta 2027 para el logro de los objetivos marcados por el Plan *REPowerEU.*

De este modo, en el marco del Plan *REPowerEU*, los Estados de la UE pretendían movilizar hasta 300.000 millones de euros, de los cuales unos 10.000 millones se destinarían a financiar infraestructuras de gas y de petróleo, y el resto, a acelerar la transición hacia las energías limpias. Según los planes de Bruselas, la puesta en marcha del Plan *REPowerEU* permitiría a los países de la Unión no sólo acelerar el ritmo de la transición verde, sino también abandonar el suministro energético ruso para 2030. Sin embargo, la consecución de los indicadores fijados en la documentación de la estrategia verde en el plazo previsto plantea también retos, dificultades y dudas en el contexto de la actual situación geopolítica y de inestabilidad económica, sobre las que trataremos a continuación.

3. LOS RETOS DE LA TRANSICIÓN ENERGÉTICA A LA LUZ DEL CONFLICTO DE UCRANIA

A la luz del conflicto bélico entre Rusia y Ucrania, los ambiciosos planes de la Unión en cumplimiento de los objetivos de la transición energética marcados por el PVE entrañaron importantes riesgos para todo el sector energético de la Unión, debido a que dicha transición energética requiere importantes volúmenes de gas para su período de transición. Así, los intentos de los Estados miembros (en adelante, "EEMM") de la UE para salvar la situación derivada de la crisis energética han puesto de relieve importantes retos tanto en términos del calendario como de los instrumentos para el alcance de los objetivos de dicha transición.

Como reflejo de esta situación, podemos señalar la aprobación en verano de 2022 de la controvertida decisión de la Comisión de conceder la etiqueta "verde" a la energía nuclear y el gas, a través de un Reglamento Delegado al que ni el Parlamento Europeo (en adelante, "PE") ni el Consejo se opusieron en virtud de las facultades que les confiere el art. 290 del Tratado de Funcionamiento de la Unión Europea (TFUE)[19]. En palabras del presidente de la comisión de Medio Ambiente del PE, Pascal Canfin, ese paso fue necesario ya que "[...] sólo refleja las necesidades existentes"[20]. Con ello, se puso en evidencia que las fuentes de energías renovables por sí solas no pueden satisfacer la creciente demanda energética en los países europeos, y que tanto el gas como la energía nuclear son necesarios para poder cumplir con la agenda energética del PVE. No obstante, frente a este acto de reforma se han interpuesto varios recursos de anulación, algunos de los cuales todavía no se han resuelto en su totalidad[21].

---

19 Reglamento Delegado (UE) 2022/1214 de la Comisión de 9 de marzo de 2022 por el que se modifica el Reglamento Delegado (UE) 2021/2139 en lo que respecta a las actividades económicas en determinados sectores energéticos y el Reglamento Delegado (UE) 2021/2178 en lo que respecta a la divulgación pública de información específica sobre esas actividades económicas, *DO* L 188 de 15.7.2022, p. 1/45.

20 "El Parlamento Europeo etiqueta como "verdes" la energía nuclear y el gas", *Euronews*, 6 de julio de 2022, disponible en https://es.euronews.com/my-europe/2022/07/06/el-parlamento-europeo-etiqueta-como-verdes-la-energia-nuclear-y-el-gas

21 Auto del Tribunal de Justicia de 30 de marzo de 2023, *Association Trinationale de Protection Nucléaire (ATPN) c. Comisión*, T-567/22 (actualmente recurrido en casación: recurso de casación interpuesto el 30 de mayo de 2023 por la Association Trinationale de Protection Nucléaire ATPN contra el auto del Tribunal General dictado el 30 de marzo de 2023 en el asunto T-567/22, ATPN / Comisión, C-340/23 P, *DO* C 252 de 17.7.2023, p. 36/37); Auto del Tribunal General de 21 de junio de 2023, *René Repasi c. Comisión*, T-628/22, ECLI:EU:T:2023:353 (igualmente recurrido: recurso de casación interpuesto el 30 de agosto de 2023 por el Sr. René Repasi contra el auto del Tribunal General dictado el 21 de junio de 2023 en el asuntoT-628/22, René Repasi /

3.1. La vuelta a la energía nuclear

Podemos constatar que, en estos momentos, el uso de la energía nuclear, a pesar de conseguir esa etiqueta verde, como fuente de energía "limpia" sigue siendo un asunto polémico para los EEMM de la Unión. Así, Alemania, tras largos debates, optó por el abandono completo de la energía nuclear al cerrar sus últimas tres plantas nucleares en el mes de abril de 2023, mientras que Francia sigue apostando por la energía nuclear[22]. El caso de Francia merece una mención especial, ya que desde la época de Charles de Gaulle, este país ya venía apostando por la energía nuclear como fuente principal para su independencia energética. En este sentido, cabe mencionar que, a día de hoy, Francia cuenta con 56 plantas nucleares, que representan más de la mitad de todas las plantas existentes de la Unión, 103 en total[23]. Es más, recientemente, el presidente Macron anunció que su país seguirá construyendo nuevas plantas nucleares, por un lado, para fortalecer la independencia energética del país y, por el otro, para poder cumplir con la agenda marcada por el PVE. El programa propuesto por Macron prevé la construcción de seis nuevos reactores, el primero de los cuales entrará en servicio en 2035, teniendo prevista más adelante la construcción de otras ocho plantas nucleares en su territorio[24].

Comisión Europea, C-552/23 P, *DO* C, C/2023/128, 16.10.2023, ELI: http://data.europa.eu/eli/C/2023/128/oj); recurso interpuesto el 7 de octubre de 222, Austria/Comisión, Asunto T-625/22, *DO* C 24 de 23.1.2023, p. 43/45.

22 "Alemania dice este sábado adiós a la energía nuclear con el cierre de sus tres últimas centrales", *Euronews,* 14 de abril de 2023, disponible en https://es.euronews.com/2023/04/14/alemania-dice-este-sabado-adios-a-la-energia-nuclear-con-el-cierre-de-sus-tres-ultimas-cen.

23 Comunicado de prensa del Ministerio de Ecología, Desarrollo Sostenible, Transporte y Vivienda de Francia de Francia, "Installations nucléaires en France", 26 de octubre de 2021, disponible en https://www.ecologie.gouv.fr/installations-nucleaires-en-france.

24 Comunicado de prensa de la Presidencia de Francia, "Reprendre em main notre destin énergétique", 10 de febrero de 2022, disponible en

3.2. La vuelta a las plantas de carbón

Otro caso de decisiones controvertidas tomadas debido al impacto del conflicto de Rusia con Ucrania fue la revitalización de la industria del carbón por algunos de los países de la UE, pues estas decisiones llaman mucho la atención por ser extremadamente antiecológicas, y por constituir un contrasentido con las disposiciones y documentos de la UE antes mencionados sobre la transición energética. Esa tendencia de la vuelta al carbón ya se podía observar hacia finales de 2020-2021 en países como Alemania, Países Bajos y Polonia. Un año más tarde, a esos países también se sumaron otros como Bulgaria, Rumanía, República Checa e Italia[25], aunque de momento no se ha propuesto abrir nuevas minas de carbón, sino la reactivación o en tal caso el aumento de la productividad de las minas que ya estaban activas. Todo ello pone de relieve los retos a los que los países de la UE se enfrentan en sus mercados energéticos de cara a la política de transición adoptada.

En este sentido, Alemania representa un caso particular, ya que en el proceso de transición energética tenía previsto suspender el funcionamiento de sus plantas de carbón entre los años 2022 y 2023, pero debido a la nueva realidad marcada por la guerra de Ucrania, en octubre de 2023, tomó la decisión de reactivar las centrales eléctricas de carbón que tenía en la reserva. Según el gobierno alemán, esa decisión tiene un carácter temporal y estas centrales dejarán de estar operativas para el 31 de marzo de 2024[26].

---

https://www.elysee.fr/emmanuel-macron/2022/02/10/reprendre-en-main-notre-destin-energetique.

25 "Italia sigue a Alemania y acelera en las compras de carbón tras la amenaza rusa", *La Información*, 21 de junio de 2022, disponible en https://www.lainformacion.com/mundo/italia-compra-carbon-amenaza-rusa/2869274/.

26 "La reactivación temporal de plantas de carbón pone a prueba el compromiso medioambiental de Alemania", *Euronews*, 20 de diciembre de 2023, disponible en https://es.euronews.com/2023/12/20/la-reacti-

En todo caso, es preciso mencionar que Alemania sigue estando considerada como uno de los líderes de la industria del carbón entre los EEMM de la Unión, siendo a la vez el tercer productor mundial del carbón. Así, según los analistas de Bloomberg, el conflicto entre Rusia y Ucrania podría no sólo conducir a la reapertura de minas de carbón en la UE, sino también socavar la credibilidad de la política de transición energética de la UE[27].

4. LAS VÍAS DE AVANCE DE LA TRANSICIÓN ENERGÉTICA DEL PACTO VERDE EUROPEO Y SUS DIFICULTADES

En vista de los hechos anteriores, el sector energético europeo se ha encontrado en una situación extremadamente contradictoria, poniendo en riesgo todo el proceso de transición energética marcado por la UE. Por consiguiente, se ve afectada también la implementación de los objetivos marcados por el PVE, estando su aplicación de cierta forma condicionada por las circunstancias relativas al conflicto bélico, como sería el caso del desarrollo de nuevos proyectos viables de energía verde.

Así, a pesar de las dificultades y riesgos que entraña el desarrollo de la energía verde en el actual contexto internacional de grandes fracturas, los países europeos no abandonan el objetivo de seguir apostando por la transición energética a través del desarrollo de nuevos proyectos. Como ejemplo de ello, podríamos mencionar que, a finales de agosto de 2022,

---

vacion-temporal-de-plantas-de-carbon-pone-a-prueba-el-compromiso-medioambiental-d

27 "Russia's War Is Turbocharging the World's Addiction to Coal", *Bloomberg*, 25 de abril de 2022, disponible en https://www.bloomberg.com/news/articles/2022-04-25/coal-prices-soar-as-russia-war-energy-crisis-risk-global-climate-goals

los países bálticos y nórdicos junto con Alemania anunciaron un proyecto de parque eólico de 17 GW. Y a pesar del elevado coste de este proyecto, que puede superar los 35.000 millones de dólares, estos países tienen previsto multiplicar por 7 la capacidad de sus parques eólicos marinos ya para el 2030[28]. Aquí, también cabe mencionar el proyecto de hidroducto H2Med, que pretende conectar la península Ibérica con el resto del continente europeo. Este proyecto tiene una gran importancia al ser el primer corredor de hidrógeno verde para Alemania, siendo un ejemplo de cooperación energética europea[29].

Sin embargo, resulta evidente que, para poder superar los retos y obstáculos planteados en el proceso de transición energética de la UE, no bastaría con la puesta en marcha de proyectos e iniciativas dispares por grupos separados de países europeos. A nuestro entender, lo necesario sería buscar un modelo común de suficiencia energética, mediante una reconfiguración del mercado eléctrico. En este sentido, un paso significativo ya se ha dado en diciembre de 2023, cuando la Unión acordó optar por la vía de reforma del mercado eléctrico para así alejarse definitivamente de los combustibles fósiles[30].

---

28 "El sector eólico europeo instaló 17 GW en 2023, nuevo récord: la energía eólica representa ahora el 19% de la producción eléctrica", *Asociación Empresarial Eólica (AEE)*, 12 de enero de 2024, disponible en https://aeeolica.org/el-sector-eolico-europeo-instalo-17-gw-en-2023-nuevo-record-la-energia-eolica-representa-ahora-el-19-de-la-produccion-electrica/

29 "H2Med se posiciona como el primer corredor de hidrógeno verde para Alemania", *Enagas*, 18 de octubre de 2023, disponible en https://www.enagas.es/es/sala-comunicacion/actualidad/notas-prensa/evento-berlin-h2med/

30 Comunicado de Prensa del Consejo, "Reforma de la configuración del mercado de la electricidad: el Consejo y el Parlamento alcanzan un acuerdo", 14 de diciembre de 2023, disponible en https://www.consilium.europa.eu/es/press/press-releases/2023/12/14/reform-of-electricity-market-design-council-and-parliament-reach-deal/

De esta forma, podemos observar los esfuerzos de la UE y de sus EEMM por seguir por la vía marcada del PVE, pero también cabe mencionar las dificultades presentes en ese rumbo procedentes del exterior de la Unión. Nos referimos aquí a la Ley para la Reducción de la Inflación de Estados Unidos (en adelante, “EEUU”), firmada por el presidente Biden en agosto de 2022[31]. Se trata de una ley que tiene una disposición sobre la asignación de cerca de 400.000 millones de dólares en subsidios para invertir en tecnologías verdes y la lucha contra el cambio climático, siempre y cuando se realicen en EEUU[32]. Es decir, la Ley mencionada incluye ayudas a empresas que inviertan en tecnologías limpias, así como subvenciones millonarias a empresas que inviertan en EEUU. La UE consideró que esta iniciativa era perjudicial para el tejido industrial de la Unión e incluso llegaba a incumplir las normas de la Organización Mundial del Comercio (en adelante, “OMC”). Esta cuestión fue uno de los puntos del orden del día durante la visita del presidente francés a EEUU en 2022, cuyo resultado fue la promesa por parte del presidente Biden de reconsiderar dicha ley con vistas a evitar el posible daño a la industria europea[33].

No han faltado críticas hacia la política europea de descarbonización también por parte de Rusia. Ejemplo de ello es la

---

31 *Act to Provide for reconciliation pursuant to title II of S. Con. Res. 14, Aug. 16, 2022 (Inflation Reduction Act of 2022), Public Law 117-169, 117th Congress – 136 Stat. 1818*, disponible en https://www.govinfo.gov/content/pkg/PLAW-117publ169/html/PLAW-117publ169.htm

32 “¿Por qué la ley de EE. UU. contra la inflación genera disgusto en Francia?”, *France24*, 30 de noviembre de 2022, disponible en https://www.france24.com/es/econom%C3%ADa-y-tecnolog%C3%ADa/20221130-por-qu%C3%A9-la-ley-contra-inflaci%C3%B3n-de-ee-uu-genera-pol%C3%A9mica-con-francia

33 “Biden se compromete a cambiar la ley que daña a Europa tras la petición de Macron”, *EuroEFE / Euractiv*, 1 de diciembre de 2022, disponible en, https://euroefe.euractiv.es/section/eeuu-y-canada/news/biden-se-compromete-a-cambiar-la-ley-que-dana-a-europa-tras-la-peticion-de-macron/

calificación de dicha política de "aventurera", por parte del dirigente del Fondo de Seguridad Energética Nacional (*Фонд национальной энергетической безопасности*), señalando la relevancia del gas ruso para Europa en esa fase de la transición energética marcada por el PVE[34].

Entre las dificultades de la transición energética, podríamos considerar el aumento de los precios de los metales y de otras materias primas necesarias para la producción de equipos y productos de energías renovables, como es el caso de los paneles solares, las plantas eólicas y las baterías. Así, por ejemplo, en el estudio realizado por S&P Global podemos encontrar advertencias sobre la amenaza del déficit de cobre, que podría poner en riesgo las políticas de transición energética de los Estados desarrollados[35]. Según estas estimaciones, la demanda de cobre a nivel mundial se duplicará para el 2035. Evidentemente, este estado de cosas no dejaría de lado al sector energético de la UE, que podría agravar aún más la inestabilidad actual del mercado energético europeo y posponer la transición energética a unos plazos más lejanos.

De esta forma, podemos constatar que el efecto de la ruptura de las relaciones comerciales con Rusia en el sector energético ha tenido un gran impacto sobre los países de la UE, que podría ser superado mediante acciones concertadas y de mutuo apoyo. En este sentido, la puesta en marcha de la transición energética de la Unión podría verse condicionada por el estado de desarrollo del propio sector energético de cada uno de los EEMM, que, como bien sabemos, varía considerablemente

---

34 "Влияние зеленой энергетики на проблемы Евросоюза объяснили" ["La influencia de la energía verde en los problemas de la Unión Europea explicada"], *Lenta.ru,* 1 de septiembre de 2022, disponible en https://lenta.ru/news/2022/09/11/eu_gas/

35 S&P GLOBAL, *The Future of Copper: Will the loomings supply gap short-circuit the energy transition?*, S&P Global, 2022, disponible en https://cdn.ihsmarkit.com/www/pdf/0722/The-Future-of-Copper_Full-Report_14July2022.pdf

de uno a otro. En este sentido, ya en el periodo anterior al conflicto se puso de manifiesto la heterogeneidad energética de los países europeos en términos de transición hacia fuentes de energía renovables. Ese hecho se puede concluir de los datos de Eurostat del año 2021, donde se evidencia que Suecia era el país más avanzado en este sentido, con una cuota de energías renovables en el consumo final bruto del 62,6%, y que también contaban con niveles elevados Finlandia, con un 43%; Letonia, con un 42,1%, y Estonia, con un 38%. En cambio, España cuenta con una cuota de un 20,7%, teniendo Luxemburgo la cuota más baja (de un 11,7%) dentro de los Estados de la Unión[36].

Así, a nuestro entender, la heterogeneidad del desarrollo del sector energético de las renovables de los Estados de la UE representa otra de las dificultades del proceso de transición energética de la Unión. De esta forma, podemos constatar que, a pesar de ciertos éxitos de algunos países europeos en el ámbito de las energías verdes, aún carecemos de un modelo común de transición energética a nivel europeo. Cierto es que, como ya hemos comentado en las líneas anteriores, en diciembre de 2023 se dio el primer paso hacia esa dirección con la apertura del proceso de reforma del mercado eléctrico de la Unión.

5. CONSIDERACIONES FINALES

A modo de conclusión, podemos constatar que a pesar de los esfuerzos de las instituciones de la UE y de los propios EEMM para acelerar la transición energética y garantizar la independencia de suministros energéticos de Rusia, los países de la Unión se siguen enfrentando a una serie de retos y dificultades en este proceso de cambios. Entre estos retos y dificulta-

---

36 EUROSTAT, *Share of energy from renewable sources 2012-2021*, Eurostat, Luxemburgo, 2024, disponible en https://ec.europa.eu/eurostat/databrowser/view/NRG_IND_REN__custom_6221075/default/table

des, hemos destacado tanto el elevado coste general de dicha transición como la subida de los precios de las materias primas, así como la heterogeneidad del sector energético de los países de la Unión.

No podemos dejar de mencionar el gran impacto que en este proceso ha tenido la confrontación entre los EEMM de la Unión y Rusia, debido al conflicto de Ucrania. Ciertamente, ese conflicto por un lado ha provocado un importante deterioro de la situación económica y el aumento de los precios, pero también ha puesto a prueba todo el sector energético de los países de la UE. Ello, evidentemente, conlleva un peligro para la ejecución de todo el paquete de iniciativas políticas del PVE hacia una transición ecológica. La decisión de abandonar los recursos energéticos provenientes de Rusia ha llevado, por un lado, a algunos de los países de la Unión a optar por la reactivación temporal de sus centrales eléctricas de carbón y, por el otro, a la concesión de la "etiqueta verde" por parte de la UE a la energía nuclear y el gas. Y, aunque son claramente visibles los esfuerzos tanto de la UE como de sus EEMM para seguir apostando por la descarbonización y la transición hacia las energías verdes, la consecución de estos objetivos resulta ser un gran reto en el actual entorno de confrontaciones abiertas.

RESUMEN: La invasión de Ucrania por Rusia iniciada en febrero de 2022 ha creado una nueva realidad internacional desde un punto de vista tanto político como económico. Sus consecuencias no sólo han provocado un importante deterioro económico, sino que también han puesto a prueba todo el sector energético de los países de la Unión, haciendo peligrar la ejecución de todo el paquete de iniciativas políticas del Pacto Verde Europeo referido a la transición energética. El objetivo del presente capítulo es el examen de los objetivos y de las prioridades clave de la transición energética de la Unión Europea, enmarcada dentro del Pacto Verde Europeo, así como el impacto y las consecuencias que ha tenido el conflicto de Ucrania para su consecución.

ABSTRACT: *The invasion of Ukraine by Russia in February 2022 has created a new international reality both politically and economically. Its consequences have not only led to a major economic downturn, but have also put the entire energy sector of the EU countries to the test, jeopardising the implementation* *of the whole package of the European Green Deal policy initiatives on energy transition. The aim of this chapter is to examine the key objectives and priorities of the EU's energy transition within the framework of the European Green Deal, as well as the impact and consequences of the conflict in Ukraine on its implementation.*

PARTE II

OTROS AVANCES Y DESAFÍOS SECTORIALES EN LA IMPLEMENTACIÓN DEL PACTO VERDE EUROPEO

La política de transporte marítimo de la UE y el Pacto Verde

JOSÉ MANUEL SOBRINO-HEREDIA[1]

SUMARIO: 1. INTRODUCCIÓN. 2. LA UNIÓN EUROPEA ANTE LA "MARITIMIZACIÓN" DEL COMERCIO MUNDIAL. 2.1. La dependencia de la UE del transporte marítimo, las exigencias medioambientales y la competencia leal. 2.2. La incorporación del transporte marítimo en la Política europea de transporte. 3. LA LENTA TRANSICIÓN VERDE DE LA POLÍTICA EUROPEA DE TRANSPORTE MARÍTIMO. 3.1. La integración de una dimensión medioambiental en la Política europea de transporte marítimo. 3.2. El reflejo de la hoja de ruta del Pacto Verde Europeo en el proceso de transición ecológica de la Política europea de transporte marítimo. 4. CONSIDERACIONES FINALES.

1. INTRODUCCIÓN

El transporte marítimo constituye una parte esencial de la cadena de suministro internacional, desempeñando un papel esencial en el comercio y en la economía mundial y europea. Esta actividad marítima, sometida actualmente a graves tensiones geopolíticas[2], se enfrenta a grandes retos y, entre ellos, a la descarbonización y a la reducción de la contaminación.

---

1 Catedrático de Derecho internacional público. Instituto Universitario de Estudios Europeos "Salvador de Madariaga". Universidade da Coruña (ORCID: 0000-0002-6457-6012; j.sobrino@udc.es). Estudio realizado en el marco del proyecto "La dimensión marítima del Pacto Verde Europeo" (ref. ID2020-117054RB-IOO) financiado por MCIN/AEI. Todas las páginas web mencionadas en este estudio han sido consultadas por última vez el 28 de febrero de 2024.

2 Los acontecimientos geopolíticos recientes tales como la Covid-19, la Guerra de Ucrania, el conflicto en Gaza y el Mar Rojo, o las tensiones

El sector del transporte marítimo europeo afronta estos retos inmersos desde hace casi una década en un complejo proceso de transición energética y medioambiental. Este proceso se produce, en buena medida, como respuesta a la iniciativa lanzada, en 2019, por la Comisión europea sobre el Pacto Verde Europeo, con el propósito de alcanzar una neutralidad climática [3]. Esta iniciativa se traduce en un conjunto de variadas medidas de distinto alcance jurídico, algunas de las cuales afectan a las actividades en los mares y océanos y, consiguientemente, al transporte marítimo, cuya huella de carbono no ha cesado de aumentar[4]. En esta línea, el Consejo Europeo de diciembre de 2019 hacía de la construcción de una Europa climáticamente neutra, verde, justa y social una de las cuatro prioridades principales de su agenda estratégica para el período 2019-2024[5]. Mientras que el Parlamento Europeo, en su resolución de enero de 2020 sobre el PVE, pedía que la transición necesaria hacia una sociedad climáticamente neutra se lograra a más tardar en 2050[6]. En junio de 2022, la Comisión y la Alta Representante pusieron en marcha la agenda renovada de la UE sobre la gobernanza internacional de los océanos, subrayando la dimensión oceánica de la PVE y

---

en la región del Índico-Pacífico, perturban el comercio marítimo internacional y ponen en peligro infraestructuras marítimas estratégicas

3 Comunicación de la Comisión: El Pacto Verde Europeo, *COM (2019) 640 final*, de 11.12.2019.

4 Según los datos que proporciona la UNCTAD, en enero de 2023, la flota mundial se hallaba integrada por 105.493 buques con un arqueo bruto igual o superior a 100 TB. En 2022, la capacidad había crecido a una tasa anual del 3,2 % y el tonelaje mundial había alcanzado 2.270 millones de toneladas de peso muerto. Y es responsable de cerca del 3 % de las emisiones de gas de efecto invernadero a nivel mundial, UNCTAD, *Informe sobre el transporte el transporte marítimo. 2023. Hacia una transición verde y justa*, Ginebra, 2023. Disponible en, www.unctad.org/rmt2023overview_es.

5 https://www.consilium.europa.eu/media/39964/a-new-strategic-agenda-2019-2024-es.pdf.

6 Resolución del Parlamento Europeo, de 15 de enero de 2020, sobre el Pacto Verde Europeo [2019/2956 (RSP)].

la necesidad de que se adoptasen medidas relacionadas con el transporte marítimo dirigidas a descarbonizar el sector y reducir su dependencia de los combustibles fósiles [7].

Las razones que explican estas declaraciones son obvias. Si los mares y océanos son los "pulmones azules" de nuestro planeta, su preservación pasa porque las actividades que en los mismos se desarrollen, véase el transporte marítimo, tiendan hacia el logro de la neutralidad climática. Es decir, por lograr que se emita la misma cantidad de dióxido de carbono (CO2) a la atmósfera de la que se retira por distintas vías, dejando un balance cero de emisiones[8]. En relación con ello y, aunque el porcentaje de emisiones de CO2 atribuibles al sector del transporte marítimo mundial es inferior en términos absolutos al de los sectores del transporte por carretera o aéreo[9], su impacto

---

7 Comunicación conjunta de la Comisión y el Alto Representante relativa a la Agenda de la UE de Gobernanza Internacional de los Océanos: Establecer el rumbo para un planeta azul sostenible, *JOIN (2022) 28 final*, Bruselas, 24.6.2022.

8 En línea con lo previsto en el Acuerdo de París. Este Acuerdo fue adoptado en París el 12 de diciembre de 2015 y entró en vigor el 4 de noviembre de 2016. España lo firmó en 2016 y ratificó en 2017, BOE núm. 28, de 2 de febrero de 2017, p. 7793. Reglamento (UE) 2021/1119 del Parlamento Europeo y del Consejo, de 30 de junio de 2021, por el que se establece el marco para lograr la neutralidad climática y se modifican los Reglamentos (CE) nº 401/2009 y (UE) 2018/1999 ("Legislación europea sobre el clima") (*DO L 243* de 9.7.2021, p. 1).

9 12 g de CO2 por tonelada transportada en un kilómetro frente a los 14 g de CO2 del tren, o 76 g de CO2 del camión. Por lo que se refiere a la UE, el tráfico de buques hacia o desde los puertos del Espacio Económico Europeo representa aproximadamente el 11 % de todas las emisiones de dióxido de carbono (CO2) de la Unión procedentes del transporte, y entre el 3 % y el 4 % del total de las emisiones de CO2 de la Unión. Comunicación de la Comisión de 9 de diciembre de 2020 titulada "Estrategia de movilidad sostenible e inteligente: encauzar el transporte europeo de cara al futuro", *COM (2020) 789 final*, Bruselas, 9.12.2020.

medioambiental no deja de crecer debido a los grandes volúmenes que mueve y a su fuerte dependencia de los combustibles fósiles. En particular por el hecho de utilizar principalmente fuelóleo pesado, residuo de la destilación del petróleo para la propulsión, combustible 3.500 veces más contaminante que el gasóleo y la gasolina, provocando emisiones de CO2, SOx, NOx, partículas finas y ultrafinas y hollín. A ello se unen, las mareas negras, vertidos de petróleo accidentales, la contaminación deliberada proveniente de la desgasificación y deslastrado, así como la contaminación operativa, procedente de las aguas grises y negras y de los residuos[10].

El transporte marítimo se erige, de este modo, en un sector clave dentro de la dimensión oceánica que alberga el proceso de transición verde en la UE. Ello se proyecta en la presión que se ejerce, hoy en día, sobre este sector dirigida a aumentar la eficiencia energética de los buques, usar combustibles limpios y explorar nuevos sistemas de propulsión, con el objetivo de reducir la emisión de gases de efecto invernadero.

La huella medioambiental del transporte marítimo es incuestionable, como también lo son, por un lado, la dependencia de la UE de este medio de transporte vital para su comercio, su desarrollo económico y su propia seguridad. Y, por otro, la cruda competencia que se libra dentro del sector del transporte marítimo a nivel mundial. Ello explica que algunas medidas que la UE está adoptando para hacer posible el tránsito verde en el transporte marítimo sean acogidas con preocupación por la industria europea que trabaja en este sector. Las razones parecen claras, ya que aumentar la eficiencia energética de los

---

10 Un análisis de este problema puede verse, entre otros, en, ANDERSSON, K. et al. (Eds.), *Shipping and the Environment. Improving Environmental Performance in Marine Transportation*, Ed. Springer, 2016. ARGÜELLO, G., *Marine Pollution, Shipping Waste and International Law*, Ed. Routledge, London/New York, 2020; BOILLET, N. et QUEFFELEC, B., *Le transport maritime et la protection de la biodiversité*, Ed. Pedone, Paris, 2021.

buques, usar combustibles limpios y explorar nuevos sistemas de propulsión, con el objetivo de reducir la emisión de gases de efecto invernadero, si no van acompañadas de las necesarias ayudas y subvenciones, pueden suponer unos costes muy considerables para esta industria europea dificultando su participación en el tráfico marítimo mundial en igualdad de condiciones con otras flotas procedentes de terceros países menos comprometidas por alcanzar esta neutralidad climática. De ahí, la importancia que tiene el conseguir un equilibrio entre las dimensiones medioambientales, sociales y económicas del transporte marítimo europeo, pues de ello depende su supervivencia.

La creciente importancia que el transporte marítimo tiene para la UE y el incremento de su dependencia del mismo, como consecuencia de la maritimización del comercio mundial (2), supone un aumento de la huella ecológica del mismo, lo que explica los desarrollos normativos que, en la línea del PVE, incorporan una preocupación marcadamente medioambiental en esta Política europea (3).

2. LA UNIÓN EUROPEA ANTE LA "MARITIMIZACIÓN" DEL COMERCIO MUNDIAL

El transporte marítimo es una parte esencial del sistema de transporte europeo y desempeña un papel crucial en la economía europea. Aunque, relativamente pequeño en términos de PIB (145.000 millones de euros o el 1%), el transporte marítimo europeo representa más de 2 millones de puestos de trabajo y el 40% del tonelaje bruto mundial. Aporta alrededor del 75% del volumen del comercio exterior de la Unión Europea y el 31% de su comercio interior. Cada año embarcan o desembarcan en los puertos de la UE unos 400 millones de pasajeros, entre ellos unos 14 millones de cruceristas. Al mismo tiempo, el tráfico marítimo hacia y desde los puertos del EEE representa en torno al 11% del total de emisiones de CO2 del transporte y entre el 3% y el 4% del total de emisiones de CO2 de la UE[11]. El transporte marítimo desempeña, además, un papel importante a la hora de garantizar la conectividad de las islas y las regiones marítimas periféricas con el resto del mercado interior.

El transporte marítimo, calificado a menudo como "alma del comercio mundial" es el medio de transporte más utilizado en el comercio internacional de la UE (2.1). Hecho que explica, también, su considerable impacto medioambiental en los mares, los océanos, el aire y la fauna marítima (2.2.).

2.1. La dependencia de la UE del transporte marítimo, las exigencias medioambientales y la competencia leal

La globalización económica y comercial tiene lugar, principalmente, por vía marítima (90% del comercio mundial), ya sea de materias primas entre los países del Sur y los del mundo industrializado, véase el Mercado interior de la UE, o de productos manufacturados de los "países factoría" a los países consumidores, véase los Estados miembros de la UE[12]. La ma-

---

11 Reglamento (UE) 2023/1805 del Parlamento Europeo y del Consejo de 13 de septiembre de 2023 relativo al uso de combustibles renovables y combustibles hipocarbónicos en el transporte marítimo y por el que se modifica la Directiva 2009/16/CE. *DO L 234*, de 22.09.2023, pp. 48 a 100.

12 La literatura relativa al transporte marítimo donde se examina esta realidad jurídica, económica y social, es muy abundante, a título ilustrativo: DAKOURI, J.-Cl., *Droit des transports maritimes*, Ed. L'Harmattan, Paris, 2015; GUILLAUME, J. (Dir.), *Les transports maritimes dans la* mondialisation, E. L'Harmattan, Paris, 2008; MILER, R. K. et al, *Containerization in Maritime Transport: Contemporary Trends and Challenges*, Ed. CRC Press, 2022; MONTORI, A., ESCRIBANO, C. y MARTÍNEZ, T., *Manual del transporte marítimo*, Ed. Marge Books, Barcelona, 2015; PONS, H. et VENTURELLI, N., *Le transport maritime*, Ed. Le Genie Editeur, Paris, 2018; ROMERO, R. y ESTEVE, A., *Transporte marítimo de mercancías*, E. Marge Books, Barcelona, 2017; TAPANINEU, U., *Maritime Transport*, Ed. Kogan Page, 2020.

ritimización de la economía y del comercio mundial se debe a varias razones, pero la principal es el progreso técnico realizado en el sector del transporte marítimo, que lo ha convertido en el modo más rentable, seguro y eficaz de transportar mercancías[13].

Las razones del éxito del transporte marítimo y el rápido crecimiento del tráfico se basan ante todo en su bajo coste comparativo, posible gracias a la "contenedorización", la especialización y el tamaño gigantesco de los buques (los mayores portacontenedores llegan a transportar unos 20.000 contenedores). La reducción de los tiempos y costes de transporte es uno de los principales aspectos y motores de la globalización, y desempeña un papel decisivo en la deslocalización de ciertos tipos de producción hacia países con bajos costes laborales (textil, manufacturas). El transporte marítimo es prácticamente la única forma económica de transportar grandes volúmenes de mercancías entre puntos geográficamente distantes. La gran capacidad de transporte de los buques modernos hace que los costes sean inferiores a los del transporte aéreo o terrestre[14].

---

13 Según datos de la UNCTAD, el comercio mundial alcanzó en 2021 la cifra récord de 28,5 billones de dólares, un 25% más que en 2020 y un 13% más que en 2019. Y alrededor de 500.000 millones en 1950. Las mercancías transitan por gigantescas interfaces portuarias, cuyos principales centros se encuentran en Asia: Shanghái, primer puerto mundial, está por delante de Singapur, Ningbo-Zhoushan, Shenzhen y Guangzhou, señal del desplazamiento del centro de gravedad de la economía mundial a favor de China. El primer puerto europeo, Rotterdam (Países Bajos), ocupa el décimo lugar. El sector está dominado por un puñado de grandes armadores: la danesa Maersk, la china COSCO, la suiza italiana MSC, la francesa CMA CGM y la alemana Hapag-Lloyd, entre otras.

14 Un análisis de la importancia de este modo de transporte, y en el que se tiene, también, en cuenta el impacto de la Covid-19 y el conflicto armado en Ucrania, puede consultarse en el Informe de 2023 de la UNCTAD sobre el transporte marítimo. https://unctad.org/es/publication/examen-del-transporte-maritimo-2023. En cuanto al importante peso de este sector en la economía de la UE, puede verse

Este éxito está siendo compartido por el sector europeo del transporte marítimo, que opera con una importante flota mercante. La flota marítima bajo pabellón de los Estados miembros o propiedad de empresas o armadores europeos asciende a 810 millones de toneladas de peso muerto, se compone de 23 400 buques y representa el 39,5% de la flota mundial en 2020[15]. Una parte de ella está registrada en los Estados miembros de la UE, otra parte, opera con buques con pabellón de conveniencia, siendo este el método elegido por las grandes navieras europeas dadas las ventajas fiscales, laborales y económicas que suponen[16]. En efecto, desde hace décadas se asiste al incremen-

---

en Asociación Europea de Navieras (ECSA), https://www.ecsa.eu/news/download-2020-update-economic-value-eu-shipping-industry-oxford-economics. *EU Transport in figures, the statistical pocketbook 2020,* https://ec.europa.eu/transport/media/media-corner/publications_es.

15 Asociación Europea de Navieras (ECSA), https://www.ecsa.eu/news/download-2020-update-economic-value-eu-shipping-industry-oxford-economics.

16 La flota mundial navega bajo 156 pabellones diferentes. La globalización del transporte marítimo ha ido acompañada de una disociación entre el pabellón del buque y la nacionalidad del armador para casi el 60% del tonelaje transportado. En 2020, cinco de los diez primeros países son pabellones de registro abierto o de conveniencia (Panamá, Liberia, Islas Marshall, Malta, Bahamas); tan sólo la República de Panamá transporta el 19% del tonelaje de la flota mundial. UNCTAD, *Review of Maritime Transport,* 2021. Sobre la práctica de los pabellones de conveniencia existe una amplia literatura, ver entre otros, MAESTRO, CORTIZAS, A., *La nacionalidad de los buques y los pabellones de conveniencia,* Ed. Thomson-Reuters-Aranzadi, Pamplona, 2022; MENSAH, T.A.,"Flags of convenience: problems and promises, en MEJIAS, M.Q., *Selected Issues in Maritime Law and* Policy, Nova Science Publishers, Hauppauge, 2013, p. 2552; SLIM, H., "Les pavillons de complaisance", en AA.VV., *Le pavillon,* Ed. Pedone, Paris, 2008, pp. 81-104; SOBRINO HEREDIA, J.M., "Pabellones de conveniencia y pesca ilegal", en VARGAS, M. y SALINAS, A. (Coords.), *Soberanía del Estado y derecho internacional: homenaje al profesor Juan Antonio Carrillo Salcedo,* Tomo II, Servicio de Publicaciones de la Universidad de Sevilla, Sevilla, 2005, pp. 1331-1348; STOLSVIK, G., "Flags of conve-

to del número de buques matriculados en registros abiertos, entre los que se encuentran los navíos con pabellón de conveniencia, barcos en los que no se da una relación auténtica con el Estado de pabellón, esto es buques que enarbola el pabellón de un país diferente al de su propietario, y que se ven favorecidos por normas fiscales más flexibles, mano de obra más barata o ayudas públicas[17]. El transporte marítimo constituye un sector extremadamente competitivo, en el que los pabellones tradicionales se enfrentan a la dura concurrencia de los pabellones de conveniencia, facilitada por la ambigüedad que rodea la legalidad de dicha práctica y por las deficiencias que padecen la normativa internacional en materia de seguridad marítima y prevención de la contaminación marina. A mayores exigencias medioambientales una mayor fuga hacia pabellones de conveniencia, en particular subestándar.

El transporte marítimo aporta una parte esencial del volumen del comercio exterior e interior de la UE[18]. El transporte marítimo constituye un componente esencial del sistema de transporte europeo y desempeña un papel fundamental para la

---

nience as a complicating factor in combating crime at sea", en KWA, y J.K. SKOGAN, J.K., *Maritime Security in Southeast Asia,* Ed. Routledge, London/New York, 2007, pp. 162-174.

17 La mayoría del transporte marítimo mundial se realiza bajo pabellones de conveniencia. La Federación Internacional de Trabajadores del Transporte (ITF) se ocupa de elaborar una lista evolutiva de banderas de conveniencia. En una lista de 32 registros, tres de estos pabellones de conveniencia -Panamá, Liberia y las Islas Marshall- son, con diferencia, los más representados en la flota mundial. En 2022, representaban en conjunto el 44,3% de la capacidad de carga mundial. En comparación, los buques mercantes registrados en China, el principal país exportador del mundo, representaban solo el 5,2% de la capacidad total. Otros pabellones de conveniencia utilizados con frecuencia son Malta (5,2% de la capacidad) y Bahamas (3,3%). https://unctad.org/publication/review-maritime-transport-2023.

18 *EU Transport in figures, the statistical pocketbook 2020* ["El transporte de la UE en cifras, el libro de bolsillo estadístico 2020"], https://ec.europa.eu/transport/media/media-corner/publications_es.

economía europea, al tiempo que sostiene su presencia mundial, ayuda a defender su independencia geopolítica, aumenta su resiliencia económica e industrial y su soberanía. La dependencia europea del transporte marítimo se visualiza aún más, cuándo el comercio marítimo mundial atraviesa por momentos críticos debido, unos a la multiplicación de escenarios de violencia en el mar consecuencia de conflictos armados o de actos de piratería marítima y, otros, como corolario del cambio climático y la manera en que este impacta en las arterias de navegación vitales para el mismo, como, por citar un ejemplo, el Canal de Panamá que sufre las secuelas de una prolongada sequía.

A esta dependencia se une otro factor, la vulnerabilidad del sector del transporte marítimo al operar en un entorno caracterizado por la apertura de los mercados y la competencia internacional, en la que no todos los Estados ni todos los pabellones se comportan de igual modo. Esto es, no todos los que intervienen en el comercio marítimo mundial manifiestan la misma preocupación por la huella ambiental del transporte marítimo, por el respeto de la normativa laboral a bordo de los buques, o por el estado de navegación de los navíos utilizados. En otros términos, no se dan las condiciones para que la competencia leal que preconiza la UE se dé en el transporte marítimo internacional. Es por ello, que empujar al sector europeo del transporte marítimo a la transición energética debe realizarse con la prudencia imprescindible para no ahuyentar a los operadores europeos y lanzarlos hacía pabellones menos comprometidos, pues los mares y océanos constituyen un entorno medioambiental global, y la reducción del impacto ambiental de este medio de transporte debería ser global.

En este sentido, la transformación de la industria europea del transporte marítimo debe ir acompañada de ayudas y subvenciones dentro de los márgenes que permite el derecho comercial internacional, pero, también, la UE debería usar su influencia comercial internacional para presionar sobre otros países con los que viene concluyendo acuerdos de libre comercio para que estos reduzcan o eliminen las ayudas y subvenciones que no permiten una competencia leal. Igualmente, la UE, debería incrementar los controles en los puertos para combatir estas prácticas desleales, de modo a garantizar el correcto funcionamiento del transporte marítimo.

Este escenario explica el desafío tan importante al que se enfrenta el sector del transporte marítimo europeo, por un lado, aumentar la eficiencia de los buques y reducir las emisiones con el fin de cumplir una normativa medioambiental cada vez más estricta, que obliga a la transición hacia el uso de combustibles limpios y, por otro lado, hacerlo sin que ello suponga la desaparición o irrelevancia del mismo y, consiguientemente, un deterioro de la seguridad europea. Y, tal transición debe producirse en el marco jurídico definido por la Política europea de transporte marítimo.

2.2. La incorporación del transporte marítimo en la Política europea de transporte

La Política de transportes de la UE tiene por objeto garantizar la circulación fluida, eficaz, segura y libre de personas y mercancías dentro de la UE a través de redes integradas con todos los modos de transporte. Su base jurídica la encontramos en el artículo 4, 2, g) TUE y el Título VI (artículos 90 a 100). Aunque, inicialmente esta Política era más bien un componente político-económico del mercado interior, el aumento del transporte en la UE y, más recientemente, el debate cada vez más urgente sobre el cambio climático han llevado a combinar la dimensión político-económica con la protección del clima y la innovación, a fin de garantizar y mejorar la seguridad y la sostenibilidad.

Pues bien, una de las políticas sectoriales que se desarrollan en el marco de esta Política de la UE es la Política europea de transporte marítimo. A ella se refiere, en particular, el art. 100, 2 TFUE. Aplicándosele, además, las disposiciones generales de este

Tratado sobre competencia y libre prestación de servicios[19]. La incorporación de esta dimensión marítima a la Política de transporte de la UE tardó en concretarse y no tomó cuerpo hasta finales de los años 80 del pasado Siglo. Ello se vio facilitado, principalmente, por dos hechos: la presión ejercida por los nuevos países con importantes intereses marítimos que se habían adherido a la UE (Grecia); y el declive de la flota europea. Estos dos factores llevaron a la Comisión a presentar al Consejo de Ministros la Comunicación "Hacia una futura política de transportes marítimos"[20]. Este documento tenía dos objetivos fundamentales: uno, abordar los principales problemas del sector, y, otro, crear una estructura dentro de la cual pudiera desarrollarse una política de transporte marítimo.

La cuestión de la competitividad del sector del transporte marítimo fue uno de los elementos que propulsaron esta política de la UE. Así, en 1986 se adoptaron cuatro reglamentos (4055/86[21],

---

19 Sobre esta Política de la UE, pueden verse, entre otros, BAENA BAENA, P. J., *La política comunitaria de los transportes marítimos.* Ed. Marcial Pons, Madrid, 1995; BEALL, J., *La politique européenne de transport maritime au regard des enjeux de développement durable et des engagements climat,* Les éditions des Journaux Officiels, Paris, 2017 ; GRARD, L., "La politique européenne des transports maritimes, soixante ans après les traités de Rome – Dix faits marquants", en CUDENNEC, A. et GUEGUEN-HALLOUET, G. (Dirs.), *L'UE et la mer 60 ans après les Traités de Rome,* Ed. Pedone, Paris, 2019, pp. 215-230; HENNING, J. and WERNER, J., *EU Maritime Transport Policy,* Ed. CH Beck, Hart, Nomos, Baden Baden, 2016; PALLIS, A. A., *The common EU maritime transport policy: Policy Europeanisation in the 1990s.* Ed. Routledge, London, 2017; PAIXAO, A.C. Y MARLOW, P.B., "A review of the European Union shipping policy". *Maritime Policy & Management,* vol. 28 (2), 2001, pp.187-189.

20 *COM (85) 90 final,* 19 de marzo de 1985.

21 Reglamento (CEE) nº 4055/86 del Consejo, de 22 de diciembre de 1986, relativo a la aplicación del principio de libre prestación de servicios al transporte marítimo entre Estados miembros y países terceros, *DO L378,* de 31.12.1986, pp. 1 a 3.

4056/86[22], 4057/86[23], 4058/86[24]) con el fin garantizar la libre prestación de servicios y la aplicación de las normas de competencia en el sector del transporte marítimo. Estos reglamentos se referían principalmente al peligro que representaban para el transporte marítimo europeo las políticas y prácticas proteccionistas de terceros países. En cuanto al problema de la competitividad de la flota europea en el mercado mundial, la Comisión publicó la Comunicación "Un futuro para la industria marítima comunitaria"[25], que contenía medidas para mejorar las condiciones de explotación de la flota comunitaria. Entre ellas, se incluía la propuesta de creación de un registro comunitario "EUROS" con el objetivo de evitar el abandono de los pabellones nacionales o segundos registros en favor de los pabellones de conveniencia. Años después, se actualizaría esta legislación en relación con el acceso a los mercados y libre competencia, en relación con el transporte de cabotaje o el servicio portuario[26].

---

22 Reglamento (CEE) nº 4056/86 del Consejo, de 22 de diciembre de 1986, por el que se determinan las modalidades de aplicación de los artículos 85 y 86 del Tratado a los transportes marítimos, *DO L378*, 31.12.1986, pp. 4 a 13.

23 Reglamento (CEE) nº 4057/86 del Consejo, de 22 de diciembre de 1986, relativo a las prácticas de tarifas desleales en los transportes marítimos, *DO L378*, 31.12.1986, pp. 14 a 20.

24 Reglamento (CEE) nº 4058/86 del Consejo de 22 de diciembre de 1986 sobre una acción coordinada con objeto de salvaguardar el libre acceso al tráfico transoceánico, *DO L378*, 31.12.1986, pp. 21 a 23.

25 COM (89) 266 final de 3 de agosto de 1989.

26 Por ejemplo, Reglamento (CE) nº 1419 del Consejo de 25 de septiembre de 2006, que deroga el Reglamento (CEE) nº 4056/86 por el que se determinan las modalidades de aplicación de los artículos 85 y 86 del Tratado a los transportes marítimos y se modifica el Reglamento (CE) nº 1/2003 ampliando su alcance con objeto de incluir el cabotaje y los servicios internacionales de tramp, *DO L269*, 28.9.2006, p. 1; Reglamento (UE) 2017/352 del Parlamento Europeo y del Consejo, de 15 de febrero de 2017, por el que se crea un marco para la prestación de servicios portuarios y se adoptan normas comunes sobre la transparencia financiera de los puertos (Texto pertinente a efectos del EEE), *DO L57*, 3.3.2017, p. 1; Reglamento (UE) 2017/352 del Parlamento Euro-

Una cuestión clave para reforzar la competitividad de la flota marítima europea es la relativa a las ayudas de Estado. En este sentido, la Comisión estableció, en 1997, un marco jurídico que autorizaba a los Estados miembros a conceder ayudas estatales al sector marítimo. En 2004, la Comisión confirmó este marco en forma de directrices revisadas sobre ayudas estatales al transporte marítimo. En estas directrices, la Comisión explicaba qué medidas de ayuda eran compatibles con el Tratado, en particular con vistas a fomentar la inclusión de buques en los registros de los Estados miembros[27].

Igualmente, otros aspectos fueron, también, destacando a medida que se desarrollaba esta Política, en particular, los relativos a las condiciones laborales y la formación de los profesionales del mar, y, también, los referentes a la seguridad de la navegación marítima. Por lo que se refiere al primer ámbito de actuación, la UE ha adoptado una serie de disposiciones, fundamentalmente directivas, que tratan de las condiciones de trabajo, tiempo de trabajo en el mar, seguridad de lugar de trabajo, asistencia médica, responsabilidad del Estado de pabellón en estas materias, etc. (Directiva 1999/63/CE, de 21 de junio de 1999[28], Directiva 2009/13/CE, de 16 de febrero de 2009[29],

---

peo del Consejo, de 5 de febrero de 2017 por el que se crea un marco para la prestación de servicios portuarios y se adoptan normas comunes sobre la transparencia financiera de los puertos, *DO L 57*, 3.3.2017, p.1.

27 Comunicación C (2004) 43 de la Comisión — Directrices comunitarias sobre ayudas de Estado al transporte marítimo (*DO C13*, 17.01.2004, p. 3, CELEX: https://eur-lex.europa.eu/legal-content/EN/TXT/?uri=CELEX:52004XC0117(01)).

28 Directiva 1999/63/CE del Consejo, de 21 de junio de 1999, relativa al Acuerdo sobre la ordenación del tiempo de trabajo de la gente de mar suscrito por la Asociación de Armadores de la Comunidad Europea (ECSA) y la Federación de Sindicatos del Transporte de la Unión Europea (FST)–Anexo: Acuerdo Europeo sobre la ordenación del tiempo de trabajo de la gente de mar, *DO L167*, 2.7.1999, p.33.

29 Directiva 2009/13/CE del Consejo, de 16 de febrero de 2009, por la que se aplica el Acuerdo celebrado entre las Asociaciones de Arma-

Directiva 2012/35/UE, de 21 de noviembre de 2012[30]; Directiva 2013/54/UE, de 20 de noviembre de 2013[31]). La formación de las gentes del mar y sus condiciones de trabajo constituyen elementos esenciales a la hora de mejorar el comportamiento medioambiental de la flota mercante europea, sobre todo si, como está ocurriendo, esta transición verde se acompaña de una compleja transición digital que introduce nuevas exigencias en materia de formación para la tripulación de estos buques[32]. Se trata, por otra parte, de un sector que conoce una caída importante del empleo y un envejecimiento de la gente del mar, así como el aumento de trabajadores procedentes de terceros países.

El segundo de los aspectos comentado que ha alcanzado un amplio desarrollo en la Política europea de transporte marítimo es el de la seguridad marítima. Se trata de una cuestión estrechamente vinculada con la protección medioambiental de los mares y océanos. Su objetivo esencial es el de proteger el medio ambiente marino y las regiones costeras frente a la con-

---

dores de la Comunidad Europea (ECSA) y la Federación Europea de Trabajadores del Transporte (ETF) relativo al Convenio sobre el trabajo marítimo, 2006, y se modifica la Directiva 1999/63/CE, *DO L124*, 20.5.2009, p. 30

30 Directiva 2012/35/UE del Parlamento Europeo y del Consejo, de 21 de noviembre de 2012, por la que se modifica la Directiva 2008/106/CE relativa al nivel mínimo de formación en las profesiones marítimas Texto pertinente a efectos del EEE, *DO L 343*, 14.12.2012, p. 78

31 Directiva 2013/54/UE del Parlamento Europeo y del Consejo, de 20 de noviembre de 2013, sobre determinadas responsabilidades del Estado del pabellón en materia de cumplimiento y control de la aplicación del Convenio sobre el trabajo marítimo, de 2006 Texto pertinente a efectos del EEE, DO L 329, 10.12.2013, p. 1

32 Sobre la estrecha interrelación entre transición ecológica y digital referida al transporte marítimo, véase, SOBRINO HEREDIA, J. M., "El Transporte marítimo y la transición ecológica y digital en el entorno marítimo de la Unión Europea", en OANTA, G.A., *Los derechos humanos en el mar ante los desafíos de la transición ecológica y digital*, Bosch Editor, Barcelona, 2023, pp. 35-69.

taminación procedente de los buques [art.91,1 c) y art. 100,2 TFUE]. Dado el carácter mundial del transporte marítimo, la OMI dicta normas internacionales uniformes, y la UE es responsable de incorporar estos convenios internacionales a la legislación comunitaria para garantizar su aplicación uniforme en todos sus Estados miembros. Una serie de catástrofes marítimas, como los hundimientos de los petroleros Erika (1999) y Prestige (2002) frente a las costas europeas, hicieron tomar conciencia del impacto del transporte marítimo en el medio ambiente y de la necesidad de tenerlo en cuenta en las políticas de seguridad, impulsando a la UE a endurecer las normas de seguridad vigentes en el ámbito del transporte marítimo. En particular adoptó una serie de disposiciones incluidas en los denominados Paquetes Erica I, II, y III, referidas al incremento de las inspecciones en puerto, a la retirada de los buques petroleros monocasco, al seguimiento del tráfico de navíos y la información (*SafeSeaNet*), a la creación de una Agencia Europea de Seguridad Marítima, y a las indemnizaciones, entre otros aspectos[33].

En el desarrollo de esta Política europea, tal vez sea la Comunicación que la Comisión presentó en 2009 sobre los objeti-

---

33 Sobre estas cuestiones existe una muy amplia bibliografía, véanse, entre otros, BASEDOW, J. y MAGNUS, U., *Pollution of the Sea. Prevention and Compensation*, Ed. Springer, Berlin, Heidelberg, New York, 2007; BELLAYER-ROILLE, A., *Le Transport maritime et les politiques de sécurité de l'Union Européenne*, Editions Apogée, Paris, 2000; BALANGLAIS, P., *Sécurité maritime et intégration européenne*, Ed. Bruyant, Larcier, Bruxelles, 2018; JUSTE RUIZ, J., "El accidente del Prestige y el Derecho internacional : de la prevención fallida a la reparación insuficiente", *Revista Española de Derecho Internacional*, nº 1, 2003, pp. 15-42; MEILÁN GIL, J.L. (Dir.), *Estudios sobre el Régimen jurídico de los vertidos de buques en el medio marino*, Ed. Thomson, Aranzadi, Pamplona, 2006; ROBERT, S., L'Erika : responsabilité pour un désastre écologique, Ed. Pedone, Paris, Pedone, 2003; SOBRINO HEREDIA, J.M., "L'affaire du Prestige : cadre juridique communautaire", en CASADO RAIGÓN, R. (Dir.), *L'Europe et la mer*, Ed. Bruylant, Bruxelles, 2005, pp. 215-248.

vos estratégicos y las recomendaciones para la Política europea de transporte marítimo[34], la que mejor refleja el estrecho vínculo entre las cuestiones relacionadas con la competitividad y aquellas relativas a la protección del medio ambiente marino. En este documento, la Comisión destacaba el reto al que se enfrentaba el transporte marítimo europeo ante la globalización de los mercados y el aumento de la presión competitiva. También, se señalaban los problemas vinculados a los recursos humanos, las cualificaciones y los conocimientos técnicos marítimos, y la necesidad de mejorar el atractivo de las profesiones marítimas, así como la mejora de la formación de la gente de mar, el fomento de perspectivas de carrera completas en ámbitos de actividad relacionados con el mar y la mejora de la imagen del transporte marítimo. Las cuestiones medioambientales comenzaban a aflorar, y, en este sentido, se apuntaba al objetivo de un transporte marítimo sin residuos ni emisiones, así como al fomento de la innovación y las actividades de investigación y desarrollo tecnológico para mejorar la eficiencia energética de los buques, reducir su impacto ambiental y mejorar la calidad. En fin, la intensidad que en aquellos años había tomado la violencia en el mar, hace que en este documento se manifieste la necesidad de mejorar la seguridad del transporte marítimo y la prevención del terrorismo y la piratería.

En esta comunicación la Comisión pone el acento en la necesidad de promover un transporte marítimo europeo de alta calidad como ventaja comparativa frente a las flotas de otros Estados. Lo que supone, según ella, mejorar el comportamiento medioambiental del transporte marítimo europeo. En suma, la evolución de la Política europea del transporte marítimo muestra como esta se ha ido orientado a apoyar el desarrollo de un entorno competitivo estable que contribuya a sostener

---

[34] Comunicación de la Comisión al Parlamento Europeo, al Consejo, al Comité Económico y Social Europeo y al Comité de las Regiones–Objetivos estratégicos y recomendaciones para la política de transporte marítimo de la UE hasta 2018, *COM (2009) 0008 final*, Bruselas, 21.01.2009

los esfuerzos por ecologizar e innovar el transporte marítimo. También, va a apoyar unas normas de competencia más justas y un desarrollo más equitativo del comercio marítimo internacional que posibiliten que el sector del transporte marítimo europeo pueda ajustarse a las exigencias medio ambientales. E, igualmente, pretende armonizar las normas de competencia material a escala mundial con la misma finalidad y combatir una competencia desleal en el mercado mundial del transporte marítimo. Estas orientaciones van promoviendo, como veremos a continuación, un sistema de transporte marítimo más eficiente y resiliente, asentado sobre una práctica que permita reducir las emisiones y la contaminación en consonancia con los objetivos del PVE.

3. LA LENTA TRANSICIÓN VERDE DE LA POLÍTICA DE TRANSPORTE MARÍTIMO DE LA UE

El transporte marítimo, esencial para la UE, tiene un impacto medioambiental muy considerable en los mares, los océanos, el aire y la fauna. Así, si tenemos en cuenta los últimos años, y por lo que se refiere a las emisiones de gases de efecto invernadero, los buques que hicieron escala en puertos de la UE y el Espacio Económico Europeo generaron alrededor de 140 millones de toneladas de emisiones de CO2 (el 18% de todas las emisiones del transporte marítimo internacional). Mientras que por lo respecta a la contaminación atmosférica, las emisiones de dióxido de azufre (SO2) de los buques que hacen escala en puertos europeos fueron de alrededor de 1,63 millones de toneladas (alrededor del 16% de todas las emisiones del transporte marítimo internacional)[35]. Otra fuente de preocupación es la derivada de la contaminación acústica provocada por el tráfico marítimo, que no ha dejado de aumentar desde hace

---

35 www.eea.europa.eu/publications/maritime-transport.

más de cuarenta años[36]. Por otro lado, cabe resaltar que, desde 1949, el sector del transporte marítimo es responsable de la mayor parte de las especies alóctonas introducidas en los mares de la UE, afectando a los ecosistemas y especies autóctonas[37]. El aumento cuantitativo del transporte de mercancías por mar, el fuerte desarrollo de la contenedorización y la masificación de los buques provocan nuevos riesgos de seguridad y contaminación, que se traducen, asimismo, en la pérdida de contenedores en el mar o el hundimiento de portacontenedores. Estos hechos explican la incorporación progresiva de una dimensión medio ambiental en la Política europea de transporte marítimo en sintonía con los objetivos del PVE (3.1.). Dimensión que se ha venido adaptando a la evolución de la transición verde por la que apuesta la UE en desarrollo del PVE (3.2.).

3.1. La integración de una dimensión medioambiental en la Política europea de transporte marítimo

En la intersección entre la Política europea de transporte marítimo y la Política europea sobre el medio ambiente, se ha desarrollado un importante corpus jurídico de normas medioambientales europeas aplicables al transporte marítimo que son, esencialmente, el resultado de transposiciones del Derecho internacional (OMI). Desde 2009, estas normas, que configuran la dimensión medioambiental de la Política europea de transporte marítimo se

---

36 SÁNCHEZ RAMOS, B., "Ecosistemas marinos y ruido subacuático antropogénico", en FERNÁNDEZ PROL, F., *Pesca marítima y crecimiento sostenible: análisis en clave jurídica"*, Bosch Editor, Barcelona, 2021, pp. 137-174.

37 GARCÍA GARCÍA-REVILLO, M. y FERNÁNDEZ DELGADO, C., *La introducción por mar de especies exóticas marinas a través del agua de lastre de los barcos,* Ed. Universidad de Córdoba, Córdoba, 2009; BAX, N., *et al.*, "Marine invasive alien species: a threat to global biodiversity", *Marine Policy*, 27, 2003, pp. 314 ss.; FOLKUNGER, J., *Regulations on Ballast Water & Invasive Species – a Comparative Approach,* Faculty of Law, University of Lund, 2010.

refieren principalmente a la reducción de las emisiones y la contaminación de las aguas europeas por los buques.

Este es el caso de la directiva 2012/33/UE, conocida como directiva "azufre"[38], que estipulaba que, a partir del 1 de enero de 2015, los buques de carga que operen en el Canal de la Mancha, el Mar del Norte y el Mar Báltico ya no podrán utilizar combustible con un contenido de azufre superior al 0,1%. Se trata de unos espacios marítimos que han sido definidos como SECA (Zona de Control de Emisiones de Azufre) de conformidad con el Convenio MARPOL. Movido, también, por la preocupación de reducir los gases de efecto invernadero, se encuentra el reglamento (UE) 2015/757 relativo al seguimiento, notificación y verificación de las emisiones de CO2 del sector del transporte marítimo que tiene por objeto permitir a la Comisión, en relación con las negociaciones que se mantienen en el marco de la OMI, revisar el régimen comunitario en caso de que se alcancen acuerdos internacionales[39]. Igualmente, cabe referirse, en relación con ello a la directiva 2016/802/UE relativa a la reducción del contenido de azufre de determinados combustibles líquidos[40]. En desarrollo de estas normas los Estados miembros deben procurar, por ejemplo, inspeccionar los buques que arriben a un puerto bajo su jurisdicción y respecto de los cuales no se disponga de determinada información relativa al documento de conformidad. Cabría la posibilidad de

---

38 Directiva 2012/33/UE del Parlamento europeo y del Consejo de 21 de noviembre de 2012 por la que se modifica la Directiva 1999/32/CE del Consejo en lo relativo al contenido de azufre de los combustibles para uso marítimo, *DO L 327*, 27.11.2012, p.11.

39 Reglamento (UE) 2015/757 del Parlamento Europeo y del Consejo, de 29 de abril de 2015, relativo al seguimiento, notificación y verificación de las emisiones de dióxido de carbono generadas por el transporte marítimo y por el que se modifica la Directiva 2009/16/CE, *DO L 123*, 19.5.2015, p.55.

40 Directiva (UE) 2016/802 del Parlamento Europeo y del Consejo de 11 de mayo de 2016 relativa a la reducción del contenido de azufre de determinados combustibles líquidos, *DO L 132*, 25.5.2016, p. 55.

imponer sanciones efectivas, proporcionadas y disuasorias. Y, en el caso de los buques que no hayan cumplido los requisitos de seguimiento y notificación durante dos o más períodos consecutivos de notificación y hayan fracasado otras medidas para garantizar el cumplimiento, debe preverse la posibilidad de expulsión.

Por lo que se refiere al papel de los servicios portuarios en la protección del medio ambiente y en la lucha contra la contaminación, la directiva 2000/59/CE, de 27.11.2000, hace referencia a las instalaciones portuarias receptoras de desechos generados por buques y residuos de carga, que prescribe y establece los mecanismos de control correspondientes para la eliminación obligatoria de hidrocarburos, mezclas oleosas, desechos generados por buques y residuos de carga en los puertos de la UE[41]. Estas normas han sido actualizadas por la Directiva (UE) 2019/883, de 17.4.2019, sobre instalaciones portuarias receptoras para el depósito de desechos generados por buques, con el fin de proteger mejor el medio marino reduciendo los vertidos de desechos al mar. Estas disposiciones tienen por objeto proteger el medio marino de las repercusiones negativas de las descargas de desechos por los buques que utilizan los puertos situados en la Unión, al tiempo que buscan garantizar el buen funcionamiento del tráfico marítimo, mejorando la disponibilidad y la utilización de instalaciones portuarias receptoras adecuadas y la entrega de desechos a dichas instalaciones [42].

---

[41] Directiva 2000/59/CE del Parlamento Europeo y del Consejo, de 27 de noviembre de 2000, sobre instalaciones portuarias receptoras de desechos generados por buques y residuos de carga, *DO L 332*, 28.12.2000, p.81.

[42] Directiva (UE) 2019/883 del Parlamento Europeo y del Consejo, de 17 de abril de 2019, relativa a las instalaciones portuarias receptoras a efectos de la entrega de desechos generados por buques, por la que se modifica la Directiva 2010/65/UE y se deroga la Directiva 2000/59/CE. *DO L 151*, 7.6.2019, p. 116.

Otro aspecto que retienen la atención es la introducción de sanciones en caso de infracción por contaminación. Y, así, la directiva 2005/35/CE, de 7 de septiembre de 2005, contiene una definición precisa de las infracciones y también establece que serán objeto de sanciones efectivas, proporcionadas y disuasorias, que pueden incluir sanciones penales o administrativas[43]. Esta disposición fue modificada por la directiva 2009/123/CE de 21.10.2009, que garantiza que las personas responsables de los vertidos de sustancias contaminantes estén sujetas a sanciones adecuadas, incluidas sanciones penales (incluso en los casos menos graves)[44]. En 2022, la Comisión adoptó un Reglamento de Ejecución para exigir a los Estados miembros de la Unión que hagan un seguimiento de la cantidad de desechos pescados de manera no intencionada por los buques pesqueros y las redes y trasladados a sus puertos y que comuniquen estos datos a la Comisión[45].

Otras normas hacen referencia a temas concretos, como la utilización de compuestos organoestánnicos en los buques utilizados principalmente como agentes antiincrustantes, para evitar el crecimiento de organismos en los cascos de los buques. Su impacto sobre el medio ambiente llevó a la adopción del regla-

---

43 Directiva 2005/35/CE del Parlamento Europeo y del Consejo, de 7 de septiembre de 2005, relativa a la contaminación procedente de buques y la introducción de sanciones para las infracciones. DO L 255, 30.9.2005, p. 11.

44 Directiva 2009/123/CE del Parlamento Europeo y del Consejo, de 21 de octubre de 2009, por la que se modifica la Directiva 2005/35/CE relativa a la contaminación procedente de buques y la introducción de sanciones para las infracciones. *DO L 280*, 27.10.2009, p.52.

45 Reglamento de ejecución (UE) de la Comisión de 21.1.2022 por el que se establecen disposiciones de aplicación de la Directiva (UE) 2019/883 del Parlamento Europeo y del Consejo en lo que respecta a las metodologías aplicables a los datos de seguimiento y el formato de notificación de los desechos pescados de manera no intencionada, *C/2022/0303 final*, Bruselas, 21.1.2022.

mento (CE) nº782/2003, de 14.4.2003, por el que se prohíben estos compuestos[46].

Un paso muy importante en el refuerzo de la dimensión medioambiental de la Política europea de transporte, lo dio la Comisión, en diciembre de 2020, al conectar estas cuestiones con la necesaria digitalización del transporte marítimo en su comunicación sobre la Estrategia de Movilidad Sostenible e Inteligente, donde se incluye un plan de acción con 82 iniciativas para orientar los trabajos en el sector del transporte (22 de ellas referidas al transporte marítimo) hasta 2024[47]. En ella, se establece una hoja de ruta para encaminar el transporte europeo hacia un futuro sostenible e inteligente y para ello identifica diez áreas clave. Se prevén distintos hitos para ilustrar la trayectoria que debe seguir el sistema europeo de transportes para alcanzar los objetivos de una movilidad sostenible, inteligente y resiliente. Esta iniciativa comprende entre sus objetivos el de introducir en el mercado los primeros buques de emisiones cero para 2030 y descarbonizar el transporte marítimo mediante un conjunto de medidas claramente definidas. Esto incluye, la revisión de la directiva sobre imposición de los productos energéticos, la posible ampliación del régimen de comercio de derechos de emisión de la UE al transporte marítimo (lo que ya es una realidad) y la armonización de la fiscalidad de la energía con las políticas energéticas y climáticas de la UE. Esta Estrategia de Movilidad Sostenible e inteligente busca que el transporte de la UE y, consiguientemente, el transporte marítimo reduzca sus emisiones un 90% antes del 2050, contribuyendo de este modo a la transición verde impulsada por el PVE y desarrollada a partir de él por una serie de disposiciones que, como veremos seguidamente, afectan directamente al transporte marítimo.

---

46 Reglamento (CE) nº 782/2003 del Parlamento Europeo y del Consejo, de 14 de abril de 2003, relativo a la prohibición de los compuestos organoestánnicos en los buques. *DO L 115*, 9.5.2003, p.1.

47 *COM (2020) 789 final*, 9.12.2020.

3.2. El reflejo de la hoja de ruta del Pacto Verde Europeo en el proceso de transición ecológica de la Política europea de transporte marítimo

Adoptado, como veíamos, en diciembre de 2019 por la Comisión Europea y aplicado a partir de julio de 2021, el PVE influye poderosamente en el sector del transporte marítimo europeo al marcarle el objetivo de reducir sus emisiones de carbono en un 90% antes de 2050. Los textos que lo desarrollan, indican que, para alcanzar este objetivo, el transporte marítimo debería reducir sus emisiones en al menos un 55 % antes de 2030, en comparación con los niveles de 1990. Para ello, se señala la necesidad de introducir el uso de combustibles renovables e hipocarbónicos y un mayor apoyo a la innovación. De este modo, la apuesta por combustibles sostenibles, tarificación del carbono, energías renovables, descarbonización y electrificación se han convertido, como veremos, en las consignas del sector transporte marítimo para atender a los objetivos marcados por estas disposiciones.

El PVE incluye una hoja de ruta con unas primeras acciones que indirectamente afectan al transporte marítimo. Entre ellas destacan: la Estrategia de biodiversidad, la Estrategia "de la granja a la mesa" para la UE ("del mar a la mesa") y La ley sobre el clima[48]. La dimensión oceánica de la Estrategia de Biodiversidad, adoptada el 20 de mayo de 2020, incluye un plan que forma parte de la Agenda 2030 para el Desarrollo Sostenible de la ONU con los ODS y el Acuerdo de París sobre el cambio

---

[48] Sobre la dimensión oceánica de estas tres iniciativas, véase, SOBRINO HEREDIA, J.M., "La Política Marítima Integrada se tiñe de verde: la dimensión oceánica del Pacto Verde Europeo", en FERNÁNDEZ PROL, F., *Pesca marítima y crecimiento sostenible: análisis en clave jurídica*, Ed. J. Bosch, 2021, Barcelona, pp. 21-43. Y, sobre su dimensión medioambiental y sus efectos extraterritoriales, CAMPINS ERITJA, M. y FERNÁNDEZ-PONS, X. (Eds.), *Deploying the European Green Deal. Protecting the Environment Beyond the EU Borders,* Ed. Routledge, London-New York, 2024.

climático, y que se aplicaría en las políticas europeas, incluida la Política de transporte marítimo, durante los próximos 15 años[49]. Dentro del componente oceánico de la Estrategia "de la granja a la mesa", de 20 de mayo de 2020, se señala cómo la Política de transporte marítimo puede afectar al origen de los productos del mar que entran en el mercado interior y pone el acento en su relación con la cuestión de la trazabilidad de los productos del mar[50]. La conocida como Ley del clima de la UE, adoptada el 30 de junio de 2021[51], tiene, también, un impacto sobre los mares y océanos, en el sentido de que transforma en obligación el compromiso político del PVE de alcanzar la neutralidad climática para 2050, encomienda a la Comisión la revisión de las políticas europeas, incluidas las políticas marítimas sectoriales, es decir, la política de transporte marítimo, y establece, entre otras cosas, un marco para la reducción progresiva e irreversible de las emisiones de gases de efecto invernadero de aquí a 2050 que, incluye, las emisiones procedentes del transporte marítimo.

A partir de aquí, se han ido adoptando una serie de medidas que afectan ya directamente al transporte marítimo europeo. Este es el caso del paquete de propuestas que, en desarrollo del PVE, adoptó la Comisión el 14 de julio de 2021, conocido como

---

49 Comunicación de la Comisión al Parlamento Europeo, al Consejo, al Comité Económico y Social europeo y al Comité de las Regiones: Estrategia de la UE sobre la biodiversidad de aquí a 2030. Reintegrar la naturaleza en nuestras vidas, *COM (2020) 380 final*, Bruselas, 20.5.2020.

50 Comunicación de la Comisión al Parlamento Europeo, al Consejo, al Comité Económico y Social europeo y al Comité de las Regiones: Estrategia "de la granja a la mesa". Para un sistema alimentario justo, saludable y respetuoso con el medio ambiente. *COM (2020) 381 final*, Bruselas, 20.5.2020.

51 Reglamento (UE) nº 2021/1119 del Parlamento Europeo y del Consejo, de 20 de junio de 2021, por el que se establece el marco para lograr la neutralidad climática y se modifican los Reglamentos (CE) nº 401/2009 y (UE) nº 2018/1999 ("Legislación europea sobre el clima"), DO L 243, 9.07.2021, p. 1.

"paquete de ajuste al objetivo 55"[52]. La finalidad de estas medidas era el de adaptar las políticas de la UE en diversas materias y, entre ellas, el transporte marítimo, a los objetivos de reducción de las emisiones netas de gases de efecto invernadero en al menos un 55% antes de 2030, en comparación con los niveles de 1990, como un objetivo previo al de alcanzar la neutralidad de carbono en 2050. Algunas de estas medidas se refieren, total o parcialmente, al transporte marítimo, y comprenden, principalmente: una propuesta para incorporar las emisiones del transporte marítimo al régimen comunitario de comercio de derechos de emisión [*COM (2021)0551 final*]; una propuesta de revisión del Reglamento sobre infraestructuras de combustibles alternativos, que exige, entre otras cosas, que los buques tengan acceso a electricidad limpia en los principales puertos [*COM (2021)559 final*]; y una propuesta sobre el uso de combustibles renovables y con baja emisión de carbono en el transporte marítimo (*Maritime FuelEU*) y por la que se modifica la Directiva 2009/16/CE [*COM (2021)562 final*].

Estas propuestas se han ido paulatinamente adoptando. De este modo, se ha incluido el transporte marítimo en el régimen intraeuropeo de comercio de derechos de emisión de gases de efecto invernadero (RCE-UE), a través del Reglamento (UE) 2023/957 del Parlamento Europeo y del Consejo de 10 de mayo de 2023[53], donde se establecen las normas aplicables para el se-

---

52 Comunicación de la Comisión al Parlamento Europeo, al Consejo, al Comité Económico y Social Europeo y al Comité de las Regiones relativa al "Objetivo 55": cumplimiento del objetivo climático de la UE para 2030 en el camino hacia la neutralidad climática, *COM (2021) 550 final*, Bruselas, 14.07.2021.

53 Reglamento (UE) 2023/957 del Parlamento Europeo y del Consejo de 10 de mayo de 2023 por el que se modifica el Reglamento (UE) 2015/757 con el fin de incorporar las actividades de transporte marítimo al régimen para el comercio de derechos de emisión en la Unión y de seguir, notificar y verificar las emisiones de gases de efecto invernadero adicionales y las emisiones procedentes de tipos adicionales de buques, *DO L 130*, 16.5.2023, p. 105.

guimiento, notificación y verificación de las emisiones de gases de efecto invernadero y de otra información pertinente de los buques que arriben, zarpen o se encuentren en puertos bajo jurisdicción de un Estado miembro, para promover la reducción de las emisiones de gases de efecto invernadero procedentes del transporte marítimo de una forma rentable. Se tratan de medidas basadas en el mercado que pretende internalizar el coste externo del CO_2 en las operaciones de los barcos mercantes para instaurar el principio "del contaminador paga". De este modo se genera un incentivo financiero de las navieras para descarbonizar sus flotas. Estas normas se aplicarán a las emisiones de buques dedicados a transporte de mercancías o pasajeros, con independencia del pabellón que arbolen, cuyo arqueo bruto sea igual o superior a 5.000 toneladas. Y se refiere a las emisiones de gases de dióxido de carbono (CO_2) y, a partir de 2026, metano (CH_4) y óxido nitroso (N_2O). La implantación de estas medidas va a ser progresiva: en 2025, entrega del 40% de sus emisiones de 2024 afectadas por el comercio de derechos de emisión; en 2026, entrega del 70% de las emisiones de 2025 afectadas por el comercio de derechos de emisión; y en 2027, entrega del 100% de las emisiones de 2026 afectadas por el comercio de derechos de emisión. Estas medidas encierran ciertos riesgos. Así, al no tener un alcance global, puede llevar a reconfigurar la red de transporte de las navieras para, de este modo, evadirlas, produciendo una deslocalización del transporte que favorecerá a los puertos del norte de África en relación con los del sur de Europa al no estar afectados por las mismas. De ahí, la necesidad de que se adopten también mecanismos que frenen el desarrollo de una competencia desleal, pues está, también, en riesgo la cadena de suministros europea.

Igualmente, en desarrollo de estas propuestas, se está revisado la Directiva sobre fiscalidad de la energía[54], eliminando

---

[54] Directiva 2003/96/CE del Consejo de 27 de octubre de 2003, por la que se reestructura el régimen comunitario de imposición de los productos energéticos y de la electricidad, *DO L 283*, 31.10.2003, p. 51.

las exenciones e incentivos que hayan quedado obsoletos en relación con el uso de combustibles fósiles en el transporte marítimo de la UE y promoviendo al mismo tiempo tecnologías limpias. Para ello, se introduce una nueva estructura de tipos impositivos basada en el contenido energético y el comportamiento medioambiental de los combustibles y la electricidad. Y, asimismo, se amplía la base imponible incluyendo más productos y eliminando algunas de las exenciones y reducciones actuales. El nuevo sistema garantizará que los combustibles más contaminantes sean los más gravados. Las nuevas normas establecen un tipo mínimo del impuesto especial sobre los combustibles utilizados para los buques transbordadores, pesqueros y de carga dentro de la UE. Y, los tipos impositivos mínimos aplicados reflejarán el nivel de riesgo de fuga de carbono al que están expuestos[55].

Otros avances en esta transición verde por lo que se refiere al sector del transporte marítimo europeo es el que abre el Reglamento sobre el despliegue de infraestructuras para los combustibles alternativos (AFIR), que sustituye a la Directiva sobre el despliegue de infraestructuras para los combustibles alternativos (AFID)[56]. Donde uno de los aspectos más destacados es la previsión para que los puertos marítimos que acojan un número mínimo de grandes buques de pasaje o buques portacontenedores suministren electricidad en puerto a dichos buques antes 2030. En relación con ello, se destaca como las instalaciones de electricidad en puerto, ya sean fijas o móviles, pueden abastecer al transporte marítimo y la navegación inte-

---

55 Comunicación de la Comisión: Propuesta de Directiva del Consejo por la que se reestructura el régimen de la Unión de imposición de los productos energéticos y de la electricidad (refundición), *COM (2021)563 final*, Bruselas, 14.7.2021.

56 Reglamento (UE) 2023/1804 del Parlamento Europeo y del Consejo de 13 de septiembre de 2023 relativo a la implantación de una infraestructura para los combustibles alternativos y por el que se deroga la Directiva 2014/94/UE, *DO L 234*, 22.9.2023, p.1.

rior proporcionando una fuente de energía limpia y pueden contribuir a reducir el impacto ambiental, climático y para la salud de los buques de navegación marítima y las embarcaciones de navegación interior, en particular en lo que respecta a la calidad del aire de las zonas urbanas que rodean los puertos. Por otro lado, este Reglamento pretende que la implantación y utilización de combustibles renovables y combustibles hipocarbónicos se acompañe de la creación de una red global de infraestructura de recarga y repostaje distribuida de manera equilibrada desde un punto de vista geográfico, que permita la adopción generalizada de vehículos de emisión cero y de baja emisión en todos los modos de transporte y, entre ellos, el marítimo. De este modo, persigue el garantizar que en los puertos se instale un suministro suficiente de electricidad mientras los buques de pasaje (incluidos los buques de pasaje de transbordo rodado, las naves de pasaje de gran velocidad y los buques de crucero) y los portacontenedores estén atracados, y dar cabida a la demanda de gases descarbonizados [es decir, el bio-GNL y los combustibles gaseosos sintéticos (biogás)]. En el caso de los buques de pasaje, las distintas categorías de barcos difieren en cuanto a sus características de demanda de energía cuando están atracados, lo que hace que en los puertos las necesidades en materia de inversión sean diferentes. Frente al riesgo de que la introducción limitada de suministro de electricidad en puerto perturbe las condiciones de competencia equitativas entre los puertos, en particular para los primeros inversores, pues incentivaría que los buques no equipados para ello desvíen su rumbo, resulta necesario que existan unos requisitos mínimos para todos los puertos marítimos europeos de la Red Transeuropea de Transporte (RTE-T).

En este Reglamento se prevé que antes de 2025, se debe disponer de un número adecuado de puntos de repostaje de metano licuado en los puertos marítimos de la red básica de la RTE-T. La implantación de esa infraestructura debe estar impulsada por la demanda del mercado. Los puntos de repostaje de metano licuado incluyen terminales de metano licuado, cisternas, remolques de camiones cisterna, camiones cisterna, contenedores móviles, buques cisterna y gabarras.

Otro paso importante dado para impulsar la transición verde del transporte marítimo europeo es el representado por el Reglamento (UE) 2023/1805 sobre el uso de combustibles renovables y con baja emisión de carbono en el transporte marítimo (*Fuel EU Maritime*), adoptado el 13 de septiembre de 2023[57]. Su objetivo es establecer normas uniformes que impongan un límite a la intensidad de las emisiones de gases de efecto invernadero de la energía utilizada a bordo por los buques que llegan a puertos bajo la jurisdicción de un Estado miembro, permanecen en dichos puertos o salen de ellos, y una obligación de utilizar el suministro de electricidad desde tierra o una tecnología de emisión cero en puertos bajo la jurisdicción de un Estado miembro (art. 1). Mediante el mismo se busca aumentar la demanda de combustibles renovables y bajos en carbono y la coherencia en su uso en el sector marítimo, garantizando al mismo tiempo la fluidez del tráfico marítimo y evitando distorsiones en el mercado interior. Esta Reglamento pretende estimular la producción y la utilización de combustibles renovables y con bajas emisiones de carbono (como el hidrógeno y los combustibles a base de hidrógeno, los biocombustibles, los combustibles sintéticos, la electricidad y otras energías sostenibles como la eólica), así como el uso de la energía terrestre, en particular eléctrica, para los buques atracados. Estas medidas

---

57 Reglamento (UE) 2023/1805 del Parlamento Europeo y del Consejo de 13 de septiembre de 2023 relativo al uso de combustibles renovables y combustibles hipocarbónicos en el transporte marítimo y por el que se modifica la Directiva 2009/16/CE, *DO L 334*, 22.9.2023, P. 48. Su propuesta dio lugar a un posicionamiento del sector sobre la misma, véase, ECSA (European Community Shipowners'Association) and ICS (International Chamber of Shipping), FuelEU Maritime – Avoiding Unintended Consequences Efficacy and implications of potential measures, including new EU fuel standards, to help decarbonise international shipping, May 2021, https://www.ics-shipping.org/publication/fueleu-maritime/.

que garantizarían la penetración de los combustibles renovables y con bajas emisiones de carbono en el mercado de los combustibles para uso marítimo se debe producir en condiciones de competencia leal en el mercado del transporte marítimo de la UE.

En el Reglamento se establecen normas destinadas a reducir de forma progresiva la intensidad media de los gases de efecto invernadero del combustible consumido a bordo por los buques que se encuentran atracados en los puertos de la UE, o que llegan a dichos puertos o salen de ellos. El incumplimiento de estas normas conllevará la imposición de multas administrativas a las empresas navieras, las cuales se utilizarían para apoyar proyectos destinados a acelerar el uso de combustibles renovables y combustibles hipocarbónicos en el sector marítimo y de biocarburantes en particular. Asimismo, obliga a que, después del 1 de enero de 2030, se utilice el suministro de electricidad en puerto para dos tipos de buques: los buques de pasajeros y los buques portacontenedores.

La finalidad, pues, de este Reglamento es aumentar la demanda de combustibles renovables y bajos en carbono y la coherencia en su uso en el sector marítimo, garantizando al mismo tiempo la fluidez del tráfico marítimo y evitando distorsiones en el mercado interior. Sus principales disposiciones se refieren, en particular, a los siguientes aspectos: el ámbito de aplicación, en cuanto al tamaño de los buques cubiertos y el perímetro geográfico; los objetivos de reducción de la intensidad de las emisiones de gases de efecto invernadero de la energía utilizada a bordo de los buques; el uso de la energía eléctrica en puerto, o en relación con otras tecnologías de emisiones cero para los buques atracados; la certificación de combustibles renovables y bajos en carbono; y la gobernanza de estas nuevas obligaciones, incluidas las sanciones que se aplicarán a las compañías por los buques que incumplan la normativa y la asignación de los ingresos generados por estas sanciones al Fondo de Innovación.

En cuanto a las prioridades destacan las siguientes: reducir los gases de efecto invernadero del transporte internacional; mejora de la calidad ambiental de las aguas marinas; la gestión de residuos y el desguace de buques; reducción de las emisiones de óxido de azufre y óxido de nitrógeno de los buques; y fomentar un transporte marítimo más ecológico;

Por otro lado, las disposiciones de este Reglamento dan a los Estados miembros la posibilidad de ampliar las obligaciones de suministro eléctrico en tierra impuestas a los buques fondeados o atracados en los puertos. Otorga un mayor papel a los verificadores y a las autoridades públicas encargadas de los controles. Refuerza el cálculo de la intensidad de las emisiones de gases de efecto invernadero y las sanciones y multas resultantes. Tiene en cuenta las especificidades geográficas de los Estados miembros y de las regiones ultraperiféricas. Incluye los puertos de transbordo de buques portacontenedores. Y, añade disposiciones para fomentar la demanda de combustibles renovables de origen no biológico.

Ahora bien, para lograr la descarbonización total es preciso que haya una amplia disponibilidad de combustibles marinos alternativos hipocarbónicos o sin emisiones de carbono, o de tecnologías de propulsión innovadoras, lo que por ahora no es el caso. Si se quiere alcanzar este objetivo, se necesitaría, también, una estrecha colaboración con todas las partes interesadas del sector marítimo y de la cadena de suministro[58]. En efecto, al imponer el uso de combustibles más limpios y, en particular, de biocarburantes, el mencionado Reglamento parece ignorar el hecho de que es posible que estos combustibles nunca estén disponibles en cantidades suficientes para el transpor-

---

[58] Dictamen del Comité Económico y Social Europeo sobre la propuesta de Reglamento del Parlamento Europeo y del Consejo relativo al uso de combustibles renovables y combustibles hipocarbónicos en el transporte marítimo y por el que se modifica la Directiva 2009/16/CE, *DO L 152*, 6.4.2022, p. 145.

te marítimo internacional y que no sean realmente una alternativa viable a los combustibles fósiles, al menos, a corto plazo.

En este proceso de transición ecológica en el que se encuentra inmerso el transporte marítimo europeo, no sólo se pone el acento en el impacto de la utilización de combustibles de origen fósil en el medio marino y la necesaria descarbonización del sector del transporte marítimo, sino que incluye otras cuestiones. Así, se señala la conveniencia de armonizar las instalaciones de recepción de residuos de los buques en los Estados miembros y hacerlas eficientes en relación con el objetivo a largo plazo de "residuos cero, emisiones cero". En línea con ello, también se precisa la conveniencia de equipar las instalaciones portuarias europeas con unidades de tratamiento de aguas residuales de buques. Igualmente, se considera necesario reducir el impacto sobre los mamíferos marinos, especialmente en relación con la contaminación acústica y los riesgos de colisión. La sostenibilidad incluye el respeto a la vida marina autóctona, y gracias al Convenio de Agua de Lastre[59] se ha conseguido proteger los ecosistemas de especies invasoras que podían ser traídas por medio de las ingentes cantidades de lastre que se trasladan entre distintos países y continentes. Y, finalmente, se destaca la necesidad de llevar a cabo una mejor gestión de la pérdida de contenedores y preocuparse más por los navíos europeos en fin de ciclo y su proceso de desguace.

---

59 Convenio Internacional para el control y la gestión del agua de lastre y los sedimentos de los buques, Londres 13 de febrero de 2004, ratificado por España en 2016 (BOE, núm. 282, 22.11.2016, p.81790).Un análisis de este Convenio puede consultarse en, FRANCO PÉREZ, A. y FRANCO GARCÍA, M.A., "Desajuste entre voluntad y realidad: el Convenio Internacional para el control y la gestión del agua de lastre y los sedimentos de los buques", *Actualidad jurídica ambiental*, n ° 83, 2018, pp. 1-57; TRINDADE DE CASTRO, M.C., *Implementation of the Ballast Water Management Convention, 2004 – Background Information on the Subject and Subject end Enforcement Procedures*, New York, Division for Oceans Affairs and the Law of Sea Office of Legal Affairs, United Nations, 2012.

La transición ecológica en el sector del transporte marítimo también afecta directamente a los puertos que están llamados a transformarse y adaptarse a los cambios en esta modalidad de transporte. Ello, probablemente, los llevarán más allá de su función fundamental actual, esto es, el transbordo y la logística, para abarcar otras actividades, como la de pasar a ser centros de servicios energéticos, por ejemplo, relacionados con la electricidad integrada y accesible a los buques que atraquen en sus muelles, o el suministro de hidrógeno y otros combustibles renovables y con bajas emisiones de carbono. También, se espera que se integren en la economía circular del sector, esto es, participando en la recogida, transbordo y eliminación de los residuos de buques, o procedentes de otras instalaciones industriales en los puertos o del desmantelamiento de buques. Igualmente, esta transición afectará a su relación con la industria a través del establecimiento en los mismos de polos industriales ecológicamente neutros.

En este proceso de transición ecológica, las medidas que viene adoptando o previendo la UE a fin de reducir de manera significativa las emisiones de CO_2 del transporte marítimo internacional, pasan por la necesidad de reducir la energía utilizada (aumento de la eficiencia energética) y por introducir tipos de energía más limpios (utilizar combustibles renovables y combustibles hipocarbónicos). En este sentido, la deseada descarbonización del transporte marítimo exige mejorar desde un punto medioambiental el combustible utilizado y el modo de utilizarlo[60]. En el contexto de esta transición de los carburantes utilizados en el transporte marítimo europeo hacia combustibles renovables e hipocarbónicos y hacia fuentes de energía sustitutorias, resulta esencial adoptar medidas que garanticen el

60 Los combustibles renovables y los hipocarbónicos deberían representar entre el 6 % y el 9 % de la combinación de combustibles del transporte marítimo internacional en 2030 y entre el 86 % y el 88 % de aquí a 2050 para contribuir a los objetivos de reducción de las emisiones de gases de efecto invernadero en toda la economía de la UE.

correcto funcionamiento y la competencia leal en el mercado del transporte marítimo de la UE. La dificultad de acceso a estos nuevos combustibles, su escasez, su coste y el nivel de exigencia a la hora de su utilización pueden dificultar la actividad del sector del transporte europeo[61]. Al respecto, no hay que olvidar, que los costes de combustible representan una parte importante de los costes de los operadores de buques (entre el 35% de la tarifa de flete de un pequeño petrolero y el 53% de los buques portacontenedores). Por otro lado, y en la actualidad, la combinación energética utilizada en el sector marítimo, como es conocido, se basa totalmente en los combustibles fósiles[62]. La reconversión de la flota europea, la incorporación de buques con nuevos motores necesariamente deberá ser progresiva y atenta a lo que sucede en las flotas de terceros Estados para hacer que su actividad siga siendo competitiva con la de éstos.

4. CONSIDERACIONES FINALES

El comercio mundial se ha maritimizado, el transporte marítimo se ha convertido en un componente esencial del mismo. Esta actividad marítima no cesa de aumentar, como, también, su huella medioambiental, aunque, comparativamente sigue siendo el menos contaminante de los modos de transporte. De

---

61 Sobre los procesos dirigidos a la descarbonización del transporte, puede consultarse, entre otros, HOEN A, VAN GRINSVEN, A.; KAMPMAN, B.; FABER, J.; VAN ESSEN H & SKINNER, I., *Recherche réalisée pour la commission TRAN – La décarbonation des transports dans l'Union européenne*, Parlement européen, Département thématique des politiques structurelles et de cohésion, Bruxelles, 2017 ; Y, centrado en el transporte marítimo, ZINCIR, B. *et al.* (Eds.), *Decarbonisation of Maritime Transport*, Ed. Springer, Dordrecht, 2023.

62 El sector marítimo tiene actualmente niveles insignificantes de demanda de biocarburantes, biolíquidos y combustibles de biomasa producidos a partir de cultivos alimentarios y forrajeros, ya que más del 99 % de los combustibles de uso marítimo utilizados actualmente son de origen fósil.

ahí, que se multipliquen las iniciativas dirigidas a aumentar la eficiencia energética de los buques, usar combustibles limpios y explorar nuevos sistemas de propulsión, con el objetivo de reducir la emisión de gases de efectos invernaderos y otras formas de contaminación.

La UE, entidad eminentemente marítima, depende para su comercio, su desarrollo económico y su propia seguridad, del buen funcionamiento del transporte marítimo. En este sentido, este transporte supone una parte esencial del transporte europeo, en buena medida llevado a cabo por buques bajo pabellón de sus Estados miembros o propiedad de navieras europeas. Pues bien, a pesar de ello, su incorporación a la Política europea de transporte ha sido tardía. Hubo que esperar a los años 80 del pasado Siglo para que la UE se dotara de una Política europea de transporte marítimo. Desde entonces su desarrollo se ha focalizado en torno a la cuestión de la competitividad, de las condiciones laborales de la gente del mar y de la seguridad marítima. Con el tiempo los aspectos medioambientales comenzaron a surgir, como también la preocupación por un transporte marítimo sin residuos ni emisiones posible gracias a la mejora de la eficiencia energética de los buques. En este camino la Política europea del transporte marítimo se convirtió rápidamente en un elemento esencial para alcanzar los objetivos del PVE.

En este proceso de transición ecológica de la Política europea de transporte marítimo pronto se advirtió la conveniencia de acompasar las exigencias medioambientales con el refuerzo de la competitividad del sector y la necesaria digitalización del mismo. De este modo, las disposiciones que se han venido adoptando en desarrollo o en sintonía con el PVE y que afectan a la industria europea del transporte marítimo han puesto énfasis en la reconversión de la flota hacía el uso de combustibles sostenibles, su descarbonización y su electrificación. Se trata en suma de mejorar, desde una perspectiva medioambiental el combustible utilizado por los buques y el modo de utilizarlo, avanzando en materias de motores (métodos de combustión) y sistema de propulsión de los buques.

Estas exigencias que afectan a la flota de la UE acarrean unos costes muy elevados, de manera que solo una aplicación progresiva de las mismas, unida a incentivos, excepciones y ayudas puede garantizar que esta transición se produzca en condiciones de competencia leal en un mercado tan competitivo como es el del transporte marítimo tanto de la UE, como mundial. Por lo tanto, las medidas de actuación deberían ser eficaces en relación con los costes que suponen. Pues, en caso contrario asistiremos a una fuga hacia pabellones y puertos de conveniencia menos condicionados por estas exigencias y favorecidos por normas más flexibles, mano de obra más barata y subvenciones públicas.

La transición ecológica está teniendo ya un impacto económico considerable en el sector del transporte marítimo europeo que debe adaptarse a la electrificación, los biocombustibles avanzados y otros combustibles renovables y bajos en carbono. Ahora bien, una parte considerable de la flota europea no está en condiciones de responder a tales exigencias, por lo que se hace necesario que se tomen iniciativas dirigidas a la modernización de la flota actual, así como la recuperación de los buques más antiguos para adaptarlos a estas exigencias, a lo que se une la imprescindible formación de las gentes del mar para que sean capaces de hacer frente a estas transformaciones. En otros términos, los avances del sector del transporte marítimo europeo hacia la neutralidad climática proclamada por el PVE y desarrollada en su hoja de ruta no se pueden acometer a coste cero.

RESUMEN: El transporte marítimo se ha convertido en un elemento esencial del comercio internacional y europeo. A pesar de ello, su incorporación a la Política Europea de transporte fue tardía, pero una vez realizada, su desarrollo se focalizó principalmente en torno a la cuestión de la competitividad, de las condiciones laborales de la gente del mar y de la seguridad marítima. Con el tiempo, comenzaron a surgir también los aspecto ambientales, y la preocupación por un transporte marítimo sin residuos ni emisiones gracias a la mejor de la eficiencia energética de los buques. La Política Europea de transporte marítimo se va a convertir así en un elemento esencial para alcanzar los objetivos del Pacto Verde Europeo, que ha puesto el énfasis en la reconversión de la flota hacia el uso de combustibles sostenibles, su descarbonización y su electrificación. Sin embargo, sus elevados costes existen una aplicación progresiva, e incentivos, excepciones y ayudas que puedan garantizar que esta transición se produzca en condiciones de competencia leal en un mercado tan competitivo tanto a nivel de la UE como mundial.

ABSTRACT: *Maritime transport has become an essential element of international and European trade. Despite this, its incorporation into European transport policy was late, but once it was realised, its development focused mainly on the issues of competitiveness, seafarers' working conditions and maritime safety. Over time, environmental aspects also began to emerge, and the concern for waste-free and emission-free shipping through improved energy efficiency of ships began to emerge. European maritime transport policy will thus become an essential element in achieving the objectives of the European Green Deal, which has put the emphasis on the conversion of the fleet to sustainable fuels, decarbonisation and electrification. However, its high costs require progressive implementation, incentives, exemptions and support to ensure that this transition can take place under fair competition conditions in a highly competitive market at EU and global level.*

Algunos retos en el despliegue de la iniciativa Contaminación Cero en relación con la producción, comercialización y uso de sustancias químicas

MAR CAMPINS ERITJA[1]

SUMARIO: 1. INTRODUCCIÓN. 2. LA INICIATIVA CONTAMINACIÓN CERO Y LAS ESTRATEGIAS PARA ALCANZAR SUS OBJETIVOS EN RELACIÓN CON LAS SUBSTANCIAS QUÍMICAS. 2.1. El Plan de Acción de la Comisión Europea. 2.2. La aproximación estratégica a las sustancias químicas de la Comisión Europea. 3. LA ADECUACIÓN DEL REGLAMENTO REACH COMO INSTRUMENTO LEGISLATIVO PARA EL DESPLIEGUE DE LA INICIATIVA CONTAMINACIÓN CERO EN RELACIÓN CON LAS SUSTANCIAS QUÍMICAS. 3.1. La base jurídica del Reglamento REACH. 3.2. La revisión en curso del Reglamento REACH en relación con el registro, evaluación y autorización de las sustancias químicas. 3.3. Las sustancias químicas sujetas al Reglamento REACH desde la perspectiva de la economía circular. 3.4. La dimensión exterior de las medidas sobre producción, comercialización y uso de las sustancias químicas sujetas al Reglamento REACH. 4. CONSIDERACIONES FINALES.

---

1 Catedrática de Derecho Internacional Público en la Universitat de Barcelona (mcampins@ub.edu). Todas las páginas webs mencionadas en este estudio han sido consultadas el 14 de diciembre 2023. La elaboración de este capítulo es uno de los resultados del proyecto de investigación PID2020-117379GB-I00, financiado por el Ministerio de Ciencia e Innovación español. Una versión previa y ampliada del mismo se encuentra en "Zero Chemical Pollution: A real new ímpetus for change?", en CAMPINS ERITJA, M. y FERNÁNDEZ-PONS. X. (Eds.), *Deploying the European Green Deal. Protecting the Environment Beyond the EU Borders*, Routledge, London, 2024, pp. 94-113.

1. INTRODUCCIÓN

La contaminación química antropogénica constituye una fuente de contaminación especialmente grave, presentándose como un fenómeno transversal cuyo control es esencial para la consecución de varios de los Objetivos de Desarrollo Sostenible (ODS). Su interacción con otros factores reduce la resiliencia de los ecosistemas y afecta a la salud y el bienestar humanos debido, especialmente, a la presencia de contaminantes en la cadena alimentaria[2].

La Unión Europea (UE) es el segundo productor mundial de productos químicos[3]. El uso intensivo de la energía en la industria representa aproximadamente el 50% de las emisiones mundiales de gases de efecto invernadero (GEI)[4], si bien en términos de emisiones directas de CO2 el sector químico constituye el tercer gran emisor dentro de la UE y se mantiene en unas cifras relativamente constantes en torno a los 935 Mt en 2022[5]. Aunque se produjo un ligero descenso en la producción de sustancias químicas peligrosas entre 2004 y 2016, su volumen global en la UE aumenta paulatinamente desde entonces, a la par que lo hacen también los residuos peligrosos que gene-

---

2 AGENCIA EUROPEA DE MEDIO AMBIENTE, *Zero Pollution: Zero Pollution Monitoring Assessment,* Informe web [en linea], (2022), <https://www.eea.europa.eu/publications/zero-pollution/production-consumption/production> [Consulta 14/12/2024].

3 COMISIÓN EUROPEA, *Transition Pathway for the Chemical Industry,* p. 3 [en linea], (2023) <https://ec.europa.eu/docsroom/documents/54595/attachments/1/translations/en/renditions/native> [Consulta 14/12/2024].

4 *Ibidem.*

5 INTERNATIONAL ENERGY AGENCY, *IEA at COP28* [en linea], (2023) <https://www.iea.org/energy-system/industry/chemicals> [Consulta 14/12/2023]; International Energy Agency: *IEA Tracking Report* [en linea], (2022) <https://www.iea.org/reports/chemicals > [Consulta 14/12/2023].

ra, en particular los plásticos y microplásticos, omnipresentes en los ecosistemas acuáticos, atmosféricos y terrestres[6].

Para alcanzar el objetivo de una UE climáticamente neutra en 2050, el Pacto Verde Europeo (PVE) adoptado por la Comisión Europea en 2019[7] exige una reducción significativa de las emisiones de GEI para 2030. Este objetivo global implica un proceso a largo plazo que exige numerosas medidas de diversa índole. Como una de las dimensiones del PVE, el presente trabajo examina algunos de los principales retos jurídicos de la iniciativa Contaminación Cero[8]. Debido al amplio alcance de esta iniciativa, se centra en la regulación de las sustancias químicas en la UE. La reducción de su uso y liberación en el vector medioambiental es una de las componentes cruciales de la iniciativa Contaminación Cero y, a su vez, ofrece un terreno fértil para el análisis de la política de la UE en este campo.

El capítulo se inicia con una breve presentación de esta iniciativa y sus objetivos específicos. A continuación, se examinan las diferentes estrategias de la UE para su despliegue, con especial atención al "Plan de acción de la UE: Hacia un planeta sano para todos: Hacia una contaminación cero del aire, el agua y el suelo" de 2021[9] y su encaje con el objetivo de la UE de alcanzar "un alto nivel de protección del medio ambiente" que recoge el Art. 191(2) del Tratado de Funcionamiento de la UE (TFUE).

---

6 AGENCIA EUROPEA DE MEDIO AMBIENTE, *Zero Pollution: Consumption* [en línea], (2023) <https://www.eea.europa.eu/publications/zero-pollution/production-consumption/consumption/#f19> [Consulta 14/12/2023]; Eurostat: *Statistics Explained* [en línea], (2023) <https://ec.europa.eu/eurostat/statistics-explained/index.php?title=Waste_statistics#Hazardous_waste_generation> [Consulta 14/12/2023]; AGENCIA EUROPEA DE MEDIO AMBIENTE, *Zero Polution: Zero Polution Monitoring Assessment...op.cit.*

7 COMISIÓN EUROPEA, El Pacto Verde Europeo, COM(2019)640.

8 COMISIÓN EUROPEA, La senda hacia un planeta sano para todos. Plan de acción de la UE: Contaminación cero para el aire, el agua y el suelo, COM(2021)400 final.

9 *Ibidem.*

El trabajo se centra, seguidamente, en el análisis del principal instrumento legislativo en materia de producción, comercialización y uso de las sustancias químicas, el Reglamento (CE) nº 1907/2006 por el que se establecen normas para el registro, la evaluación, la autorización y la restricción de las sustancias y preparados químicos (Reglamento REACH)[10], con especial detenimiento en su base jurídica, algunos de los aspectos más relevantes de la revisión en curso de estos procedimientos y la dimensión exterior de estas medidas.

2. LA INICIATIVA CONTAMINACIÓN CERO Y LAS ESTRATEGIAS PARA ALCANZAR SUS OBJETIVOS EN RELACIÓN CON LAS SUSTANCIAS QUÍMICAS

Desde un punto de vista estratégico, los diversos componentes del PVE constituyen el marco programático en el que se desarrollan las acciones de la UE encaminadas a alcanzar sus objetivos. Entre ellos, la iniciativa Contaminación Cero reviste especial interés puesto que ofrece un importante potencial para determinar dónde y cómo debe realizarse la reducción de emisiones que ha de permitir alcanzar el objetivo de la neutralidad climática. A su vez, se trata de una iniciativa enormemente ambiciosa y compleja que plantea un objetivo en sí mismo bastante indefinido[11], especialmente ahora que empieza a desplegarse en medidas concretas

---

10 Reglamento (CE) nº 1907/2006, de 18 de diciembre de 2006, relativo al registro, la evaluación, la autorización y la restricción de las sustancias y preparados químicos (REACH) y por el que se crea la Agencia Europea de Sustancias y Preparados Químicos, DO L396/1. Texto consolidado de 1.12.2023

11 KRÄMER, L., "Planning for Climate and the Environment: the EU Green Deal", *Journal for European Environmental & Planning Law* 17, 2020, pp. 267-306, p. 298.

2.1. El Plan de Acción de la Comisión Europea.

La iniciativa Contaminación Cero pretende crear un medio ambiente libre de sustancias tóxicas, reduciendo la contaminación a niveles no perjudiciales y aceptables para el medio ambiente y la salud humana. Para alcanzar este objetivo, el "Plan de acción de la UE: Contaminación cero para el aire, el agua y el suelo" (Plan de Acción)[12] adoptado por la Comisión Europea en 2021 persigue, entre otras prioridades, la revisión de las principales normas ambientales, el control de los nuevos contaminantes y el reforzamiento en la aplicación de la legislación de la UE en un amplio abanico de áreas. Estas prioridades se acompañan con una serie de metas cuantificadas a medio plazo para el año 2030[13]. En lo que respecta a la contaminación química, se propone una reducción del 55% de las muertes prematuras debidas a la contaminación atmosférica; una reducción del 25% de los ecosistemas amenazados por la contaminación atmosférica; una reducción del 50% del uso y los riesgos derivados de los plaguicidas químicos y de la comercialización de productos antimicrobianos para las explotaciones agrícolas y la acuicultura; una reducción del 50% de los vertidos de residuos plásticos en el mar; una reducción del 30% de los vertidos de microplásticos en el medio ambiente; y una reducción del 50% de la generación total de desechos y residuos municipales.

Las acciones previstas por el Plan de Acción siguen un planteamiento estructurado en una "jerarquía de acciones para la Contaminación Cero", que se aplica a todos los ámbitos, incluida la contaminación química. Así, la precaución y la prevención en la producción de las sustancias químicas tienen prioridad sobre su sustitución y eliminación, mientras que las acciones de reparación y restauración se consideran el último paso, excepto en el caso de la contaminación existente, en que deben ser prioritarias.

---

[12] COM(2021)400 final.

[13] *Ibidem*, p. 4.

El Plan de Acción parte, al menos teóricamente, de un enfoque integrado del tratamiento de la contaminación[14]. Sin embargo, tiene poco en cuenta el ciclo de vida de los materiales y sus flujos con respecto de la contaminación química[15]. Sigue careciendo de una visión holística, con lo que se mantiene la clásica diferenciación entre los instrumentos normativos aplicables a las sustancias químicas y a los residuos químicos y se dificulta la consideración de los procesos y métodos de producción (PMP) que pueden dejar rastros de residuos químicos en el producto final, como se apunta más adelante. Cabe observar que el Plan de Acción sólo menciona unas pocas veces el artículo 11 del TFUE, que consagra el principio de integración de las consideraciones ambientales en la legislación de la UE (tan solo lo hace en relación con la contaminación atmosférica en los edificios y la energía limpia)[16]. En este sentido, la nueva exigencia de no causar "un perjuicio significativo a objetivos ambientales" en la adopción de las medidas de prevención y control de la contaminación, que introduce el Reglamento (UE) nº 2020/852 relativo al establecimiento de un marco para facilitar las inversiones sostenibles[17] resulta insuficiente para orientar esta integración. El elemento de mayor ambición ambiental que incorpora su artículo 17 no parece, hasta ahora, haber cristalizado de una forma evidente y existe el riesgo de que este requisito acabe siendo otro criterio de naturaleza política y alcance meramente programático[18].

---

14 *Ibidem*, p. 3.

15 ALARANTA, J. Y TURUNEN, T., "How to Reach a Safe Circular Economy? Perspectives on Reconciling the Waste, Product and Chemicals Regulation", *Journal of Environmental Law*, 33 (1), 2021, pp. 113-136, p. 117.

16 COM(2021)400, *op. cit.*, pp. 6, 19.

17 Reglamento (UE) nº 2020/852, de 18 de junio de 2020, relativo al establecimiento de un marco para facilitar las inversiones sostenibles, DO L198/13.

18 CHITI, E., "Managing the ecological transition of the EU: The European Green Deal as a regulatory process", *Common Market Law Review*,

Asimismo, en tanto que instrumento estratégico y de carácter programático, este documento utiliza de manera profusa conceptos indeterminados que son difíciles de objetivizar e interpretar de manera inequívoca, especialmente cuando fundamentan la adopción de medidas concretas en el campo ambiental y, más concretamente, en el sector de la regulación de las sustancias químicas.

De hecho, la UE carece de una definición unívoca del concepto de contaminación, que tan solo se encuentra a través de varias Directivas y Reglamentos que abordan diferentes tipos de contaminantes y sus fuentes. Por ejemplo, desde un enfoque global, la Directiva 2010/75/UE sobre emisiones industriales[19] abarca, bajo este término, cualquier impacto de las sustancias, vibraciones, calor o ruido que pueda ser perjudicial para la salud humana o el medio ambiente. Otras definiciones tienen una base más sectorial, como las que figuran en la Directiva 2008/50/CE sobre la calidad del aire[20], la Directiva 2002/49/CE sobre el ruido ambiental[21], la Directiva marco del agua 2000/60/CE[22] o la Directiva Marco sobre la estrategia marina 2008/56/CE[23]. En esta línea, el Reglamento sobre Taxonomía, por ejemplo, tras ofrecer un concepto muy general de contaminación en el Art. 2(12), se remite únicamente a estas

---

59, 2022, pp. 19-48, p. 37.

19 Directiva 2010/75/UE, de 24 de noviembre de 2010, sobre las emisiones industriales (prevención y control integrados de la contaminación), DO L334/17.

20 Directiva 2008/50/CE, de 21 de mayo de 2008, relativa a la calidad del aire ambiente y a una atmósfera más limpia en Europa, DO L152/1.

21 Directiva 2002/49/CE, de 25 de junio de 2002, sobre evaluación y gestión del ruido ambiental, DO L189/12.

22 Directiva 2000/60/CE, de 23 de octubre de 2000, por la que se establece un marco comunitario de actuación en el ámbito de la política de agua, DO L327/1.

23 Directiva 2008/56/CE, de 17 de junio de 2008, por la que se establece un marco de acción comunitaria para la política del medio marino (Directiva marco sobre la estrategia marina), DO L 164/19.

dos últimas Directivas. En definitiva, este concepto no se define en relación con la contaminación química ni con la contaminación del suelo.

La UE tampoco ofrece una definición exhaustiva de lo que se entiende por Contaminación Cero, una noción vaga e imprecisa en sí misma que refleja más una abstracción que una realidad y sólo se refiere a esta idea de forma muy genérica. Así, el Plan de Acción la identifica como una situación en la que "[l]a contaminación del aire, el agua y el suelo es reducida a unos niveles que ya no se consideran perjudiciales para la salud y los ecosistemas naturales y que respetan unos límites aceptables para nuestro planeta, generando de este modo un entorno sin sustancias tóxicas"[24], pero apenas especifica el contexto. Debe considerarse, además, que el objetivo del Plan de Acción de reducir a cero el impacto negativo de las actividades humanas sobre el medio ambiente y la salud es una meta a largo plazo que no puede basarse en valores o criterios permanentes. El continuo desarrollo de productos y aplicaciones químicas plantea cada día nuevos retos que exigen respuestas normativas y políticas que deben ajustarse continuamente a esta realidad. Desde esta perspectiva, se trata de un concepto de difícil aprehensión, sobre todo si ha de traducirse en medidas específicas y umbrales mensurables y adaptables que tengan en cuenta los cambios sistémicos y permitan el acceso equitativo a los recursos. Factores como el carácter global de la contaminación o la acumulación de contaminantes, entre otros, junto con la notable falta de certidumbre científica acerca de los impactos de muchas de estas sustancias, hacen de la contaminación química "cero" una cuestión "intrínsecamente controvertida"[25].

---

24 COM(2021)400 final, *op.cit.*, p. 3.

25 PALONIITTY,T., NZEGWU, CH., y FRENCH, D., "Chemical pollution (and the release of novel entities)", en FRENCH, D. y KOTZÉ, L.J. (Eds.), *Research Handbook on Law, Governance and Planetary Boundaries*, Edward Elgar Publishing, Cheltenham, 2021, pp. 362–383, pp. 366-367.

A este respecto es necesario enlazar el objetivo de crear un medio ambiente libre de sustancias tóxicas en el sector químico que anuncia la iniciativa Contaminación Cero con la exigencia de un nivel de protección elevado del medio ambiente que introduce el Art. 191(2) del TFUE. Este se presenta como un auténtico objetivo rector del Derecho ambiental de la UE[26] que recoge también el Art. 3(3) del Tratado de la Unión Europea (TUE) y el Art. 37 de la Carta de Derechos Fundamentales de la UE. Esta exigencia también figura, *mutatis mutandis,* en el Art. 114(3) del TFUE sobre la armonización de la legislación del mercado interior, en lo que afecta a la protección de la salud, la seguridad, el medio ambiente y los consumidores. También es el primer objetivo mencionado en el Art. 1(1) del Reglamento REACH, siendo el registro para la producción de sustancias químicas o su comercialización uno de los mecanismos a través del que se hace operativo. Sin embargo, ninguna de estas disposiciones aclara cual es el umbral para determinar este alto nivel de protección.

Las dificultades, en este sentido, no son pocas, ya que, más allá de reconocer la diversidad de situaciones en los Estados miembros, ni el Art. 191(2) ni el Art. 114(3) del TFUE especifican en que consiste este alto nivel de protección. Tampoco cabe presumir que este estándar de protección esté implícito en las propuestas de la Comisión Europea o que los Estados miembros vayan a respetar por sí mismos este compromiso. Ello ha llevado a que la doctrina haya cuestionado el carácter autónomo y la consolidación de los criterios que sustentan esta exigencia[27]. La jurisprudencia del TJUE ofrece algún indicio al respecto, cuando vincula este alto nivel de protección con el

---

26 Conclusiones de la Abogada General Kokott en el asunto C-444/15, *Associazione Italia Nostra Onlus* c. *Comune di Venezia y otros*, ECLI:EU:C:2016:665, par. 25.

27 MISONNE, D., "The Importance of Setting a Target: The EU Ambition of a High Level of Protection" *Transnational Environmental Law* 4 (1), 2015, pp. 11–36, p. 35.

principio de precaución y lo caracteriza como uno de sus fundamentos[28]; ahora bien, también ha insistido en que desde un punto de vista sustantivo no tiene por qué tratarse necesariamente del nivel de protección más elevado técnicamente posible, correspondiendo al legislador de la UE determinar dónde debe fijarse este umbral de protección[29].

2.2. *La aproximación estratégica a las sustancias químicas de la Comisión Europea*

La acción de la UE en materia de sustancias químicas descansa sobre dos pilares estratégicos. La "Estrategia de sostenibilidad para las sustancias químicas. Hacia un entorno sin sustancias tóxicas" (Estrategia sobre sustancias químicas)[30] aborda específicamente las cuestiones relacionadas con la contaminación química y se despliega en dos grandes dimensiones: primero, las medidas necesarias para mejorar el marco normativo aplicable a las sustancias químicas desde una perspectiva más preventiva, prohibiendo las más nocivas a menos que su uso se considere imprescindible y, segundo, las acciones destinadas a fomentar la innovación en el diseño de estas sustancias para hacerlas más seguras y sostenibles. Su principal objetivo es reforzar los mecanismos que ofrecen el Reglamento REACH, al que nos referimos

---

28 Asunto C-127/02, *Landelijke Vereniging tot Behoud van de Waddenzee, Nederlandse Vereniging tot Bescherming van Vogels c. Staatssecretaris van Landbouw, Natuurbeheer en Visserij*, ECLI:EU:C:2004:482, par. 44.

29 Asunto C-284/95, *Safety Hi-Tech,* ECLI:EU:C:1998:352; Asunto C-341/95, *Gianni Bettati c. Safety Hi-Tech,* ECLI:EU:C:1998:353; Asunto C-195/12, *Industrie du bois de Vielsalm & Cie (IBV) SA c. Région wallonne,* ECLI:EU:C:2013:598; Asunto C-557/15, *Comisión c. Malta,* ECLI:EU:C:2018:477; Asunto C-664/15, *Protect Natur-, Arten- und Landschaftsschutz Umweltorganisation,* ECLI:EU:C:2017:987.

30 COMISIÓN EUROPEA, Estrategia de sostenibilidad para las sustancias químicas. Hacia un entorno sin sustancias tóxicas, COM(2020)667 final.

más adelante y el Reglamento (CE) nº 1272/2008 sobre clasificación, etiquetado y envasado de sustancias y mezclas (Reglamento CLP)[31].

El otro elemento esencial de la ecuación para la eliminación de la contaminación química es la Estrategia sobre la economía circular[32]. Dicha estrategia, que abarca distintos sectores y afecta a diferentes marcos jurídicos, establece un modelo de producción y consumo destinado a mantener los materiales en el flujo económico durante el mayor tiempo posible. Prevé también una serie de acciones relativas a la revisión de la legislación sobre sustancias químicas peligrosas y residuos, así como el establecimiento de objetivos de reducción de residuos para flujos específicos. En esta línea, por ejemplo, la "Estrategia europea para los plásticos en una economía circular"[33] y el "Marco político de la UE sobre plásticos biobasados, biodegradables y compostables"[34] disponen que para 2030 todos los envases de plástico del mercado puedan reutilizarse o reciclarse de forma sostenible a la vez que rentable. Además, la UE también se ha comprometido a no exportar productos químicos prohibidos en la UE a terceros Estados, una postura que está en consonancia con el refuerzo de los controles de exportación de residuos peligrosos en el que está trabajando actualmente la Comisión Europea[35].

---

31 Reglamento (CE) nº 1272/2008, de 16 de diciembre de 2008, sobre clasificación, etiquetado y envasado de sustancias y mezclas, DO L353/1. Texto consolidado de 1.12.2023.

32 COMISIÓN EUROPEA, Nuevo Plan de acción para la economía circular por una Europa más limpia y más competitiva, COM(2020)98 final.

33 COMISIÓN EUROPEA, Una estrategia europea para los plásticos en una economía circular, COM(2018)28 final.

34 COMISIÓN EUROPEA, Marco político de la UE sobre plásticos biobasados, biodegradables y compostables, COM(2022)682 final.

35 COMISIÓN EUROPEA, Propuesta de Reglamento del Parlamento Europeo y del Consejo relativo a los traslados de residuos y por el que se modifican los Reglamentos (UE) nº 1257/2013 y (UE) nº 2020/1056, COM(2021)709 final.

Asimismo, otras acciones de la UE están orientadas, indirectamente, al cumplimiento de los objetivos de la iniciativa Contaminación Cero en la industria química. En cuanto al modelo de desarrollo industrial, cabe mencionar la nueva estrategia industrial[36] y la estrategia para las PYMEs[37]; en una perspectiva más sectorial, también desempeñarán un papel importante, junto con iniciativas como la Ley del Clima[38] y el paquete "Objetivo 55"[39], la estrategia sobre biodiversidad[40], la estrategia "de la granja a la mesa"[41], la estrategia sobre el suelo,[42] el nuevo enfoque para una economía azul sostenible[43], o la estrategia sobre los productos farmacéuticos en el medio ambiente[44].

---

36 COMISIÓN EUROPEA, Un nuevo modelo de industria para Europa para Europa, COM(2020)102 final.

37 COMISIÓN EUROPEA, Una estrategia para las PYMES en pro de una Europa sostenible y digital, COM(2020)103 final.

38 Reglamento (UE) nº 2021/1119 de 30 de junio de 2021 por el que se establece el marco para conseguir la neutralidad climática, DO L243/1.

39 COMISIÓN EUROPEA, Objetivo 55: cumplimiento del objetivo climático de la UE para 2030 en el camino hacia la neutralidad climática, COM(2021)550 final.

40 COMISIÓN EUROPEA, Estrategia de la UE sobre la biodiversidad de aquí a 2030. Reintegrar la naturaleza a nuestras vidas, COM(2020)380 final.

41 COMISIÓN EUROPEA, Estrategia "de la granja a la mesa" para un sistema alimentario justo, saludable y respetuoso con el medio ambiente, COM(2020)381 final.

42 COMISIÓN EUROPEA, Estrategia de la UE para la protección del suelo para 2030. Aprovechar los beneficios de unos suelos sanos para las personas, los alimentos, la naturaleza y el clima, COM(2021)699 final.

43 COMISIÓN EUROPEA, Un nuevo enfoque de la economía azul sostenible en la UE. Transformar la economía azul de la UE para un futuro sostenible, COM(2021)240 final.

44 COMISIÓN EUROPEA, Enfoque estratégico de la Unión Europea en materia de productos farmacéuticos en el medio ambiente, COM(2019)128 final.

3. LA ADECUACIÓN DEL REGLAMENTO REACH COMO INSTRUMENTO LEGISLATIVO PARA EL DESPLIEGUE DE LA INICIATIVA CONTAMINACIÓN CERO EN RELACIÓN CON LAS SUSTANCIAS QUÍMICAS

El PVE, el Plan de Acción y la Estrategia sobre sustancias químicas exigen que la UE ejerza su competencia legislativa en materia de reducción de la contaminación en los diferentes sectores ambientales. Esto incluye la puesta al día de un amplio abanico de normas relativas al aire, el agua y el suelo y, especialmente, de la normativa vigente en materia de producción, comercialización y uso de las sustancias químicas, que requiere una profunda revisión ya que actualmente resulta insuficiente por sí sola para garantizar la consecución del objetivo de Contaminación Cero[45].

3.1. La base jurídica del Reglamento REACH

Las acciones que persiguen el Plan de Acción y la Estrategia sobre sustancias químicas se ajustan a los objetivos enumerados en el Art. 191 del TFUE: a saber, la conservación, protección y mejora del medio ambiente, la protección de la salud humana y la utilización prudente y racional de los recursos naturales. Alcanzar un medio ambiente libre de toxinas es también una de las prioridades del 8° Programa de Acción en materia de Medio Ambiente[46]. Aun así, la base jurídica que ofrece el Art. 192

---

45 AGENCIA EUROPEA DE MEDIO AMBIENTE, *The European environment -State and outlook 2020. Knowledge for transition to a sustainable Europe* [en línea], (2019) <https://www.eea.europa.eu/publications/soer-2020> [Consulta 14/12/2023]; AGENCIA EUROPEA DE MEDIO AMBIENTE, *EEA Signals 2020: Towards zero pollution in Europe*, [en línea], (2021) <https://www.eea.europa.eu/signals/signals-2020-towards-zero-pollution> [Consulta 14/12/2023].

46 COMISIÓN EUROPEA, Propuesta de Decisión del Parlamento Europeo y del Consejo sobre un Programa General de Acción de la Unión en materia de Medio Ambiente hasta 2030, COM(2020)652 final.

del TFUE para la adopción de las medidas que persiguen estos objetivos y, concretamente, para el desarrollo de la iniciativa Contaminación Cero en el sector específico de las sustancias químicas, no está exenta de debate. De una parte, dada su amplitud y ambigüedad, el alcance de la acción que pretende la UE puede exceder sus competencias si afecta a medidas que deberían adoptar los Estados miembros de acuerdo con el principio de subsidiariedad. De otra parte, las medidas de la UE, en este sector concreto, deben ser coherentes con otras disposiciones jurídicas, como las relativas a la armonización de las normas nacionales para el funcionamiento del mercado interior.

En el ámbito de la regulación de las sustancias químicas ha predominado tradicionalmente la lógica del mercado interior[47], por lo que la base jurídica que sustenta el Reglamento REACH se encuentra en el Art. 114 del TFUE y no en el Art. 192 del TFUE. En la actualidad, esto no parece discutible[48]. La exclu-

---

[47] CHITI, E., "Managing the ecological transition of the EU: The European Green Deal as a regulatory process", *op.cit*, p. 37.

[48] Cabe señalar que ésta es una cuestión que se planteó con frecuencia antes de la entrada en vigor del Tratado de Lisboa, en relación con la determinación del objetivo principal de las medidas comunitarias vinculadas con el tema objeto del presente trabajo, su dimensión exterior o su vinculación con la política comercial. Así, la Comisión Europea solicitó en 2003 la anulación de la Decisión del Consejo relativa a la aprobación del Convenio de Rotterdam sobre el procedimiento de consentimiento fundamentado previo y del Reglamento (CE) nº 304/2003 relativo a la exportación e importación de productos químicos peligroso, por considerar que debían basarse exclusivamente en el artículo 133 del Tratado de la Comunidad Europea (TCE, actual artículo 207 del TFUE) y no en el artículo 175 del TCE (actual artículo 192 del TFUE). El TJUE anuló los actos impugnados porque su objetivo incluía específicamente dos componentes: regular el comercio y proteger la salud humana y el medio ambiente. Puesto que la voluntad de la UE era "ir más allá de las disposiciones del Convenio en algunos aspectos", ambas disposiciones debían basarse conjuntamente en los artículos 133 y 175 del TCE. Asimismo, la Comisión Europea solicitó en 2006 la anulación del Reglamento (CE) nº 1013/2006 relativo a los traslados transfronterizos

sión del Art. 192 del TFUE como base jurídica del Reglamento REACH y otras Directivas y Reglamentos que regulan sustancias o productos con un impacto directo en el mercado interior se justifica por la necesidad de garantizar la plena armonización de las normas y requisitos nacionales para su producción, comercialización y uso. Con ello se restringe el margen de maniobra que brinda el Art. 192 del TFUE para la adopción de medidas nacionales más protectoras por parte de los Estados miembros[49]; esto es, sin perjuicio de que la protección del medio ambiente se incluya entre los objetivos del Reglamento REACH, la base jurídica del Art. 114 del TFUE permite una intensidad armonizadora que no sería posible con el Art. 192 del TFUE. La cuestión de la base jurídica sigue siendo relevante, por tanto, con respecto al grado de armonización deseado y el margen de acción de los Estados miembros.

Las interacciones y la dimensión ambiental del Reglamento REACH son evidentes y se explican por su mismo objetivo. En virtud del Reglamento REACH, el análisis de riesgos, incluida la evaluación del impacto ambiental, es obligatorio y tiene una consecuencia directa en la decisión de autorización de una sustancia química determinada. También forma parte del control posterior a su comercialización, durante todo el periodo en que

---

de residuos, alegando que debía basarse conjuntamente en los artículos 175 y 133 TCE y no exclusivamente en el artículo 175 TCE. En este caso, el TJUE desestimó el recurso porque entendió que el Reglamento impugnado tenía una clara la finalidad ambiental y no afectaba a los objetivos de la política comercial común. Asunto C-94/03, *Comisión c. Consejo*, ECLI:EU:C:2006:2, par. 37 y 51; Asunto C-178/03, *Comisión c. Parlamento Europeo y Consejo*, ECLI:EU:C:2006:4, par. 44 y 50; Asunto C-411/06 *Comisión c. Parlamento Europeo y Consejo*, ECLI:EU:C:2009:518, par. 30, respectivamente.

49 ANKER, H.T., "Competences for EU Environmental Legislation: About Blurry Boundaries and Ample Opportunities", en PEETERS, M. y ELIANTONIO, M. (Eds.), *Research Handbook on EU Environmental Law*, Edward Elgar Publishing, Cheltenham, 2020, pp. 7-21, pp. 10-13.

la autorización está en vigor y con motivo de su renovación[50]. En este sentido, como propone De Sadeleer, al margen de la utilización de la base jurídica del Art. 114 del TFUE, las medidas nacionales que tienen un efecto restrictivo del comercio intracomunitario deberían evaluarse también en el contexto más amplio que ofrece el derecho derivado en materia de protección del medio ambiente y de la salud humana y no sólo con respecto de las normas del derecho originario relativo a la libre circulación de mercancías[51].

3.2. La revisión en curso del Reglamento REACH en relación con el registro, evaluación y autorización de las sustancias químicas

Se ha advertido con frecuencia que la aplicación del Reglamento REACH, auténtica piedra angular en este sector, resulta de una complejidad tal que dificulta los procesos de registro y autorización de sustancias químicas en el seno de la UE[52] y lleva, en ocasiones, a una situación de "parálisis por análisis"[53] debido al número y al volumen de sustancias químicas industriales -existentes y nuevas- que se comercializan cada año. Su

---

50 OELKERS, K., "Is the objective of the Water Framework Directive to deal with pollutant emissions at source coherently implemented by the EU's substance-specific legal acts? A comparison of the environmental risk control of pharmaceutical legislation with the REACH-, Biocidal Products- and Plant Protection Products Regulation", *Sustainable Chemistry and Pharmacy*, Vol. 20, 2021, pp. 100386 y ss.

51 DE SADELEER, N., "La armonización de legislaciones, mercado interior y medio ambiente: Retos del Pacto Verde", *Cuadernos de Derecho Transnacional*, 14 (1), 2022, pp. 150-168, pp. 163-164.

52 GARNETT, K. Y VAN CALSTER, G., "The Concept of Essential Use: A Novel Approach to Regulating Chemicals in the European Union", *Transnational Environmental Law*, 10 (1), 2021, pp. 159-188, p. 166.

53 HEYVAERT, V., "Regulating Chemical Risk: REACH in a Global Governance Perspective", en ERIKSSON,J., GILEK,M., RUDÉN, Ch. (Eds.), *Regulating Chemical Risks: European and Global Challenges*, Springer Nature, Dordrecht, 2010, pp. 217-237.

simplificación es precisamente una de las acciones prioritarias que persigue la Estrategia sobre sustancias químicas de la UE. En este contexto, debe prestarse especial atención a la revisión de este marco regulador que se está llevando a cabo por parte de la Comisión Europea y que afecta a algunos de sus elementos más característicos[54].

El Reglamento REACH establece la exigencia de la identificación exacta de las sustancias químicas objeto de comercialización en la UE (Art. 6, 7 y 10). Todas las empresas químicas situadas en la UE y las empresas que importan a la UE sustancias químicas producidas en terceros países deben iniciar un expediente de registro de estas sustancias ante la Agencia Europea de Sustancias y Preparados Químicos ("*European Chemicals Agency*", ECHA, por las siglas en inglés), con información sobre los peligros que presentan y, en su caso, una evaluación completa de los riesgos. Se trata de un requisito previo para la posterior comercialización ("No hay comercialización sin registro", Art. 5). Mediante este

---

54 Revision of EU legislation on registration, evaluation, authorization and restriction of chemicals, Inception Impact Assessment, Ares (2021)2962933–04/05/2021. La revisión del Reglamento REACH va pareja a la revisión de otros instrumentos legislativos que inciden directamente en su contenido. Ver, en este sentido la Propuesta de Directiva del Parlamento Europeo y del Consejo por la que se modifican la Directiva 2010/75/UE del Parlamento Europeo y del Consejo, de 24 de noviembre de 2010, sobre las emisiones industriales (prevención y control integrados de la contaminación) y la Directiva 1999/31/CE del Consejo, de 26 de abril de 1999, relativa al vertido de residuos, COM(2022)156 final; la Propuesta de Reglamento del Parlamento Europeo y del Consejo por el que se modifica el Reglamento (UE) nº 2017/852 del Parlamento Europeo y del Consejo, de 17 de mayo de 2017, sobre el mercurio, en lo que respecta a las amalgamas dentales y otros productos con mercurio añadido sujetos a restricciones de fabricación, importación y exportación, COM(2023)395 final y la Propuesta de Reglamento del Parlamento Europeo y del Consejo relativo a la prevención de las pérdidas de granza de plástico para reducir la contaminación por microplásticos, COM(2023)645 final.

procedimiento, la ECHA evalúa y verifica si la sustancia supone un riesgo para la salud humana o el medio ambiente[55].

Las sustancias "extremadamente preocupantes" ("*Substances of very high concern*", SVHCs, por las siglas en inglés) que reúnen alguno de los criterios mencionados en el Art. 57 del Reglamento REACH[56] están, además, sometidas a un proceso de autorización específico, previa su identificación como tales y requieren su inclusión en la lista del Anexo XIV del Reglamento. A este respecto, el TJUE ha aclarado la interpretación del concepto de sustancias "extremadamente preocupantes". Así, ha establecido que debe acreditarse "en cada caso, sobre la base de pruebas científicas, por una parte, que es probable que las sustancias en cuestión tengan efectos graves para la salud humana o el medio ambiente y, por otra, que esos efectos "suscitan un grado de preocupación equivalente al que suscitan las sustancias [CMR, PBT o mPmB]". Estos requisitos son acumulativos, de manera que la identificación de una sustancia como extremadamente preocupante debe excluirse desde el momento en que no concurre alguno de ellos". Por otro lado, esta evaluación se extiende a otros aspectos "que vayan más allá de los meros peligros derivados de las propiedades intrínsecas de las sustancias de que se trate"[57].

---

55 A este respecto, cabe señalar que el TJUE ha considerado que las decisiones de la ECHA no pueden considerarse meras comunicaciones de información o informes técnicos, sino actos que producen efectos jurídicos obligatorios y que, como tales, pueden ser objeto de recursos de anulación por parte de las personas físicas y jurídicas afectadas, Asunto C-471/18P, *Alemania c. Esso Raffinage,* ECLI:EU:C:2021:48, par. 69, 72, 83.

56 Sustancias clasificadas como clasificadas como sustancias carcinógenas, mutágenas o tóxicas para la reproducción ("sustancias CMR"), sustancias persistentes, bioacumulativas y tóxicas ("sustancias PBT") y las que son muy persistentes y muy bioacumulativas ("sustancias mPmB").

57 Asunto C-323/15P, *Hitachi Chemical Europe and Polynt c. ECHA,* ECLI:EU:C:2017:207, par. 26, 27, 28 y 34; Asunto T-636/19, *Chemours Netherlands BV c. ECHA*, ECLI:EU:T:2022:86, par. 34, 35, 36.

A largo plazo, estas sustancias químicas deben irse sustituyendo por otras menos peligrosas ("obligación de sustitución"). Sin embargo, uno de los problemas potenciales que reconoce explícitamente el Reglamento REACH es su reemplazo por sustancias de estructura similar que resultan ser igualmente tóxicas o peligrosas. Esto puede deberse a que las sustancias de sustitución presentan peligros diferentes o desconocidos, o a que aún no han sido suficientemente analizadas o sólo lo han sido para el peligro que era motivo de preocupación con respecto a la sustancia química a la que sustituyen. Ya hay bastantes ejemplos de las denominadas "sustituciones lamentables"[58], como el bisfenol-A, cuya clasificación por la ECHA como sustancia "extremadamente preocupante" ha sido confirmada por el TJUE en varias ocasiones[59]. Estas mismas sustancias plantean desafíos similares cuando se encuentran incorporadas en productos importados a los que no se aplica el régimen de autorización, cuando están exentas de la exigencia del registro porque no están destinadas a la comercialización en la UE, sino a la exportación a terceros países (por ejemplo, productos intermedios) o cuando son importadas en cantidades muy pequeñas[60].

Por esta razón, la Estrategia sobre sustancias químicas prevé como una de sus prioridades la regulación de nuevas sustancias sobre las que solo se dispone todavía de conocimientos cientí-

---

58 Ver, por ejemplo, MAERTENS, A., GOLDEN, E., y HARTUNG, TH., "Avoiding Regrettable Substitutions: Green Toxicology for Sustainable Chemistry", *ACS Sustainable Chemistry Engineering*, 9, 2021, pp. 7749-7758.

59 Asunto T-185/17, *PlasticsEurope c. ECHA*, ECLI:EU:T:2019:492; Asunto T-636/17, *PlasticsEurope c. ECHA*, ECLI:EU:T:2019:639; Asunto T-207/18, *PlasticsEurope c. ECHA*, ECLI:EU:T:2020:623; Asunto C-876/19P, *PlasticsEurope c. ECHA*, ECLI:EU:C:2021:1047.

60 BERGKAMP, L. Y HERBATSCHEK, N., "Regulating Chemical Substances under REACH: The Choice between Authorization and Restriction and the Case of Dipolar Aprotic Solvents", *Review of European Community & International Environmental Law*, 23 (2), 2014, pp. 221-245; ver también Asunto C-650/15P, *PPG y SNF c. ECHA*, ECLI:EU:C:2017:802

ficos limitados. La revisión del Reglamento REACH conllevará, así, una ampliación de su ámbito de aplicación material, incluyendo, por ejemplo, ciertos polímeros, así como las sustancias per y polifluoroalquílicas -PFAS- y los nanomateriales (en ambos casos ya se han incorporado, de manera puntual, algunos de ellos en sus anexos), o los disruptores endocrinos. Sería deseable, en este sentido, una mayor restricción en la comercialización y uso de estas sustancias químicas, independientemente de que se presenten como sustancias químicas individuales, en combinación con otras o como componentes de productos finales en los que superen determinados umbrales.

En relación con los procedimientos de autorización y registro de las sustancias químicas, el Reglamento REACH incorpora un complejo marco de análisis de riesgos que ha ido precisando el TJUE[61]. La inclusión del criterio "una sustancia, una evaluación", que sustituirá probablemente en un futuro el criterio de "una sustancia, un registro" actualmente aplicable con el Reglamento REACH, dotará de mayor coherencia al conjunto del sistema[62]. El criterio "una sustancia, un registro" supone que un único registro abarca todos los patrones de usos o usos previstos de una sustancia y afecta simultáneamente a fabricantes e importadores. Aunque permite un proceso de autorización más ágil, su evaluación de riesgos no aporta las garantías relativas a los impactos ambientales o sanitarios que ofrece el enfoque "una sustancia, una evaluación", ya que éste implica una evaluación exhaustiva de los riesgos de cada sustancia individual en función de sus propiedades y de las condiciones específicas en las que se utiliza.

---

61 Ver al respecto, el estudio de DE SADELEER, N., *Environmental Principles. From Political Slogans to Legal Rules,* Oxford University Press, New York, 2nd ed., 2020, pp. 197-221.

62 HANSEN, B.G., "Bjorn Hansen outlines ECHA's work priorities for 2020–and beyond", *Chemical Watch* [en linea], (2020) <https://chemicalwatch.com/87645/guest-column-bjorn-hansen-outlines-echas-work-priorities-for-2020-and-beyond> [Consulta 14/12/2013].

El Reglamento REACH comprende también un tratamiento diferenciado de las sustancias que encajan dentro del concepto de "uso esencial"[63], permitiendo su autorización cuando los beneficios que presentan superen los riesgos para la salud o el medio ambiente. Así, su Art. 60 abre una importante ventana para la autorización de las sustancias "extremadamente preocupantes" "si se demuestra que las ventajas socioeconómicas compensan los riesgos derivados para la salud humana o el medio ambiente del uso de la sustancia y si no hay sustancias o tecnologías alternativas adecuadas". Desde el punto de vista de la aplicación del principio de precaución a este sector, bien parecería que la orientación más acorde sería la de su restricción[64]. Actualmente, la única posibilidad de hacerlo, una vez autorizadas, pasa por que se constate científicamente que suponen un riesgo inaceptable para el medio ambiente o la salud humana, pudiéndose también suspender la autorización en caso de riesgo inmediato y grave.

La Estrategia sobre sustancias químicas sugiere una variación del método actual de regulación, permitiendo controlar la existencia de un uso esencial de grupos de sustancias químicas[65]. La aplicación de este planteamiento, sin embargo, requiere la definición previa por parte de la Comisión Europea de los "criterios sobre los usos esenciales, para garantizar que las sustancias químicas más nocivas solo estén permitidas si su uso es necesario para la salud y la seguridad o es esencial para el funcionamiento de la sociedad y si no existen alternativas aceptables desde el punto de vista del medio ambiente y

---

63 GARNETT, K. AND VAN CALSTER, G., "The Concept of Essential Use: A Novel Approach to Regulating Chemicals in the European Union", *op.cit.*

64 ALARANTA, J. Y TURUNEN, T., "How to Reach a Safe Circular Economy? Perspectives on Reconciling the Waste, Product and Chemicals Regulation", *op.cit.*, p. 119.

65 HALE, S., KALANTZI, O. Y ARP, H.P., "Introducing the EU project ZeroPM: Zero pollution of persistent, mobile substances", *Environmental Sciences Europe*, 34 (108), 2022, pp. 1-3.

la salud"[66]. La determinación de estos criterios, actualmente en estudio, es indispensable para evitar un efecto *boomerang* en el que las sustancias consideradas intrínsecamente peligrosas se prohíban o autoricen directamente, también como grupo, teniendo en cuenta únicamente si su uso es o no esencial y si pueden o no sustituirse por un producto alternativo[67].

3.3. Las sustancias químicas sujetas al Reglamento REACH desde la perspectiva de la economía circular

Desde otra perspectiva, el nuevo modelo de economía circular exige que la UE adopte un nuevo enfoque en el que pueda garantizarse la trazabilidad de las sustancias químicas, ya sea en forma de sustancias, de productos o de residuos. El Reglamento REACH afecta a todas las sustancias químicas, tanto por su producción y uso en procesos industriales como en función de su presencia en productos finales manufacturados. El problema surge una vez que estas sustancias se utilizan; en ese momento, se convierten en residuos potencialmente peligrosos que quedan fuera del ámbito de aplicación del Reglamento REACH y entran en el de la Directiva Marco de Residuos 2008/98/CE[68] y del Reglamento (UE) nº 1013/2006 relativo a su traslado transfronterizo[69]. Sin embargo, estas normas no contemplan el su-

---

66 COM(2020)667 final, *op.cit,* p. 12 y 13.

67 GARNETT, K. Y VAN CALSTER, G., "The Concept of Essential Use: A Novel Approach to Regulating Chemicals in the European Union", *op.cit,* p. 166-167; WANG, Z. y otros, "Enhancing Scientific Support for the Stockholm Convention's Implementation: An Analysis of Policy Needs for Scientific Evidence", *Environmental Science and Technology,* 56 (5), 2022, pp. 2936-2949, p. 2942.

68 Directiva 2008/98/CE, de 19 de noviembre de 2008, sobre los residuos, DO L312/3, en curso de revisión, ver Propuesta de Directiva por la que se modifica la Directiva 2008/98/CE, sobre residuos, COM(2023)420 final.

69 Reglamento (CE) nº 1013/2006 de 14 de junio de 2006 relativo a los traslados de residuos, DO L190/1.

puesto en que, una vez consideradas como residuos, estas sustancias químicas puedan reintroducirse en el ciclo económico para producir nuevos productos. Así, por ejemplo, la presencia de determinadas sustancias químicas peligrosas (especialmente sustancias químicas de larga vida o "sustancias químicas heredadas") en los flujos de materiales impide su reutilización o reciclado posterior, lo que constituye un claro obstáculo para la consecución de un modelo de economía circular[70].

Al respecto, es importante que tales productos y sub-productos se gestionen a lo largo de todo su ciclo de vida, incluida su extracción, producción, uso, liberación, recuperación y eliminación. Para ello habría que tratar de forma global estas sustancias químicas peligrosas y los residuos que generan, superando el enfoque fragmentario que persiste en la legislación actual, evitando la definición "problema por problema" de su ámbito de aplicación y el recurso a procedimientos distintos para controlar su producción, comercialización y uso, así como su importación y exportación[71]. Sin embargo, subyace la cuestión previa de definir un material determinado como residuo peligroso o como sustancia química, lo que resulta decisivo para determinar la exigencia del requisito de registro y eventual autorización conforme al Reglamento REACH[72]. La Comisión Europea ha reconocido

---

70 HBM4EU, Chemicals in a Circular Economy. Using Human Biomonitoring to Understand Potential New Exposures. Human Biomonitoring Project-EEA [en linea], (2022) <https://www.hbm4eu.eu/wp-content/uploads/2022/07/ChemicalsCircularEconomy.pdf> [Consulta 14/12/2023].

71 PALONIITTY,T., NZEGWU, CH., Y FRENCH, D., "Chemical pollution (and the release of novel entities)", *op.cit.*, p. 369; KUMMER PEIRY, K., "The Chemicals and Waste Regime as a Basis for a Comprehensive International Framework on Sustainable Management of Potentially Hazardous Materials?", *Review of European, Comparative and International Environmental Law,* 23, 2014, pp. 172-180, p. 172.

72 ALARANTA, J. Y TURUNEN, T., "Drawing a Line between European Waste and Chemicals Regulation", *Review of European, Comparative and International Environmental Law,* 26 (2), 2017, pp. 163-173, pp. 171-172;

que éste sigue siendo un reto para garantizar la trazabilidad de las sustancias químicas a lo largo de la cadena de suministro, sin perjuicio de su incorporación a un producto manufacturado[73]. Lo que la Comisión Europea aún no ha resuelto, en definitiva, es si estas sustancias químicas deben considerarse como residuos después de haber sido desechadas y si estos residuos también deben clasificarse como sustancias químicas una vez son reincorporados a un producto, conforme al Reglamento REACH[74].

3.4. La dimensión exterior de las medidas sobre producción, comercialización y uso de las sustancias químicas sujetas al Reglamento REACH

El PVE contiene un claro mandato exterior cuando señala que "[l]a ambición ambiental del Pacto Verde no se hará realidad si Europa actúa en solitario. Los factores que impulsan el cambio climático y la pérdida de biodiversidad son de alcance mundial y no se ven limitados por las fronteras nacionales. La UE puede utilizar su influencia, sus conocimientos técnicos y sus recursos financieros para movilizar a sus vecinos y socios con el fin de que se unan a ella en una senda sostenible. La UE seguirá

PALONIITTY,T., NZEGWU, CH., Y FRENCH, D., "Chemical pollution (and the release of novel entities)", *op. cit.*, p. 377.

73 COMISIÓN EUROPEA: Aplicación del paquete de economía circular: opciones para abordar la interfaz entre la legislación sobre sustancias químicas, productos y residuos, COM(2018)32 final.

74 También han sido objeto de intenso debate jurídico las obligaciones del poseedor de los residuos a efectos de su clasificación como peligrosos por su contenido químico peligroso, así como la determinación del alcance del deber de realizar un análisis global de riesgos, ver Asunto C-318/98, *Giancarlo Fornasar y otros*, ECLI:EU:C:2000:337; Asuntos acumulados 241/12 y 242/12, *Shell Nederland Verkoopmaatschappij BV y Belgian Shell NV*, ECLI:EU:C:2013:821; Asunto 358/11, *Lapin elinkeino-, liikenne- ja ympäristökeskuksen liikenne ja infrastruktuuri -vastuualue v Lapin luonnonsuojelupiiri ry*, ECLI:EU:C:2013:142; Asuntos acumulados C-487/17 a C-489/17, *Alfonso Verlezza y otros*, ECLI:EU:C:2019:270).

liderando los esfuerzos internacionales y quiere forjar alianzas con quienes compartan sus ideas. Al mismo tiempo, reconoce la necesidad de preservar su seguridad de abastecimiento y su competitividad incluso si otros no están dispuestos a actuar"[75]. En este contexto, la UE insiste en su liderazgo internacional sobre la base de su acción normativa interna y el conocido "efecto Bruselas"[76] con respecto a los terceros Estados. Con ello, naturalmente, también persigue hacer frente tanto a las deficiencias del mercado mundial como a las externalidades ambientales negativas que se producen más allá de sus fronteras.

Por un lado, la producción de sustancias químicas en el territorio de terceros Estados y su importación por la UE tiene un efecto perverso. El consumo europeo sigue impulsando estas actividades y la consiguiente contaminación que generan, pero lo hace fuera del alcance de los mecanismos de control y supervisión de la UE. Asimismo, los criterios para la valoración de la contaminación química que tales actividades producen siguen tomando en consideración el impacto que generan los productos y sustancias en el lugar en que se fabrican, pero no el impacto que producen dónde tiene lugar el consumo final. Por esta razón, una de las principales preocupaciones de la Comisión Europea sigue siendo minimizar la huella ecológica exterior de la UE, algo que resulta harto difícil. Mientras que las grandes empresas con sede en la UE aprovechan la distinta intensidad de la normativa reguladora de estas actividades en los terceros Estados, especialmente en materia laboral y ambiental, éstos, a su vez, utilizan esta mayor permisividad laboral y ambiental para mejorar su atractivo y posición en la economía mundial. Aunque con características que la distinguen de las emisiones de GEI, podría asimilarse esta situación con una "fuga de contaminación química", reflejada en la creación de

---

75 COM(2019)640 final, *op.cit.*, p. 3.

76 BRADFORD, A., *The Brussels Effect: How the European Union Rules the World*, Oxford University Press, New York, 2020.

un mercado internacional en el que compiten los diversos sistemas regulatorios.

Por otro lado, sin embargo, la acción de la UE en materia de sustancias químicas ha tenido un impacto significativo en la industria química mundial, de tal modo que su enfoque más precautorio ha incidido en los instrumentos reguladores de otras jurisdicciones[77], además de promover la responsabilidad de las empresas transnacionales por diversas vías[78]. El Reglamento REACH incluye varios elementos propicios para una aplicación extraterritorial, en particular, por ejemplo, en relación con la obligación de información de los datos ambientales, los riesgos asociados para la salud y el medio ambiente o las cantidades de contaminantes liberadas en la producción de determinadas sustancias. Impone, además, una serie de obligaciones de registro y autorización a las empresas radicadas en terceros Estados que exportan a la UE productos químicos para su comercialización en el mercado comunitario. También exige el control,

---

77 SCOTT, J., "From Brussels with love: The transatlantic travels of European law and the chemistry of regulatory attraction", *American Journal of Comparative Law,* 57 (4), 2009, pp. 897-942; SACHS, N.M., "Jumping the pond: Transnational law and the future of chemical regulation", *op. cit.*, p. 1854 y ss.; BRADFORD, A., *The Brussels Effect: How the European Union Rules the World* , *op.cit.,* p. 199 y ss.

78 Véase, por ejemplo, Directiva 2004/35/CE de 21 de abril de 2004 sobre responsabilidad medioambiental en relación con la prevención y reparación de daños medioambientales, DO L143/56; Directiva 2008/99/CE, de 19 de noviembre de 2008, relativa a la protección del medio ambiente mediante el Derecho penal, DO L328/28; Directiva 2014/95/UE, de 22 de octubre de 2014, por la que se modifica la Directiva 2013/34/UE en lo que respecta a la divulgación de información no financiera y sobre diversidad por parte de determinadas grandes empresas y grupos, DO L330/1; o la reciente Directiva del Parlamento Europeo y del Consejo sobre diligencia debida de las empresas en material de sostenibilidad y por la que se modifica la Directiva (UE) 2019/1937 y el Reglamento 2023/2859, aprobada por el Parlamento Europeo el 24 de abril de 2024 y por el Consejo el 13 de mayo 2024, CODEC 237, PE-CONS 9/24, aún no publicada.

por parte de las compañías de la UE, del cumplimiento de la cadena de suministro de las sustancias procedentes de terceros Estados que se utilizan, producen o comercializan en el mercado comunitario, lo que genera una serie de obligaciones para los usuarios intermedios que se verán reforzadas, en un futuro, con la revisión del Reglamento REACH y a las que habrá que sumar las obligaciones adicionales del Reglamento CLP y su revisión a través del nuevo Reglamento sobre diseño ecológico[79].

La complejidad de las cadenas de suministro mundiales en el contexto del comercio internacional de sustancias químicas plantea importantes retos a este respecto. En cualquier caso, sin embargo, esas normas tienen un claro impacto *de facto* el sector químico mundial cuando el objetivo es comercializar los productos en la UE[80]. Este "efecto Bruselas" también se ha puesto de manifiesto cuando la UE ha intentado desempeñar, con su ejemplo, un papel de liderazgo en la defensa y promoción de normas ambientales más estrictas[81]. Si bien en alguna ocasión esta situación puede haber originado algún conflicto ante los órganos de solución de diferencias de la Organización Mundial del Comercio, en otros ámbitos el derecho de la UE ha servido como catalizador para promover la reforma normativa en terceros Estados.

---

79 Propuesta de Reglamento del Parlamento Europeo y del Consejo por el que se instaura un marco para el establecimiento de requisitos de diseño ecológico aplicables a los productos sostenibles y por el que se deroga la Directiva 2009/125/CE, COM(2022)142 final.

80 BRADFORD, A., *The Brussels Effect: How the European Union Rules the World*, *op.cit.*, p. 196 y ss.

81 DELREAUX, T. Y PIPART, F., “Ego versus Alter: Internal and External Perceptions of the EU’s Role in Global Environmental Negotiations”, *Journal of Common Market Studies*, 59 (5), 2021, pp. 1284-1302; OBERTHÜR, S. y ROCHE KELLY, C., “EU Leadership in International Climate Policy: Achievements and Challenges”, *International Spectator*, 43 (3), 2008, pp. 35–50.

4. CONSIDERACIONES FINALES

La ambición y el alcance de la iniciativa Contaminación Cero son notables y encomiables. Sin embargo, debido a su ambigüedad y falta de precisión, corre el riesgo de acabar siendo un nuevo ejercicio retórico. Está por ver hasta qué punto representa un nuevo impulso para el logro de la neutralidad climática que persigue la UE con el PVE o acaba quedando en una mera revisión de la legislación vigente. A escala de la UE, la iniciativa no parece ofrecer un enfoque verdaderamente más global u holístico que el que ofrece el marco legislativo actual, que abarque todo el ciclo de vida de los contaminantes químicos y las fuentes de emisión. En este sentido, la UE parece seguir anclada en un sistema sectorial centrado principalmente en la mejora de la normativa ambiental o de las condiciones de funcionamiento del mercado. Probablemente, como ya indicaba el profesor Krämer, el PVE en su conjunto no responde aún a la necesidad de un cuerpo legislativo nuevo y completo para "ecologizar" la UE[82]. El objetivo de eliminar la contaminación química del aire, el agua y el suelo o reducirla a un mínimo tolerable, aunque ahora se centre en la preservación de los ecosistemas, continúa reflejando una articulación de la concepción tradicional de la protección ambiental de la UE.

En cuanto a la acción reguladora, está por ver si la revisión de los instrumentos legislativos y, en particular, del Reglamento REACH está suficientemente orientada a reforzar la eliminación de las consecuencias adversas para el medio ambiente y la salud humana de la producción, comercialización, uso y eliminación final de las sustancias químicas. Sin perjuicio de que el discurso que subyace el PVE en relación con la sostenibilidad ha sido ampliamente desarrollado por la UE mediante el despliegue de las

---

82 KRÄMER, L., “The Time for Lofty Speeches is Over – It Is Time for Implementation: The Problem of 50 Years of Application of International Environmental Law,” *Revista Catalana de Dret Ambiental,* 13 (2), 2022, pp. 1-25, p. 267

competencias que le confieren los Tratados, lo cierto es que, más que la seguridad y la sostenibilidad de las sustancias químicas, la prioridad sigue siendo minimizar los efectos perjudiciales que se derivan de su comercialización y uso (lo que significará que sigue habiendo un coste ambiental o sanitario para alguien) y gestionar, de forma más o menos razonable, las externalidades negativas del mercado. En este sentido, es más necesario que nunca replantearse el enfoque de la UE sobre las sustancias químicas para alinearse mejor con los objetivos de la economía circular y facilitar la conciliación de este tipo de compensaciones.

La UE ha intentado estimular un proceso de armonización de las normas nacionales en materia de producción, comercialización y uso de las sustancias químicas con el objetivo de promover normas más estrictas para garantizar la protección de la salud pública y el medio ambiente. A nivel internacional, la UE también ha tratado de eliminar las barreras comerciales a escala mundial, ejerciendo su autoridad como regulador y apareciendo como una verdadera fuerza motriz en el desarrollo de los instrumentos multilaterales.[83] Sin embargo, desde ambas perspectivas, la falta de un enfoque integrado y coherente es también una característica que parece reflejar la respuesta, aun excesivamente fragmentada, de la UE.

RESUMEN: El presente trabajo examina, como una de las dimensiones del Pacto Verde Europeo, algunas de las implicaciones jurídicas de la Iniciativa Contaminación Cero. Debido al amplio alcance de esta iniciativa, este capítulo se centra en la regulación de las sustancias químicas en la Unión Europea (UE). La reducción de su uso y liberación en el vector medioambiental es una de las componentes cruciales de la iniciativa Contaminación Cero y a su vez, ofrece un terreno fértil para el análisis de los retos de la actuación de la UE en este

83 DAMRO, CH., "EU-UN Environmental Relations: Shared Competence and Effective Multilateralism", en LAATIKAINEN, K. Y SMITH, K. (Eds.) *The European Union at the United Nations,* Palgrave Macmillan, New York, 2006, pp. 175-192; BRADFORD, A., "Exporting Standards: The Externalization of the EU's Regulatory Power via Markets", *International Review of Law and Economics,* 42, 2015, pp. 158-173.

campo. El capítulo se inicia con una breve presentación de esta iniciativa y sus objetivos específicos. A continuación, se recogen brevemente las diferentes estrategias de la UE para su despliegue, con especial atención al "Plan de acción de la UE: Hacia un planeta sano para todos: Hacia una contaminación cero del aire, el agua y el suelo" de 2021 y su encaje con el objetivo de la UE de alcanzar "un alto nivel de protección del medio ambiente" que anuncia el Art. 191(2) del Tratado de Funcionamiento de la UE (TFUE). El trabajo se centra, seguidamente, en el análisis del principal instrumento legislativo en materia de producción, comercialización y uso de las sustancias químicas, el Reglamento (CE) nº 1907/2006 (Reglamento REACH), con especial detenimiento en su base jurídica, algunos de los aspectos más relevantes de la revisión en curso de los procedimientos de registro, evaluación y autorización de las sustancias químicas y la dimensión exterior de estas medidas.

ABSTRACT: *This paper examines, as one of the dimensions of the European Green Pact, some of the legal implications of the Zero Pollution Initiative. Due to the broad scope of this initiative, this chapter focuses on the regulation of chemicals in the European Union (EU). The reduction of their use and release into the environmental vector is one of the crucial components of the Zero Pollution Initiative and, in turn, provides fertile ground for the analysis of the challenges of EU action in this field. The chapter starts with a brief presentation of the initiative and its specific objectives. This is followed by a brief overview of the different EU strategies for its deployment, with a focus on the "EU Action Plan: Towards a Healthy Planet for All: Towards Zero Pollution of Air, Water and Soil" of 2021 and how it fits in with the EU's objective of achieving "a high level of environmental protection" as announced in Art. 191(2) of the Treaty on the Functioning of the EU (TFEU). The paper then focuses on the analysis of the main legislative instrument on the production, placing on the market and use of chemicals, Regulation (EC) No 1907/2006 (REACH Regulation), with a particular focus on its legal basis, some of the most relevant aspects of the ongoing review of the registration, evaluation and authorisation procedures for chemicals and the external dimension of these measures.*

La protección y recuperación de la biodiversidad como un compromiso del Pacto Verde Europeo: El reglamento europeo sobre la restauración de la naturaleza

SARA GARCÍA GARCÍA[1]

SUMARIO: 1. LA IMPORTANCIA DE PROTEGER LA BIODIVERSIDAD EN LA LUCHA CONTRA EL CAMBIO CLIMÁTICO. 1.1. "*La crisis de la biodiversidad y la crisis climática están intrínsecamente relacionadas entre sí*". 1.2. La constante defensa de la diversidad biológica: restaurar y proteger. 2. EL PRINCIPAL APORTE DE LA BIODIVERSIDAD A ESTA LUCHA: SUS SERVICIOS AMBIENTALES. 3. LAS PRINCIPALES MEDIDAS EN MATERIA DE BIODIVERSIDAD EN EL CONTEXTO DEL PACTO VERDE EUROPEO. 4. LA GRAN PROPUESTA DEL PACTO VERDE EN MATERIA DE BIODIVERSIDAD: EL REGLAMENTO EUROPEO SOBRE RESTAURACIÓN DE LA NATURALEZA. 4.1. La conservación no basta, es necesario reparar. El cambio en los principios protagonistas de esta protección. 4.2. Las características más destacadas de la (aún) propuesta de reglamento sobre la restauración de la naturaleza de la Unión Europea. 5.CONCLUSIONES.

---

1 PDI Universidad de Valladolid (sara.garciag@uva.es). Todas las páginas webs mencionadas en este estudio han sido consultadas el 1 de febrero de 2024.

1. LA IMPORTANCIA DE PROTEGER LA BIODIVERSIDAD EN LA LUCHA CONTRA EL CAMBIO CLIMÁTICO

1.1. "La crisis de la biodiversidad y la crisis climática están intrínsecamente relacionadas entre sí"

La política ambiental actual es climática. Especialmente en el ámbito de la Unión Europea, en el que se enmarca este trabajo, pero también a nivel mundial, el cambio climático es identificado como una *amenaza existencial*[2] frente a la cual se redoblan esfuerzos y se diseñan múltiples medidas para atajarlo.

Con carácter general, las bases esenciales de esta nueva etapa que afronta el Derecho ambiental, la climática, se encuentran en el Acuerdo de París a finales del año 2016; un compromiso que pretende sustituir y sobrepasar notablemente los objetivos marcados por el renombrado Protocolo de Kioto en todo el mundo, estableciendo un objetivo a largo plazo consistente en mantener el aumento de la temperatura mundial muy por debajo de los 2°C en relación con los niveles preindustriales y trabajar por llegar a 1,5°C.[3] Mediante la firma del Acuerdo de París, las Partes se comprometieron a realizar un balance y actualizar sus contribuciones comprometidas cada cinco años, adaptando así sus actuaciones al progreso científico de cada

---

[2] Considerando 1 del Reglamento (UE) 2021/1119 del Parlamento Europeo y del Consejo de 30 de junio de 2021 por el que se establece el marco para lograr la neutralidad climática y se modifican los Reglamentos (CE) nº 401/2009 y (UE) 2018/1999 ("Legislación europea sobre el clima").

[3] La Unión oficializó este compromiso por medio de la Decisión (UE) 2016/1841 del Consejo de 5 de octubre de 2016 relativa a la celebración, en nombre de la Unión Europea, del Acuerdo de París aprobado en virtud de la Convención Marco de las Naciones Unidas sobre el Cambio Climático.

momento y garantizando el seguimiento de procesos tendentes a la reducción de las emisiones a la atmósfera.[4]

La Unión Europea asume con ímpetu esta tarea mediante la Decisión (UE) 2016/1841 del Consejo de 5 de octubre de 2016 y la hoja de ruta que se impone para marcar sus pasos en la lucha contra este cambio climático es precisamente el Pacto Verde Europeo, protagonista en esta obra.[5]

El sostén jurídico de todas estas medidas se encuentra en la llamada Ley Europea del Clima, aprobada mediante el Reglamento 2021/1119. Mediante este Reglamento se establece un marco dirigido a garantizar la reducción progresiva e irreversible de las emisiones de gases de efecto invernadero antropogénicas y el incremento de las absorciones por sumideros naturales o de otro tipo en la Unión. La Comisión otorga un plazo de 30 años para ello.[6] Dado lo prologado del plazo, la propuesta de Reglamento plantea un enfoque adaptativo con el que estructura el alcance de la ansiada neutralidad en etapas o tramos, a través de los que se podrán adaptar tanto los objetivos a corto y medio plazo, como las medidas a tomar a nivel global y estatal.[7]

El objeto de todas estas medidas y acciones es amplio. A priori, el cambio climático es uno de los problemas asociados con la atmósfera, pero esta lucha requiere una protección y atención global que atienda al conjunto de los recursos naturales,

---

4 Puede leerse el texto original del Acuerdo en el siguiente enlace: https://unfccc.int/sites/default/files/spanish_paris_agreement.pdf

5 GARCÍA GARCÍA, S., "Construcción y aplicación de la llamada ley europea del clima: el paso definitivo hacia la neutralidad climática y la energía verde en la unión europea", *La Ley Unión Europea,* nº 93, 2021, 12 pp.

6 Art. 15.1 del Reglamento 2021/1119.

7 GARCÍA GARCÍA, S., "Construcción y aplicación de la llamada ley europea del clima: el paso definitivo hacia la neutralidad climática y la energía verde en la unión europea", *op. cit.*

pues todos son *víctimas* y *solución,* al tiempo, de este problema.[8] En este sentido, si bien las medidas diseñadas por la Unión Europea para esta lucha contra el cambio climático pretenden ofrecer esa protección holística a la naturaleza,[9] hay un recurso natural cuya atención destaca sobremanera en las líneas propuestas desde el Pacto Verde Europeo: la biodiversidad.

En palabras de la propia Comisión Europea, "*la crisis de la biodiversidad y la crisis climática están intrínsecamente relacionadas entre sí, (…) pero, al igual que existe un vínculo entre ambas crisis, también lo hay entre sus soluciones: la naturaleza es un aliado crucial en la lucha contra el cambio climático. La naturaleza regula el clima, y las soluciones basadas en la naturaleza, como la protección y recuperación de humedales, turberas y ecosistemas costeros, o la gestión sostenible de zonas marinas, pastizales y suelos agrarios y forestales, serán esenciales para la reducción de emisiones y la adaptación al cambio climático*".[10] Queda clara, por tanto, la convicción que se muestra desde Europa de entender a la biodiversidad como una de las grandes herramientas para alcanzar el objetivo de neutralidad climática en 2050, por lo que requiere -y diseña- medidas y acciones específicas para su protección.

---

8 Cfr. GARCÍA URETA, A., "El Derecho Europeo de la Biodiversidad en el contexto actual de lucha contra el cambio climático", en ÁLVAREZ CARREÑO, S., SORO MATEO, B. (dirs.), *Estudios sobre la efectividad del Derecho de la biodiversidad y del cambio climático.* Valencia: Tirant lo Blanch, 2022, pp. 17 a 38.

9 Cfr. LOZANO CUTANDA, B., *Derecho ambiental y climático,* Madrid: Dykinson, 2023, 2ª ed.

10 Comunicación de la Comisión al Parlamento Europeo, al Consejo, al Comité Económico y Social Europeo y al Comité de las Regiones Estrategia de la UE sobre la biodiversidad de aquí a 2030, COM (2020) 380 final, de 20 de mayo de 2020 (en adelante Estrategia).

1.2. La constante defensa de la diversidad biológica: restaurar y proteger

La biodiversidad siempre ha sido minuciosamente atendida por el Derecho ambiental, ya sea a través de la protección de las especies en sí, como por medio del cuidado de sus espacios.[11] Una de las medidas esenciales para ejercer ese cuidado de la biodiversidad lo constituye un Tratado internacional del que han partido las grandes normas de la historia reciente en la materia. Ese Tratado es el Convenio sobre la Diversidad Biológica de 1992, que marca un antes y un después en esta protección; una protección que se renueva periódicamente.[12] La última actualización de estos compromisos llevada a cabo hasta el momento se materializó en la decimoquinta Conferencia de las Naciones Unidas sobre la Diversidad Biológica, que se celebró en Canadá en diciembre de 2022; en estos acuerdos se impuso como acción necesaria y urgente la protección y, sobre todo, restauración de la naturaleza para 2030, renovando para ello las bases del marco mundial para la diversidad biológica posterior a 2020.[13] Sobre la base de estos acuerdos, la Unión Europea ha desarrollado, en el seno del Pacto Verde Europeo, la Estrategia de la UE sobre la Biodiversidad de aquí a 2030, una estrategia general que será analizada más adelante y que se acompaña de otras medidas más concretas, claves en materia climática, como la relativa a los polinizadores.[14]

---

[11] Cfr. ALLI TURRILLAS, J-C., *La protección de la biodiversidad. Estudio jurídico de los sistemas para la salvaguarda de las especies naturales y sus ecosistemas,* Madrid: Dykinson, 2016.

[12] Cfr. FERNÁNDEZ DE GATTA SÁNCHEZ, D., *Sistema jurídico-administrativo de protección del medio ambiente,* Salamanca: Ratio Legis, 2021, 10ª ed.

[13] Cfr. Estrategia.

[14] Comunicación de la Comisión al Parlamento Europeo, al Consejo, al Comité Económico y Social Europeo y al Comité de las Regiones EU Iniciativa de la UE sobre los polinizadores, COM (2018) 395, de 1 de junio de 2018.

Otro gran aporte de ese Convenio sobre la Diversidad Biológica, esencial para este objeto de estudio, es la concreción, juridificación y sistematización de los llamados servicios ambientales o ecosistémicos; y todo ello a través de la implantación de un nuevo enfoque, el conocido como *enfoque por ecosistemas*. En este caso, fue la quinta Conferencia de las partes en el Convenio sobre la Diversidad Biológica, celebrada en Nairobi en el año 2000, la que introdujo estas nuevas ideas en el Derecho, que estaban siendo desarrolladas con éxito en el ámbito económico.[15]

El *enfoque ecosistémico* se define como la estrategia para el manejo integrado de la tierra, el agua y los recursos vivos que promueve su conservación y uso sostenible de manera equitativa.[16] Se presenta como una compleja estrategia integrada y transversal, vertebrada en diversos principios elementales, entre los que la biodiversidad destaca como protagonista en su gestión y planificación a largo plazo: entre otros, el décimo de esos principios establece que "*el enfoque por ecosistemas debe procurar el equilibrio apropiado entre la conservación y la utilización de la diversidad biológica, y su integración*".[17] Esta es una de las prin-

---

15 Vid. pp. 6 y 11 del texto de la Conferencia.

16 Vid. MILLENNIUM ECOSYSTEM ASSESSMENT, *Ecosystems and Human Well-Being: A Framework For Assessment*, Washington D.C.: Island Press, 2003, p. 52.

17 De acuerdo con SECRETARÍA DEL CONVENIO SOBRE LA DIVERSIDAD BIOLÓGICA, *Enfoque por ecosistemas. Directrices del CDB*. Montreal: Secretaría del Convenio sobre la Diversidad Biológica, 2004,pp. 7 a 31, estos principios son: "*Principio 1: La elección de los objetivos de la gestión de los recursos de tierras, hídricos y vivos debe quedar en manos de la sociedad; Principio 2: La gestión debe estar descentralizada al nivel apropiado más bajo; Principio 3: Los administradores de ecosistemas deben tener en cuenta los efectos (reales o posibles) de sus actividades en los ecosistemas adyacentes y en otros ecosistemas; Principio 4: Dados los posibles beneficios derivados de su gestión, es necesario comprender y gestionar el ecosistema en un contexto económico. Este tipo de programa de gestión de ecosistemas debería: a) Disminuir las distorsiones del mercado que repercuten negativamente en la diversidad biológica; b) Orientar los incentivos*

cipales características de este enfoque, que conviene destacar en estas líneas, y es que este prioriza a la biodiversidad como recurso natural esencial de todo ecosistema y de esa relación ser humano-naturaleza cuyo equilibrio intenta alcanzar.

En ese sentido, con la implantación de esta *nueva* forma de entender e interpretar el Derecho ambiental se alcanza un equilibrio entre tres objetivos: la conservación, el uso sostenible y la distribución justa y equitativa de los beneficios derivados de la utilización de los recursos genéticos; así como se reconoce también que los humanos y su diversidad cultural son un componente más de muchos ecosistemas.[18]

Con este doble planteamiento surge la necesidad de mejorar la conservación de la biodiversidad atendiendo a la funcionalidad de los ecosistemas a través de la protección de los servicios ambientales.[19] Y es que el enfoque por ecosistemas actualiza el

---

para promover la conservación y la utilización sostenible de la diversidad biológica; c) Procurar, en la medida de lo posible, incorporar los costos y los beneficios en el ecosistema de que se trate; Principio 5: A los fines de mantener los servicios de los ecosistemas, la conservación de la estructura y el funcionamiento de los ecosistemas debería ser un objetivo prioritario del enfoque por ecosistemas; Principio 6: Los ecosistemas se deben gestionar dentro de los límites de su funcionamiento; Principio 7: El enfoque por ecosistemas debe aplicarse a las escalas espaciales y temporales apropiadas; Principio 8: Habida cuenta de las diversas escalas temporales y los efectos retardados que caracterizan a los procesos de los ecosistemas, se deberían establecer objetivos a largo plazo en la gestión de los ecosistemas; Principio 9: En la gestión debe reconocerse que el cambio es inevitable; Principio 10: En el enfoque por ecosistemas se debe procurar el equilibrio apropiado entre la conservación y la utilización de la diversidad biológica, y su integración; Principio 11: En el enfoque por ecosistemas deberían tenerse en cuenta todas las formas de información pertinente, incluidos los conocimientos, las innovaciones y las prácticas de las comunidades científicas, indígenas y locales; Principio 12: En el enfoque por ecosistemas deben intervenir todos los sectores de la sociedad y las disciplinas científicas pertinentes».

18 *Ibidem.*

19 DELANGUE J., "Services écologiques: de quoi parle-t-on?", *Espaces* naturels, nº52, 2015, pp. 22 a 37, vid. p. 25.

"*antiguo paradigma de los límites (…) que se centraba en los recursos de objetivo*"[20] e incluye también a las funciones de esos recursos.[21] Con él, se asume la existencia de "*valores, fenómenos y procesos naturales, sociales y culturales, que condicionan en un espacio y momento determinados, la vida y el desarrollo de organismos y el estado de los elementos inertes, en una conjunción integradora, sistemática y dialéctica de relaciones de intercambio con el hombre y entre los diferentes recursos*"[22] y se oficializa el reconocimiento de esos valores desplegados por cada recurso natural. Unos valores que conforman el interés general presente en el medio ambiente y que se incluyen en la noción de *servicio ambiental;* todos ellos serán esenciales en esa lucha contra el cambio climático, erigiendo a la biodiversidad como una pieza clave, también, para cualquier política climática que se precie.[23]

---

20 Comunicación de la Comisión sobre *el papel de la PPC en la aplicación de un enfoque ecosistémico a la ordenación del medio ambiente marino*: COM (2008) 187 final, de 11 de abril de 2008, p. 3.

21 La Comisión reconoce en su Comunicación que los límites de las repercusiones sobre el medio marino, -habla en concreto el texto de la pesca- son ecológicamente válidos si las poblaciones capturadas se mantienen dentro de límites ecológicamente viables, si se preserva la diversidad biológica y si los impactos en la estructura, los procesos y las funciones del ecosistema se mantienen en niveles aceptables: vid. p. 4.

22 STS de 2 de febrero de 2001, (TOL 4.964.737), FD 5°.

23 Cfr. GARCÍA GARCÍA, S., "El interés a salvaguardar por la conectividad ecológica: la funcionalidad de los ecosistemas" en LOZANO CUTANDA, B., URIARTE RICOTE, M., *La conectividad ecológica: instrumentos y propuestas para evitar la fragmentación de los hábitats,* Valencia: Tirant lo Blanch, 2024 (en prensa).

2. EL PRINCIPAL APORTE DE LA BIODIVERSIDAD A ESTA LUCHA: SUS SERVICIOS AMBIENTALES

Servicio ambiental es un concepto, ya juridificado, pero que aún se encuentra en pleno desarrollo y evolución.[24] No corresponde ahora entrar a realizar un estudio profuso de la cuestión, si bien sí resulta oportuno ofrecer una definición y unas breves pinceladas de los mismos.

Los servicios ambientales se pueden definir como las "*contribuciones directas e indirectas de los ecosistemas a los beneficios económicos, sociales, culturales y de otro tipo que las personas obtienen de dichos ecosistemas*".[25] Son "*los posibles usos del entorno, natural o biofísico, que resultan útiles para los humanos*".[26]

Esta utilidad que encuentra el ser humano en ese proceso natural puede ser *objetiva*, es decir, demostrada por la ciencia –piénsese, por ejemplo, en la absorción de CO2 que realiza la biodiversidad, motivo clave que sitúa a la diversidad biológica al frente de esta lucha contra el cambio climático–, o *subjetiva*, dependiente de la apreciación de una determinada comunidad,[27] –como podría ser el paisaje, calificado como servicio ambiental

---

24 Para conocer más en materia de servicios vid: GARCÍA GARCÍA, S., *Los servicios ambientales en el Derecho español,* Valencia: Tirant lo Blanch, 2022.

25 Art. 2.14 del Reglamento (UE) 2020/852 del Parlamento Europeo y del Consejo de 18 de junio de 2020 relativo al establecimiento de un marco para facilitar las inversiones sostenibles y por el que se modifica el Reglamento (UE) 2019/2088.

26 HUETING, R. *et al.*, "The concept of environmental function and its valuation", *Ecological Economics,* nº 25, 1998, pp. 31 a 39, vid. p. 32.

27 Como ocurriría, por ejemplo, con el paisaje: PERCIVAL, R.V., *et al.*, *Environmental regulation: law, science and policy.* United States of America, ASPEN Publishers, 2006, : cfr. p. 35. y cfr. COMMISSARIAT GÉNÉRAL AU DÉVELOPPEMENT DURABLE (Ministère De L'écologie, De L'énergie Du Développement Durable Et De La Mer Française), "Vers des indicateurs de fonctions écologiques liens entre biodiversité, fonctions et services", *Le Point Sur,* Mayo, nº51, 2010 p. 1.

por la ONU a través de su Evaluación de los Ecosistemas del Milenio–[28].

En otro orden de cosas, esas *contribuciones,* como dice el Reglamento europeo, o estas utilidades que encierran los servicios pueden ser *directas* para el ser humano, de forma que ese servicio se presenta imprescindible para la vida o bienestar de la persona; o *indirectas,* tratándose en este segundo caso de un requisito esencial para que la naturaleza mantenga su adecuado funcionamiento y, así, el ser humano pueda seguir obteniendo sus beneficios directos.

Cada recurso natural genera sus propios servicios ambientales. Son precisamente esos beneficios, tangibles o intangibles, que aporta cada recurso lo que les hace a aquellos merecedores en sí mismos de protección jurídica, propia e independiente de la que deban recibir esos propios beneficios, esos servicios ambientales.[29]

Día a día, la ciencia va concretando los beneficios *extraíbles* de cada recurso, lo que implica que esta es una categoría en construcción, pero de la cual es posible obtener ya conclusiones claras. Todos los servicios demostrados como tal van siendo recogidos en catálogos e inventarios. En este sentido, los inventarios de servicios principalmente acogidos por la normativa española serían, por un lado, el propuesto por la Evaluación de los Ecosistemas del Milenio (de la ONU); este es seguido expresamente por la normativa sobre responsabilidad medioambiental, concretamente por el Real Decreto 2090/2008, de 22 de diciembre, por el que se aprueba el Reglamento de desarrollo parcial de la Ley 26/2007, de 23 de octubre, de Responsabilidad Medioambiental (en adelante RDLRMA) en su Anexo I, pero como bien dice esa norma este inventario no es el único

---

28 MILLENNIUM ECOSYSTEM ASSESSMENT, *Ecosystems and Human Well-being: Synthesis.* Washington, D.C., Island Press, 2005, p. 10.

29 Cfr. GARCÍA GARCÍA, S., "Concepto y naturaleza de los servicios ambientales", *Revista Aranzadi de Derecho* Ambiental, n° 54, 2023.

válido,[30] siendo también relativamente seguido el inventario CICES, una clasificación de servicios ambientales que realiza su recuento de forma amplia y exhaustiva a distintos niveles de integración y que está relacionado con las estructuras, procesos y funciones que los generan.[31] CICES es el nombre que recibe la *Nomenclatura Internacional de Servicios Ecosistémicos,* con sus siglas en Inglés (*Common International Classification of Ecosystem Services*), desarrollada por la Agencia Europea del Medio Ambiente con la intención de elaborar un marco de identificación y clasificación de servicios ambientales común y sencillo.[32]

Pues bien, en este sentido, la biodiversidad es reconocida, en general, como fuente esencial de servicios ambientales cuya protección es vital para la conservación del entorno; es fuente de servicios tanto de forma directa como indirecta pues además de tener gran influencia inmediata en los procesos de los ecosistemas, como la producción primaria, formación del suelo o el ciclo de nutrientes (reconocidos expresamente como servicios ambientales por las normas),[33] apoya indirectamente la producción de alimentos, fibra, agua potable, refugio y medicinas (también reconocidas expresamente como tales).[34]

---

30 La EEM evalúa 22 servicios ecosistémicos (8 de abastecimiento, 7 de regulación y 7 culturales), a partir de 400 indicadores, en 14 tipos operativos de ecosistemas: vid. VALLADARES, F., GIL, P., FORNER, A. (coord.), *Bases científico-técnicas para la Estrategia estatal de infraestructura verde y de la conectividad y restauración ecológicas,* Madrid: Ministerio de Agricultura y Pesca, Alimentación y Medio Ambiente, 2017, p. 19.

31 Así lo expresa y utiliza el Ministerio de Agricultura y Pesca, Alimentación y Medio Ambiente en las *Bases científico-técnicas para la Estrategia estatal de infraestructura verde y de la conectividad y restauración ecológicas* de 2018: vid. VALLADARES, F., GIL, P., FORNER, A. (Coord.), *op. cit.*, p. 19.

32 HAINES-YOUNG, R., POTSCHIN, M.B., *Common International Classification of Ecosystem Services (CICES) V5.1 and Guidance on the Application of the Revised Structure.* Nottingham: Fabis Consulting, 2018.

33 Vid. Anexo I RDLRMA.

34 Vid. Capítulos 10 y 11 de MILLENIUM ECOSYSTEM ASSESSMENT, *Ecosystems and Human Well-Being: Scenarios Findings of the Scenarios Wor-*

En el propio Pacto Verde Europeo se parte de la necesidad de proteger estos servicios de la biodiversidad a la hora de justificar la urgencia de reforzar la conservación y recuperación de este recurso: "*Los ecosistemas aportan servicios esenciales, como alimentos, agua dulce y aire puro y cobijo*", dice el Pacto, y son todos ellos esenciales para avanzar en los objetivos de adaptación, mitigación y reducción de emisiones.[35]

Los avances en el estudio y desarrollo de los servicios ambientales van arrojando conclusiones esenciales no sólo para mejorar en la protección de este recurso esencial, sino también en la lucha contra el cambio climático. El principal de todos ellos, en el contexto que nos ocupa, ha sido identificar el papel de la biodiversidad en la absorción de CO2.[36]

Otro de ellos es identificar al hábitat, esa compleja realidad de tan difícil tratamiento para el Derecho, no como un recurso natural, sino como un servicio ambiental. Esto va a convertir al Reglamento de Restauración, como se verá, en un reglamento de protección de servicios ambientales.

El *hábitat* es el ecosistema en sí mismo, el entorno necesario para la supervivencia de las especies y donde estas desarrollan sus relaciones; el hábitat es así el resultado de la interrelación entre los componentes bióticos (especies vegetales, animales y microorganismos) y abióticos (componentes no vivos) de un entorno y juntos conforman una unidad funcional esencial.[37]

---

king Group, Washington D.C.: Island Press, 2005, pp. 375 y ss.

35 Comunicación de la Comisión al Parlamento Europeo, al Consejo Europeo, al Consejo, al Comité Económico y Social Europeo y al Comité de las Regiones El Pacto Verde Europeo, COM (2019) 640, de 11 de diciembre de 2019 (en adelante PVE), p. 15.

36 Cfr. Comunicación de la Comisión al Parlamento Europeo, al Consejo Europeo, al Consejo, al Comité Económico y Social Europeo y al Comité de las Regiones Nueva Estrategia de la UE en favor de los Bosques para 2030, COM (2021) 572, de 16 de julio de 2021.

37 "*Complejo dinámico de comunidades, vegetales, animales y microorganismos y su medio no viviente que interactúan como una unidad funcional*", así define

Este hábitat, como conjunto de funciones de un ecosistema, reúne en si servicios tanto directos como indirectos. Un individuo o una especie fuera de su hábitat corre el riesgo de desaparecer al perder la red de funciones y relaciones que se dan en ese espacio y sobre las que sostiene su forma de vida y supervivencia.[38] Precisamente por esa red de funciones esenciales que reúne un hábitat, la normativa sobre responsabilidad medioambiental califica expresamente a todo hábitat como un *servicio ambiental;* más concretamente, esta normativa habla del *servicio de acogida o de hábitat* que prestan los recursos naturales a las especies silvestres. Esta afirmación realizada por el RDLRMA en su artículo 18 responde a un contexto muy específico como es el de la significatividad del daño ambiental. Básicamente, lo que hace el RDLRMA en esta previsión es introducir, entre otros, un criterio subsidiario para la determinación de la significatividad de dicho daño cuando esta no sea posible a través de las disposiciones más generales; de esta manera, se habla de *daño significativo* (lo refiere, en concreto, a las aguas o el suelo) cuando la afección de que se trate ocasione daños "*al servicio de acogida o de hábitat que tales recursos prestan a las especies silvestres*".[39] Mediante esta excepcionalidad se califica al hábitat

---

el hábitat MARTÍN MATEO en MARTÍN MATEO, R., *Derecho Ambiental.* Madrid: Instituto de Estudios de Administración Local, 1977, p. 43.

38 "*El deterioro que sufren los hábitats naturales y seminaturales en la actualidad, debido a las actividades humanas, es responsable de la progresiva y creciente pérdida de biodiversidad*": SECRETRARÍA GENERAL DE AGRICULTURA Y ALIMENTACIÓN. MAPA, *Guía de la condicionalidad de la Política Agraria Común (I).* Madrid: Ministerio de Agricultura, pesca y alimentación, 2005, p. 56.

39 Así aparece recogido en el art. 18 del RDLRMA: "*Art. 18. Otros criterios para la determinación de la significatividad del daño. Cuando no resulte posible determinar la significatividad del daño con arreglo a los criterios establecidos en los artículos 16 y 17, o cuando el suelo tuviera la calificación de contaminado, el carácter significativo de los daños ocasionados a las aguas y al suelo podrá establecerse analizando la afección que el daño haya ocasionado al servicio de acogida o de hábitat que tales recursos prestan a las especies silvestres. A tal efecto, se presumirá que los daños a las aguas y al suelo tienen carácter significa-*

como un servicio ambiental vital para las especies silvestres[40] cuya protección y restauración resulta esencial para alcanzar una conservación adecuada de la biodiversidad en su conjunto y así avanzar en la lucha contra el cambio climático.

Por otro lado, al tiempo, se va avanzando en la concreción e identificación de otros servicios ambientales aportados por la biodiversidad, cuyo reconocimiento y determinación permite perfilar estas normas y estrategias y avanzar en su protección. En este caso, destacarían especialmente los llamados MABES, por sus siglas en inglés, procedente de *mobile agent-based ecosystem services,* cuyo significado viene a ser *servicios ambientales basados o dependientes de agentes móviles,* estos últimos también denominados por otros autores como *agentes ecológicos.*[41] Bajo esta categoría se reúne a servicios ambientales cuya adecuada y suficiente prestación depende del movimiento. El MABES más citado por la doctrina científica es la polinización, un servicio ambiental esencial e individualmente considerado y protegido, como pretende hacer la Unión Europea a través de las medidas antes anunciadas, cuyos *agentes* son, esencialmente, las abejas, si bien no sólo estas favorecen la distribución de polen o semi-

---

tivo cuando el daño que experimenten las especies silvestres que habitan en tales recursos como consecuencia de la acción del mismo agente puedan ser calificados de significativos".

40 Cfr. GARCÍA GARCÍA, S. (2022), *op. cit.*

41 KREMEN, C. *et al.*, "Pollination and other ecosystem services produced by mobile organisms: a conceptual framework for the effects of land-use change", *Ecology Letters,* nº 10, 2007, pp. 299 a 314. Asimismo, estos MABES se estudian en ZHENZHEN, Z., MEEROW, S., NEWELL, J.P., LINDQUIST, M., "Enhancing landscape connectivity through multifunctional green infrastructure corridor modelling and desing", *Urban forestry & Urban Greening,* nº 38, 2019, pp. 305 a 317 o MITCHELL, M., GONZALEZ, A., BENNETT, E.M., "Linking landscape connectivity and ecosystem service provision: current knowledge and research gaps", *op.cit.,* entre otros.

llas.[42] Otros MABES igualmente esenciales serían el control de plagas o la regulación de pestes, todos producidos por agentes cuyo comportamiento individual y de su población favorece una distribución espacial de recursos naturales que permite o facilita la provisión de estos servicios ambientales.[43]

Estos *agentes* son normalmente individuos o poblaciones de fauna, si bien otros recursos como el agua requieren de una capacidad de movimiento suficiente para generar debidamente sus servicios. En cualquier caso, la principal conclusión que se extrae de estos estudios, es que existe una necesidad real de proteger a estos *agentes,* su riqueza y abundancia, de forma que dispongan de una red de tamaño suficiente que facilite su movimiento y dispersión con el fin de garantizar los servicios ambientales de los hábitats y así se garantice la adecuada prestación de sus servicios y la garantía de la red de funciones que refuerzan el entorno frente al cambio climático, al tiempo que aportan armas para aminorar sus efectos sobre la población y la naturaleza.[44]

---

42 Vid. KREMEN, C. *et al.*, "Pollination and other ecosystem services produced by mobile organisms: a conceptual framework for the effects of land-use change", *op.cit.*; y cómo se les ofrece una protección específica a estos polinizadores desde la UE sobre la base de la Comunicación de la Comisión sobre la iniciativa de la Unión Europea sobre los polinizadores, COM (2018) 395.

43 KREMEN, C. *et al.*, "Pollination and other ecosystem services produced by mobile organisms: a conceptual framework for the effects of land-use change", *op.cit.*

44 Cfr. LINDQUIST, M., "Enhancing landscape connectivity through multifunctional green infrastructure corridor modelling and desing", *op.cit.*, p. 305 y KREMEN, C. *et al.*, "Pollination and other ecosystem services produced by mobile organisms: a conceptual framework for the effects of land-use change", *op. cit.*, p. 302.

3. LAS PRINCIPALES MEDIDAS EN MATERIA DE BIODIVERSIDAD EN EL CONTEXTO DEL PACTO VERDE EUROPEO

En el seno del Pacto Verde Europeo es posible identificar cinco grandes ejes de actuación al analizar las distintas iniciativas propuestas: la principal es estudiada en otra parte de esta obra y tiene que ver con esa transformación de la economía, para hacerla más fuerte y resiliente, que propone el Pacto y que afectaría a todo el sector energético, agrícola, de transporte e infraestructuras; por otro lado, y al margen del esfuerzo, siempre presente, de velar por reforzar económicamente el factor I+D de toda la Unión, del Pacto también destaca cómo se pretende trasladar parte de la carga económica de costear estos cambios del sector público a los particulares, a los grandes inversores;[45] pero, sin duda, detener la pérdida de biodiversidad constituye un objetivo en sí mismo y esencial desde diferentes puntos de vista.

En primer lugar, en el Pacto Verde Europeo la Unión establece como principal puntal para la protección de la biodiversidad la ya mencionada Estrategia sobre la Biodiversidad de aquí a 2030, precursora del Reglamento de Restauración, que señala los grandes objetivos y medidas a desarrollar en este tiempo en la materia: algunos de ellos serían "*incrementar la cobertura de zonas terrestres y marítimas protegidas con gran diversidad a partir de la red Natura 2000, (...) mejorar los ecosistemas dañados y restablecer su buen estado ecológico, incluidos los ecosistemas ricos en carbono,* (...) ofrecer *propuestas para hacer más ecológicas las ciudades europeas e incrementar la biodiversidad en los espacios urbanos*". Asimismo, se pretende adaptar y modificar todas las políticas

---

45 Como bien advierte DE SADELEER, "*Haría falta algo más que un palo para hacer avanzar al burro. Sin inversión pública y privada, las normas previstas no producirán los efectos deseados*" en DE SADELEER, N., "El nuevo pacto por la naturaleza de la UE. De la ambición a la realidad", *Actualidad Jurídica Ambiental,* nº 136, 2023, 16 pp., vid. p. 14.

de la Unión para que contribuyan al alcance de estos objetivos, favoreciendo la preservación y recuperación del capital natural de Europa; en este sentido, destacaría con especial fuerza la política agrícola y la alimentaria o la pesquera, todas fuertemente conectadas entre sí y con la biodiversidad.[46]

La Estrategia sobre la Biodiversidad de aquí a 2030 tiene como gran objetivo *proteger y recuperar la naturaleza,* siempre acompañado de una transformación holística de todo el espectro económico, industrial y social que favorezca alcanzar dicho fin. Como mínimo, la Estrategia se propone recuperar o proteger el 30% de todo el territorio, terrestre y marino, de la Unión Europea.

El eje esencial de la Estrategia lo compone el que denomina Plan de Recuperación de la Naturaleza. Con este plan la Unión entona un *mea culpa* y reconoce que la prevención ha fallado, por lo que es necesario reparar.[47] Esa reparación, que la Unión pretende alcanzar en el sentido más amplio del término, tendrá como base fundamental una norma, precisamente, el Reglamento de Restauración de la Naturaleza. En este sentido, la Unión considera que la legislación vigente no ha sido eficaz debido a una mala aplicación de los Estados miembros, junto con un escaso compromiso por parte de estos, por lo que pretende blindar con una nueva norma sus pretensiones en esta materia.[48]

Dentro de este nuevo marco jurídico que se pretende imponer se ofrece una atención especial sobre aquellos recursos y hábitats especialmente dañados, vulnerables o esenciales para

---

46 Vid. PVE

47 SANZ RUBIALES, I., "El futuro Reglamento de Restauración: un instrumento para el impulso de la conectividad (si llega a existir)", en LOZANO CUTANDA, B., URIARTE RICOTE, M., *La conectividad ecológica: instrumentos y propuestas para evitar la fragmentación de los hábitats.* Valencia: Tirant lo Blanch, 2024 (en prensa).

48 Vid. DE SADELEER, N., "El nuevo pacto por la naturaleza de la UE. De la ambición a la realidad", *op. cit.*, p. 4.

la lucha contra el cambio climático como serían las tierras agrícolas, los ecosistemas edáficos, los bosques o los ecosistemas marinos y de agua dulce.[49] En este sentido, la principal táctica que se propone la Unión y que se trasladaría al futuro Reglamento consistiría en partir de precedentes que han demostrado su utilidad y eficacia y, sobre esa base, avanzar en la protección de la biodiversidad; estamos haciendo referencia a todo el aparataje jurídico-administrativo creado en torno a la Red Natura 2000.[50] Tomando como referencia esta zonificación desarrollada por la Red y las medidas adoptadas en cada caso, cada Estado deberá ahora designar nuevas zonas protegidas, cuya determinación deberá depender del estado de conservación en que se encuentre cada hábitat, hasta alcanzar el objetivo mínimo de garantizar la protección del 30% del territorio terrestre y marino de la Unión Europea.[51]

La protección de estos espacios y sus especies pretende ser tal que, también, desde la Estrategia (y después el Reglamento) se propone mejorar e incrementar la lucha contra las especies exóticas invasoras, *armas de destrucción masiva* de ecosistemas completos, cuya presencia y desatención puede sabotear el grueso de los esfuerzos que se dirijan a la recuperación y protección de estos lugares.[52] Asimismo, se pretende reforzar el marco natural de lugares como las zonas urbanas y periurbanas, cuyo aporte a la lucha contra el cambio climático puede ser esencial si se sostiene sobre una adecuada planificación que transforme y adapte esos entornos,[53] y todo ello impregnado

---

49 Vid. Estrategia.

50 Vid. LÓPEZ RAMÓN, F., "De los parques nacionales a la conservación de la biodiversidad" en *Revista de Administración* Pública, nº 200, 2016, pp. 213 a 230 o GARCÍA URETA, A., LAZCANO BROTÓNS, I. "Reflexiones jurídicas sobre la gestión multinivel de los lugares de la Red Natura 2000", *Ambiente y Derecho*, nº 11, 2013, pp. 45 a 61.

51 Vid. DE SADELEER, N., "El nuevo pacto por la naturaleza de la UE. De la ambición a la realidad", *op. cit.*, p. 5.

52 Apartado 2.2.10. de la Estrategia.

53 Apartado 2.2.8 de la Estrategia.

de un espíritu transformador de todo el modelo económico-industrial que pretende introducirse a través de estas medidas, de forma que se atienda adecuadamente a la biodiversidad y su restauración.[54]

Como se ha señalado ya, dentro de todos estos fines y medidas que pretenden una recuperación y protección de la biodiversidad global, hay dos tipos de hábitats o ecosistemas (recuérdese, servicios ambientales) que acaparan una mayor atención por parte del Pacto Verde y su Estrategia, por lo que conviene hacer mayor referencia sobre ellos y ahondar sobre el resto de medidas que conformarán la protección futura de la biodiversidad en Europa. Estos hábitats especialmente protegidos son los ecosistemas forestales y los marinos.

Los ecosistemas forestales protagonizan muchos de los esfuerzos europeos desarrollados en este sentido por ser principales víctimas y, al tiempo, soluciones del cambio climático. Por este motivo, para la Unión resulta crucial mejorar su superficie forestal, "*tanto en calidad como en cantidad, para que la UE alcance la neutralidad climática y un medio ambiente sano. La forestación y reforestación sostenibles y la recuperación de bosques degradados pueden incrementar la absorción de CO2, a la vez que mejoran la resiliencia de los bosques y fomentan la bioeconomía circular*".[55] En este sentido, junto a la Estrategia sobre Biodiversidad 2030, la Comisión ha actualizado su Estrategia Forestal[56] para la UE, de forma que así se abarca todo el ciclo forestal y se avanza en la protección de sus servicios. Esa nueva Estrategia Forestal tiene claro que el bosque es un sumidero de carbono esencial en la lucha contra el cambio climático, por lo que debe velar

---

54 Apartados 2.2.5. y 2.2.9. de la Estrategia.

55 Cfr. PVE

56 Es la ya citada en este trabajo Comunicación de la Comisión al Parlamento Europeo, al Consejo Europeo, al Consejo, al Comité Económico y Social Europeo y al Comité de las Regiones Nueva Estrategia de la UE en favor de los Bosques para 2030, COM (2021) 572, de 16 de julio de 2021.

por la forestación efectiva y la preservación y recuperación de los bosques, reducir la incidencia y extensión de los incendios forestales y promover la bioeconomía.[57]

Por su parte, los ecosistemas marinos se erigen también en piezas esenciales del Pacto por ser, como los bosques, grandes sumideros. En este sentido, si bien la Unión Europea ha avanzado en la adopción de medidas desde todas las políticas, como la agrícola -desde la que se fomenta la producción y el uso de nuevas fuentes de proteínas que reduzcan la presión sobre la tierra de cultivo- o la energética –desde la que se trabaja por facilitar el acceso a las renovables marinas-, parece estar esperando a la ratificación del llamado Tratado Global de los Océanos.[58] Nunca antes se ha alcanzado un acuerdo mundial para la protección de estos importantes espacios, lo cual resultaría esencial desde el punto de vista de la diversidad biológica, y es algo que, se espera, sentará las bases de la futura política climática y en materia de biodiversidad en el ámbito marino para la Unión Europea.

4. LA GRAN PROPUESTA DEL PACTO VERDE EN MATERIA DE BIODIVERSIDAD: EL REGLAMENTO EUROPEO SOBRE RESTAURACIÓN DE LA NATURALEZA

4.1. La conservación no basta, es necesario reparar. El cambio en los principios protagonistas de esta protección

Como bien dice Sanz Rubiales, este Reglamento no es más que la "*constatación de un fracaso: el de las políticas de protección y conservación ambiental en Europa. Frente a los instrumentos preven-*

---

57 Vid. PVE.

58 Cfr. OLIVARES GALLARDO, A., *Nuevo Derecho de los océanos: la protección del medio marino ante el cambio global,* Valencia: Tirant lo Blanch, 2022.

tivos, de protección y conservación de la naturaleza, característico de los decenios anteriores (evaluaciones de impacto, autorizaciones ambientales integradas, protección de hábitats y de aves silvestres, etc.), la insuficiencia de estos está llevando a la UE a insistir en las medidas restauradoras".[59]

Si bien esto es cierto, también lo es que estamos viviendo un cambio generalizado en los principios vertebradores de la protección ambiental; quizás por los avances recientes, especialmente dirigidos a comprender y completar el bien jurídico protegido (mediante el desarrollo de los servicios ambientales), quizás por la confirmación de que lo realizado hasta ahora, como afirma el profesor, ha sido muy deficiente, o por todo ello, la realidad es que ese principio de prevención, cuyos mandatos han gobernado el Derecho ambiental desde su desarrollo allá por los años sesenta e instauraron las técnicas de policía como las principales para avanzar en el cuidado de la naturaleza, parece haber completado su reinado y deja paso a otros principios que adquieren un protagonismo más destacado, como serían los principios correctivos, que sitúan a la restauración como fin esencial y, para alcanzarlo, posicionan al fomento al frente de esta *nueva* gestión ambiental.

El *fomento ambiental*, ahora, intenta completar lo hecho hasta el momento y atajar definitivamente toda actividad contaminante. Con esto, la prevención, con su limitación de la actividad humana, deja paso así a la corrección y exige una intervención, la *justa y necesaria*, dirigida a revertir los cambios perjudiciales generados en el medio ambiente por la actividad humana.[60] Una *reversión* a la que bien ayudan las nuevas medidas de fomento que redirigen la actuación de los particulares hacia la restauración o conservación voluntaria de los ecosistemas o,

---

59 Cfr. SANZ RUBIALES, I., "El futuro Reglamento de Restauración: un instrumento para el impulso de la conectividad (si llega a existir)", *op. cit.*

60 *Ibidem.*

incluso, a modificar su actividad de forma que esta no solo deje de ser perjudicial para el entorno, sino beneficiosa para este.[61]

Esta *nueva* gestión ambiental se sostiene sobre una reinterpretación de los fundamentos tradicionales. La fallida prevención exige nuevos planteamientos y otros principios básicos arrojan alternativas. Este es el caso del principio quien contamina paga: mediante este principio se diseña la gestión de las *externalidades negativas*[62] de la actividad económica, es decir, de los costes que genera la producción de contaminación por parte de la actividad económica, procurando la internalización de estos en la propia actividad contaminadora.[63] Sobre esta base, las corrientes más recientes del Derecho ambiental abogan por completar la protección otorgada hasta ahora y atender no sólo a las externalidades negativas para el entorno generadas por la actividad económica, sino también a las positivas (los servicios ambientales), como medio de protección de la conservación del entorno y de promoción del cuidado de la naturaleza. Surge así el conocido como *principio quien se beneficia paga,* entre otras denominaciones.[64]

---

61 Cfr. GARCÍA GARCÍA, S., "El fomento, la técnica protagonista en la protección actual del medioambiente: su nuevo contenido -los pagos por servicios ambientales- y su viabilidad", en ORTEGA BURGOS, E. et PASTOR RUIZ, F., *Derecho administrativo 2022.* Valencia: Tirant lo Blanch, 2022, pp. 179-200.

62 Siguiendo el Diccionario Panhispánico del español jurídico, se entiende por *externalidad,* en esta materia, al "*efecto no buscado por una acción*".

63 Este principio determina que "*el operador que cause daños medioambientales o que amenace de forma inminente con causar tales daños debe sufragar el coste de las medidas preventivas o reparadoras necesarias*": considerando nº 18 Directiva 2004/35 sobre responsabilidad medioambiental.

64 LOZANO CUTANDA, B., RÁBADE BLANCO, J.M., "El pago por servicios ambientales para el desarrollo sostenible del medio rural: los contratos territoriales" en SANZ LARRUGA, F.J., GARCÍA PÉREZ, M., PERNAS GARCÍA, J.J. (dirs.), *Libre mercado y protección ambiental: intervención y orientación ambiental de las actividades económicas,* Madrid: INAP, 2013, pp. 337 a 357. Otras opciones para identificar este principio serían, por

La *versión* opuesta y "positiva" del principio quien contamina paga, pretende igualmente un reparto justo, pero esta vez de los costes que genera la conservación o promoción de servicios ambientales, y propone la externalización de estos en el beneficiario directo del servicio, que generalmente será la sociedad en su conjunto.[65] Así, tanto el principio tradicional como su nueva versión pretenden compensar por las externalidades, positivas o negativas, generadas por la actividad económica; en el caso de las negativas la compensación la realiza quien las genera y en el caso de las positivas, quien las disfruta. En este último supuesto es la Administración pública la que efectúa mayoritariamente esa compensación económica por ser, siguiendo el principio quien se beneficia paga, la representante de la sociedad beneficiaria del cuidado de esos servicios, si bien cada vez más se están desarrollando mecanismos que permiten aplicar esta conservación entre particulares.[66]

Con todo lo dicho, el fomento se erige como una forma de intervención adecuada para proteger la naturaleza[67] y el principio quien se beneficia paga como un fundamento esencial sobre el que "*incentivar la conservación voluntaria*" del entorno.[68] Dentro de este, si el principio contaminador-pagador ha servi-

ejemplo, *a quien conserva se le paga* o, también, *a quién descontamina se le paga:* MUÑOZ AMOR, M.M., *El contrato territorial en la agricultura multifuncional,* Madrid: Reus, 2017, p. 173.

65 Esta sencilla definición del principio se sostiene sobre un amplio análisis que se puede conocer en GARCÍA GARCÍA, S., "El fomento, la técnica protagonista en la protección actual del medioambiente: su nuevo contenido -los pagos por servicios ambientales- y su viabilidad", *op. cit.*

66 *Ibidem.*

67 Vid. NAVARRO CABALLERO, T., "Quién paga la protección del patrimonio natural: compensaciones y mecanismos de financiación", XVI Congreso de la Asociación Española de Derecho Administrativo, 2022, 40 p.

68 LOZANO CUTANDA, B., RÁBADE BLANCO, J.M., "El pago por servicios ambientales para el desarrollo sostenible del medio rural: los contratos territoriales", *op. cit.*, p. 338.

do para configurar instrumentos esenciales para la protección de la naturaleza, como son los mercados de derechos de emisión o la tributación medioambiental,[69] sobre los cuales se ha sostenido el grueso de su protección en las últimas décadas, el principal instrumento que se ha desarrollado hasta la fecha sobre la base del principio beneficiario-pagador son los denominados pagos por servicios ambientales, unas herramientas de gran ayuda para costear esta lucha contra el cambio climático y avanzar en ella.[70]

4.2. Las características más destacadas de la (aún) propuesta de reglamento sobre la restauración de la naturaleza de la unión europea

Sobre las bases de sus competencias en materia ambiental, la Comisión Europea propuso en junio de 2022 el Reglamento sobre la restauración de la naturaleza. Lo primero que llama la atención es el tipo de norma que se propone, que es un Reglamento y no una Directiva, como es habitual en el caso de materias compartidas con los Estados, más aún en un ámbito tan particular y propio de cada región como es el ambiental, cuyo mejor tratamiento requiere de la flexibilidad que ofrece la Directiva, frente a la rigidez del Reglamento. La justificación de la elección del Reglamento "*es, fundamentalmente, la urgencia, como reconoce la propia Exposición de Motivos de este, para garantizar la consecución del objetivo a largo plazo*";[71] argumento cuestiona-

---

69 Vid. SANZ RUBIALES, I., *El mercado de derechos a contaminar. Régimen jurídico-público del mercado comunitario de derechos de emisión en España*. Valladolid: Lex Nova, 2007, p. 44.

70 GARCÍA GARCÍA, S., "Los pagos por servicios ambientales: medidas de fomento del cuidado a la naturaleza", en TOLIVAR ALAS, L., HUERGO LORA, A., CANO CAMPOS, T. (dirs.), *El patrimonio natural en la era del cambio climático*. Madrid: INAP, 2022, pp. 419 A 428.

71 SANZ RUBIALES, I., "El futuro Reglamento de Restauración: un instrumento para el impulso de la conectividad (si llega a existir)", *op. cit.*, p. 4.

ble que tergiversa la naturaleza y fines de cada una de estas fuentes, pese a que esto se haya convertido en una práctica habitual de los últimos años.

La propuesta de Reglamento reúne los avances, objetivos y cambios a nivel de principios comentados con anterioridad y, sobre ellos, se propone como punto de partida la restauración; más concretamente, la *restauración ecológica*[72] que define como "*el proceso de ayudar al restablecimiento de un ecosistema que se ha degradado, dañado o destruido, mejorando la biodiversidad y los servicios ecosistémicos de los ecosistemas restaurados, aunque estos no lleguen a alcanzar su estado original*".[73]

El Reglamento propuesto aboga en su articulado por alcanzar *el buen estado* necesario para cada hábitat; un concepto que depende, esencialmente y por lo dicho anteriormente, del nivel de provisión de los servicios ambientales de esa zona y, por lo tanto, de la garantía y promoción de las *externalidades positivas* que se constaten en cada caso. En términos generales, este estado de conservación será favorable cuando se garantice el mantenimiento de la distribución natural, estructura y funciones (servicios ambientales) de una especie o su hábitat,[74]

---

72 Propuesta de Reglamento del Parlamento Europeo y del Consejo sobre la restauración de la naturaleza, COM/2022/304, de 22 de junio de 2022 (en adelante La propuesta), art. 3.3.

73 ROMEO RUIZ, A., "La restauración ecológica en el Derecho del cambio climático", en GARCÍA URETA, A., SOTO MATEO, B. (Dirs.), *Restauración y compensación ecológica: la perspectiva jurídica*, Madrid: Iustel, 2023, pp. 247 a 268, vid. p. 251.

74 Art. 2.6 LRMA: "*Estado de conservación: a) Con respecto a un hábitat, la suma de influencias que actúan sobre él y sobre sus especies típicas que puedan afectar a largo plazo a su distribución natural, a su estructura y a sus funciones, así como a la supervivencia a largo plazo de sus especies típicas en el área de distribución natural de ese hábitat en el territorio español. El estado de conservación de un hábitat se considerará «favorable» cuando se cumplan todas las condiciones siguientes: 1.ª Que su área de distribución natural y las zonas que abarque esa extensión sean estables o estén en crecimiento. 2.ª Que concurran la estructura específica y las funciones necesarias para su mantenimiento*

extensible a través de su calidad al resto de recursos naturales. La calidad de un recurso natural, especialmente así referida al agua y aire, estará protegida o garantizada cuando las características y buen estado de estos recursos permita, a través de su uso, la recepción adecuada de sus beneficios.[75] La calidad es expresamente definida por el Real Decreto 2090/2008, de desarrollo de la Ley 26/2007 de Responsabilidad Medioambiental (RDLRMA) como "*el nivel de provisión de servicios ambientales*",[76] luego la restauración ambiental tiene como fin recuperar la adecuada funcionalidad de los ecosistemas para lo cual, si bien deben mantenerse las medidas limitativas que evitan mayores menoscabos, es necesario optar por la intervención y la promo-

---

a largo plazo y sea probable que éstas vayan a seguir concurriendo en un futuro previsible. 3.ª Que el estado de conservación de sus especies típicas sea favorable, tal como se define en la letra b). b) Con respecto a una especie, la suma de influencias que actúan sobre ella que puedan afectar a su distribución a largo plazo y a la abundancia de sus poblaciones en el área de distribución natural de esa especie en el territorio español. El estado de conservación de una especie se considerará «favorable» cuando se cumplan todas las condiciones siguientes: 1.ª Que los datos de dinámica de población para la especie de que se trate indiquen que se está manteniendo a largo plazo como componente viable de sus hábitats. 2.ª Que el área de distribución natural de esa especie no se esté reduciendo ni sea probable que vaya a reducirse en un futuro previsible. 3.ª Que exista un hábitat suficientemente amplio como para mantener a sus poblaciones a largo plazo y sea probable que vaya a seguir existiendo".

75 La *calidad* (del agua) siempre se ha contrapuesto a la acción contaminante que alterase física, química o biológicamente las aguas haciéndolas inservibles para los usos a que están destinadas: vid. DE MIGUEL GARCÍA, P., "Contaminación y calidad de aguas continentales: el Derecho español ante la normativa de la Comunidad Económica Europea", *REDA*, nº 35, 1982, pp. 581 a 612, vid. pp. 600 y ss. La prohibición de la acción contaminante que pueda perjudicar otros aprovechamientos supone a la postre una garantía de la recepción de los beneficios de ese recurso. Como se verá a continuación, la calidad, como sinónimo del buen estado de un recurso puede interpretarse como la adecuada recepción de sus servicios, como la garantía del cumplimiento de sus funciones: vid. apartado II del Anexo II RDLRMA.

76 Apartado II del Anexo II RDLRMA

ción o fomento de toda acción que recupere o impulse estos servicios ambientales.

La norma propuesta, que previsiblemente será aprobada pronto, pese a las múltiples polémicas que se han desatado en su tramitación,[77] constaría de 23 artículos y ostenta, como objeto esencial, el establecimiento de "*normas que pretenden contribuir a la recuperación continua, a largo plazo y sostenida de una naturaleza rica en biodiversidad y resiliente en todas las zonas terrestres y marítimas de la Unión mediante la restauración de los ecosistemas; la consecución de los objetivos generales de la Unión en materia de mitigación del cambio climático y adaptación a este y el cumplimiento de los compromisos internacionales de la Unión*", todo ello siempre y cuando alcance a, al menos, "*el 20 % de las zonas terrestres y marítimas de la Unión de aquí a 2030 y, de aquí a 2050, todos los ecosistemas que necesiten restauración*".[78]

Si algo se puede asegurar desde ya sobre esta futura norma es su carácter ambicioso y el elevadísimo coste económico, directo e indirecto, que requerirá cumplir con ella.

De todos esos ecosistemas a los que alude la Comisión, la propuesta pretende imponer requisitos u objetivos específicos sobre seis tipos determinados de ecosistemas, tanto terrestres, como costeros y de agua dulce; y lo harán sobre hábitats de especies determinadas, indicadas en sus anexos, así como de aves silvestres, en general.[79] Estas seis modalidades de ecosistemas expresamente atendidos por la propuesta son, específicamente, los marinos (art. 5), urbanos (art. 6), los ríos (art. 7), aquellos con poblaciones de polinizadores (art. 8), los agrícolas (art. 9) y forestales. Sobre todos ellos, en coherencia con lo dicho antes sobre la Estrategia, los Estados miembros tendrán la obligación de designar zonas protegidas que se sumarían a la Red Natura 2000 y completarían el entramado ecosistémico

---

77 *Ibidem*, pp. 12 y siguientes.

78 Art. 1 de la propuesta.

79 Art. 4 de la propuesta.

protegido de la Unión Europea, vinculando a este Reglamento con un *gran dúo*, que lleva décadas ordenando la protección a la biodiversidad en la Unión Europea, como son la Directiva Aves y la de Hábitats.[80]

Al margen de esa obligación general, la propuesta recoge en su Anexo VII un listado de *ejemplos de medidas* por las que pueden optar los Estados a la hora de cumplir con los objetivos de restauración en las zonas que determinen; ahí es posible encontrar acciones como la introducción de nuevos modelos agrícolas, como la paludicultura, la eliminación o reducción del uso de plaguicidas o abonos químicos o aumentar los espacios verdes de las zonas urbanas (al menos un 3%, impone en este caso el art. 6).

Algunos de estos *ejemplos* han sido la principal causa por la cual la tramitación de esta norma está siendo tan compleja; tal es el caso de la restauración de los suelos agrícolas, que ha entrado y salido de la propuesta de diferentes formas en cada momento de la tramitación y que, para muchos, puede poner *en jaque* la supervivencia del sector agrícola europeo. Asimismo, específicamente en España, surge otra polémica en torno a la *restauración de la conectividad natural de los ríos y de las funciones naturales de las llanuras aluviales correspondientes* que impone el artículo 7, pues teóricamente esto se traduciría en la práctica en la demolición de presas, fundamentalmente. Estas construcciones cumplen, en general, pero especialmente en este país, importantes funciones económicas, energéticas y de abastecimiento de la población, incluso también funciones culturales, como representativos paisajes, o ambientales, pues se han convertido en hábitats en sí mismos característicos de la Península; todas estas funciones se hacen aún más esenciales en momentos como el presente en el que el territorio está asolado por

---

80 Cfr. ÁLVAREZ CARREÑO, S., "Restauración de las masas de agua dulce y sus ecosistemas" en GARCÍA URETA, A. y SOTO MATEO, B. (dirs.), *op. cit.*, pp. 163 a 192.

la sequía. Este es uno de esos momentos en los que se *echa en falta* a la Directiva, pues imposiciones como estas deberán ser cuidadosa y limitadamente aplicadas según cada territorio y sus necesidades, de forma que se busque y alcance un necesario equilibrio entre lo humano y lo ambiental, algo que habrá que conseguir, pese a la rigidez del Reglamento.[81]

Para una parte de la doctrina, un último punto polémico de la propuesta, que podría ser destacado ahora, es la ausencia de los suelos, al margen de los agrícolas, en este entramado de restauración diseñado por la propuesta de Reglamento; dicho esto, si bien el suelo es un recurso esencial, pero distinto de la biodiversidad, está previsto que este cuente con su propia regulación en la materia sobre la base de la llamada Estrategia de Protección del suelo, que pretende culminar en una nueva Directiva sobre suelos próximamente.[82]

Todo lo dicho hasta ahora deberá tener como soporte material al más habitual de la regulación ambiental contemporánea: un plan. Conforme establecería la propuesta, cada Estado miembro deberá elaborar lo que ha denominado *planes nacionales de recuperación* en los cuales deberán recoger un minucioso estudio de su territorio, del que surja una panorámica general del estado en que se encuentran sus ecosistemas y, sobre esa base, determinar esas zonas de protección, complementarias a la Red Natura, así como las medidas a tomar en cada caso.[83]

---

81 Cfr. SANZ RUBIALES, I., "El futuro Reglamento de Restauración: un instrumento para el impulso de la conectividad (si llega a existir)", *op. cit.*

82 SORO MATEO, B., "Restauración, reposición y restitución del dominio público natural" en GARCÍA URETA, A. y SOTO MATEO, B. (dirs.), *op. cit.*, 2023, pp. 69 a 100, vid. p. 70. Puede ampliarse una perspectiva sobre estas propuestas en DE LA VARGA PASTOR, A., "Restauración y compensación en la protección de los suelos", en GARCÍA URETA, A., SOTO MATEO, B. (dirs.), *op. cit.*, pp.193-218, vid. p. 213.

83 Art. 11 de la propuesta.

Cada plan nacional de recuperación deberá ser creado con la pretensión de abarcar el período completo de obligaciones establecido por el Reglamento, es decir, hasta 2050, si bien se van estableciendo plazos, medidas y revisiones intermedias.[84] En el caso español, sobre la base de las competencias compartidas entre el Estado y las Comunidades Autónomas establecidas en el artículo 149.1.23 de la Constitución, la elaboración de estos planes *nacionales* corresponderá a la Administración del Estado, pero su ejecución quedaría repartida entre las distintas administraciones competentes, como serían las Comunidades Autónomas, con carácter general, salvo cuestiones específicas como las relativas a los ríos o grandes cuencas, cuya competencia de gestión y control recae sobre los Organismos de Cuenca, o lo propio con el dominio público marítimo-terrestre y la biodiversidad marina, cuyas competencias de gestión permanecerían en manos del Estado.[85]

Todo esto, no se debe perder de vista su fin, se realiza con el objetivo último de construir o recuperar una biodiversidad resiliente que sirva a la lucha contra el cambio climático, especialmente como sumidero de carbono. Ese es el motivo por el que esta restauración de la naturaleza es una pieza clave del Pacto Verde Europeo y de la adaptación, mitigación y neutralidad que pretende alcanzar la Unión Europea en el año 2050.

5. CONCLUSIONES

El Derecho ambiental actual y sus políticas son climáticas, pero la lucha contra el cambio climático encuentra en la protección de la biodiversidad una herramienta esencial. Este es el motivo por el que la biodiversidad y su protección tienen un es-

---

84 Art. 12 y ss de la propuesta.

85 Vid. SANZ RUBIALES, I., "El futuro Reglamento de Restauración: un instrumento para el impulso de la conectividad (si llega a existir)", *op. cit.*

pacio propio y prioritario en el Pacto Verde Europeo. Lo tiene la biodiversidad y, en especial, sus funcionalidades o servicios ambientales pues, especialmente estos últimos, son esenciales para avanzar en los objetivos de adaptación, mitigación y reducción de emisiones.

En el Pacto Verde Europeo la Unión establece como principal puntal para la protección de la biodiversidad la Estrategia sobre la Biodiversidad de aquí a 2030. A través de esta Estrategia y sus normas de desarrollo, la Unión entona un *mea culpa* y reconoce que la prevención ha fallado, por lo que es necesario reparar.

La propuesta de Reglamento aquí analizada refleja con claridad los cambios que se están produciendo de forma generalizada, por lo dicho anteriormente, en los principios vertebradores de la protección ambiental actual. La tradicional policía ambiental, como técnica esencial para la protección y gestión ambiental, ha perdido su hegemonía en favor, ahora, del fomento administrativo. Esta *nueva* gestión ambiental se sostiene sobre una reinterpretación de los fundamentos tradicionales: el principio quien contamina paga, cuya reinterpretación ha derivado en el conocido como principio quien se beneficia paga.

La base jurídica sobre la que sostener todos estos cambios es justamente el llamado Reglamento de Restauración de la Naturaleza. Esta norma, cuya naturaleza reglamentaria es cuando menos cuestionable, tiene como gran fin ordenar la restauración de todos los ecosistemas dañados de la Unión Europea. Para ello, la Unión se apoya en mecanismos que han demostrado su utilidad y eficacia, como los relativos a la Red Natura 2000 y su zonificación. Sobre esta base, cada Estado deberá designar nuevas zonas protegidas, cuya determinación deberá depender del estado de conservación en que se encuentre cada hábitat. Esto, además, relaciona a este Reglamento con un gran dúo, que lleva décadas ordenando la protección a la biodiversidad en la Unión Europea, como son la Directiva Aves y la de Hábitats. Para todo ello, el soporte material que sostendrá todas estas acciones será el más habitual de la regulación ambiental contemporánea: un plan.

Al margen de esa obligación general, la propuesta recoge en su Anexo VII un listado de ejemplos de medidas por las que pueden optar los Estados a la hora de cumplir con los objetivos de restauración en las zonas que determinen. Algunos de estos ejemplos son la principal causa por la cual la tramitación de esta norma está siendo tan compleja; tal es el caso de la restauración de los suelos agrícolas o la restauración de la conectividad natural de los ríos y de las funciones naturales de las llanuras aluviales correspondientes que, teóricamente, se traduciría en la práctica en la demolición de presas, esenciales en un país asolado por la sequía como es España.

Con todo, no se puede perder de vista el trasfondo principal de todas estas medidas, que no es otro que construir o recuperar una biodiversidad resiliente que sirva a la lucha contra el cambio climático, especialmente como sumidero de carbono. Ese es el motivo por el que esta restauración de la naturaleza es una pieza clave del Pacto Verde Europeo y de la adaptación, mitigación y neutralidad que pretende alcanzar la Unión Europea en el año 2050. Habrá que esperar para ver si se alcanza, del modo deseado, el objetivo del Pacto Verde; por ahora, lo único que se puede asegurar es el elevadísimo coste económico, directo e indirecto, que requerirá intentarlo.

RESUMEN: La crisis climática es una crisis de biodiversidad. Por eso este recurso natural es un componente esencial para aplacar la primera y avanzar en la lucha contra el cambio climático. Este es el motivo por el que la biodiversidad se erige en pieza clave para el Pacto Verde Europeo, el cual pretende imponer una restauración obligatoria de los ecosistemas presentes en el territorio de la Unión Europea, de forma que se alcance una fauna y una flora cuyos servicios ambientales restaurados permitan tener una biodiversidad resiliente contra el cambio climático y preparada para servir en esa lucha, especialmente como sumidero de carbono. El diseño de estas medidas parte del Pacto Verde, se desarrolla mediante la Estrategia de la UE sobre la Biodiversidad de aquí a 2030 y se materializa en la Propuesta de Reglamento sobre la restauración de la naturaleza, junto con otras medidas específicas; propuesta que previsiblemente verá la luz pronto y será una de las nuevas grandes normas ambientales de la Unión Europea, junto a otras como la Directiva de Aves, de Hábitats o la Directiva Marco del agua.

ABSTRACT: *The climate crisis is a biodiversity crisis. That is why this natural resource is an essential component of the fight against climate change. This is why biodiversity is a key component of the European Green Deal, which aims to impose a mandatory restoration of the ecosystems present in the territory of the European Union, so as to achieve a fauna and flora whose restored environmental services will allow for a biodiversity that is resilient to climate change and ready to serve in this fight, especially as a carbon sink. The design of these measures is based on the Green Deal, is developed through the Biodiversity Strategy for 2030 and is materialised in the Proposal for a Regulation on nature restorarion, together with other specific measures; a proposal that is expected to be in force soon and will be one of the European Union's new major environmental regulations, together with others such as the Birds Directive, the Habitats Directive and the Water Framework Directive.*

La estrategia "Farm to Fork" de la Unión Europea y el camino hacia un marco jurídico de un sistema alimentario sostenible comunitario

ANNINA CRISTINA BURGIN[1]

SUMARIO: 1. CONTEXTUALIZACIÓN. 2. LA ESTRATEGIA "*FARM TO FORK*". 2.1. Los orígenes de la estrategia F2F. 2.2. Los objetivos de la estrategia F2F y la complejidad del reparto de competencias del *acquis comunautaire*. 2.3. Los ámbitos de actuación identificados por la Comisión Europea. *2.3.1. Producción alimentaria sostenible 2.3.2. Seguridad alimentaria. 2.3.3. Estimular prácticas sostenibles de transformación de alimentos, comercio mayorista y minorista, hostelería y servicios alimentarios. 2.3.4. Promover el consumo sostenible de alimentos y facilitar la transición a dietas saludables y sostenibles. 2.3.5. Reducir la pérdida y el desperdicio de alimentos.* 3. HACIA UN MARCO LEGISLATIVO PARA UN SISTEMA ALIMENTARIO SOSTENIBLE DE LA UNIÓN EUROPEA. 3.1. Los informes científicos de asesoramiento. 3.2. La evaluación inicial de impacto (*Inception Impact Assessment*). 3.3. Los comentarios al IIA y la consulta pública. 4. CONSIDERACIONES FINALES.

1. CONTEXTUALIZACIÓN

La comunidad internacional, científicos, operadores económicos y ciudadanos están preocupados por el empeoramiento de la salud del planeta. Las amenazas tienen muchos aspectos

---

1 Profesora ayudante doctora del área de Derecho Internacional Público y Relaciones Internacionales, Universidade de Vigo (aburgin@uvigo.gal).

y causas. La adopción de los Objetivos de Desarrollo Sostenible (en adelante, ODS) por la Asamblea General de las Naciones Unidas en el año 2015 demostró las múltiples dimensiones de los retos a los que se enfrenta el planeta y que muchos de ellos están interrelacionados[2].

La Unión Europea (en adelante, UE) es indudablemente un actor global y especialmente en términos económicos ya que el bloque en su conjunto es la segunda potencia comercial a nivel mundial[3]. La Comisión Europea presentó el Pacto Verde Europeo (en adelante, PVE), una comunicación sin valor jurídico, pero que constituye claramente la base para una transición ecológica y digital con grandes repercusiones. Es una visión holística en la que se afirma la necesidad de cambiar el modelo económico del "viejo continente" y con ello nuestros estilos de vida. Uno de los ámbitos es la producción alimentaria y los patrones de nuestras dietas. Se afirma que no se puede abordar esa temática de manera aislada, es decir únicamente a nivel europeo, puesto que el crecimiento de la población mundial sigue siendo un gran reto para los sistemas de producción alimentaria[4]. La Comisión Europea identifica que los modelos actuales tienen cuatro grandes problemáticas[5]: el uso excesivo de recursos naturales que contribuye a una pérdida de biodiversidad e impacta el cambio climático; la contaminación de la naturaleza; los hábitos actuales de consumo generan desperdicios de alimentos; y los problemas de salud humana como la obesidad o la diabetes. La transformación del sistema alimenta-

---

2 Resolución aprobada por la Asamblea General el 25 de septiembre de 2015 "*Transformar nuestro mundo: la Agenda 2030 para el Desarrollo Sostenible*", A/RES/70/1, Naciones Unidas, 21 de octubre de 2015.

3 EUROSTAT, "Share of European Union EU27 (from 2020) in the World Trade" [en línea], 15.01.2024,https://ec.europa.eu/eurostat/databrowser/view/EXT_LT_INTROEU27_2020__custom_3351101/default/bar?lang=en [Consulta: 27/01/2024).

4 EUROPEAN COMMISSION, *Inception Impact Assessment*, Ref. Ares(2021)5902055, 2021, 28/09/2021, p. 2.

5 EUROPEAN COMMISSION, 2021, *op. cit.*, p. 2.

rio hacia una mayor sostenibilidad es compleja porque requiere un planteamiento integral de cuestiones que están abordadas por políticas diferentes y así reguladas por separado, y se añade la complejidad de reparto de competencias dentro de la UE. A modo de ejemplo señalar que la conservación de los recursos pesqueros es una política exclusiva mientras "la política de salud" – aunque ella misma tiene distintas dimensiones – es una política complementaria[6]. En una evaluación preliminar la Comisión llegó a la conclusión de que existen ya distintas iniciativas a distintos niveles (UE, nacional y sectoriales) que abordan cuestiones de sostenibilidad, pero que no existe un planteamiento común e integral, lo que resulta en que no haya una política coherente[7].

Con el objetivo de abordar los retos del actual sistema alimentario comunitario, la Comisión presentó la Estrategia "De la Granja a la Mesa" (en adelante, F2F por su denominación en inglés *Farm to Fork*)[8]. Su objetivo principal es convertir el sistema alimentario en uno más sostenible. Se reconoce que los productos a disposición en el mercado europeo ya son seguros, abundantes, nutritivos y de alta calidad, pero que se requiere más esfuerzos para mejorar su sostenibilidad. Dado la complejidad de la cuestión, la Comisión propuso múltiples acciones sectoriales, también mediante la vía legislativa, pero anunció que iba a elaborar una propuesta legislativa antes de finales de 2023 para establecer un sistema alimentario sostenible más coherente – algo que no ocurrió.

---

6 Véase la información proporcionada de la Comisión Europea sobre salud pública, disponible en: https://health.ec.europa.eu/eu-health-policy/overview_es [Consulta: 27/01/2024).

7 EUROPEAN COMMISSION, 2021, *op. cit.*, p. 2.

8 Comunicación de la Comisión al Parlamento Europeo, Consejo, al Comité Económico y Social Europeo y al Comité de las Regiones, "*Estrategia «de la granja a la mesa» para un sistema alimentario justo, saludable y respetuoso con el medio ambiente*", COM(2020) 381 final, Bruselas, 20.5.2020.

El análisis de la Comisión Europea y sus conclusiones sobre cómo mejorar la sostenibilidad del sistema alimentario no son nuevos[9]. La Organización de las Naciones Unidas para la Alimentación y la Agricultura (en adelante, FAO) ha tratado el tema desde hace muchos años y existe una entidad específica, que es el Comité de Seguridad Alimentaria Mundial. La FAO afirma lo siguiente: "*Sustainable agrifood systems lie at the heart of the 2030 Agenda as they combine economic growth with social improvements and environmental protection to address many of the global challenges we face. Agrifood systems transformations contribute to all 17 SDGs to varying degrees and are fundamental for their ultimate achievement*"[10]. En concreto, cabe señalar que un sistema alimentario sostenible está intrínsecamente relacionado con los ODS 1, 2, 3, 5, 8, 10, 14 y 17[11]. Uno de los retos es la inexistencia de una definición generalmente aceptada de lo que es un sistema alimentario sostenible. Quizás una de las más concisas es la que ha elaborado el Grupo de alto nivel de expertos en seguridad alimentaria y nutrición (HLPE, por sus siglas en inglés) del Comité de Seguridad Alimentaria Mundial, a saber: "*to define "sustainable food systems" by their capacity to ensure the positive outcomes of a food system, food security now and for future generations. Indeed, the original concept of sustainability brings a time dimension, which means that the functioning of a "sustainable food*

---

9 Para una visión de conjunto de trabajos y proyectos de investigación relacionados con el tema, véase EUROPEAN COMMISSION, "*Synthesis of existing food systems studies and research projects in Europe*" [en línea], https://op.europa.eu/en/publication-detail/-/publication/84096f43-9d3c-11e9-9d01-01aa75ed71a1/language-en [Consulta: 26.01.2024.]; y SAPEA, *A sustainable food system for the European Union: Evidence review report*, 2020.

10 FAO, "*Agrifood Systems and the 2030 Agenda*, 2024" [en línea], https://www.fao.org/sustainable-development-goals-helpdesk/overview/agrifood-systems-and-the-2030-agenda/en [Consulta: 27.01.2024].

11 Consulte información acerca de los ODS en la página web de las Naciones Unidas: https://sdgs.un.org/2030agenda [Consulta: 27.01.2024].

system" should not undermine the economic, social and environmental basis that grounds food security of current and future generations, but rather contribute to enhance it"[12]. La UE, en su cometido de elaborar un marco legislativo de un sistema alimentario sostenible común, pretende no solo crear un conjunto de normas para promover la sostenibilidad, sino también establecer un planteamiento común y definir los elementos constitutivos y sus objetivos.

En este capítulo se aborda el camino hacia la creación de un sistema alimentario sostenible europeo. Se analiza la Estrategia F2F (apartado 2) en el que se trata las ideas generales y ámbitos en los que la Comisión pretende actuar. En el siguiente apartado (apartado 3) se expone los pasos necesarios que ya ha dado la Comisión de acuerdo con el procedimiento legislativo comunitario para poder presentar una propuesta legislativa, y se debaten las aportaciones durante la consulta pública. Esta contribución termina con consideraciones finales en las que se hace algunas reflexiones sobre los retos que se identifican en el camino hacia un marco legislativo para un sistema alimentario sostenible de la UE.

2. LA ESTRATEGIA "FARM TO FORK"

2.1. Los orígenes de la estrategia F2F

El PVE se entiende como una "nueva estrategia de crecimiento"[13] que pretende transformar tanto el modelo económico como el estilo de vida de la ciudadanía europea hasta

---

12 HLPE, *Food losses and waste in the context of sustainable food systems. A report by the High Level Panel of Experts on Food Security and Nutrition of the Committee on World Food Security*, Rome, 2014, p. 30.

13 Comunicación de la Comisión al Parlamento Europeo, Consejo, al Comité Económico y Social Europeo y al Comité de las Regiones "*El Pacto Verde Europeo*", COM(2019) 640 final, Bruselas, 11.12.2019, p. 2.

el año 2050. Se presentó la visión de una economía europea que haría uso eficiente de los recursos y cuyo crecimiento estaría "disociado del uso de los recursos"[14] sin perder de vista el objetivo de que la sociedad comunitaria gozaría de equidad y prosperidad. Esta visión engloba múltiples enfoques, y por ello, necesitaba ser dividida en estrategias específicas con objetivos concretos y acciones tanto políticas como legislativas centradas en cuestiones particulares. Consciente de ello, la Comisión Europea presentó el 20 de mayo de 2020 dos estrategias con temáticas claves para la implementación del PVE dado que tratan de la naturaleza y de la interacción humana: la Estrategia F2F y la Estrategia de la UE sobre Biodiversidad en la que se señaló que se necesitaba que "la naturaleza esté presente en nuestras vidas"[15]. Ambas estrategias abordan cuestiones transversales, complejas y entrelazadas que iban a ser tratadas en políticas separadas. Aun así, cabe destacar que están estrechamente ligadas y siguiendo la lógica que un sistema alimentario sostenible no se puede conseguir sin la conservación de la biodiversidad. Aunque el PVE se presentó antes de la pandemia provocada por la COVID-19, ambas estrategias fueron elaboradas y publicadas en plena crisis de la pandemia, lo que se refleja perfectamente en la parte introductoria de la estrategia F2F en la que la Comisión explica la necesidad para actuar. Hace hincapié a los vínculos indisputables entre el buen estado de salud de personas y del planeta, y señala que fenómenos adversos como inundaciones, sequías o incendios ponen en peligro la producción alimentaria. Recuerda que la pandemia solo es un ejemplo que visualiza la importancia de tener un sistema alimentario que sea capaz de proporcionar alimentos seguros y saludables a precios asequibles para toda la sociedad. Ante estos desafíos,

---

14 COM(2019) 640 final, p. 2.

15 Comunicación de la Comisión al Parlamento Europeo, Consejo, al Comité Económico y Social Europeo y al Comité de las Regiones "Estrategia de la UE sobre la biodiversidad de aquí a 2030 Reintegrar la naturaleza en nuestras vidas", COM(2020) 380, Bruselas, 20.5.2020, p. 1.

la Comisión presentó la estrategia F2F como una oportunidad para promover el valor de disponer de alimentos saludables y sostenibles, en consonancia con la opinión pública.

2.2. Los objetivos de la estrategia F2F y la complejidad del reparto de competencias del acquis comunautaire

El objetivo de la UE para implementar un sistema alimentario sostenible tal y como está presentado en la estrategia F2F es ambicioso puesto que pretende nada más y nada menos que "crear una cadena alimentaria que funcione para los consumidores, los productores, el clima y el medio ambiente"[16]. El desafío consiste en que la transformación de un sistema alimentario debe incluir, por un lado, todas las fases de la producción alimentaria, es decir desde el uso de los recursos naturales para su producción hasta la gestión de los residuos de los envases por los consumidores. Y, por otro lado, es necesario tener en cuenta todos los actores implicados en estos procesos desde el agricultor o pescador, el transportista, mayorista y minorista hasta el consumidor final. En el contexto comunitario se añade el reto del reparto de competencias puesto que incluso dentro de una misma política las competencias de la UE pueden variar. Una primera condición es que la UE tenga competencias en este ámbito político, atribuidas por los Estados miembros (en adelante, EEMM), las que se recogen en la base convencional de la UE (o en el TUE o TFUE). En el caso de que sí los EEMM le han atribuido competencias a la UE, éstas se dividen en distintas categorías que determinan el margen de su actuación. En los ámbitos en los que los tratados le han atribuida competencias exclusivas a la Unión, únicamente la UE puede adoptar actos jurídicos vinculantes y así desplazan a los EEMM. Éstos solo pueden legislar si están facultados por la UE para hacerlo o para aplicar los actos adoptados por la UE (artículo 2.1. TFUE). La lógica de las competencias compartidas es a la

16 COM(2020) 381 final, p. 4.

inversa porque los EEMM sí "ejercerán su competencia en la medida en que la Unión no haya ejercido la suya. Los Estados miembros ejercerán de nuevo su competencia en la medida en que la Unión haya decidido dejar de ejercer la suya." (artículo 2.2. TFUE). En la tercera categoría de competencias se encuentran las competencias para apoyar, complementar o coordinar las actividades de los EEMM y en estos ámbitos la UE no puede adoptar actos legislativos. En nuestra opinión, es importante recordar el reparto de las competencias de la UE y tenerlo presente porque es decisivo para la correcta puesta en práctica de todo el PVE, y así también de la estrategia F2F.

La complejidad a nivel legislativo de transformar el sistema alimentario comunitario hacia una mayor sostenibilidad con la que nos encontramos puede explicarse con el ejemplo de la pesca, desarrollado a continuación muy someramente. En cuanto a la producción primaria del producto pesquero, cabe señalar que la letra d) del apartado 1 del artículo 3 TFUE atribuye a la UE competencia exclusiva para la *conservación* de los recursos pesqueros dentro de una política pesquera común, mientras los otros aspectos de la pesca son de competencia compartida tal y como establece la letra d) del apartado 2 del artículo 4 TFUE. La pesca tiene un impacto en el medio marino, evidentemente, por lo cual la actividad pesquera tiene que ajustarse a las normas medioambientales que pertenecen, sin embargo, a la categoría de competencias compartidas (artículo 4.2. e)). Una vez realizada la transformación y obtenidos los productos pesqueros, el comercio de éstos tiene que cumplir las normas del mercado interior que es un ámbito de competencias compartidas de acuerdo con la letra a) del apartado 2 del artículo 4 TFUE igual que la protección de los consumidores (artículo 4.2.f)). En la última fase de la producción alimentaria se encuentran el consumo y la gestión de los deshechos y envases. Ambos ámbitos – tanto la protección y mejora de la salud humana como la industria – pertenecen a la categoría de apoyo, coordinación y complementariedad. Este ejercicio corto y superficial visualiza la gran complejidad de la tarea que supone llevar a cabo la implementación de la estrategia F2F.

2.3. Los ámbitos de actuación identificados por la Comisión Europea

La Comisión ha dividido la estrategia en grandes ámbitos, los que se tratarán algunos a continuación.

2.3.1. Producción alimentaria sostenible

La parte en la que se desarrolla la cuestión de cómo conseguir una producción alimentaria más sostenible se hace referencia a los retos del uso de pesticidas y el exceso de nutrientes en la producción agrícola y presenta propuestas para transformar la Política Común Agrícola (en adelante, PAC) como por ejemplo reducir en un 20%, como mínimo, el uso de fertilizantes hasta el año 2030. Aunque este objetivo estaba dirigido principalmente a la PAC, podría tener un impacto positivo en otro ámbito de la producción alimentaria como es la pesca, porque el exceso de nutrientes ha contribuido a daños ambientales en el medio marino, concretamente algunas cuencas marítimas sufren de ello especialmente como es la Cuenca del Báltico, aunque la presencia de un alto nivel de nutrientes no se origina únicamente en la agricultura[17]. Un tema importante son las emisiones de gases de efecto invernadero (en adelante, GEI) que genera la agricultura dado que es responsable de más de un 10% de todas las GEI de la UE y se resalta en la Estrategia que son diferentes al CO2 ya que consisten principalmente de metano y óxido nitroso. Uno de los retos proviene del sector de los animales ya que, por un lado, generan cerca de un 70% de los GEI provocados por la agricultura y, por otro lado, un 68% de las tierras agrícolas se utilizan para la producción animal[18].

---

[17] Comunicación de la Comisión al Parlamento Europeo, al Consejo, al Comité Económico y Social Europeo y al Comité de las Regiones acerca de la Estrategia de la Unión Europea para la región del Mar Báltico {SEC(2009) 702} {SEC(2009) 703} {SEC(2009) 712}, COM/2009/0248 final, Bruselas, 10.6.2009.

[18] COM(2020) 381 final, p. 8.

Con el propósito de reducir el impacto del sector de los animales, se propone actuar en el ámbito de los piensos y así buscar alternativas para las materias primas. Para ello, se mencionan algunas ideas como por ejemplo fomentar el uso de proteínas vegetales de producción europea y recurrir a fuentes alternativas como pueden ser "(...) reservas de alimentos marinos (por ejemplo, algas) y subproductos de la bioeconomía (p. ej. desperdicio de pescado)".[19] Un elemento importante del sector de los animales es el bienestar animal que se pretende mejorar porque una mayor salud de los animales no solo es deseada por la ciudadanía europea sino también aumenta la calidad de los productos alimentarios. La estrategia F2F señala más ámbitos como por ejemplo nuevas normas fitosanitarias, un marco para el uso de semillas diversas y la agricultura ecológica. Sin duda una de las claves de la estrategia era reformar la PAC para avanzar en la transformación hacia un sistema alimentario más sostenible, lo que se materializó con la entrada en vigor de tres Reglamentos que regulan la PAC para los años 2023 a 2027[20].

Otro sector clave para la producción alimentaria es la pesca y la acuicultura. Se señala especialmente la baja huella de carbono de la acuicultura, tanto de pescado como de marisco, e indica que en el Fondo Europeo Marítimo, de Pesca y Acuicultura[21] se iba a incluir fondos significativos para esta actividad. Se señala, además, la importancia del sector de las algas y su fomento en el futuro "ya que las algas deberían pasar a ser una fuente importante de proteínas alternativas para un sistema alimentario sostenible y para la seguridad alimentaria mundial."[22] En

---

19 *Ibidem.*

20 Reglamento (UE) 2021/2116; Reglamento (UE) 2021/2115; Reglamento (UE) 2021/2117.

21 Se publicó el 13.7.2021 el correspondiente Reglamento (UE) 2021/1139 del Parlamento Europeo y del Consejo de 7 de julio de 2021 por el que se establece el Fondo Europeo Marítimo, de Pesca y de Acuicultura, y por el que se modifica el Reglamento (UE) 2017/1004, DOUE *247, 13.7.2021,* p. 1–49.

22 COM(2020) 381 final, p. 11.

la materia de pesca, se menciona específicamente la propuesta de reglamento respecto al control de la pesca de la Comisión, ya presentado en el año 2018 y antes del PVE[23], para revisar el sistema de control pesquero con principal objetivo de reforzar y consolidar la trazabilidad. El nuevo Reglamento[24] fue adoptado en el procedimiento legislativo ordinario a lo largo del año 2023 y fue publicado el 23 de diciembre de 2023, entró en vigor en enero de 2024 con algunas disposiciones excluidas, que se aplicarán a partir del 10 de enero de 2026.

2.3.2. Seguridad alimentaria

Hemos señalado anteriormente que no existe una definición universal aceptada sobre qué es un sistema alimentario sostenible. Sin embargo, la Comisión ofrece en la estrategia F2F una descripción de lo que entiende por ello, a saber: "Un sistema alimentario sostenible debe garantizar un suministro suficiente y variado de alimentos inocuos, nutritivos, asequibles y sostenibles a las personas en todo momento, especialmente en tiempos de crisis."[25] En nuestra opinión, esa descripción hace referencia más bien a los servicios que tiene que aportar un sistema alimentario sostenible, pero no define lo que significa e implican las características de sostenibilidad. En el contexto

---

23 Propuesta de Reglamento del Parlamento Europeo y del Consejo por el que se modifica el Reglamento (CE) n.º 1224/2009 del Consejo, y se modifican los Reglamentos (CE) n.º 768/2005, (CE) n.º 1967/2006 y (CE) n.º 1005/2008 del Consejo y el Reglamento (UE) 2016/1139 del Parlamento Europeo y del Consejo en lo que respecta al control de la pesca, COM/2018/368 final, 30.5.2018.

24 Reglamento (UE) 2023/2842 del Parlamento Europeo y del Consejo, de 22 de noviembre de 2023, por el que se modifica el Reglamento (CE) n.o 1224/2009 del Consejo, y se modifican los Reglamentos (CE) n.o 1967/2006 y (CE) n.o 1005/2008 del Consejo y los Reglamentos (UE) 2016/1139, (UE) 2017/2403 y (UE) 2019/473 del Parlamento Europeo y del Consejo en lo que respecta al control de la pesca PE/38/2023/REV/1 *OJ L, 2023/2842, 20.12.2023.*

25 COM(2020) 381 final, p. 11.

en el que se elaboró y publicó la estrategia, es comprensible que se destaque que un sistema alimentario sostenible también debe ser capaz de proporcionar suficientes alimentos de calidad, nutritivos y asequibles. La agresión de la Federación de Rusia contra Ucrania, que desencadenó una guerra internacional el 24 de febrero de 2022, puso de manifiesto también las interdependencias entre los Estados y así como entre distintos sistemas alimentarios (nacionales) y sus fragilidades. Varias generaciones en las sociedades europeas se encontraron en una situación inédita para ellas por, de repente, la disponibilidad de algunos elementos concretos no estaba garantizada. Cabe destacar que las situaciones que se ha vivido en la UE no son comparables, en absoluto, con las verdaderas crisis alimenticias que ha provocado la guerra como por ejemplo en Somalia al ya no llegar suministro de productos básicos y esenciales para la supervivencia[26]. Aunque fue antes del estallido del conflicto armado, se propuso ya en la estrategia F2F la elaboración de un plan de contingencia para garantizar la seguridad alimentaria y el suministro de alimentos cuando surjan crisis de cualquier tipo, que se adoptó por la Comisión Europea en noviembre del año 2021[27] creando el llamado *European Food Security Crisis preparedness and response mechanism*[28].

---

26 Véase por ejemplo SAVE THE CHILDREN, "Millions more children face hunger as Black Sea Grain Corridor no renewed" [en línea], 17.7.2023, https://www.savethechildren.net/news/millions-more-children-face-hunger-black-sea-grain-corridor-not-renewed [Consulta: 27.01.2024].

27 Comunicación de la Comisión al Parlamento Europeo, al Consejo, al Comité Económico y Social Europeo y al Comité de las Regiones "*Plan de contingencia para garantizar el suministro de alimentos y la seguridad alimentaria en tiempos de crisis*", COM/2021/689 final, Bruselas, 12.11.2021

28 Véase información disponible acerca del mecanismo en la página web de la Comisión Europea: https://agriculture.ec.europa.eu/common-agricultural-policy/agri-food-supply-chain/ensuring-global-food-supply-and-food-security_en?prefLang=es [Consulta: 25.01.2024].

2.3.3. Estimular prácticas sostenibles de transformación de alimentos, comercio mayorista y minorista, hostelería y servicios alimentarios

Como ya se ha mencionado anteriormente, existen numerosos agentes que componen la cadena de valor de los productos alimentarios y aunque los productores se sitúan al principio de esta larga cadena, la industria transformadora y el sector mayorista y minorista son fundamentales para un sistema alimentario. La estrategia F2F dedica un apartado a estos actores y destaca su relevancia no solo para la propia elaboración de productos seguros y de alto valor nutricional, sino también influyen en los hábitos de los consumidores y por tanto en la dieta de los ciudadanos. Además, se señala que estos sectores no solo tienen una importancia para el mercado europeo sino sus actividades también tienen una proyección internacional puesto que la UE es el mayor importador y exportador de alimentos a nivel mundial[29]. Para la creación de un sistema alimentario sostenible comunitario es necesario implicar a todas las empresas de la cadena de valor porque serán claves para la elaboración de productos para una dieta más saludable, que se consiga reducir la huella ambiental y aumentar la eficiencia energética en las fases de la comercialización, o modificar el envasado de los alimentos, lo que es una cuestión clave. Una propuesta concreta que se puso ya en práctica era la elaboración de un *Código de conducta para las prácticas empresariales y de comercialización responsables en el ámbito alimentario*[30] que fue firmado, con carácter voluntario, por 65 agentes en julio de 2021, incluyendo a 26 fabricantes de alimentos, 14 minoristas de ese sector, 1 agente del sector de la alimentación y 24 asociaciones.[31] El objeto del

---

29 COM(2020) 381 final, p. 13.

30 Puede consultar el Código en el siguiente enlace: https://food.ec.europa.eu/system/files/2021-12/f2f_sfpd_coc_final_es.pdf [Consulta: 25.01.2024].

31 COMISIÓN EUROPEA, *Estrategia «De la Granja a la Mesa»: 65 empresas y asociaciones firman el Código de Conducta de la UE sobre Prácticas Empresaria-*

Código es "(…) aunar esfuerzos para emprender una senda de aspiraciones comunes en pos de sistemas alimentarios sostenibles. Para ello, se invita a las empresas activas en la producción, el comercio, la transformación, la promoción, la distribución de alimentos y los servicios de alimentación (independientemente de su tamaño), así como a otras partes interesadas de los sistemas alimentarios, a llevar a cabo acciones tangibles para ayudar a alcanzar los objetivos de este Código"[32]. El documento establece unos criterios rectores – como cumplir la legislación, la colaboración activa o la transparencia – y define un marco general con objetivos orientativos y metas, y un marco que incluye compromisos más ambiciosos.

2.3.4. Promover el consumo sostenible de alimentos y facilitar la transición a dietas saludables y sostenibles

La Comisión ve una relación indisputable entre personas sanas, sociedades sanas y un planeta sano[33]. En la estrategia F2F se afirma que los hábitos de consumo no son sostenibles, ni para el medio ambiente ni para la salud de las personas. El sobrepeso y la obesidad provocan muchas enfermedades y se estimó que en el 2017 cerca de 950.000 personas fallecieron debido a unas pautas de consumo de alimentos no saludables[34]. Se consideran tres ámbitos claves para revertir esta situación:

---

les y de Comercialización Responsables en el Sector de la Alimentación, Comunicado de Prensa, 5.7.2021.

32 Código de conducta de la UE para las Prácticas Empresariales y de Comercialización Responsables en el Ámbito Alimentario, Junio de 2021, p. 3.

33 EUROPEAN COMMISSION, 2021, *op. cit.*, p. 1.

34 COM(2020) 381 final, p. 15.

perfeccionar la información para que los consumidores sepan elegir mejor alimentos saludables para su dieta; el precio y la disponibilidad en las restauraciones institucionales (por ejemplo en escuelas); y medidas fiscales que pueden ser una herramienta para cambiar los hábitos como es bajar (o subir) el IVA sobre ciertos alimentos. En nuestra opinión, es llamativo que no se hace mención en este apartado de los productos pesqueros y de marisqueo, mientras sí se señala los cereales integrales, las hortalizas, frutas y frutos secos y leguminosas.

2.3.5. Reducir la pérdida y el desperdicio de alimentos

El desperdicio de alimentos ha alcanzado niveles vertiginosos, prueba de ello es que en la UE se desperdician cerca de 59 millones de toneladas de alimentos al año lo que son 131 kg por persona[35]. La pérdida de alimentos tiene impactos ambientales, económicos y sociales significativos. Uno de los temas claves es la información como por ejemplo el significado de las fechas indicadas en los alimentos y cuál es su diferencia (fecha de caducidad y fecha de consumo preferente, por ejemplo).

Además de los puntos anteriormente mencionados, que están desarrollados en la propia estrategia F2F con más detalle, se indican temas transversales que tendrían un impacto positivo en todas las cuestiones identificadas: Investigación, innovación, tecnología e inversiones; servicios de asesoramiento, intercambio de datos y conocimientos, y capacidades; y también la lucha contra el fraude. Asimismo, cabe señalar que la estrategia F2F no solo tiene una orientación hacia dentro, sino también tiene una dimensión

---

35 CONSEJO EUROPEO y CONSEJO DE LA UNIÓN EUROPEA, "Reducir la pérdida y el desperdicio de alimentos" [en línea], 2.10.2023, https://www.consilium.europa.eu/es/policies/food-losses-waste/#:~:text=En%20la%20UE%2C%20cada%20a%C3%B1o,por%20persona%20en%20un%20a%C3%B1o.&text=Las%20ineficiencias%20en%20toda%20la,repercusiones%20sobre%20el%20medio%20ambiente [Consulta: 25.1.2024].

internacional. En este sentido, se marca como objetivo contribuir a la transformación de sistemas alimentarias sostenibles a nivel internacional. Para ello, se aspira crear *Alianzas Verdes* contando con diversos socios en sus relaciones bilaterales, regionales y multilaterales, y se señala a que podría hacer uso de sus variados instrumentos tanto a través de su política de cooperación para el desarrollo como de comercio internacional.

Como ya se ha mencionado anteriormente, la UE es una potencia comercial internacional por lo cual no sorprende que se haga referencia a la política comercial común aludiendo a que se debería incluir en todos los acuerdos de libre comercio un capítulo con objetivos ambiciosos para una mayor sostenibilidad. En nuestra opinión, este último punto puede ser importante en términos de garantizar un *level playing field*, que es un concepto que según el cual todos los actores económicos de un producto o servicio concreto deben operar en igualdad de condiciones porque en caso contrario existen distorsiones que no permiten un comercio equitativo. Ello no significa que debe existir una garantía para tener éxito en la producción o en la comercialización del producto, sino que los competidores operen con unas reglas mínimas iguales[36]. La cadena de producción alimentaria es larga e internacional con la consecuencia de que los productores de la UE están expuestos a la competencia internacional. El avance en el marco legislativo hacia una mayor sostenibilidad supone más costes para los productores comunitarios, por lo menos a corto plazo, por estar obligados a invertir en nuevas tecnologías menos contaminantes o más eficientes en términos energéticos, a utilizar piensos alternativos en el sector de los animales o cambiar la comercialización que implica usar métodos de transporte más sostenibles. En el ámbito pesquero, es interesante recordar de que ya entre 2017

---

[36] Véase BÜRGIN, A. C. *Level Playing Field en la Cadena de Producción Pesquera*, Colección Derecho Europeo, nº6, Instituto Universitario de Estudios Europeos "Salvador de Madariaga" Universidade da Coruña, A Coruña, 2020.

y 2018 se trató este tema en el Parlamento Europeo sobre la aplicación de medidas de control para determinar la conformidad de los productos de la pesca con los criterios de acceso al mercado de la Unión[37]. En el informe de la Comisión de Pesca, los miembros señalaron lo siguiente: "existe un coste muy claro de cumplir todas las políticas, reglas y normas antes mencionadas: impuestos, artes de pesca conformes a la normativa, salarios dignos, motores menos contaminantes, pescado almacenado a la temperatura adecuada y otras condiciones. Con este objetivo, el pescado capturado por operadores de la Unión debe alcanzar un determinado precio en el mercado para ser rentable y, al mismo tiempo, tiene que competir con productos de fuera de la Unión que no necesariamente presentan las mismas restricciones."[38] A continuación, el Parlamento Europeo adoptó en mayo 2018 una *Resolución sobre la aplicación de medidas de control para determinar la conformidad de los productos de la pesca con los criterios de acceso al mercado de la Unión*[39], dirigida a la Comisión Europea, en la que se hizo una serie de peticiones para garantizar que los productos pesqueros comunitarios e importados cumplieran las mismas condiciones en todos los sentidos diciendo en el punto G.4 lo siguiente: "Insiste en que, con el fin de asegurar un trato equitativo entre los productos de la pesca y la acuicultura importados y los productos europeos —lo que debería ser uno de los objetivos

---

37 Número del procedimiento en el Parlamento Europeo 2017/2129(INI), https://oeil.secure.europarl.europa.eu/oeil/popups/ficheprocedure.do?lang=en&reference=2017/2129(INI) [Consulta: 26.01.2024].

38 PARLAMENTO EUROPEO, *Informe sobre la aplicación de medidas de control para determinar la conformidad de los productos de la pesca con los criterios de acceso al mercado de la Unión*, 7.5.2018 - (2017/2129(INI)) Comisión de Pesca del PE.

39 PARLAMENTO EUROPEO, *Resolución del Parlamento Europeo, de 30 de mayo de 2018, sobre la aplicación de medidas de control para determinar la conformidad de los productos de la pesca con los criterios de acceso al mercado de la Unión (*2017/2129(INI)*)*, Procedimiento 2017/2129(INI), 30 de mayo de 2018, Estrasburgo, A8-0156/2018.

fundamentales de la política pesquera de la Unión—, la Unión debería exigir que todos los productos importados respeten las normas de conservación y gestión, así como las exigencias de higiene impuestas por la legislación de la Unión; señala que esto contribuiría a crear una competencia más justa y reforzaría las normas aplicables a la explotación de los recursos marinos en terceros países;(...)".[40] Esa temática fue retomada por la Comisión incluyendo en la Comunicación sobre el PVE la siguiente frase: "No se autorizarán en los mercados de la UE alimentos importados que no cumplan las normas medioambientales de la UE pertinentes."[41] Sin embargo, en la estrategia F2F no se encuentra tal afirmación, pero se señala que "(...) la UE aplicará la tolerancia cero en la lucha contra la pesca ilegal, no declarada y no reglamentada (INDNR) y combatirá la sobrepesca, fomentará la gestión sostenible de los recursos pesqueros y de otros alimentos marinos, y reforzará la gobernanza de los océanos, la cooperación marítima y la gestión de las costas".[42] En nuestra opinión, ambas declaraciones no hacen justicia a la envergadura de la problemática del comercio internacional, ni en la PVE ni en la F2F. Asegurar un trato equitativo entre los productores comunitarios y de terceros países, en nuestra opinión, no solo es una cuestión comercial, sino que el propósito de que todos los operadores económicos produzcan bajo condiciones mínimas similares es esencial para conseguir la sostenibilidad ambiental, económica y social. Si los costes de la transición ecológica y digital crecen de una manera que el operador comunitario decide dejar sus actividades, reduce la producción alimentaria propia y derivaría en un aumento de las importaciones para garantizar la seguridad alimentaria. La

---

40 PARLAMENTO EUROPEO, *Conformidad de los productos de la pesca con los criterios de acceso al mercado de la Unión Resolución del Parlamento Europeo, de 30 de mayo de 2018, sobre la aplicación de medidas de control para determinar la conformidad de los productos de la pesca con los criterios de acceso al mercado de la Unión* (2017/2129(INI)), P8_TA(2018)0223.

41 COM(2019) 640 final, 12.

42 COM(2020) 381 final, p. 20.

importación de productos significa, sin embargo, un aumento en los costes (económicos y ambientales) del transporte y tanto la UE en su conjunto como la sociedad europea perderían su influencia en los factores y procesos de producción.

La Estrategia F2F contiene un anexo en el que se enumeraron medidas con un calendario indicativo y se dividieron las medidas en cinco grupos correspondientes a los objetivos de la estrategia. La Comisión se planteó dos acciones, una de ellas sí se realizó mientras que la otra no. Se propuso elaborar un plan de contingencia para garantizar el suministro de alimentos y la seguridad alimentaria, lo que sí se adoptó como se ha mencionado anteriormente en este capítulo. Sin embargo, se formulaba también la acción de presentar una propuesta para crear un marco legislativo para sistemas alimentarios sostenibles que se pretendía presentar en el 2023. En el momento de redacción de este capítulo, aun no se ha presentado y ante el trasfondo de próximas elecciones al Parlamento Europeo en junio 2024, seguramente será bajo la siguiente Comisión Europea donde se decidirá si presentarla y cuándo. En la temática de "Garantizar una producción alimentaria sostenible", se propusieron diez medidas de las que siete eran proposiciones para revisar la legislación existente mientras otras eran recomendaciones y evaluaciones. Resulta interesante la tercera categoría de medidas denominada "Estimular prácticas sostenibles de transformación de alimentos, comercio mayorista y minorista, hostelería y servicios alimentarios" con siete propuestas de medidas, de las cuales únicamente dos estaban relacionadas con revisar el marco jurídico. Una de las medidas propuestas era la adopción del código de conducta para la práctica empresarial y de comercialización responsable anteriormente mencionado. Para "Promover el consumo sostenible de alimentos y facilitar la transición a dietas saludables y sostenibles", la Comisión propuso seis medidas destinadas al consumo incluyendo acciones en cuanto al etiquetado, criterios mínimos para la adquisición de alimentos sostenibles o una revisión del marco jurídico del programa escolar de la UE con el objetivo de reorientarlo hacia alimentos sostenibles y saludables. Y, en la última categoría sobre "Reducir la pérdida y el desperdicio de alimentos" se presentaron dos medidas siendo una de ellas una propuesta legislativa para revisar la normativa europea en cuanto a fechas, es decir fecha de caducidad y fecha de consumo preferente.

3. HACIA UN MARCO LEGISLATIVO PARA UN SISTEMA ALIMENTARIO SOSTENIBLE DE LA UNIÓN EUROPEA

Las propuestas de la Estrategia F2F son ambiciosas no solo por los objetivos en sí y la cantidad de medidas que propone a adoptar, sino por la gran complejidad y las interrelaciones entre políticas diversas, que se refleja en cuestiones jurídicas puesto que sería necesario bien revisar bien proponer actos legislativos que regulan en detalle cuestiones relevantes. El anexo de la Comunicación F2F refleja esta situación perfectamente.

Una de las propuestas, en nuestra opinión, más ambiciosa e innovadora es la propuesta de un marco legislativo para un sistema alimentario sostenible de la UE porque puede tener un impacto positivo y transformador. La Comisión Europea previó presentarla en el año 2023, pero no se cumplió. Como se ha apuntado a lo largo de este capítulo, la complejidad de la producción alimentaria requiere modificaciones detalladas de la normativa en todos los sectores, desde el uso de pesticidas hasta la definición de la fecha de caducidad en envases. Aun así, sería deseable que la UE disponga de un marco legislativo que establezca un enfoque común.

3.1. Los informes científicos de asesoramiento

A pesar de no haber prosperado aun una propuesta legislativa por parte de la Comisión Europea, se han dado pasos importantes para su preparación. En 2018, la Comisión solicitó un informe al Grupo de Alto Nivel de Asesores Científicos del Mecanismo de Asesoramiento de la Comisión Europea (SAM, por sus siglas en inglés) con el objetivo de hacer una revisión de trabajos de investigación que abordaban el tema de sistemas alimentarios sostenibles[43]. Después de la publicación de este informe en el año 2019, la Comisión solicitó un nuevo informe (*scoping paper*[44]) sobre cómo alcanzar un sistema alimentario sostenible de la UE desde una perspectiva de las ciencias sociales. El informe fue publicado en el año 2020[45] y formuló cuatro grandes líneas de recomendaciones que reflejan la complejidad del tema, a saber[46]: "*Make environmental, social and economic sustainability the central objective of all policies relevant to food*"; "*[e]nsure a truly integrated approach to bring about a sustainable food system*"; "*[a]ddress power and information asymmetries in the food system*"; y "*[c]ombine regulatory, financial, behavioural, information, communication, and education measures*". Este informe recurrió al documento elaborado por el SAPEA (*Science Advice for Policy by European Academies*) con el título "*A sustainable food system for the European Union*"[47] que es una recopilación y análisis de la mejor información científica disponible.

3.2. La evaluación inicial de impacto (Inception Impact Assessment)

---

43 SAM, *A scoping review of major works relevant to scientific advice towards an EU sustainable food system*, The Scientific Advice Mechanism Unit of the European Commission, 2019.

44 Accesible en: https://research-and-innovation.ec.europa.eu/system/files/2020-03/ec_rtd_scoping-paper-sustainable-food-system.pdf [Consulta 26.01.2024].

45 EUROPEAM COMMISSION, *Towards a sustainable food system: moving from food as a commodity to food as more of a common good: independent expert report*, Directorate-General for Research and Innovation, Group of Chief Scientific Advisors, Publications Office.

46 EUROPEAN COMMISSION 2020, *op. cit.*, pp. 31–43.

47 SAPEA, *A sustainable food system for the European Union: Evidence review report (1.2)*, 2020.

La Comisión Europea continuó con los procedimientos y publicó una llamada *Inception Impact Assessment* (IIA por sus siglas en inglés) a finales de septiembre de 2021. Estas IIA tienen, en general, el propósito de proporcionar información a los grupos de interés y la ciudadanía sobre los planes de la Comisión de proponer una iniciativa legislativa y dar la oportunidad a participar en las consultas públicas lanzadas por la Comisión Europea. En la IIA sobre el sistema alimentario sostenible, la Comisión expuso el contexto de su propuesta y proporcionó un resumen conciso del contenido y de los objetivos recogidos en la Estrategia F2F. Señalaba que se habían iniciado varias acciones individuales ya, pero recordó que en la Estrategia se reconoció que ni las actividades particulares ni el conjunto de todas ellas tenían el potencial de garantizar una coherencia a nivel comunitario y nacional. Aparte de los variados retos a los que se enfrentaba el plantea, y así también la UE, como por ejemplo la pérdida de la biodiversidad o el desperdicio de alimentos, la Comisión señaló que el actual sistema de gobernanza comunitario en cuanto a la producción alimentaria carecía de un planteamiento y marco común para abordar adecuadamente la sostenibilidad, lo que resultaba en divergencias, inconsistencias y a veces incluso en lagunas[48]. Destacaba que algunos sectores ya estaban guiados por objetivos de sostenibilidad – mencionando específicamente la PAC y la Política Pesquera Común –, pero que el marco jurídico actual no estaba apropiado para abordar cuestiones de sostenibilidad en su conjunto. Señaló que el objetivo principal de su iniciativa era que todos los alimentos que se podían adquirir en el mercado comunitario iban a ser cada vez más sostenibles o en las palabras de la Comisión: "*This implies building a socially responsable food value chain that progressively reduces the environmental and climate footprint of the Union food system, and ultimately transform the EU food system into a positive contributor to the health of people, of the*

[48] EUROPEAM COMMISSION, 2021, *op. cit.*, p. 2.

economies and of the planet"[49]. Se desglosaba ese objetivo principal en ocho sub-objetivos abordando cuestiones del marco jurídico comunitario, mejorar las condiciones favorables para que se pudieran elegir dietas más saludables y sostenibles, optimizar la producción, distribución y el consumo, entre otros. A continuación, se señaló que se iban a evaluar cuatro opciones de políticas. En la primera opción, llamada "*baseline scenario*", se partiría de que no iba a haber una nueva política a nivel europeo, pero aun así se podría reforzar la sostenibilidad por sectores. La segunda opción para evaluar se concentraría en la autorregulación y medidas voluntarias con instrumentos de tipo "*soft law*". La opción tercera sería reforzar la legislación existente y la evaluación iba a valorar si fuera posible alcanzar los objetivos de la Estrategia F2F con medidas adoptadas en los diferentes sectores. Por último, la cuarta opción era la adopción de un marco legislativo integral para un sistema alimentario sostenible comunitario. La Comisión presentó en la IIA una valoración preliminar de impactos económicos, sociales y ambientales previstos en línea con lo expuesto en la Estrategia F2F.

3.3. Los comentarios al IIA y la consulta pública

Se publicó la IIA el 28 de septiembre de 2021 dando la posibilidad a todos los grupos de interés y ciudadanos para dejar comentarios (llamado *feedback*) al documento hasta el 26 de octubre de 2021, lo que resultó en 230 contribuciones[50]. Más del 43% de las respuestas procedieron de asociaciones empresariales y empresas, y un 38% de organizaciones no gubernamentales y de ciudadanos. En nuestra opinión, llama la atención

---

49 *Ibidem*, p. 4.

50 EUROPEAN COMMISSION, "Sustainable EU food system – new initiative. Statistics" [en línea], 2021 https://ec.europa.eu/info/law/better-regulation/have-your-say/initiatives/13174-Sustainable-EU-food-system-new-initiative/feedback_en?p_id=26525304 [Consulta: 26.01.2024].

el número bajo de respuestas en las categorías de organizaciones medioambientales y administraciones públicas, cada una de ellas solo representaban un 3.48% de todas las respuestas. Aún más baja era la cifra de las organizaciones de consumidores, de las que solo contestaron dos (0.87% del total de las respuestas) y únicamente una organización sindical. Los motivos por la poca participación en esta primera consulta abierta son desconocidos y solo se podría especular sobre ellos. En cuanto al origen de las respuestas no sorprende que un 34% de las respuestas procedían de Bélgica teniendo en cuenta que un 30% eran contribuciones de asociaciones empresariales, de las cuales o tienen oficinas en Bruselas o son entidades coordinadores a nivel europeo. Unos porcentajes parecidos de respuestas venían de Italia (11%), Alemania (9%), Polonia y Países Bajos (8% cada uno), España (7%) y Francia (6%) – todos ellos siendo EEMM con un sector agrícola, pesquero y alimentario importantes.

Unos meses más tarde, se abrió un período de consulta pública en relación con la iniciativa del marco del sistema alimentario sostenible entre el 28 de abril y 21 de julio de 2022 con el objetivo de recabar opiniones de la ciudadanía en general y todos los grupos de interés que incluye, evidentemente, todos los operadores económicos independientemente de su tamaño, las asociaciones empresariales de los diversos sectores, las administraciones públicas, organizaciones de los consumidores, organizaciones no gubernamentales e interlocutores sociales, y centros de investigación. La consulta pública generó muchas más respuestas, es decir un total de 2.669 comentarios[51]. Esta vez, el panorama era diferente puesto que un 75% de los comentarios provenían de ciudadanos. La participación tanto de

---

51 EUROPEAN COMMISSION, "Sistema alimentario sostenible de la UE: nueva iniciativa" [en línea], 2022, https://ec.europa.eu/info/law/better-regulation/have-your-say/initiatives/13174-Sustainable-EU-food-system-new-initiative/public-consultation_es [Consulta: 26.01.2024].

asociaciones empresariales y empresas no llegaba ni a un 10% del total de los comentarios mientras las respuestas de las organizaciones no gubernamentales suponían un 6.6%. Aunque el porcentaje de las respuestas de estos grupos parecen muy bajas, hay que tener en cuenta que la alta participación de los ciudadanos distorsiona esa imagen puesto que en cifras absolutas las aportaciones provenían de muchos más actores que en el proceso anterior de *feedback,* puesto que se pronunciaron 48 administraciones públicas (1.8%), 25 organizaciones de consumidores (0.94%), 17 organizaciones medioambientales y 9 sindicatos (0.34%). Igual de interesante que la alta participación de la ciudadanía es el origen de las respuestas porque un 59% venía de Francia, seguido a una distancia considerable por Bélgica (7%), Polonia (5%), Alemania e Italia (ambos con 4%) y España que representaba un 3% de todas las opiniones. Cabe señalar que también se recibieron respuestas de todos los continentes, en concreto, de 25 países no comunitarios, algunos de ellos geográficamente cerca como el Reino Unido o Noruega.

En cuanto a las respuestas, cabe hacer mención a lo siguiente. En primer lugar, una gran mayoría de las personas que contestaron a la consulta pública –un 92%, de hecho– consideraba que el sistema alimentario comunitario actual no era sostenible, y un porcentaje aún mayor opinaba que el sistema no estaba en condiciones para afrontar los problemas medioambientales del futuro[52]. Una mayoría, además, manifestó que todos los agentes a lo largo de la cadena de valor alimentaria debían respetar el medio ambiente, condiciones sociales y el bienestar animal, y más de un 80% se pronunciaron a favor de que los actores no deberían perjudicar ni el medio ambiente ni socavar la lucha contra el cambio climático[53]. En relación con la

---

52 EUROPEAN COMMISSION, *Factual summary report of the public consultation on the sustainable EU food system initiative,* Ref.Ares(2022)6495591 – 20/09/2022, 2022a, p. 3.

53 *Ibidem,* p. 5.

cuestión sobre quién y cómo se debería hacer la transición a un sistema alimentario más sostenible, una mayoría de los encuestados afirmaban que era necesario la implicación de muchos agentes. Un papel importante se atribuía a las administraciones públicas (de todos los niveles), de hecho, más de un 90% consideraba su actuación importante o bastante importante[54] y una mayoría pidió una mayor implicación de los gobiernos[55]. En línea con esta opinión, un 95% de los encuestados se pronunciaron de estar muy o bastante de acuerdo con que la UE actuara para establecer objetivos, principios y definiciones generales para un sistema alimentario sostenible[56].

Además de estos comentarios y opiniones más bien generales, nos gustaría señalar un documento de asesoramiento con comentarios del sector de los productos del mar. El Consejo Consultivo de Mercados (en adelante, MAC) es uno de los consejos consultivos (en adelante, CC) creados de acuerdo con la Parte XI, concretamente los artículos 43 a 45, del Reglamento (UE) Nº 1380/2013 sobre la Política Pesquera Común[57]. Los CC están facultados para presentar recomendaciones y sugerencias tanto a la Comisión como a los EEMM sobre asuntos relacionados con la gestión pesquera y de acuicultura y aspectos relacionados de tipo socioeconómico o de conservación. Además, pueden informar sobre problemas y contribuir activamente a la consecución de datos. De acuerdo con el artículo 45, los CC están compuestos, por un lado, por organizaciones

---

54 EUROPEAN COMMISSION, 2022a, *op. cit.*, p. 4.

55 *Ibidem.*

56 *Ibidem.*

57 Reglamento (UE) No 1380/2013 del Parlamento Europeo y del Consejo de 11 de diciembre de 2013 sobre la Política Pesquera Común, por el que se modifican los Reglamentos (CE) no 1954/2003 y (CE) no 1224/2009 del Consejo, y se derogan los Reglamentos (CE) no 2371/2002 y (CE) no 639/2004 del Consejo y la Decisión 2004/585/CE del Consejo, DOUE L 354/22, 28.12.2013.

que aglutinan representantes del sector de la pesca y acuicultura (cuando proceda), del sector de transformación y comercialización. Y, por otro lado, participan grupos de interés como por ejemplo organizaciones con cometidos medioambientales o de consumidores. En diciembre 2022, el MAC publicó unas recomendaciones sobre la creación de un marco europeo de un sistema alimentario sostenible[58]. Nos gustaría hacer referencia a cuestiones más generales del detallado y extenso informe. En primer lugar, se afirmaba que era necesario establecer objetivos, principios y definiciones generales a nivel de la UE sobre un sistema alimentario sostenible. Se opinaba que la falta de un entendimiento común impedía una igualdad de condiciones, afectaba negativamente la transparencia y frenaba las aportaciones tanto de los operadores como consumidores[59]. De hecho, afirmaban que la creación de principios y objetivos generales y comunes debería ser el objetivo principal de esta iniciativa y todos los sectores relacionados con el sistema alimentario sostenible debían cumplirlos para fortalecer la coherencia política[60]. Aunque abogaba por establecer principios y objetivos globales para todos los agentes en la cadena de valor alimentaria, señalaban que se deberá definir requisitos específicos para los sectores particulares y establecer normas específicas para todos los productos[61]. Y, como último punto, señalamos que hacían referencia a la política comercial común y exigían que los objetivos de la transición hacia un sistema alimentario más sostenible debían ser coherentes con esa política diciendo que *"[p]roviding local sustainable food at lower costs must be rewarded*"[62].

---

58 MAC – MARKET ADVISORY COUNCIL, "Advice. Sustainable Food System – Setting up an EU Framework" [en línea], 2022, https://marketac.eu/sustainable-food-system-setting-up-an-eu-framework/ [Consulta: 26.01.2024].

59 *Ibidem*, p. 9.

60 *Ibidem*, p. 10.

61 *Ibidem*, p. 10.

62 *Ibidem*, p. 9.

4. CONSIDERACIONES FINALES

La FAO apuntó en una publicación del año 2023 sobre sistemas alimentarios y colaboración entre múltiples partes interesadas[63] que para una toma de decisiones coherente y conjunta es necesario de que se tenga una visión y estrategias en común, y formular objetivos bien definidos[64]. El PVE es, en nuestra opinión, una visión de gran alcance y única en el planeta. Es muy ambiciosa, y sin visiones ni se emprenden los primeros pasos de un cambio. Para que se materialice el PVE, la Comisión ha elegido el camino a través de estrategias para dividir la gran visión en ámbitos, lo que permite abordar los retos de cada política o sector según sus características. La Estrategia F2F analizó los grandes retos del sistema alimentario sostenible comunitario y propuso numerosas ideas cómo afrontarlos. De acuerdo con la lógica presentada por la FAO anteriormente mencionada, el siguiente paso sería definir objetivos en común entre las partes interesadas. En la Estrategia F2F se previó que la Comisión presentara una propuesta legislativa marco para un sistema alimentario sostenible de la UE a más tardar finales del 2023. No se cumplió ese plazo (y sería interesante conocer los motivos que lo han impedido).

A pesar de ello, cabe destacar que la Comisión Europea puso en marcha los pasos previos necesarios antes de comenzar el proceso legislativo con la presentación de su propuesta legislativa. Los comentarios y opiniones enviados a la Comisión en el procedimiento de la consulta pública y las recomendaciones de un consejo que reúne múltiples partes interesadas del sector pesquero – que hemos mencionado en este capítulo a modo de ejemplo – demuestran que existe un amplio interés de prácticamente todos los *stakeholders* para que se cree un marco común para un sistema alimentario sostenible de la UE. Una gran mayoría de los que se pronunciaron están de acuerdo de que es necesario transformar

---

63 UNEP, FAO and UNDP, *Rethinking Our Food Systems: A Guide for Multi-Stakeholder Collaboration,* Nairobi, Rome and New York, 2023.

64 *Ibidem,* pp. 40 y 42.

el sistema alimentario comunitario a uno más sostenible y que se precisa la actuación a nivel comunitario para crear un entendimiento común. Pero como dicen los proverbios en otros idiomas: el diablo está en los detalles.

Como ya apuntamos anteriormente, el cometido va a ser complejo por las distintas políticas implicadas. Existen diferentes bases jurídicas para la actuación de la UE. En relación con cuestiones de producción agrícola y pesquera, se encuentra la base en los artículos 39 y 43(2) TFUE. Como es bien sabido, la UE tiene competencias importantes en cuanto a temas relacionados con el funcionamiento del mercado interior (específicamente, el artículo 114 TFUE). Para la seguridad y calidad de los alimentos es importante la competencia que tiene la UE en el ámbito fitosanitario y veterinario con el objetivo de proteger la salud humana (artículo 168 TFUE). Y, por último, mencionar la política de medioambiente, en la que haciendo uso del procedimiento legislativo ordinario – de acuerdo con el artículo 192 – la UE puede adoptar medidas para alcanzar objetivos establecidos en el artículo 191 TFUE.

Para terminar, solo querríamos apuntar uno de los posibles impactos que habría que tener especialmente en mente a lo largo del debate y procedimiento legislativo. En el informe inicial de impactos, la Comisión hizo mención de que se esperaba que la transformación hacia más sostenibilidad provocase más costes para los operadores a lo largo de la cadena de valor alimentaria por cumplir con una serie nueva de requisitos. A largo plazo, se esperaba efectos positivos porque los hábitos iban a cambiar y hasta pueden aumentar las exportaciones[65]. Durante la transición sería necesario, en nuestra opinión, que se tomaran medidas a nivel comunitario para garantizar un *level playing field* entre los operadores comunitarios y de terceros Estados. Los agentes que estarán obligados a cumplir una normativa más estricta, aunque estén a favor de ellas, no deberían

---

65 EUROPEAN COMMISSION, 2021, *op. cit.*, p. 6.

ser desplazados por productores y productos que no tienen las mismas rigorosas normas a cumplir y que podrían aumentar sus ventas por precios más competitivos. Si se produjese esa situación, la visión hacia una mayor sostenibilidad podría convertirse en todo lo contrario. Hoy en día, es evidente de que la Comisión es consciente de esta problemática y será por ello por lo que suele utilizar el término "*products placed on the market*" que incluirían, en teoría, productos comunitarios y de importación. Las protestas de los sectores de producción primaria en contra de la transición verde se han incrementado últimamente por miedo a que salgan perjudicados, lo que revela que una propuesta legislativa por parte de la Comisión debe tener en cuenta las preocupaciones de estos agentes fundamentales para un sistema alimentario sostenible comunitario[66].

RESUMEN: La Unión Europea adoptó en 2019 su amplio Pacto Verde, entendido como una hoja de ruta para convertirse en un continente neutro de emisiones de gases de efecto invernadero. Entre otros objetivos, pretende convertir el modelo económico actual en uno más sostenible. Debido a su enfoque global, la Unión Europea ha adoptado desde 2020 numerosas estrategias que ofrecen ideas y enfoques sobre cómo abordar problemas de sectores y políticas específicos. Uno de estos retos es la producción alimentaria, que se considera insostenible. Así, la Comisión Europea presentó su estrategia "De la granja a la mesa" (F2F), cuyo objetivo general es transformar el actual sistema alimentario europeo en uno más sostenible. Se propuso elaborar una propuesta legislativa para un sistema alimentario sostenible para finales de 2023, lo que no sucedió. Esta contribución aborda los orígenes y las propuestas incluidas en la estrategia F2F y debate los resultados de la consulta pública realizado por la Comisión Europea. El capítulo termina con algunas consideraciones finales señalando los retos que plantea un posible marco legislativo debido al reparto de competencias dentro de la Unión Europea y la cuestión

---

66 Véase por ejemplo CEDRÓN, M., "El campo europeo se planta ante una transición verde que lo deja en desventaja", *La Voz de Galicia*, 27 de enero 2024, edición en línea, https://www.lavozdegalicia.es/noticia/somosagro/agricultura/2024/01/26/campo-europeo-planta-ante-transicion-verde-deja-desventaja/00031706297632825323584.htm [consulta 27.01.2024].

de cómo garantizar un *level playing field* entre los productos comunitarios y los importados.

ABSTRACT: *The European Union adopted in 2019 its comprehensive Green Deal, which is understood as a roadmap towards becoming a climate neutral continent. Among other objectives, it aims at converting the current economic model into a more sustainable one. Due it's all-embracing approach, the European Union has adopted since 2020 a considerable number of strategies offering ideas and approaches how to tackle sector and policy specific problems. One of these challenges is the actual food production, which is considered to be unsustainable. Thus, the European Commission presented is "Farm to Fork" (F2) strategy whose overall aim is to transform the current European food system into a more sustainable one. It proposed to elaborate a legislative proposal for a sustainable food system by the end of 2023, which didn't happen. This contribution elaborates on the origins and the proposals included in the F2F strategy and debates the outcomes of the public consultation on the Incept Impact Assessment. It concludes with some final considerations by pointing out the challenges for this legislative framework due to the division of competence within the European Union and the question how to guarantee a level playing field between community and imported products.*

PARTE III
CUESTIONES TRANSVERSALES DENTRO DEL PACTO VERDE EUROPEO

Una aproximación a la dimensión humana del Pacto Verde Europeo

GABRIELA A. OANTA[1]

---

1 Profesora titular (acreditada a catedrática) de Derecho internacional público, titular de la Cátedra Jean Monnet "Derecho de la Unión Europea del mar" (101047678 — SEALAW), y Directora del Instituto Universitario de Estudios Europeos "Salvador de Madariaga" de la Universidade da Coruña (gabriela.oanta@udc.es). Este trabajo se enmarca en el Proyecto de investigación "La dimensión marítima del Pacto Verde Europeo" (ref. PID2020-117054RB-I00), financiado por MCIN/AEI//10.13039/501100011033 del 1 de septiembre de 2021 al 31 de agosto de 2024, del que la autora es uno de sus Investigadores Principales. Todas las páginas webs mencionadas en este estudio han sido consultadas por última vez el 23 de junio de 2024.

1. INTRODUCCIÓN

Desde la publicación, en diciembre de 2019, del Pacto Verde Europeo (PVE)[2], la Unión Europea (UE) se ha visto inmersa en un profundo proceso de cambio guiado por la transición ecológica y la transición digital, que busca ser justo e integrador y, asimismo, contar con "una sociedad equitativa y próspera, con una economía moderna, eficiente en el uso de los recursos y competitiva", que sea neutra climáticamente en 2050, y que proteja la salud y el bienestar de los ciudadanos europeos frente a los riesgos y efectos medioambientales[3].

---

2 COM(2019) 640 final, Comunicación de la Comisión al Parlamento Europeo, al Consejo Europeo, al Consejo, al Comité Económico y Social Europeo y al Comité de las Regiones "El Pacto Verde Europeo", Bruselas, 11.12.2019. Para un análisis del PVE y sus implicaciones en distintos sectores de la UE, pueden consultarse: CAMPINS ERITJA, M.; FERNÁNDEZ-PONS, X. (eds.), *Deploying the European Green Deal. Protecting the Environment Beyond the EU Borders,* Routledge, London and New York, 2024; CENTENO HUERTA, S., "Del Pacto Verde Europeo: la transformación del marco regulatorio de la Unión Europea para lograr una sostenibilidad competitiva de la economía", en PAZ ARIAS, J.M. (dir.); DELGADO ARRABAL, M.L (coord.). *Estudios jurídicos sobre sostenibilidad: Cambio climático y criterios ESG en España y la Unión Europea,* Ed. Aranzadi, Navarra, 2023, pp. 53-98; KRÄMER, L., "La protection de l'environnement et le pacte vert européen", *Revue du droit de l'Union européenne,* nº 2-3, 2020, pp. 135-169; SOBRINO HEREDIA, J.M., "La Política Marítima Integrada se tiñe de verde: la dimensión oceánica del Pacto Verde Europeo", en FERNÁNDEZ PROL, F. (coord.), *Pesca marítima y crecimiento sostenible: análisis en clave jurídica,* JM Bosch Editor, Barcelona, 2021, pp. 21-43; VELA ALMEIDA, D. *et al.*, "The "Greening" of Empire: The European Green Deal as the EU first agenda", *Political Geography,* nº 105, 2023, p. 102925.

3 *Ibidem,* p. 2. Sobre un análisis desde distintas perspectivas a los desafíos de la transición ecológica y la transición digital, pueden consultarse: BAKASOVÁ, L., "European legal perspective on artificial intelligence in the context of the European Green Deal", en KLUCKA, J. y BAKOSOVÁ, L. (eds.), *Green Ambitions for Sustainable Development: Past, Present and Future,* Ed. Leges, Prague, 2022, pp. 195-226; OANTA, G.A. (dir.), *Los*

En el núcleo de esta estrategia, la Unión ha ubicado a las personas, a las que considera cruciales para el éxito del PVE, sin cuya participación la transformación de la UE para responder a los retos del cambio climático sería irrealizable, y cuyos derechos sufren el gran impacto del cambio climático y de la degradación del medio ambiente. Es por ello por lo que los objetivos que se propone el PVE[4] tienen como destinatarios finales a las personas y buscan la mejora de la calidad de la vida de las generaciones presentes y futuras, y, en caso de que éstas sufran vulneraciones de sus derechos substantivos, se plantea que las mismas tengan a su alcance vías eficaces de resiliencia.

Hoy en día es indudable esta relación intrínseca entre los derechos humanos y el cambio climático, y, asimismo, el destacado impacto del cambio climático sobre algunos de los derechos fundamentales más importantes que tienen las personas[5].

---

derechos humanos en el mar ante los desafíos de la transición ecológica y digital, JM Bosch Editor, Barcelona, 2023.

4 En relación con la trasformación de la economía de la UE con miras a un futuro sostenible, la Comisión considera necesario, por un lado, la configuración de una serie de políticas profundamente transformadoras, y, por otro lado, la integración de la sostenibilidad en todas las políticas de la UE. En cuanto a la condición de la UE de líder mundial en la promoción y aplicación ambiciosa del medio ambiente, se propone: seguir garantizando que el Acuerdo de París sobre el cambio climático sea el marco multilateral indispensable para hacer frente al cambio climático, intensificar su diálogo bilateral con terceos países y establecer formas de colaboración innovadoras, ayudar a sus vecinos inmediatos, como sería en el marco de la Agenda Verde para los Balcanes Occidentales, en el marco de las cumbres UE-China y de la Estrategia Global con África, etc. Otro objetivo destacado se refiere al Pacto Europeo por el Clima que ha sido lanzado por la Comisión precisamente mediante el PVE.

5 Para un análisis de esta compleja relación, pueden consultarse: BURGORGUE-LARSEN, L., "Democracy and the rule of law: Articulating the national and international judiciary with majoritarian will. Some thoughts based on a comparative approach of the Regional Human Rights Courts (RHRC) Case Law", en KHAN, D-E.; LAGRANGE,

Ello está claramente anclado, hoy en día, en el Derecho internacional y reflejado en numerosos documentos adoptados en el seno de la UE.

Así, y por poner tan sólo algunos ejemplos, en el Preámbulo del Acuerdo de París sobre cambio climático se afirma que las Partes, cuando adopten medidas para hacer frente al cambio climático, "deberían respetar, promover y tener en cuenta sus respectivas obligaciones relativas a los derechos humanos"[6]; en *la* Resolución 41/21 del Consejo de Derechos Humanos de las Naciones Unidas, de 12 de julio de 2019, sobre los derechos humanos y el cambio climático se expresó la preocupación "porque el cambio climático ha contribuido y sigue contribuyendo al aumento de la frecuencia y la intensidad de los desastres naturales repentinos y de los fenómenos de evolución lenta y porque esos fenómenos tienen efectos adversos en el pleno disfrute de todos los derechos

---

E.; OETER, S.; WALTER, C. (eds.), *Democracy: Fundamental Building-Block of the International Order?*, Brill, Leiden/Boston, 2023, pp. 60-94; GARCÍA SAN JOSÉ, D., Enforcing the *Human Right to Environment in Europe. A Critical Overview of the European Court of Human Rights Case-Law,* Ed. Kronos, Sevilla; KAHL, V., "A human right to climate protection – Necessary protection or human rights proliferation?", *Netherlands Quarterly of Human Rights,* vol. 40, nº 2, 2022, pp. 158-179; LE BRIS, C., "Droits de l'homme et droits de l'humanité au regard de la crise climatique", *Journal européen des droits de l'homme,* nº 2, 2022, pp. 137-153; RAJAMANI, L., "Climate change", en MOECKLI, D.; SHAH, S.; SIVAKUMARAN, S. (eds.), *International human rights law,* Oxford University Press, Oxford, 2022; SKJAERSETH, J., "Towards European Green Deal: The evolution of EU climate and energy policy mixes", *International Environmental Agreements: Politics, Law and Economics,* vol. 21, nº 1, 2021, pp. 25-42; YOON, J.; PLOUG PETERSON, M., *Human Rights in Climate Action: An Analysis of Nationally Determined Contributions to the Paris Agreement (NDCS) and EU National Energy and Climate Plans (NECPS),* The Danish Institute for Human Rights, Copenhaguen, 2023.

6 DO L 282, 19.10.2016, p. 4.

humanos"[7]; en el Pacto de Glasgow para el Clima se insta "a las Partes a que comiencen rápidamente a aplicar el programa de trabajo de Glasgow sobre la Acción para el Empoderamiento Climático, respetando, promoviendo y considerando sus respectivas obligaciones en materia de derechos humanos, así como la igualdad de género y el empoderamiento de las mujeres"[8]; etc. La UE, por su parte, en su condición de actor internacional indiscutible de la diplomacia climática mundial[9], en los últimos años ha reflejado todos estos planteamientos en su propio Ordenamiento jurídico, tal y como lo puso de manifiesto el Parlamento Europeo (PE) en su resolución del 19 de mayo de 2021 sobre los efectos del cambio climático en los derechos humanos y el papel de los defensores del medio ambiente al respecto[10].

Pero, pese a ello, en el PVE y su hoja de ruta[11] vamos a encontrar pocas referencias expresas a las personas y a sus derechos,

---

7 Resolución 41/21 del Consejo de Derechos Humanos de las Naciones Unidas, de 12 de julio de 2019, sobre los derechos humanos y el cambio climático, A/HRC/RES/41/21, punto 1.

8 (la traducción es nuestra) Report of the Conference of the Parties serving as the meeting of the Parties to the Paris Agreement on its third session, held in Glasgow from 31 October to 13 November 2021 Addendum Part two: Action taken by the Conference of the Parties serving as the meeting of the Parties to the Paris Agreement at its third session, FCCC/PA/CMA/2021/10/Add.1, 8 March 2022.

9 En relación con la participación de la UE en la diplomacia climática internacional, pueden consultarse, entre otros: BACHE, I. *et al.*, *Politics in the European Union*, 5th ed., Oxford University Press, Oxford, 2020, pp. 423-428; VOLCHENKO, N. *et al.*, "Combating Climate Change through the International Law Perspective: The Role of the EU in Environmental Diplomacy", *European Environmental Law Review*, vol. 32, nº 5, 2023, pp. 257-266.

10 Resolución del Parlamento Europeo, de 19 de mayo de 2021, sobre los efectos del cambio climático en los derechos humanos y el papel de los defensores del medio ambiente al respecto, P9_TA(2021)0245.

11 COM(2019) 640 final Annex, Anexo de la Comunicación de la Comisión al Parlamento Europeo, al Consejo Europeo, al Consejo, al Comité Económico y Social Europeo y al Comité de las Regiones "El Pacto

así como a las vías de reparación en caso de su vulneración como consecuencia del cambio climático *(3)*. Es al hilo de la lectura de los distintos documentos adoptados en desarrollo del PVE cuándo nos podemos aproximar a estas cuestiones que son de tanta actualidad y sin las cuales, a nuestro entender, el tan deseado objetivo de la UE de neutralidad climática – es decir, conseguir que, a más tardar en 2050, los Estados miembros de la UE emitan en la atmósfera la misma cantidad de dióxido de carbono que la que logran retirar por distintas vías – sería imposible de conseguir *(2)*.

2. LA HUMANIZACIÓN DEL OBJETIVO DE NEUTRALIDAD CLIMÁTICA DEL PACTO VERDE EUROPEO

Los textos adoptados por las Instituciones europeas en desarrollo del PVE y que tienen a las personas en el núcleo de sus preocupaciones se han de comprender en un marco de protección de los derechos humanos más amplio, que es el dibujado por el Derecho originario de la UE.

En efecto, el art. 2 del Tratado de la Unión Europea (TUE) considera al respeto de los derechos humanos en tanto que uno de los valores fundacionales de la Unión, a los que la UE, a tenor del artículo 3.5 TUE, defenderá y fomentará en sus re-

---

Verde Europeo", Bruselas, 11.12.2019. En la Hoja de ruta del PVE se identifican diez ámbitos con actuaciones claves en relación con: (1) la ambición climática; (2) la energía limpia, asequible y segura; (3) la estrategia industrial para una economía limpia y circular; (4) la movilidad sostenible e inteligente; (5) la ecologización de la política agrícola común, y la Estrategia "de la granja a la mesa"; (6) la preservación y protección de la biodiversidad; (7) hacia una contaminación cero para un entorno sin sustancias tóxicas; (8) la integración de la sostenibilidad en todas las políticas de la UE; (9) la UE como líder mundial; (10) la colaboración en torno a un Pacto Europeo por el Clima.

laciones con el resto del mundo. Estas disposiciones se ven reforzadas por las del art. 21 TUE según el cual las actuaciones de la UE en el escenario internacional se guiarán por principios como "la democracia, el Estado de Derecho, la universalidad e indivisibilidad de los derechos humanos y de las libertades fundamentales, el respeto de la dignidad humana, los principios de igualdad y solidaridad y el respeto de los principios de la Carta de las Naciones Unidas y del Derecho internacional" (apartado 1°), y, asimismo, trabajará por lograr un alto grado de cooperación para "defender sus valores, intereses fundamentales, seguridad, independencia e integridad" y para "consolidar y apoyar la democracia, el Estado de Derecho, los derechos humanos y los principios del Derecho internacional" (apartado 2°).

Este marco jurídico general ha sido ampliado por el carácter vinculante adquirido por la Carta de los Derechos Fundamentales de la Unión Europea (Declaración n.° 1) tras el Tratado de Lisboa[12] e incluso podría ser incrementado si se llegaran a solventar en el futuro las dificultades planteadas por la posible adhesión de la UE al Convenio Europeo para la Protección de los Derechos Humanos y de las Libertades Fundamentales (CEDH)[13].

---

12 DO C 326, 26.10.2012, p. 391. Para más detalles, véase: DUTHEIL DE LA ROCHÈRE, J., "La Carta de Derechos Fundamentales de la Unión Europea: ámbito de aplicación, orígenes y otros aspectos generales", en BENEYTO PÉREZ, J.M. (dir.), *Tratado de derecho y políticas de la Unión Europea,* Aranzadi, Navarra, 2009, pp. 161-217; MOCK, W.B.T.; DEMURO, G. (eds.), *Human Rights in Europe: Commentary on the Charter of Fundamental Rights of the European Union,* Carolina Academic Press, Durham, 2010; PEERS, S. et al. (eds.), *The EU Charter of Fundamental Rights. A Commentary,* 2nd ed., Bloomsburry Publishing, 2021.

13 Como es bien conocido, el Tribunal de Justicia de la Unión Europea afirmó en su Dictamen 2/13 dado a conocer el 18 de diciembre de 2014 (dictamen 2/13 de conformidad con el artículo 218, apartado 11, del TFUE (ECLI:EU:C:2014:2454) que el proyecto de acuerdo sobre la posible adhesión de la UE al CEDH no era compatible ni con el art.

Además, consideramos que son de obligada mención las disposiciones sustantivas del Derecho de la UE relativas al respeto de los derechos humanos, que enriquecen este marco de protección, y que son propios de ámbitos materiales muy diversos, tales como el laboral[14], en relación con la no discriminación[15], el referido a la ayuda humanitaria[16], en materia de inversiones y Derecho mercantil[17], y el de la libertad, seguridad y justicia[18].

Por lo que se refiere específicamente al PVE y a los documentos promovidos por la Comisión a partir de 2020 y que le han permitido humanizar el objetivo de neutralidad climática, consideramos que la Ley europea sobre el Clima *(2.1.)*, la Estrategia sobre la biodiversidad y la Ley de Restauración de la Naturaleza *(2.2.)*, la nueva Estrategia en favor de los Bosques *(2.3.)*, y la Estrategia de sostenibilidad para las sustancias químicas *(2.4.)* son los textos jurídicos en los que nos encontramos con mayor atención prestada a la dimensión humana. Todas ellas se sustentan en el apoyo financiero canalizado a través del

---

6.2 TUE ni con el Protocolo nº 8 referido precisamente al art. 6.2 TUE sobre la adhesión de la Unión al CEDH. Para un análisis detallado de esta problemática, pueden consultarse, entre otros: SANZ CABALLERO, S., "Crónica de una adhesión anunciada: algunas notas sobre la negociación de la adhesión de la Unión Europea al Convenio Europeo de Derechos Humanos", *Revista de Derecho Comunitario Europeo,* nº 38, 2012, pp. 99-128; LAZOWSKI, A.; WESSEL, R.A., "When Caveats Turn into Locks: Opinion 2/13 on Accession of the European Union to the ECHR", *German Law Journal,* vol. 16, nº 1, 2015, pp. 179-212; PIRKER, B.H.; REITEMEYER, S., "Between Discursive and Exclusive Autonomy – Opinion 2/13, the Protection of Fundamental Rights and the Autonomy of EU Law", *Cambridge Yearbook of European Legal Studies,* nº 17, 2015, p. 168-188.

14 En virtud de los arts. 4.2.b), 5 y 145-164 TFUE.

15 Tal y como se prevé en los arts. 2 y 3.3 TUE, y en los arts. 10 y 18-25 TFUE.

16 A tenor de los arts. 4.4 y 214 TFUE.

17 De conformidad con los arts. 3.1.e) y 207 TFUE.

18 Tal y como se estipula en los arts. 4.2.j), 67, 82 y 83 TFUE.

Fondo de Transición Justa[19], que es el primer pilar del Mecanismo para una Transición Justa que la Unión ha dotado con aproximadamente 55.000 millones de euros durante el período 2021-2027, con el objetivo de ayudar a las regiones más afectadas para que la economía climáticamente neutra sea justa y que no deje a nadie atrás. A este cuadro financiero habría que añadir la creación, en fechas mucho más recientes, del Fondo Social por el Clima[20] que contará con una financiación para los Estados miembros de hasta 65.000 millones de euros para el período 2026-2032. Con este fondo, la Unión busca apoyar a sus Estados miembros desde el punto financiero cuando adopten medidas e inversiones previstas en sus planes sociales para el clima. Fondos de los que se podrán beneficiar los hogares, las microempresas y los usuarios del transporte que sean vulnerables y se vean especialmente afectados por la inclusión de las emisiones de gases de efecto invernadero de los edificios y el transporte por carretera, con especial atención a los hogares en situación de pobreza energética o a los hogares en situación de pobreza de transporte[21].

---

19 Reglamento (UE) 2021/1056 del Parlamento Europeo y del Consejo, de 24 de junio de 2021, por el que se establece el Fondo de Transición Justa, DO L 231, 30.06.2021, p. 1. Sus disposiciones han sido ampliadas a través del Reglamento (UE) 2021/1060 del Parlamento Europeo y del Consejo (DO L 231, 30.06.2021, p. 159) que se refiere a ocho fondos, a saber: el Fondo Europeo de Desarrollo Regional (FEDER), el Fondo Social Europeo Plus (FSE+), el Fondo de Cohesión, el Fondo de Transición Justa (FTJ), el Fondo Europeo, Marítimo, de Pesca y de Acuicultura (FEMPA), el Fondo de Asilo y Migración (FAMI), el Fondo de Seguridad Interior (FSI), y el Instrumento de Gestión de las Fronteras y Visados (IGFV).

20 Reglamento (UE) nº 2023/955 del Parlamento Europeo y del Consejo, de 10 de mayo de 2023, por el que se establece un Fondo Social para el Clima y se modifica el Reglamento (UE) 2021/1060, OJ L 130, 16.05.2023, p. 1.

21 *Ibidem*, art. 1. A efectos de este Reglamento, por *pobreza energética* se entiende "toda situación en la que un hogar no puede acceder a los servicios energéticos esenciales para preservar unos niveles de vida y salud

2.1. La Ley europea sobre el Clima

La Ley europea sobre el Clima se ha concretado con la adopción, el 30 de junio de 2021, del Reglamento (UE) nº 2021/1119 del Parlamento Europeo y del Consejo[22]. De este modo, culminaban varias iniciativas que habían sido propuestas por la Comisión Europea en los últimos años – tales como: el Plan del Objetivo Climático para 2030[23], el Pacto Europeo por el Clima[24], la Estrategia de la UE para la Adaptación al Cambio Climático[25], o la propia propuesta de la futura Ley europea del Clima[26] – mediante

---

dignos, como un nivel de calor, refrigeración e iluminación adecuados y la energía para hacer funcionar los aparatos, dados el contexto nacional pertinente, la política social existente y otras políticas pertinentes" (art. 2.1); y la *pobreza de transporte* significa "la incapacidad o dificultad de las personas y los hogares para hacer frente a los costes del transporte público o privado, o su falta de acceso o su acceso limitado al transporte necesario para acceder a servicios y actividades socioeconómicos esenciales, teniendo en cuenta el contexto nacional y espacial" (art. 2.2).

22 Reglamento (UE) nº 2021/1119 del Parlamento Europeo y del Consejo, de 30 de junio de 2021, por el que se establece el marco para lograr la neutralidad climática y se modifican los Reglamentos (CE) nº 401/2009 y (UE) 2018/1999 ("Legislación europea sobre el clima"), DO L 243, 9.07.2021, p. 1.

23 COM(2020) 562 final, Comunicación de la Comisión al Parlamento Europeo, al Consejo, al Comité Económico y Social Europeo y al Comité de las Regiones "Intensificar la ambición climática de Europa para 2030: Invertir en un futuro climáticamente neutro en beneficio de nuestros ciudadanos", Bruselas, 17.09.2020.

24 COM(2020) 788 final, Comunicación de la Comisión al Parlamento Europeo, al Consejo, al Comité Económico y Social Europeo y al Comité de las Regiones "Pacto Europeo por el Clima", Bruselas, 9.12.2020.

25 COM(2021) 82 final, Comunicación de la Comisión al Parlamento Europeo, al Consejo, al Comité Económico y Social Europeo y al Comité de las Regiones "Forjar una Europa resiliente al cambio climático — La nueva estrategia de adaptación al cambio climático de la UE·, Bruselas, 24.02.2021.

26 COM(2020) 563 final, Propuesta modificada de Reglamento del Parlamento Europeo y del Consejo por el que se establece el marco para

los cuales la UE se propuso tener herramientas suficientes para actuar en esta materia no solamente en el ámbito interno, sino, también, poder ser un poderoso actor[27] en la diplomacia climática internacional.

Con la adopción de este Reglamento, la UE ha establecido como vinculante el objetivo de neutralidad climática en la Unión en 2050, y la reducción interna neta de las emisiones de gases de efecto invernadero para 2030 (art. 1). De este modo, la Unión fijaba como obligatorias gran parte de las ideas e iniciativas que había plasmado, a partir de 2018, en varios documentos no vinculantes, tales como, por un lado, la estrategia europea para lograr que antes de 2030 se registre una reducción neta de al menos el 55% (con respecto a los valores de 1990) las emisiones de gases de efecto invernadero y que la Unión sea climáticamente neutra en 2050[28], y, por otro lado, la Comunicación "Intensificar la ambición climática de Europa

---

lograr la neutralidad climática y se modifica el Reglamento (UE) 2018/1999 ("Ley Europea del Clima") Bruselas, 17.09.2020.

27 En este sentido, puede consultarse: KRÄMER, L., "Planning for Climate and the Environment: The EU Green Deal", *Journal for European Environmental & Planning Law*, nº 17, 2020, pp. 303-304; PÉREZ DE LAS HERAS, B., "El Pacto Verde Europeo: Hacia una acción climática más integrada en la era post COVID", en *La comunidad internacional ante el desafío de los objetivos de desarrollo sostenible. XXIX Jornadas de la Asociación Española de Profesores de Derecho Internacional y Relaciones Internacionales*, Tirant lo Blanch, Valencia, 2023, pp. 79-98; SKJAERSETH, J.B., "Towards a European Green Deal: The evolution of EU climate and energy policy mixes", *International Environmental Agreements*, nº 21, 2021, pp. 25-41.

28 COM(2018) 773 final, Comunicación de la Comisión al Parlamento Europeo, al Consejo Europeo, al Consejo, al Comité Económico y Social Europeo, al Comité de las Regiones y al Banco Europeo de Inversiones "Un planeta limpio para todos La visión estratégica europea a largo plazo de una economía próspera, moderna, competitiva y climáticamente neutra", Bruselas, 28.11.2018.

para 2030: Invertir en un futuro climáticamente neutro en beneficio de nuestros ciudadanos"[29].

Desde un principio, la Unión ha querido dejar claro que la Ley europea sobre el Clima "respeta los derechos fundamentales y se ajusta a los principios reconocidos por la Carta de los Derechos Fundamentales de la Unión Europea" (considerando 6), entre los cuales destaca, a efectos de nuestro trabajo, el art. 37 de esta Carta, según el cual "[l]as políticas de la Unión integrarán y garantizarán con arreglo al principio de desarrollo sostenible un alto nivel de protección del medio ambiente y la mejora de su calidad"[30]. Se trata de un principio que se encuentra en consonancia con el art. 3.3 TUE y el art. 11 TFUE que se refieren a objetivos centrales de la Unión, y que integran a las exigencias de protección del medio ambiente en la definición y la realización de todas las políticas y acciones de la UE, inclusive, por tanto, las relativas a la protección de los intereses de las personas.

En relación con las cuestiones planteadas en este trabajo, quisiéramos mencionar que la Ley europea sobre el Clima presta una especial atención al art. 7 del Acuerdo de París sobre cambio climático[31], que recoge el objetivo de avanzar en la consecución de

---

29 COM(2020) 562 final, Comunicación de la Comisión al Parlamento Europeo, al Consejo, al Comité Económico y Social Europeo y al Comité de las Regiones "Intensificar la ambición climática de Europa para 2030: Invertir en un futuro climáticamente neutro en beneficio de nuestros ciudadanos", Bruselas, 17.09.2020.

30 Para un análisis detallado de este principio, pueden consultarse: MORGERA, E.; MARÍN DURÁN, G., "Environmental Protection", en PEERS, S. et al. (eds.), *The EU Charter of Fundamental Rights. A Commentary*, 2nd ed., Bloomsburry Publishing, 2021, pp. 1041-1063; SCOTFORD, E., "Environmental Rights and Principles: Investigating Article 37 of the EU Charter of Fundamental Rights", en BOGOJEVIC, S.; RAYFUSE, R. (eds.), *Environmental Rights in Europe and Beyond*, Hart Publishing, Oxford, 2018, pp. 133-153.

31 El Acuerdo de París ha sido adoptado en París el 12 de diciembre de 2015 y entró en vigor el 4 de noviembre de 2016. Véase: 3156 *UNTS* 79. España lo firmó el 22 de abril de 2016, y lo ratificó mediante la pu-

la adaptación, el fortalecimiento, la resiliencia y la reducción de la vulnerabilidad al cambio climático con la finalidad de proteger a las personas, a los medios de vida y a los ecosistemas (párrafos 1º y 2º). Lo que nos permite afirmar que la práctica totalidad de las disposiciones de la Ley europea sobre el Clima sitúa a las personas en el centro de los objetivos perseguidos por la misma, y, por tanto, la dimensión humana ha de ser tenida en cuenta a la hora de aplicar cualquier disposición de esta normativa.

2.2. La Estrategia sobre la biodiversidad y la Ley de Restauración de la Naturaleza

Uno de los primeros documentos adoptados por la Comisión Europea en desarrollo del PVE ha sido la "Estrategia de la UE sobre la biodiversidad de aquí a 2030: Reintegrar la naturaleza en nuestras vidas"[32]. Dada a conocer el 20 de mayo de 2020, con esta Estrategia la Unión se propone que, antes de 2030, haya recuperado la biodiversidad en beneficio de las personas, del planeta, del clima y de la economía de la Unión. Para ello, se propone adoptar unas medidas reforzadas de protección y de recuperación de la

---

blicación del Instrumento de ratificación en el BOE núm. 28, de 2 de febrero de 2017, p. 7703.

32 COM(2020) 380 final: Comunicación de la Comisión al Parlamento Europeo, al Consejo, al Comité Económico y Social Europeo y al Comité de las Regiones "Estrategia de la UE sobre la biodiversidad de aquí a 2030 Reintegrar la naturaleza en nuestras vidas", Bruselas, 20.05.2020. Para un análisis de este Estrategia, puede consultarse: BORRÀS-PENTINAT, S., "The 2030 Biodiversity Strategy: the EU's international commitment and responsibility to reverse the biodiversity loss", en CAMPINS ERITJA, M.; FERNÁNDEZ-PONS, X. (eds.), *Deploying the European Green Deal. Protecting the Environment Beyond the EU Borders*, Routledge, London and New York, 2024, pp. 52-68; PANIGAJ, J., "Biodiversity protection from the perspective of the European Green Deal and other current relevant international legislation", en KLUCKA, J. y BAKOSOVÁ, L. (eds.), *Green Ambitions for Sustainable Development: Past, Present and Future*, Ed. Leges, Prague, 2022, pp. 155-182.

naturaleza[33], que se podrían conseguir con una mejor y ampliada red de espacios protegidos y, también, con un ambicioso Plan de Recuperación de la Naturaleza de la UE[34]. De este modo, el nuevo

---

33 Tales como: conferir protección jurídica al 30% de la superficie terrestre y al 30% de la superficie marina de la UE, como mínimo, e incorporar corredores ecológicos, dentro de una auténtica Red Transeuropea de Espacios Naturales; conferir protección estricta a una tercera parte de los espacios protegidos de la UE, como mínimo, incluidos todos los bosques primarios y maduros que quedan en su territorio; gestionar de una manera eficaz todos los espacios protegidos, y definir medidas y objetivos claros de conservación y efectuar un seguimiento adecuado de ellos. Véase: COM(2020) 380 final, *doc. cit.*, p. 6.

34 En el Plan de Recuperación de la Naturaleza de la UE se han fijado numerosos compromisos fundamentales a ser cumplidos en 2030, tales como: conseguir la recuperación de grandes superficies de ecosistemas degradados y ricos en carbono, que no se produzca ningún deterioro en las tendencias y el estado de conservación de hábitats y especies, y que al menos el 30% de ellos alcance un estado de conservación favorable o al menos muestre una tendencia positiva; detener la pérdida de polinizadores; reducir en un 50% el riesgo y el uso de plaguicidas químicos, y también en un 50% el uso de los plaguicidas más peligrosos; lograr que al menos el 10% de la superficie agraria esté ocupado por elementos paisajísticos de gran diversidad; conseguir que al menos el 25% de las tierras agrarias se dedique a la agricultura ecológica y que se extiendan las prácticas agroecológicas en una medida significativa; plantar en la UE 3.000 millones de árboles, respetando plenamente los principios ecológicos; realizar progresos significativos en la rehabilitación de terrenos contaminados; lograr que al menos 25.000 km de ríos vuelvan a ser de caudal libre; reducir en un 50% el número de especies de la Lista Roja que están amenazadas por especies exóticas invasoras; reducir en un 50% la pérdida de nutrientes procedentes de fertilizantes y, como consecuencia de ello, reducir en un 20% como mínimo el uso de fertilizantes; conseguir que las ciudades de 20.000 habitantes o más cuenten con un plan de ecologización urbana ambicioso; conseguir que no se utilicen plaguicidas químicos en zonas sensibles, como los espacios verdes urbanos de la UE; reducir considerablemente el impacto negativo de las actividades pesqueras y extractivas sobre especies y hábitats sensibles, como los fondos marinos, a fin de lograr un buen estado medioambiental; y suprimir las capturas incidentales de especies o reducirlas a un nivel que permita su recuperación y conservación. Para

marco jurídico y de actuación en esta materia reforzaría los marcos jurídicos, las estrategias y los planes de acción ya existentes en la Unión para proteger la naturaleza y recuperar hábitats y especies, pero que, sin embargo, se han mostrado ser insuficientes hasta ahora pues la UE no ha sido capaz detener la pérdida de la biodiversidad[35].

En línea con los objetivos e iniciativas anunciadas por la Comisión a través de esta Estrategia, en los últimos años han sido promovidos distintos textos de diverso alcance jurídico – tales como las Directrices sobre forestación, reforestación y plantación

---

el desarrollo de cada uno de estos compromisos, véase: COM(2020) 380 final, *doc. cit.*, p. 17.

35 COM(2015) 478 final, Informe de la Comisión al Parlamento Europeo y al Consejo "Revisión intermedia de la Estrategia de la UE sobre la Biodiversidad hasta 2020", Bruselas, 2.10.2015; SWD(2015) 187, Commission Staff Working Document: EU assessment of progress in implementing the EU Biodiversity Strategy to 2020 accompanying the document. Report from the Commission to the European Parliament and the Council: The mid-term review of the EU Biodiversity Strategy to 2020, Brussels, 2.10.2015; "Las Directivas de hábitats y aves de la UE para la naturaleza y las personas de Europa, Comisión Europea, 2015; disponible en: https://op.europa.eu/es/publication-detail/-/publication/7230759d-f136-44ae-9715-1eacc26a11af; SWD(2019) 439, Commission Staff Working Document: Fitness check of the Water Framework Directive, Groundwater Directive, Environmental Quality Standards Directive and Floods Directive 2000/60/EC of the European Parliament and of the Council establishing a framework for the Community action in the field of water policy Directive 2006/118/EC of the European Parliament and of the Council on the protection of groundwater against pollution and deterioration Directive 2008/105/EC of the European Parliament and of the Council on environmental quality standards in the field of water policy, amending and subsequently repealing Council Directives 82/176/EEC, 83/513/EEC, 84/156/EEC, 84/491/EEC, 86/280/EEC and amending Directive 2000/60/EC of the European Parliament and of the Council Directive 2007/60/EC on the assessment and management of flood risks, Brussels, 10.12.2019.

de árboles respetuosas con la biodiversidad[36], las Directrices para definir, cartografiar, supervisar y proteger estrictamente los bosques primarios y antiguos de la UE[37], la propuesta de directiva relativa a la vigilancia y la resiliencia del suelo (Ley de vigilancia del suelo)[38], la propuesta de reglamento sobre un marco de seguimiento para lograr unos bosques europeos resilientes[39], etc.

En nuestra opinión, la propuesta de la Ley de Restauración de la Naturaleza presentada por la Comisión Europea el 22 de junio de 2022,[40] y que ha sido adoptada por el PE el 27 de febrero de 2024[41] y por el Consejo el 17 de junio de 2024[42], constituye el documento de mayor impacto presentado hasta ahora en desarrollo de la Estrategia sobre la biodiversidad de aquí a 2030. Con ello, la Unión se propone como objetivo general el "contribuir a la re-

---

36 SWD(2023) 61 final, Commission Staff Working Document: Guidelines on biodiversity-friendly afforestation, reforestation and tree planting, Brussels, 17.3.2023.

37 SWD(2023) 62 final, Commission Staff Working Document: Commission Guidelines for Defining, Mapping, Monitoring and Strictly Protecting EU Primary and Old-Growth Forests, Brussels, 20.03.2023.

38 COM (2023) 416 final, Propuesta de Directiva del Parlamento Europeo y del Consejo relativa a la vigilancia y la resiliencia del suelo (Ley de vigilancia del suelo), Bruselas, 5.07.2023.

39 COM(2023) 728 final, Propuesta de Reglamento del Parlamento Europeo y del Consejo sobre un marco de seguimiento para lograr unos bosques europeos resilientes, Bruselas, 22.11.2023.

40 COM(2022) 304 final, Propuesta de Reglamento del Parlamento Europeo y del Consejo sobre la restauración de la naturaleza, Bruselas, 22.6.2022.

41 El PE adoptó la Ley de Restauración de la Naturaleza con 329 votos a favor, 275 votos en contra, y 24 abstenciones. Consúltese: https://www.europarl.europa.eu/news/en/press-room/20240223IPR18078/nature-restoration-parliament-adopts-law-to-restore-20-of-eu-s-land-and-sea.

42 Véase: https://www.consilium.europa.eu/en/press/press-releases/2024/06/17/nature-restoration-law-council-gives-final-green-light/#:~:text=Today%20the%20Council%20formally%20adopted,need%20of%20restoration%20by%202050.

cuperación continua, a largo plazo y sostenida de una naturaleza rica en biodiversidad y resiliente en todas las zonas terrestres y marítimas de la Unión mediante la restauración de los ecosistemas, la consecución de los objetivos de la Unión en materia de mitigación del cambio climático y adaptación a este, y al cumplimiento de sus compromisos internacionales de la Unión"[43].

Al margen de las numerosos y complejos objetivos de restauración que los Estados miembros deberán cumplir[44] y de la obligación de elaborar planes nacionales de recuperación[45], entre otros, quisiéramos incidir en las no pocas implicaciones de esta iniciativa legislativa para los derechos de las personas. Con ello, la UE actúa en consonancia con el compromiso asumido en el Marco Mundial de Biodiversidad de Kunming-Montreal, que fue adoptado en diciembre de 2022 en la Conferencia de las Partes de la Convención sobre la Diversidad Biológica[46] en la que participan tanto la UE como sus Estados miembros. Compromiso que prevé el deber de las partes de seguir un enfoque basado en los derechos humanos a través del cual han de respetar, proteger, promover y hacer realidad los derechos humanos[47].

---

43 *Ibidem*, p. 11 de la Exposición de motivos, y el art. 1.1 de la Propuesta de Reglamento sobre la restauración de la naturaleza.

44 Se trata de la restauración de ecosistemas terrestres, costeros y de agua dulce (art. 4), marinos (art. 5), y urbanos (art. 6), de la restauración de la conectividad natural de los ríos y de las funciones naturales de las llanuras aluviales correspondientes (art. 7), de la restauración de las poblaciones de polinizadores (art. 8), de los ecosistemas agrícolas (art. 9), y forestales (art. 10).

45 COM(2022) 304 final304 final, *doc. cit.*, arts. 11-15.

46 Convention on Biological Diversity, Rio de Janeiro, 5 June 1992, 1760 *UNTS* 79.

47 "Decision adopted by the Conference of the Parties to the Convention on Biological Diversity. Kunming-Montreal Global Biodiversity Framework", CBD/COP/DEC/15/4, 19 December 2022, punto 7.g.

Al respecto, cabe recordar la estrecha interrelación entre la biodiversidad y distintos derechos humanos[48], tales como: el derecho a la vida, el derecho a la salud, el derecho a la alimentación, el derecho al agua, los derechos de los pueblos indígenas y de otras comunidades dependientes de los recursos naturales, los derechos de los niños, los derechos de las mujeres, etc. De ahí, también, la gran relevancia de la Ley de Restauración de la Naturaleza e, indirectamente, la significativa impronta humana del PVE.

En relación con el desarrollo del procedimiento legislativo ordinario para la adopción de la Ley de Restauración de la Naturaleza, quisiéramos mencionar que el 9 de noviembre de 2023 el PE y el Consejo habían alcanzado un acuerdo sobre el contenido de este futuro acto normativo[49], el cual, en la actualidad, está pendiente de publicación en el Diario Oficial de la UE. En nuestra opinión, la adopción y la futura publicación de este texto jurídico se han visto retrasadas por el importante malestar expresado, a comienzos del año 2024, por los agricultores de distintos Estados miembros de la Unión como consecuencia de las nuevas exigencias impuestas al campo y ante la entrada de productos agrícolas de terceros Estados a los que no se les exige el cumplimiento de los mismos requisitos de seguridad alimentaria para ser comercializados en el mercado de la UE.

2.3. La nueva Estrategia en favor de los Bosques

El 16 de julio de 2021 la Comisión publicó la nueva Estrategia de la UE en favor de los Bosques para 2030[50], movida por la relevancia de los bosques y de otras superficies boscosas – que ocupan

---

48 Para un extenso análisis de esta problemática, puede consultarse: MORGERA, E., *Biodiversity as a Human Right and its implications for the EU's External Action*, European Parliament, Brussels, 2020.

49 Dato consultado en: https://ec.europa.eu/commission/presscorner/detail/en/ip_23_5662

50 COM(2021) 572 final, Comunicación de la Comisión al Parlamento Europeo, al Consejo, al Comité Económico y Social Europeo y al Comité

más del 43% del suelo de la Unión – para la salud (física y mental) y el bienestar de las personas que habitan en el territorio de los Estados miembros de la UE. Con ello, se sustituyó a la Estrategia forestal de la UE adoptada en 2013[51] y evaluada en 2018[52].

Esta nueva Estrategia ha sido adoptada en desarrollo del PVE y de la Estrategia de la UE sobre la Biodiversidad, con el objetivo de acompañar a otros documentos promovidos en el mismo contexto de transición ecológica de la Unión y contribuir así a alcanzar el objetivo de reducción de las emisiones de gases de efecto invernadero de la UE de, al menos, un 55% en 2030, tal como adelantábamos en el apartado dedicados a la Ley Europea del Clima[53], y que se llevará a la práctica mediante las medidas establecidas en el paquete "Objetivo 55"[54].

A nuestro entender, esta nueva Estrategia en favor de los Bosques presenta una incuestionable impronta humana. Como bien apunta la Comisión al comienzo de este texto jurídico, "un futuro saludable para las personas, el planeta y la prosperidad depende de que se garanticen unos bosques sanos, ricos en biodiversidad y

---

de las Regiones "Nueva Estrategia de la UE en favor de los Bosques para 2030", Bruselas, 16.07.2021.

51 COM(2013) 659 final, Comunicación de la Comisión al Parlamento Europeo, el Consejo, el Comité Económico y Social Europeo y el Comité de las Regiones "Una nueva estrategia de la UE en favor de los bosques y del sector forestal", Bruselas, 20.09.2013.

52 COM(2018) 811 final, Informe de la Comisión al Parlamento Europeo, al Consejo, al Comité Económico y Social Europeo y al Comité de las Regiones "Avances en la aplicación de la estrategia forestal de la UE: Una nueva estrategia de la UE en favor de los bosques y del sector forestal", Bruselas, 7.12.2018.

53 Reglamento (UE) nº 2021/1119, *doc. cit.*

54 COM(2021) 550 final, Comunicación de la Comisión al Parlamento Europeo, al Consejo, al Comité Económico y Social Europeo y al Comité de las Regiones "Objetivo 55": cumplimiento del objetivo climático de la UE para 2030 en el camino hacia la neutralidad climática, Bruselas, 14.07.2021.

resilientes en toda Europa y en el mundo"[55]. Unos boques que la UE necesita que sean más grandes, sanos y diversos en particular para el almacenamiento y captura de carbono e, igualmente, para reducir los efectos de la contaminación atmosférica en la salud humana y detener la pérdida de hábitats y especies[56]. A lo que cabe añadir la necesidad de que la industria turística trabaje en estrecha cooperación con los gestores forestales para desarrollar productos turísticos sostenibles, que puedan influir de manera positiva en la salud humana, sin que ello repercute negativamente en los valores naturales de los destinos proyectados, especialmente en las zonas protegidas[57].

Como es evidente, los bosques de la UE son vitales para la salud y el bienestar humanos, como el aire limpio, la regulación del agua y el hábitat de la variedad de especies vivas que albergan. Lo que nos parece que justifica ampliamente el que esta Estrategia establezca el compromiso de la Unión de plantar, al menos, 3.000 millones de árboles adicionales de aquí a 2030, con pleno respeto de los principios ecológicos[58].

Es la relevancia tan destacada de los bosques la que mueve a la UE a proteger, restaurar y ampliar los bosques de la UE para luchar contra el cambio climático, invertir la pérdida de biodiversidad y garantizar unos ecosistemas forestales resilientes y multifuncionales. Asimismo, la Unión se propone apoyar las funciones

---

55 *Ibidem*, p. 1.

56 *Ibidem*, p. 2.

57 *Ibidem*, pp. 10-11.

58 COM(2021) 572 final, *doc. cit.*, pp. 17-18. Este objetivo aparece marcado, también, en el documento de trabajo de los servicios de la Comisión adjunto sobre el compromiso de haber plantado 3.000 millones de árboles en 2030. Al respecto, véase: SWD(2021) 651 final, Commission Staff Working Document: The 3 Billion Tree Planting Pledge for 2030, accompanying the document "Communication from the Commission to the European Parliament, the Council, the European Economic and Social Committee and the Committee of the Regions "New EU Forest Strategy for 2030", Brussels, 16.07.2021.

socio-económicas de los bosques para lograr zonas rurales prósperas e impulsar la bioeconomía forestal dentro de los límites de la sostenibilidad. Y, también, va a realizar un seguimiento estratégico de los bosques, presentar información y recopilar de datos. La Unión considera, igualmente, que la investigación y la innovación son necesarias para mejorar nuestros conocimientos sobre los bosques, lo que la va a llevar a establecer un marco integrador y coherente de gobernanza forestal de la UE, e intensificar la aplicación y el cumplimiento del acervo vigente de la Unión.

2.4. La Estrategia de sostenibilidad para las sustancias químicas

La Estrategia de sostenibilidad para las sustancias químicas, publicada por la Comisión en octubre de 2020[59], constituye otro de los documentos programáticos de la Unión que han sido promovidos en desarrollo del PVE y cuyas disposiciones presentan transversalmente una dimensión humana. Ello se debe, entre otras razones, a que las sustancias químicas están presentes en el aire y en el entorno dónde viven las personas, a lo que se añade que sustancias peligrosas pueden entrar en la cadena alimentaria. Lo que presenta múltiples implicaciones para la salud humana y el medio ambiente, y, también, para la seguridad alimentaria.

Igualmente, se considera que la contaminación química es una amenaza para el derecho a una vida digna, especialmente en el caso de los niños[60] y, en particular, en los países de renta baja y media[61]. Asimismo, se ha constatado que los grupos de población

---

59 COM(2020) 667 final, Comunicación de la Comisión al Parlamento Europeo, al Consejo, al Comité Económico y Social Europeo y al Comité de las Regiones "Estrategia de sostenibilidad para las sustancias químicas. Hacia un entorno sin sustancias tóxicas", Bruselas, 14.10.2020.

60 Comité de Derechos Humanos, "Observación general núm. 36. Artículo 6: derecho a la vida", CCPR/C/GC/36, 3 de septiembre de 2019.

61 Asamblea de las Naciones Unidas sobre el Medio Ambiente del Programa de las Naciones Unidas para el Medio Ambiente, "Perspectivas de los productos químicos a nivel mundial II: resumen para responsables

vulnerables a la exposición a las sustancias químicas – las mujeres embarazadas y lactantes, los niños no nacidos, los niños en periodo de lactancia y los niños de corta edad, las personas de edad avanzada, los trabajadores y residentes sujetos a una exposición química elevada y/o prolongada – tienen, por diferentes razones, una mayor sensibilidad a ellas o un umbral más bajo desde el punto de vista de los efectos sobre la salud, o su capacidad para protegerse de ellas es menor. Además de la presencia de las sustancias químicas en nuestra vida cotidiana, las mismas son, a la vez, pilares de las tecnologías, materiales y productos con bajas emisiones de carbono, no contaminantes y eficientes en el uso de energía y recursos.

En este contexto, la UE se ha fijado el objetivo de proteger mejor la salud humana y el medio ambiente, dentro de un ambicioso planteamiento para combatir la contaminación de cualquier origen y avanzar así hacia un entorno sin sustancias tóxicas. A nuestro entender, se trata de un desafío destacado pues la industria química es la cuarta más importante de la UE, que comprende a 30.000 empresas, y que da empleo a 1,2 millones de personas de forma directa y a 3,6 millones indirectamente. Europa es, además, el segundo productor mundial de sustancias químicas con un 16,9% de las ventas (en 2018). De ahí que no sea de extrañar que al 84% de los europeos les preocupe la repercusión en su salud de las sustancias químicas presentes en los productos cotidianos, y al 90%, los efectos de tales sustancias en el medio ambiente[62].

Por lo que se refiere a la protección de los intereses y derechos de las personas, quisiéramos mencionar, también, que esta Estrategia ha de ser comprendida en un marco jurídico más amplio pues, desde hace años, la UE cuenta con uno de los marcos reguladores relativos a las sustancias químicas más completos que exis-

---

de políticas. Informe de la Directora Ejecutiva", UNEP/EA.4/21, 21 de enero de 2019.

62 COM(2020) 667 final, *doc. cit.*, p. 2.

ten en el mundo y que mayor amparo garantizan a las personas. Lo que ha llevado a que la UE se esté convirtiendo, cada vez más, en un modelo para las normas de seguridad a nivel mundial, y que ésta se propusiera actuaciones nuevas en la senda de la transición ecológica y la transición digital en la que la Unión está inmersa desde hace varios años. Al respecto, cabe mencionar la intención de la Unión de innovar con vistas al desarrollo de sustancias químicas seguras y sostenibles, reforzar su marco jurídico para abordar las acuciantes cuestiones medioambientales y sanitarias a la vez que se propone simplificarlo y consolidarlo, e, igualmente, contar con una base de conocimientos exhaustiva sobre sustancias químicas, y ser el ejemplo de gestión racional mundial de las sustancias químicas[63]. Aspectos todos ellos que influyen en la salud de las personas y, por tanto, en sus derechos fundamentales, como es el derecho a la salud.

3. VÍAS DE REPARACIÓN EN LA UNIÓN EUROPEA EN CASO DE VIOLACIÓN DE LOS DERECHOS FUNDAMENTALES DE LOS CIUDADANOS EUROPEOS

El incremento del número de los textos jurídicos adoptados por la UE en desarrollo del PVE, que presentan una incuestionable dimensión humana, supone, también, un aumento del marco jurídico de protección de los derechos de los ciudadanos europeos. En la actualidad, los ciudadanos europeos cuentan con distintas vías de reparación en caso de vulneración de sus derechos recogidos en los documentos adoptados sobre la base del PVE (*3.1.*). A lo que se añadirán, en un futuro no muy lejano, otros textos jurídicos obligatorios que, en la actualidad, se encuentran en avanzado proceso de negociación o que entrarán próximamente en vigor y que son, consideramos, de especial interés a efectos de nuestro trabajo (*3.2.*).

---

63 *Ibidem*, pp. 5-29.

3.1. Vías de reparación previstas por el ordenamiento jurídico de la Unión Europea en caso de violación de los derechos de las personas derivados del desarrollo del Pacto Verde Europeo

Según jurisprudencia reiterada del Tribunal de Justicia de la Unión Europea (TJUE), el principio de cooperación leal prevista en el art. 4.3 TUE exige a los tribunales de los Estados miembros de la Unión el asegurar la protección judicial de los derechos de las personas recogidos en el Ordenamiento jurídico de la UE. A lo que se añaden las obligaciones de los Estados miembros de la Unión de proporcionar, de conformidad con el art. 19.1 TUE, "las vías de recurso necesarias para garantizar la tutela judicial efectiva en los ámbitos cubiertos por el Derecho de la Unión".

Este deber de los Estados miembros de la Unión se encuentra reforzado, aún más si cabe, por los efectos jurídicos de la adhesión de la UE, en 2005, al Convenio de Aarhus sobre el acceso a la información, la participación del público en la toma de decisiones y el acceso a la justicia en materia de medio ambiente[64].

---

64 Decisión del Consejo 2005/370/CE, de 17 de febrero de 2005, sobre la celebración, en nombre de la Comunidad Europea, del Convenio sobre el acceso a la información, la participación del público en la toma de decisiones y el acceso a la justicia en materia de medio ambiente, DO L 124, 17.05.2005, p. 1. Véase también el Convenio sobre el acceso a la información, la participación del público en la toma de decisiones y el acceso a la justicia en materia de medio ambiente – Declaraciones, DO L 124, 17.05.2005, p. 4. Para un amplio análisis de estas cuestiones, pueden consultarse, entre otros: BROSSET, E., "La glyphosate devant la Cour: quels enseignements sur le droit d'accès aux documents et à la justice dans le domaine de l'environnement?", *Revue trimestrielle de droit européen*, vol. 55, nº 3, 2019, pp. 629-650; HADJIYIANNI, I., "Judicial protection and the environment in the EU legal order: Missing pieces for a complete puzzle of legal remedies", *Common Market Law Review*, vol. 58, nº 3, 2021, pp. 777-812 ; KRÄMER, L., "Un essai raté: l'alignement du droit de l'UE sur la Convention d'Aarhus", *Revue du droit de l'Union européenne*, nº 1, 2021, pp. 139-153; LANCERO, R., "Access to justice in environmental matters in the EU: Cooperation and tension between the Aarhus Compliance Committee and the Court of Justice of

Así, en virtud de su art. 1, este tratado internacional le exige a la Unión el garantizar "los derechos de acceso a la información sobre el medio ambiente, la participación del público en la toma de decisiones y el acceso a la justicia en materia medioambiental" con la finalidad de "contribuir a proteger el derecho de cada persona, de las generaciones presentes y futuras, a vivir en un medio ambiente que permita garantizar su salud y su bienestar". La importancia de esta obligación ha sido señalada, en fechas más recientes, por algunos de los documentos adoptados en desarrollo del PVE. Tal ha sido el caso, por ejemplo, del acuerdo alcanzado, el 22 de noviembre de 2023, por el PE y el Consejo en relación con el texto de la futura Ley de Restauración de la Naturaleza[65]. Texto que, como señalábamos con anterioridad, ya ha sido adoptado por estas dos Instituciones europeas y, en el momento de redacción de este capítulo de libro, se encuentra pendiente de publicación en el Diario Oficial de la UE.

En relación con todo ello, quisiéramos advertir que el marco de protección ofrecido por el Convenio de Aarhus tras su incorporación en el Ordenamiento de la UE es incluso más amplio puesto que la UE ha adoptado, en desarrollo de este Convenio, el llamado "Reglamento Aarhus". Se trata del Reglamento (CE) nº 1367/2006[66], que ha sido modificado por el Reglamento (CE) nº

---

the EU", en BELOV, M. (ed.), *The role of courts in contemporary legal orders*, Eleven International Publishing, The Hague, 2019, pp. 483-500.

65 General Secretariat of the Council, "Proposal for a Regulation of the European Parliament and of the Council on nature restoration – Letter to the Chair of the European Parliament Committee on the Environment, Public Health and Food Safety (ENVI)", 15907/23, Brussels, 22 November 2023, considerando 71.b.

66 Reglamento (CE) nº 1367/2006 del Parlamento Europeo y del Consejo, de 6 de septiembre de 2006, relativo a la aplicación, a las instituciones y a los organismos comunitarios, de las disposiciones del Convenio de Aarhus sobre el acceso a la información, la participación del público en la toma de decisiones y el acceso a la justicia en materia de medio ambiente, DO L 264, 25.09.2006, p. 13.

2021/1767[67], y en virtud del cual se han establecido obligaciones en esta materia para las Instituciones, órganos, oficinas y agencias de la Unión respecto del acceso a la información, de la participación del público en la toma de decisiones, y del acceso a la justicia en materia de medio ambiente.

Más recientemente, hemos asistido a un incremento en la atención prestada desde el TJUE a los derechos climáticos. Lo que significa que, cada vez más, las personas acuden a la vía judicial para llamar la atención a la opinión pública europea sobre asuntos sensibles, como es el caso del impacto del cambio climático sobre las personas y su entorno vital, y de la necesidad de reducir la emisión de gases de efecto invernadero ante el impacto negativo sobre la salud de las personas. En este sentido, cabe mencionar el recurso de anulación y de indemnización presentado ante el Tribunal General (TG) por un grupo de 36 personas – en su mayoría de varios Estados miembros de la UE (Alemania, Francia, Italia, Portugal y Rumanía), de terceros países (como Kenia y Fiyi) e incluso una asociación sueca que representaba a jóvenes indígenas sami – que trabajaban en la agricultura y en el sector del turismo, y que cuestionaban la validez de ciertas disposiciones del paquete adoptado por la UE sobre clima y energía para 2030, así como del Derecho de la Unión sobre las emisiones de gases de efecto invernadero[68].

---

67 Reglamento (UE) 2021/1767 del Parlamento Europeo y del Consejo, de 6 de octubre de 2021, por el que se modifica el Reglamento (CE) nº 1367/2006 relativo a la aplicación, a las instituciones y a los organismos comunitarios, de las disposiciones del Convenio de Aarhus sobre el acceso a la información, la participación del público en la toma de decisiones y el acceso a la justicia en materia de medio ambiente, DO L 356, 8.10.2021, p. 1.

68 Tales como la Directiva (UE) 2018/410 del Parlamento Europeo y del Consejo, de 14 de marzo de 2018, por la que se modifica la Directiva 2003/87/CE para intensificar las reducciones de emisiones de forma eficaz en relación con los costes y facilitar las inversiones en tecnologías hipocarbónicas, así como la Decisión (UE) 2015/1814, DO L 76, 19.03.2018, p. 3; y el Reglamento (UE) nº 2018/841 del Parlamento

Los demandantes en este asunto solicitaban que dicha reducción fuera de entre el 50% y el 60% en comparación con los niveles de emisiones de gases de efecto invernadero registrados en 1990.

Nos estamos refiriendo al asunto *Armando Carvalho y otros/Parlamento Europeo y Consejo* al que el TG decidió desestimar por ser inadmisible[69] y que, posteriormente, hizo objeto de un recurso de casación interpuesto ante el Tribunal de Justicia (TJ), el cual se mantuvo en la línea del TG y consideró que los demandantes carecían de afectación individual[70]. Si bien se esperaba que el TG y el TJ se iban a pronunciar en este sentido, este asunto ha representado una excelente ocasión para llamar la atención de la opinión pública europea acerca de cuestiones que tanta preocupación produce en la ciudadanía europea. Quizás ello explique por qué a este asunto se le conozca como "el caso del clima de las personas"[71].

Pues bien, en caso de que una norma de Derecho derivado de la UE – como sería el caso, por ejemplo, de alguna disposición de un texto jurídico vinculante adoptado en desarrollo del PVE

Europeo y del Consejo, de 30 de mayo de 2018, sobre la inclusión de las emisiones y absorciones de gases de efecto invernadero resultantes del uso de la tierra, el cambio de uso de la tierra y la silvicultura en el marco de actuación en materia de clima y energía hasta 2030, y por el que se modifican el Reglamento (UE) nº 525/2013 y la Decisión nº 529/2013/UE, DO L 156, 19.06.2018, p. 1.

69 Auto del Tribunal General, de 8 de mayo de 2019, *Armando Carvalho y otros/Parlamento Europeo y Consejo*, T-330/19, ECLI:EU:T:2019:324 (TOL 7.222.636).

70 Sentencia del Tribunal de Justicia, de 25 de marzo de 2021, *Armando Carvalho y otros/Parlamento Europeo y Consejo*, C-565/19 P, ECLI:EU:C:2021:252 (TOL 8.365.457).

71 Para una presentación detallada de estas cuestiones, puede consultarse: Climate Action Network (CAN) Europe, "Using human rights as a weapon to hold governments and corporations accountable on climate change. Thematic Report: The use of human rights in climate change litigation in Europe", March 2023, pp. 41-43.

– que recoge derechos a favor de los ciudadanos europeos fuese vulnerada, el ciudadano europeo podría hacer uso de las vías de recurso ante el TJUE. Pero, como es bien conocido, estas vías son bastante limitadas en la actualidad[72]. Así, cualquier persona física o jurídica puede beneficiare del sistema de acciones y recursos del TJUE bien indirectamente, a través de una remisión prejudicial en virtud del art. 267 TFUE, o bien directamente mediante un recurso de anulación (art. 263 TFUE) o un recurso de omisión (art. 265.3 TFUE). Por tanto, tanto el TJUE como los tribunales nacionales tienen un papel clave para garantizar el acceso efectivo a la justicia en materia de medio ambiente en la UE.

Sobre la base de la práctica de los últimos tres lustros aproximadamente, e impulsada por los compromisos incorporados en el PVE, la Comisión publicó el 14 de octubre de 2020 la Comunicación "Mejorar el acceso a la justicia en materia de medio ambiente en la UE y sus Estados miembros"[73]. En este documento, se identifican varios ámbitos de acción prioritarios a fin de mejorar el acceso a la justicia en materia de medio ambiente en los Estados miembros de la Unión, tales como: la necesidad de garantizar la correcta transposición del Derecho derivado de

---

[72] Para un análisis detallado de estas cuestiones, puede consultarse: ALORS-LLORENS, A., "Judicial protection before the Court of Justice of the European Union", en BARNARD, C.; PEERS, S. (eds.), *European Union Law*, Oxford University Press, Oxford, 2020, pp. 283-333; BLUMANN, C.; DUBOUIS, L., *Droit institutionnel de l'Union européenne*, 7e éd., 2019, pp. 714-780; LENAERTS, K.; MASELIS, I.; GUTMAN, K., *EU Procedural Law*, Oxford University Press, Oxford, 2015; OANTA, G.A., "Prezența persoanelor fizice și a persoanelor juridice private din România în sistemul de acțiuni și recursuri al Curții de Justiție a Uniunii Europene", *Buletin de informare legislativa. Consiliul legislativ*, vol. 26, nº 4, 2023, pp. 33-41.

[73] COM(2020) 643 final, Comunicación de la Comisión al Parlamento Europeo, al Consejo, al Comité Económico y Social Europeo y al Comité de las Regiones "Mejorar el acceso a la justicia en materia de medio ambiente en la UE y sus Estados miembros", Bruselas, 14.10.2020.

la UE[74]; que los colegisladores incluyan disposiciones sobre el acceso a la justicia en las propuestas legislativas de la UE presentadas por la Comisión relativas a la adopción o revisión del Derecho de la UE en materia de medio ambiente; el examen por parte de los Estados miembros de sus propias disposiciones legales y reglamentarias nacionales, que, con el paso de los años, se ha demostrado que impiden el acceso a la justicia a las ONG activas en la protección del medio ambiente o a las personas directamente afectadas por la violación del Derecho de la UE en materia de medio ambiente resultante de acciones u omisiones de las autoridades públicas de los Estados miembro; y, asimismo, la obligación de los órganos judiciales nacionales de garantizar, en virtud del Derecho de la UE, una tutela judicial efectiva a los particulares y de las ONG[75].

3.2. Ampliación del marco jurídico de protección de los derechos humanos derivada del desarrollo del Pacto Verde Europeo

Hoy en día, es unánimemente aceptado que los objetivos establecidos en el PVE requieren la participación de las autoridades públicas y, también, necesitan de las empresas. Así, en su *Propuesta de directiva sobre la diligencia debida de las empresas en materia de sostenibilidad*, la Comisión reconoce el papel clave de las empresas para que se tenga "éxito en la transición de la Unión hacia una economía climáticamente neutra y ecológica"[76]. Además de considerar

---

74 *Ibidem*, punto 32. Esta prioridad sería en la línea de la Comunicación de la Comisión "Derecho de la UE: mejores resultados gracias a una mejor aplicación", DO C 18, 19.01.2017, p. 10.

75 *Ibidem*, pp. 8-10.

76 COM(2022) 71 final, Propuesta de directiva del Parlamento Europeo y del Consejo sobre diligencia debida de las empresas en materia de sostenibilidad y por la que se modifica la Directiva (UE) 2019/1937, Bruselas, 23.02.2022, p. 1. Para un análisis detallado de este documento, puede consultarse: SOBRINO HEREDIA, J.M., "L'implication des entreprises dans la production du droit international multilatéral: la procédure d'élaboration d'une directive européenne sur un devoir de

que el PVE establece, por un lado, la necesidad de convergencia de todas las acciones y políticas de la UE para que la Unión consiga una transición justa hacia un futuro sostenible, y, por otro lado, de fijar que la sostenibilidad se deba integrar aún más en el marco de gobernanza empresarial[77].

El 24 de mayo de 2024 el Consejo aprobó la última posición expresada por el PE sobre el texto de esta directiva, y se espera que a lo largo de los próximos dos años los Estados miembros de la UE vayan transponiendo sus disposiciones. Cuando este proceso haya finalizado completamente, esta directiva complementará la normativa europea sobre el clima y, por tanto, contribuirá al objetivo de la UE de reducir las emisiones netas de gases de efecto invernadero en un 55% de aquí a 2030 y alcanzar la neutralidad climática en 2050. Además, esta directiva se aplicará, igualmente, a las empresas en relación con los efectos adversos, reales y potenciales, sobre los derechos humanos y el medio ambiente de sus propias actividades, de las actividades de sus filiales y de las actividades de la cadena de valor de las entidades con las que dichas empresas mantengan una relación comercial establecida[78]. A nuestro entender, ello representará un cambio de

---

vigilance des entreprises", en RUNAVOT, M-C.; RÍOS RODRÍGUEZ, J. (dirs.), *Le droit international multilatéral. Colloque de la SFDI de Perpignan*, Ed. Pedone, Paris, 2023, pp. 283-301. Véase también: GONZÁLEZ BONDIA, A., "Business, human rights and the environment: from corporate social responsibility to mandatory human rights and environmental due diligence", en CAMPINS ERITJA, M.; FERNÁNDEZ-PONS, X. (eds.), *Deploying the European Green Deal. Protecting the Environment Beyond the EU Borders*, Routledge, London and New York, 2024, pp. 217-221.

77 Considerando 9º de la Propuesta de directiva sobre diligencia debida. Véase: COM(2022) 71 final, *doc. cit.*

78 Arts. 1 y 2 de la Propuesta de Directiva recogida en la COM(2022) 71 final, *doc. cit.* Sobre un análisis de la problemática de la responsabilidad de las empresas por sus actividades de la cadena de valor, puede consultarse: ASEEVA, A., *From corporate social responsibility to corporate social liability: a socio-legal study of corporate liability in global value chains*, Hart Publishing, Oxford, 2022.

paradigma puesto que las cadenas de valor fuera de la UE – es decir, aquellas cadenas que hayan sido constituido de conformidad con la legislación de un tercer país, pero que pueden producir hasta el 80% o el 90% de los daños medioambientales de la producción de la Unión[79] – también se verán vinculadas por las disposiciones de esta directiva.

Consideramos que la relación entre esta directiva sobre diligencia debida y la protección de los derechos humanos es indudable y recogida en muchas de sus disposiciones. Además del art. 1 en el que se incide en las obligaciones de diligencia debida de las empresas en relación con sus propias operaciones, las operaciones de sus filiales y las operaciones de la cadena de valor respecto de los efectos adversos reales y potenciales sobre los derechos humanos y el medio ambiente, encontramos referencias a esta problemática en el art. 4 (que exige a los Estados miembros que velen por que las empresas ejerzan la diligencia debida en materia de derechos humanos y medio ambiente), y en los arts. 5-11 (sobre los requisitos específicos para que las empresas integren la diligencia debida en todas sus políticas empresariales). A nuestro entender, los restantes artículos de la futura directiva (arts. 12-26) prevén cómo las empresas y las autoridades de los Estados miembros de la Unión llevarán a cabo lo previsto en los arts. 1-11, inclusive las sanciones que podrán ser aplicadas por los Estados miembros en caso de incumplimiento de las disposiciones nacionales aprobadas en virtud de esta directiva.

En este contexto, consideramos que la cooperación entre las autoridades de control de los Estados miembros de la Unión será un elemento clave para que se puedan cumplir con los objetivos fijados en la propuesta de directiva. Solamente a través de una fuerte y permanente colaboración de estas autoridades se podrán cumplir realmente las medidas de sanción que se podrán imponer a las empresas. Baste con mencionar, ahora, la posibilidad de

---

79 COM(2022) 71 final, *doc. cit.*, pp. 9-10.

la suspensión temporal de las relaciones comerciales entre una empresa y su socio cuando hayan surgido efectos adversos potenciales sobre los derechos humanos y sobre el medio ambiente, o incluso a que se ponga fin a la relación comercial en caso de que dichos efectos adversos potenciales sean graves (art. 7.5). Consciente de esta realidad, la Comisión ha propuesto crear la Red Europea de Autoridades de Control, que estará formada por representantes de las distintas autoridades de control de los Estados miembros (art. 21).

Además de la futura directiva sobre diligencia debida[80], se considera que la más que segura confirmación formal por la UE del *futuro tratado internacional relativo a las empresas transnacionales y los derechos humanos*, que se encuentra en la actualidad en la recta final de su negociación en el seno de las Naciones Unidas[81], ampliará la presencia de la dimensión humana en las actividades normativas de la Unión. En relación con ello, quisiéramos mencionar que, a partir de 2015, el Grupo de Trabajo Intergubernamental de Composición Abierta (OIWG, por sus siglas en inglés) encargado de redactar el nuevo tratado se ha reunido en Ginebra cada mes de octubre. De modo que, hasta la fecha, se

---

80 Para más información, véase: Council of the EU, "Corporate sustainability due diligence: Council and Parliament strike deal to protect environment and human rights", Press Release, 14 December 2023; disponible en: https://www.consilium.europa.eu/en/press/press-releases/2023/12/14/corporate-sustainability-due-diligence-council-and-parliament-strike-deal-to-protect-environment-and-human-rights/

81 Estas negociaciones se iniciaron tras la decisión del Comité de Derechos Humanos de 14 de julio de 2014 para la elaboración de un instrumento internacional jurídicamente vinculante sobre las empresas transnacionales y otras empresas con respecto a los derechos humanos (A/HRC/RES/26/9). Este documento fue aprobado con 20 votos a favor, 14 votos en contra y 13 abstenciones. Para más información, véase DE SCHUTTER, O., "Towards a New Treaty on Business and Human Rights", *Business and Human Rights Journal*, nº 1, 2015, pp. 41-67.

han celebrado nueve sesiones durante las cuales se ha tratado de encontrar una solución para acabar con la impunidad de las empresas respecto de la violación de los derechos humanos a escala transnacional.

Aunque al principio de este proceso negociador la UE tuvo una posición reticente, ésta ha ido cambiando suavemente de opinión, implicándose de manera constructiva durante las reuniones celebradas entre 2015 y 2017. Sin embargo, tras la publicación, el 16 de julio de 2018, del Proyecto de instrumento jurídicamente vinculante para regular, en el ámbito del Derecho internacional de los derechos humanos, las actividades de las empresas transnacionales y otras empresas comerciales – conocido, también, como el *"zero draft"* – la actuación de la UE ha cambiado nuevamente. Incluso la delegación de la UE decidió no participar prácticamente en ninguna reunión de trabajo del período de reuniones celebrado en Ginebra en octubre de 2018. Ello se debía a la preocupación de la Unión respecto del ámbito de aplicación del futuro tratado, así como de la coherencia de dicho texto con los Principios Rectores de las Naciones Unidas sobre las Empresas y los Derechos Humanos[82] de los que es una defensora ferviente.

Tras la presentación por la Presidencia del OIWG, el 16 de julio de 2019, del borrador revisado del instrumento jurídicamente vinculante[83] la UE ha vuelto a la mesa de las negociacio-

---

82 "Resolución aprobada por el Consejo de Derechos Humanos: Los derechos humanos y las empresas transnacionales y otras empresas", Consejo de Derechos Humanos, A/HRC/RES/17/4, 6 de julio de 2011.

83 "Legally binding instrument to regulate, in international human rights law, the activities of transnational corporations and other business enterprises", OEIGWG Chairmanship revised draft, 16.7.2019; disponible en: https://www.ohchr.org/sites/default/files/Documents/HRBodies/HRCouncil/WGTransCorp/OEIGWG_RevisedDraft_LBI.pdf Sobre el proceso negociador de este tratado y las dificultades planteadas desde 2015, pueden consultarse: ESPINOSA SALAS,

nes. Y fruto de las negociaciones realizadas en los siguientes años, en julio de 2023 se ha dado a conocer la versión actualizada del borrador del futuro tratado internacional, sobre la que se ha estado trabajando durante la novena reunión del OIWG celebrada en Ginebra del 23 al 27 de octubre de 2023[84].

En nuestra opinión, los apartados 5°, 6° y 8° del art. 1 del borrador del futuro tratado en su redacción de 2023 son claves a efectos de nuestro trabajo. Si bien, indudablemente, cada disposición de este texto jurídico es relevante para la protección de los derechos humanos, dichas disposiciones se sitúan en la línea de lo recogido por la propuesta de directiva sobre diligencia debida a la que nos hemos referido con anterioridad, e incluso amplían el ámbito de actuación de las relaciones empresariales respecto del previsto en la UE. Este precepto comprende "cualquier relación entre personas físicas o jurídicas, incluidas entidades estatales y no estatales, para llevar a cabo actividades empresariales, incluidas aquellas actividades realizadas a través de filiales, subsidiarias, agentes, proveedores, asociaciones, joint ventures, titularidad efectiva, o cualquier otra estructura o relación, inclusive a lo largo de sus cadenas de valor"[85]. También, nos parece relevante la definición de la diligencia debida en materia de derechos humanos pues, a nuestro entender, la misma reúne el espíritu de la futura directiva

---

L., *Legal, political and diplomatic implications in the elaboration of an international legally binding instrument on transnational corporations and other business enterprises with respect to human rights*, Ed. Schulhess, Genève, 2021; KARSKA, E., "Drafting an International Legally Binding Instrument on Business and Human Rights: The Next Step towards Strengthening the Protection of Human Rights", *International Community Law Review*, vol. 23, n° 5, 2021, pp. 466-485.

84 Para más información, puede consultarse: https://www.ohchr.org/sites/default/files/documents/hrbodies/hrcouncil/igwg-transcorp/session9/igwg-9th-draft-pow.pdf

85 (la traducción es nuestra) Legally binding instrument to regulate, in international human rights law, the activities of transnational corporations and other business enterprises, *doc. cit.*, art. 1.6.

de la UE de diligencia debida al ser el reflejo de varios de sus artículos a los que ya hemos mencionado[86].

4. CONCLUSIONES

El PVE ha representado, desde diciembre de 2019, la herramienta jurídica más utilizada por la Comisión Europea para abanderar la transición ecológica de la Unión hacia una economía que sea climáticamente neutra en 2050. Desde entonces, se ha venido adoptando un sinfín de textos de variada denominación y distinto valor jurídico, reforzando el alcance del PVE a pesar de su carácter no vinculante.

El PVE ha conseguido tener un impacto destacado en la vida de la UE a través de las estrategias y los numerosos reglamentos, directivas y decisiones que forman parte de su hoja de ruta, muchos de los cuales presentan una incuestionable dimensión humana. Esta humanización de los objetivos del PVE se apre-

---

86 Así, según el art. 1.8, la diligencia debida en materia de derechos humanos significa "los procesos mediante los cuales las empresas identifican, previenen, mitigan y rinden cuentas de cómo abordan sus consecuencias negativas sobre los derechos humanos. Aunque la complejidad de esos procesos variará en función del tamaño de la empresa, el riesgo de que se produzcan graves consecuencias negativas sobre los derechos humanos y la naturaleza y el contexto de las operaciones de esa empresa, esos procesos comprenderán en todos los casos los siguientes elementos: (a) identificar y evaluar las consecuencias negativas sobre los derechos humanos con las que la empresa pueda verse involucrada a través de sus propias actividades o como resultado de sus relaciones comerciales; b) adoptar las medidas apropiadas para prevenir y mitigar esas consecuencias negativas sobre los derechos humanos; c) supervisar la eficacia de sus medidas para hacer frente a esas consecuencias negativas sobre los derechos humanos; y d) comunicar periódicamente y de forma accesible a los interesados, en particular a las personas afectadas o que puedan resultar afectadas, la forma en que la empresa aborda esas consecuencias negativas sobre los derechos humanos". (la traducción es nuestra).

cia no sólo en los documentos que han puesto de manifiesto el gran impacto de sus disposiciones sobre las personas, y, al mismo tiempo, la necesidad de conocer qué vías judiciales podrían ser utilizadas por las mismas en caso de violación, y si cupiera la posibilidad de dirigirse al TJUE, sino también en el ámbito concreto de la futura directiva de la Unión sobre la diligencia debida, que es un componente fundamental del PVE ya que se refiere a que las empresas en sus actuaciones no violen los derechos humanos y el medio ambiente. Igualmente, el futuro tratado internacional sobre las empresas transnacionales y los derechos humanos, cuyas negociaciones se espera que finalicen próximamente, vendría a ampliar la intensidad de la presencia de la dimensión humana en el Ordenamiento jurídico de la UE.

Este proceso, que conduce hacia una neutralidad climática, avanza en muchos frentes y afecta a los intereses de las personas, que ven cómo sus actividades y ocupaciones se ven constreñidas por un aluvión de disposiciones con una carga burocrática excesiva. La aplicación de las normas tiene que tener en cuenta los derechos de las personas, el respecto a la competencia leal, etc. Si no, lo que ocurre actualmente en el sector agrario europeo va a desbordar a otros sectores, como el pesquero, el del transporte, etc.

En definitiva, el proceso abierto por el PVE difícilmente avanzará y será apreciado por los ciudadanos europeos si no parte del interés de las personas y no conduce a la protección de sus derechos.

RESUMEN: Los documentos adoptados en desarrollo del Pacto Verde Europeo a partir de diciembre de 2019 han ubicado a las personas en el centro de sus objetivos. Lo que choca con la escasez de referencias expresas a las personas y a sus derechos tanto en el Pacto Verde Europeo como en su hoja de ruta. Esta humanización es más que necesaria para avanzar en el cumplimiento de neutralidad climática en la Unión Europea en 2050. Partiendo de esta idea, se examinará primeramente la dimensión humana de la Ley europea sobre el Clima, la Estrategia sobre la biodiversidad y la Ley de Restauración de la Naturaleza, la nueva Estrategia en favor de los Bosques, así como de la Estrategia de sostenibilidad para las sustancias químicas. Para, en su segundo momento, centrarse en las vías de reparación en caso de violación de los derechos de las personas previstos en estos documentos.

ABSTRACT: *The documents adopted in development of the European Green Deal as of December 2019 have placed people at the heart of its objectives. This clashes with the scarcity of express references to people and their rights in both the European Green Deal and its roadmap. This humanization is more than necessary to make progress towards achieving climate neutrality objective in the European Union by 2050. On this basis, the human dimension of the European Climate Act, the Biodiversity Strategy and the Nature Restoration Act, the new Forest Strategy, as well as the Sustainability Strategy for Chemicals will be examined first. The second part of this book chapter will focus on the judicial remedies in case of violation of individual' rights as provided for in these documents.*

El Pacto Verde europeo y la cultura: El papel del patrimonio cultural europeo en la propuesta de la Unión Europea para afrontar el cambio climático

CHRISTOPH R. SCHREINMOSER[1]

1 Profesor sustituto de Derecho internacional público y Relaciones internacionales en la Universidade da Coruña, Facultad de Derecho, Elviña, 15071 A Coruña, España (c.r.schreinmoser@udc.es). ORCID: 0000-0003-0138-9823. Todas las páginas webs mencionadas en este estudio han sido consultadas el 21 de enero de 2024.

1. INTRODUCCIÓN

El cambio climático antropogénico plantea una amenaza existencial para las sociedades humanas en múltiples dimensiones. Como indica Chechi, más allá de los fenómenos climáticos extremos o graduales, sus impactos provocan y aceleran cambios sociales y económicos de gran alcance y pueden socavar la paz y la estabilidad internacionales, así como el disfrute de los derechos humanos[2]. Dada su imbricación en el entorno natural y social, estos cambios afectan inevitablemente también al patrimonio cultural. En todo el mundo observamos cómo el cambio climático está teniendo efectos severos y duraderos sobre el patrimonio, su disfrute y su transmisión a las generaciones futuras. Al mismo tiempo, cada vez somos más conscientes de que la diversidad cultural también podría ser una fecunda fuente de conocimientos y oportunidades para abordar la crisis climática[3]. Así pues, el cambio climático no sólo tiene una dimensión medioambiental, económica y social, sino también cultural[4].

En consecuencia, las estrategias para mitigar el cambio climático y adaptar nuestras sociedades y economías a él, para que sean holísticas y sostenibles en todas sus dimensiones, deben abordar esta dimensión cultural del cambio climático.

---

[2] CHECHI, A., "The Cultural Dimension of Climate Change: Some Remarks on the Interface between Cultural Heritage and Climate Change Law", en VON SCHORLEMER, S. y MAUS, S. (Eds.), *Climate Change as a Threat to Peace: Impacts on Cultural Heritage and Cultural Diversity*, Peter Lang, Fráncfort del Meno, 2014, p. 162.

[3] Los crecientes llamamientos en favor de una acción climática basada en la cultura son una clara muestra de esta apreciación. Véase, por ejemplo, BIN KHALID AL QASSIMI, S. y MENEZES, M., "El poder de la acción climática basada en la cultura" [en línea], *Project Syndicate*, 6 de diciembre de 2023, <https://www.project-syndicate.org/commentary/climate-crisis-is-cultural-emergency-by-salem-bin-khalid-al-qassimi-and-margareth-menezes-2023-12/spanish?barrier=accesspaylog>.

[4] Tomamos la expresión de "dimensión cultural del cambio climático" de CHECHI, A., *op. cit.*

Pero, ¿tienen cabida la cultura y el patrimonio cultural en las propuestas actuales? Este capítulo se ocupa de esta cuestión, examinando qué papel se atribuye al patrimonio cultural en el Pacto Verde Europeo (PVE)[5], la estrategia de la Unión Europea para la transición ecológica. Para ello, aparte de la introducción, este capítulo se estructura en cinco apartados. En el primero, abordamos la doble relación entre patrimonio cultural y cambio climático. En los dos apartados siguientes exponemos en primer lugar el marco competencial de la acción cultural en la Unión Europea, para pasar después a analizar cómo se ha reconocido y abordado el vínculo entre patrimonio cultural y cambio climático en las políticas de la UE anteriores al PVE. A continuación, el cuarto apartado, que constituye la parte principal del trabajo, está dedicado a analizar el papel del patrimonio cultural en el PVE y sus diferentes políticas y acciones. El último apartado concluye el capítulo con unas reflexiones finales, en las que se formulan algunas propuestas de actuación futura.

2. EL PATRIMONIO CULTURAL Y EL CAMBIO CLIMÁTICO: UNA DOBLE RELACIÓN

2.1. El cambio climático como amenaza para el patrimonio cultural

El patrimonio cultural, en sus diversas manifestaciones[6], está intrínsecamente ligado a su entorno natural y social, lo que lo

---

5 Comunicación de la Comisión al Parlamento Europeo, al Consejo, al Comité Económico y Social Europeo y al Comité de las Regiones “El Pacto Verde Europeo”, COM(2019) 640 final, 11 de diciembre de 2019 [en adelante: COM(2019) 640 final].

6 En este capítulo utilizamos el término patrimonio cultural en consonancia con el Convenio Marco del Consejo de Europa sobre el Valor del Patrimonio Cultural para la Sociedad de 2005, que define

hace vulnerable a los efectos transformativos del cambio climático. A grandes rasgos, los impactos del cambio climático sobre el patrimonio pueden separarse en dos categorías: pueden afectar directamente a la integridad de los bienes patrimoniales o ponerla en peligro indirectamente, a través de la alteración de las estructuras sociales y el entorno natural en los que están inmersos[7].

En primer lugar, las alteraciones climáticas provocadas por el cambio climático ponen en peligro la integridad de muchos bienes patrimoniales. En sus informes, el Grupo Intergubernamental de Expertos sobre el Cambio Climático (IPCC, por sus siglas en inglés) ha señalado que una de las consecuencias del cambio climático es el aumento en frecuencia e intensidad de los fenómenos meteorológicos extremos, como olas de calor, incendios forestales, fuertes precipitaciones o sequías[8]. Es evidente que tales

---

el patrimonio cultural como "un conjunto de recursos heredados del pasado que las personas identifican, con independencia de a quién pertenezcan, como reflejo y expresión de valores, creencias, conocimientos y tradiciones propios y en constante evolución. Ello abarca todos los aspectos del entorno resultantes de la interacción entre las personas y los lugares a lo largo del tiempo". Art. 2.a) Convenio Marco del Consejo de Europa sobre el Valor del Patrimonio Cultural para la Sociedad, Faro, el 27 de octubre de 2005, Serie de Tratados del Consejo de Europa, núm. 199. Por consiguiente, el patrimonio cultural, tal y como se entiende en este trabajo, engloba, *inter alia,* bienes materiales muebles (antigüedades, objetos de arte, documentos...) e inmuebles (por ejemplo, monumentos, edificios o el entorno construido en sentido más amplio), paisajes culturales, así como elementos inmateriales, como costumbres, expresiones artísticas y modos de vida.

7 Véase UNESCO, *Case Studies on Climate Change and World Heritage,* 2007, p. 64, <https://whc.unesco.org/en/activities/473>. Cabe señalar que el informe de la UNESCO se refiere únicamente al patrimonio mundial cultural edificado, pero consideramos que esta clasificación puede aplicarse también al patrimonio cultural en términos más generales.

8 Véase IPCC, *Climate Change 2021: The Physical Science Basis. Contribution of Working Group I to the Sixth Assessment Report of the Intergovernmental Panel on Climate Change,* 2021, pp. 8-9.

fenómenos pueden ocasionar daños considerables en el patrimonio construido inmueble o los paisajes culturales, pero también en bienes muebles si no pueden ser puestos a salvo a tiempo. Los cambios bruscos o prolongados de temperatura durante una ola de calor, por ejemplo, pueden provocar la rotura, el agrietamiento o el desprendimiento de materiales y superficies, mientras que las inundaciones pueden causar daños estructurales en edificios no diseñados para soportar inmersiones prolongadas o repetidas[9]. Los incendios también son una amenaza importante, por ejemplo para el patrimonio arbóreo y las prácticas culturales inmateriales relacionadas de muchos países europeos[10].

Aparte de los fenómenos meteorológicos extremos, el cambio climático provoca también alteraciones menos extremas, pero progresivas y duraderas, de los climas globales y locales[11]. Estas alteraciones también pueden tener repercusiones importantes en el patrimonio cultural. Se ha comprobado, por ejemplo, que, en función de los niveles de emisiones, el número de sitios del patrimonio mundial en África expuestos a la subida del nivel del mar podría triplicarse de aquí a 2050[12]. Asimismo, las alteraciones de la temperatura y de la composición química del agua, así como de las corrientes oceánicas, pueden perturbar el entorno específico

---

9 UNESCO, *Case Studies on Climate Change and World Heritage, op.cit.*, pp. 64-65.

10 Véase RAMÓN FERNÁNDEZ, F., "Cambio climático y patrimonio arbóreo monumental: un paisaje cultural amenazado", *Revista PH,* 104, 2021, pp. 400-402.

11 LEFÈVRE, R.-A., "The Impact of Climate Change on Slow Degradation of Monuments in Contrast to Extreme Events", en VON SCHORLEMER, S. y MAUS, S. (Eds.), *Climate Change as a Threat to Peace: Impacts on Cultural Heritage and Cultural Diversity,* Peter Lang, Fráncfort del Meno, 2014, p. 84.

12 VOUSDOUKAS, M. I., CLARKE, J., RANASINGHE, R., REIMANN, L., KHALAF, N., DUONG, M. T., OUWENEEL, B., SABOUR, S., ILES, C. E., TRISOS, C. H., FEYEN, L., MENTASCHI, L. y SIMPSON, N. P., "African heritage sites threatened as sea-level rise accelerates", *Nature Climate Change,* 12, 2022, 256-262.

en el que se ha conservado el patrimonio cultural subacuático, como los pecios de barcos, exponiéndolo al deterioro[13]. En muchas zonas del mundo, la creciente desertificación es otro grave peligro para la integridad tanto del patrimonio construido como de los paisajes culturales[14].

En segundo lugar, el cambio climático amenaza el patrimonio cultural también de forma indirecta, al perturbar o desestabilizar el tejido social y medioambiental en el que están integrados los sitios y bienes culturales. Este riesgo afecta especialmente al patrimonio inmaterial, que, como patrimonio vivo[15], depende en su supervivencia de la práctica continuada de su comunidad portadora y, en muchos casos, está inseparablemente conectado con su contexto natural. El cambio climático, por ejemplo, puede hacer inhabitables ciertas zonas, obligando a las comunidades a migrar y abandonar su patrimonio construido[16]. Estas migraciones forzosas inducidas por el cambio climático ponen también en peligro el patrimonio inmaterial, ya que muchas prácticas requieren un entorno o recursos naturales específicos. Además, las circunstancias políticas o humanitarias en los lugares de refugio pueden ser adversas para la práctica y transmisión continuas del patrimonio. Del mismo modo, gran parte del patrimonio cultural inmaterial, como las prácticas agrícolas tradi-

---

13 Véase PEREZ-ALVARO, E., "Climate change and underwater cultural heritage: Impacts and challenges", *Journal of Cultural Heritage*, 21, 2016, pp. 842-848.

14 Véase GRUBER, S., "The Impact of Climate Change on Cultural Heritage Sites: Environmental Law and Adaptation", *Carbon & Climate Law Review*, 5, 2, 2011, pp. 215-217.

15 Sobre esta noción, véase LENZERINI, F., "Intangible Cultural Heritage: The Living Culture of Peoples", *European Journal of International Law*, 22, 1, 2011, pp. 101-120.

16 VON DROSTE ZU HÜLSHOFF, B., "Man-made Climate Change: A Major Challenge for World Heritage Conservation", en VON SCHORLEMER, S. y MAUS, S. (Eds.), *Climate Change as a Threat to Peace: Impacts on Cultural Heritage and Cultural Diversity*, Peter Lang, Fráncfort del Meno, 2014, p. 27.

cionales o las costumbres alimentarias, dependen de un contexto natural o unos ecosistemas específicos. Por tanto, los daños o alteraciones inducidos por el cambio climático en ellos también pueden perjudicar la viabilidad de los elementos del patrimonio intangible vinculados[17]. Por último, en algunos casos, incluso las medidas adoptadas para la acción climática pueden provocar la degradación de los sitios patrimoniales y sus contornos, si no tienen suficientemente en cuenta el patrimonio. La construcción de macroproyectos para energías renovables, por ejemplo, está causando cada vez más preocupación entre los profesionales del patrimonio y las comunidades locales[18].

2.2. El patrimonio cultural como recurso para la mitigación y adaptación al cambio climático

El patrimonio cultural no es sólo una víctima de los trastornos medioambientales y sociales causados por el cambio climático, sino que también puede ser un activo importante en la lucha contra el cambio climático[19]. Este es el caso tanto para reducir la gravedad de los impactos del cambio climático (mitigación) como

---

17 Véanse, por ejemplo, DEMBEDZA, V. P., CHOPERA, P., MAPARA, J. y MACHEKA, L., "Impact of climate change-induced natural disasters on intangible cultural heritage related to food: a review", *Journal of Ethnic Foods,* 9, 2022; PEARSON, J., JACKSON, G. y MCNAMARA, K. E., "Climate-driven losses to Indigenous and local knowledge and cultural heritage", *The Anthropocene Review,* 10, 2, 2023, pp. 343-366.

18 Véase MARTÍNEZ DURÁN, A. y VILLAVERDE REY, M., "Paisajes rurales y energías renovables. Un patrimonio cultural bajo amenaza", *Revista PH,* 104, 2021, pp. 434-437.

19 Así lo ha reconocido, por ejemplo, la Relatora Especial en la esfera de los derechos culturales. NACIONES UNIDAS, ASAMBLEA GENERAL, "Informe de la Relatora Especial sobre los derechos culturales, Karima Bennoune", A/75/298, 10 de agosto de 2020, párrs. 64-76, <https://undocs.org/A/75/298>.

para ajustar nuestras sociedades, economías y formas de vida a sus efectos actuales y futuros (adaptación)[20].

En primer lugar, los bienes y elementos culturales representan un recurso para reducir la emisión de gases de efecto invernadero a la atmósfera y mitigar así el cambio climático. Como señala Longworth, el patrimonio cultural sirve como repositorio de conocimientos tradicionales sobre prevención, mitigación y recuperación de desastres[21]. De hecho, en un informe de 2019 sobre la implicación del patrimonio cultural en la acción por el clima, el Consejo Internacional de Monumentos y Sitios (ICOMOS, por sus siglas en inglés) destacó que las comunidades humanas han desarrollado estrategias para responder y hacer frente a las condiciones de vida locales y al cambio del paisaje, y que esas formas endógenas de conocimiento sirven también de respaldo a las medidas de mitigación del cambio climático, como los enfoques bajos en carbono y culturalmente sensibles a la descarbonización de edificios y paisajes culturales o el desarrollo de modelos bajos en carbono para el desarrollo de zonas periurbanas[22]. El patrimonio inmaterial de los pueblos indígenas, en particular, se ha identificado como una valiosa fuente de buenas prácticas para modelos de vida y economía bajos en carbono[23].

---

20 En este trabajo, utilizamos las definiciones de mitigación y adaptación proporcionadas por la Agencia Europea de Medio Ambiente (AEMA). Véase AEMA, "What is the difference between adaptation and mitigation?" [en línea], <https://www.eea.europa.eu/en/about/contact-us/faqs/what-is-the-difference-between-adaptation-and-mitigation>.

21 LONGWORTH, E., "The Culture of Prevention: Heritage and Resilience", en VON SCHORLEMER, S. y MAUS, S. (Eds.), *Climate Change as a Threat to Peace: Impacts on Cultural Heritage and Cultural Diversity*, Peter Lang, Fráncfort del Meno, 2014, p. 120.

22 ICOMOS, CLIMATE CHANGE AND CULTURAL HERITAGE WORKING GROUP, *The Future of Our Pasts: Engaging Cultural Heritage in Climate Action*, ICOMOS, París, 2019, p. 11.

23 Véanse, por ejemplo, ALANGUI, W. V., TAULI-CORPUZ, V., RIAMIT, K. O., MAIRENA, D., MORENO, E., MULLER, W., LAKON, F., UN-

En segundo lugar, el patrimonio cultural puede contribuir a adaptar nuestras sociedades y economías a los efectos presentes y futuros del cambio climático de un modo respetuoso con la cultura y los derechos humanos. También a este respecto, existen conocimientos y prácticas tradicionales de elevada relevancia, ya sea en el ámbito de la agricultura climáticamente inteligente o en el de la adaptación a condiciones meteorológicas extremas, como las inundaciones[24]. Esto incluye "la vigilancia y presentación de información sobre el clima; la gestión tradicional de los incendios, la preparación y respuesta para casos de desastre y los sistemas de alerta temprana; la recogida del agua de lluvia; las técnicas agrícolas tradicionales; la gestión de las zonas marinas costeras; el desarrollo de energías alternativas; y el desarrollo de medios de vida sostenibles"[25]. Además, también se ha demostrado que la incorporación de sistemas de gestión y prácticas tradicionales a las medidas de adaptación puede tener efectos positivos en la movilización pública y aumentar los resultados de conservación

---

JING, P., ANDI, V., NGIUK, E., ALLOY, S. y EFRAIM, B., "Indigenous Forest Management as a Means for Climate Change Adaptation and Mitigation", en NAKASHIMA, D., KRUPNIK, I. y RUBIS, J. T. (Eds.), *Indigenous Knowledge for Climate Change Assessment and Adaption,* Cambridge University Press y UNESCO, Cambridge y París, 2018, pp. 93-105; REGUART SEGARRA, N., "El papel decisivo de los pueblos indígenas en la mitigación y adaptación al cambio climático: evolución y retos pendientes", *Anuario de la Facultad de Derecho de la Universidad Autónoma de Madrid,* 26, 2022, pp. 183-214.

24 Véase ICOMOS, CLIMATE CHANGE AND CULTURAL HERITAGE WORKING GROUP, *op. cit.*, p. 11.

25 NACIONES UNIDAS, CONSEJO DE DERECHOS HUMANOS, "Informe de la Relatora Especial sobre los derechos de los pueblos indígenas", A/HRC/36/46, 1 de noviembre de 2017, párr. 24, <https://undocs.org/A/HRC/36/46>. Cabe mencionar que el informe se refiere a los conocimientos tradicionales de los pueblos indígenas, pero esto puede aplicarse también a las comunidades no indígenas.

del medioambiente, al tiempo que refuerza el tejido social de las comunidades[26].

Asimismo, es de relevancia para la adaptación al cambio climático que el patrimonio cultural puede ser un recurso clave para las economías sostenibles. En las últimas décadas, el patrimonio ha sido reivindicado progresivamente como un facilitador e impulsor del desarrollo sostenible; algo que, al menos parcialmente, ha sido reconocido también por la Agenda 2030 para el Desarrollo Sostenible[27] de las Naciones Unidas[28]. Si se gestionan correctamente, los sitios patrimoniales pueden promover el desarrollo económico local e inclusivo —por ejemplo, mediante el turismo sostenible o la artesanía tradicional—, al tiempo que contribuyen a la conservación de los ecosistemas y la biodiversidad locales[29]. También el patrimonio inmaterial es un activo para el desarrollo sostenible en todas sus dimensiones. Aparte de los valores económicos, sociales y medioambientales inherentes a prácticas como la artesanía tradicional o las prácticas agrícolas y pesqueras consuetudinarias, el patrimonio inmaterial es también una fuente importante de innovación para un desarrollo transformador, por ejemplo a través de la adaptación de nuevas materias primas a

---

26 WAGNER, E. U., *Intangible Cultural Heritage within the Laws and Policies of South Pacific Small Island States in the Climate Crisis: Towards a More Resilient and Inclusive Approach,* Konrad Adenauer Stiftung (Australia), Barton, 2023, p. 14.

27 NACIONES UNIDAS, ASAMBLEA GENERAL, "Transformar nuestro mundo: la Agenda 2030 para el Desarrollo Sostenible", A/RES/70/1, 21 de octubre de 2015, <https://undocs.org/A/RES/70/1>.

28 Véase WIKTOR-MACH, D., "Cultural heritage and development: UNESCO's new paradigm in a changing geopolitical context", *Third World Quarterly,* 40, 9, 2019, pp. 1600-1605.

29 Véanse, por ejemplo, ISAZA LONDOÑO, J. L., "Coffee Cultural Landscape of Colombia: A productive, vital and sustainable cultural landscape", *World Heritage,* 65, 2012, pp. 40-45; VILLALÓN, A., "World Heritage benefits for the community of Vigan, Philippines", *World Heritage,* 65, 2012, pp. 34-39; YEHDHIH, M. M. O., "Banc d'Arguin: A Protected Area as a sustainable development tool", *World Heritage,* 65, 2012, pp. 24-31.

antiguas necesidades[30] —una competencia clave frente al cambio climático.

3. LAS COMPETENCIAS DE LA UNIÓN EUROPEA EN MATERIA DE PATRIMONIO CULTURAL

A la hora de analizar qué papel desempeña y puede desempeñar el patrimonio cultural en el PVE, es necesario conocer primero qué competencias tiene la UE en materia de patrimonio cultural. A este respecto, cabe mencionar que el mismo no ha figurado históricamente entre los ámbitos clave de competencia de la Unión. De hecho, no fue hasta el Tratado de Maastricht[31] cuando los objetivos relacionados con el patrimonio cultural se incluyeron oficialmente en el mandato de la UE.

En la actualidad, el art. 3.3 del Tratado de la Unión Europea (TUE)[32] establece como uno de los objetivos de la Unión respetar la riqueza de su diversidad cultural y lingüística y velar por la conservación y el desarrollo del patrimonio cultural europeo. De acuerdo con este objetivo, el art. 6 del Tratado de Funcionamiento de la Unión Europea (TFUE)[33] enumera la cultura como uno de los ámbitos en los que la Unión tiene competencia para llevar a cabo acciones con el fin de apoyar, coordinar o complementar la acción de los Estados miembros. Este papel de la UE en el ámbito de la cultura se regula con más detalle en el Título XIII de la Tercera Parte del TFUE, que consta de un único artículo: el art. 167 TFUE. Según esta disposición, "[l]a Unión contribuirá al

30 UNESCO, *Intangible Cultural Heritage and Sustainable Development*, p. 10, <https://ich.unesco.org/doc/src/34299-EN.pdf>.

31 Tratado de la Unión Europea, Diario Oficial de la Unión Europea (DOUE) C 191, de 29 de julio de 1992, pp. 1-112.

32 Tratado de la Unión Europea. Versión consolidada, DOUE C 202, de 7 de junio de 2016, pp. 13-45.

33 Tratado de Funcionamiento de la Unión Europea. Versión consolidada, DOUE C 202, de 7 de junio de 2016, pp. 49-388.

florecimiento de las culturas de los Estados miembros, dentro del respeto de su diversidad nacional y regional, poniendo de relieve al mismo tiempo el patrimonio cultural común" (art. 167.1). Asimismo, el art. 167.2 establece que la Unión favorecerá la cooperación entre los Estados miembros y, en caso necesario[34], podrá apoyar y complementar sus acciones en el ámbito, *inter alia*, de "la conservación y protección del patrimonio cultural de importancia europea". Ahora bien, para alcanzar estos objetivos, la Unión sólo puede adoptar medidas de fomento, con exclusión de toda armonización de las disposiciones legales y reglamentarias de los Estados miembros, así como recomendaciones (art. 167.5). Esta ausencia de armonización es característica de los ámbitos políticos en los que la competencia de la UE se limita a una función de apoyo o coordinación[35].

Aparte de estas actividades dirigidas directamente al patrimonio cultural, según el art. 167.4 del TFUE, la Unión Europea también puede, y debe, tener "en cuenta los aspectos culturales en su actuación en virtud de otras disposiciones del presente Tratado, en particular a fin de respetar y fomentar la diversidad de sus culturas". Como señala Psychogiopoulou, esta cláusula de integración cultural (*cultural mainstreaming clause*) es de notable relevancia, ya que permite integrar consideraciones relativas al patrimonio cultural en otras políticas de la UE distintas de las culturales, ampliando así "la actividad de la UE en materia de patrimonio más

---

34 La formulación "si fuere necesario" utilizada por el art. 167.2 TFEU es una clara invocación del principio de subsidiariedad, lo que significa que el apoyo y el complemento por parte de la UE de la acción de los Estados miembros debe justificarse en consecuencia en cada caso. PSYCHOGIOPOULOU, E., "The cultural open method of coordination: A new boost for cultural policies in Europe?", *Maastricht Journal of European and Comparative Law*, 24, 2, 2017, pp. 268-269.

35 KLAMERT, M., "Article 6 TFEU", en KELLERBAUER, M., KLAMERT, M. y TOMKIN, J. (Eds.), *The EU Treaties and the Charter of Fundamental Rights: A Commentary*, Oxford University Press, Oxford, 2019, p. 374.

allá de los límites procedimentales del artículo 167.5 del TFUE"[36]. Ahora bien, esta cláusula no sólo da a la Unión la posibilidad de considerar los aspectos culturales, sino que constituye una obligación de hacerlo[37]. En otras palabras, según el artículo 167.4, la UE debe tener en cuenta los aspectos culturales en todas sus actividades, es decir, sus actuaciones deben ser respetuosas con la cultura[38]. Esto implica que, cuando las consideraciones culturales y otros objetivos del TFUE divergen, es preciso sopesar los distintos intereses[39]. Este es el caso, por supuesto, también de las políticas de la UE relativas al medioambiente y su protección.

---

36 PSYCHOGIOPOULOU, E., "Cultural Heritage and the EU: Legal Competences, Instrumental Policies, and the Search for a European Dimension", en JAKUBOWSKI, A., HAUSLER, K. y FIORENTINI, F. (Eds.), *Cultural Heritage in the European Union: A Critical Inquiry into Law and Policy*, Brill, Leiden, 2019, p. 59. La traducción es nuestra. Para un resumen de las acciones de la UE en materia de patrimonio cultural en sus políticas, véase también COMISIÓN EUROPEA, *Mapping of Cultural Heritage actions in European Union policies, programmes and activities*, 2017, <https://ec.europa.eu/assets/eac/culture/library/reports/2014-heritage-mapping_en.pdf>

37 GARBEN, S., "Article 167 TFEU", en KELLERBAUER, M., KLAMERT, M. y TOMKIN, J. (Eds.), *The EU Treaties and the Charter of Fundamental Rights: A Commentary*, Oxford University Press, Oxford, 2019, p. 1442.

38 FISCHER, H.-G., "Artikel 167 AEUV", en LENZ, C. y BORCHARDT, K.-D. (Eds.), *EU-Verträge Kommentar*, 6ª ed., Linde, Viena, 2013, párr. 11. Como señala GARBEN, esta obligación ha adquirido una importancia adicional con la entrada en vigor de la Carta de los Derechos Fundamentales de la UE, que establece que la UE respetará la diversidad cultural, religiosa y lingüística. GARBEN, S., *op. cit.*, p. 1442. Véase art. 22 de la Carta de los Derechos Fundamentales de la Unión Europea, DOUE C 202, de 7 de junio de 2016, pp. 389-405.

39 FISCHER, H.-G., *op. cit.*, párr. 11.

4. PATRIMONIO CULTURAL Y CAMBIO CLIMÁTICO EN LAS POLÍTICAS DE LA UNIÓN EUROPEA

Aparte del trasfondo competencial, también es de interés saber si y en qué medida se ha identificado y abordado la relación entre el patrimonio cultural y el cambio climático en las políticas y acciones de la UE anteriores al PVE. A este respecto, en cuanto al cambio climático como amenaza para el patrimonio cultural, puede decirse que la Unión ha desempeñado un papel pionero: en 2003, la Comisión lanzó con *Noah's Ark* la primera convocatoria del mundo para un proyecto de investigación sobre las repercusiones del cambio climático en el patrimonio cultural[40], que dio lugar a la publicación de un Atlas del impacto del cambio climático en el patrimonio cultural europeo[41]. Le sucedió el primer proyecto de investigación a gran escala financiado por la Comisión en el ámbito de la conservación del patrimonio cultural, *Climate for Culture* (2009-2014), en cuyo marco se investigó las repercusiones del cambio climático en los ambientes interiores de los edificios históricos de Europa y la región mediterránea y en las colecciones que contienen[42]. Desde entonces han seguido otros proyectos de investigación sobre el patrimonio cultural y el cambio climático[43]. Salvaguardar el patrimonio cultural de los impactos del patrimonio cultural se ha incluido también como uno de los pilares del

---

40 COMISIÓN EUROPEA, DIRECCIÓN GENERAL DE EDUCACIÓN, JUVENTUD, DEPORTE Y CULTURA, *Strengthening cultural heritage resilience for climate change: where the European Green Deal meets cultural heritage*, Oficina de Publicaciones de la Unión Europea, Luxemburgo, 2022, p. 12.

41 Véase SABBIONI, C., BRIMBLECOMBE, P. y CASSAR, M., *The atlas of climate change impact on European cultural heritage: Scientific analysis and management strategies*, Anthem Press, Londres, 2010.

42 Véase LEISSNER, J., KAISER, U. y KILIAN, R. (Eds.), *Built Cultural Heritage in Times of Climate Change*, Fraunhofer MOEZ, Leipzig, 2015.

43 Véase, entre otros, COMISIÓN EUROPEA, DIRECCIÓN GENERAL DE INVESTIGACIÓN E INNOVACIÓN, *Heritage at Risk: EU research and innovation for a more resilient cultural heritage*, Oficina de Publicaciones de la Unión Europea, Luxemburgo, 2018.

Marco europeo de actuación sobre el patrimonio cultural de la Comisión[44].

Asimismo, de acuerdo con la cláusula de integración cultural, las consideraciones de salvaguardia del patrimonio cultural también están presentes en las políticas y acciones medioambientales de la Unión. La modificación en 2014 de la directiva de la UE sobre evaluaciones de impacto ambiental, por ejemplo, introdujo la necesidad de incluir en la evaluación los impactos significativos que un proyecto pueda tener en los bienes materiales, el patrimonio cultural y el paisaje[45]. Además, la estrategia de biodiversidad de 2011 de la Comisión, cuyo objetivo era detener la pérdida de biodiversidad y la degradación de los servicios ecosistémicos en la UE para 2020[46], preveía la incorporación de la infraestructura verde a la ordenación territorial para contribuir a los objetivos de crecimiento sostenible de la UE, a mitigar el cambio climático y adaptarse a él, así como a salvaguardar el patrimonio cultural de la UE.

Asimismo, durante los últimos años, las instituciones europeas han identificado progresivamente el patrimonio cultural como un recurso para un desarrollo sostenible e inclusivo de las economías y las sociedades europeas. Así, en 2014, el Consejo de la Unión Europea reconoció explícitamente el vínculo entre el patrimonio cultural y las nociones de sostenibilidad, identificando

---

44 COMISIÓN EUROPEA, DIRECCIÓN GENERAL DE EDUCACIÓN, JUVENTUD, DEPORTE Y CULTURA, *Marco europeo de actuación sobre el patrimonio cultural*, Oficina de Publicaciones de la Unión Europea, Luxemburgo, 2019.

45 Véase art. 1.3 de la Directiva 2014/52/UE del Parlamento Europeo y del Consejo, de 16 de abril de 2014, por la que se modifica la Directiva 2011/92/UE, relativa a la evaluación de las repercusiones de determinados proyectos públicos y privados sobre el medio ambiente, DOUE L 124, de 25 de abril de 2014, pp. 1-18.

46 Comunicación de la Comisión al Parlamento Europeo, al Consejo, al Comité Económico y Social Europeo y al Comité de las Regiones “Estrategia de la UE sobre la biodiversidad hasta 2020: nuestro seguro de vida y capital natural”, COM(2011) 244 final, 3 de mayo de 2011.

el primero como un recurso estratégico para una Europa sostenible[47]. Habida cuenta de sus repercusiones sociales y económicas y de que contribuye a la sostenibilidad medioambiental, según el Consejo, el patrimonio debía desempeñar un papel específico en la consecución de los objetivos de Europa 2020, la estrategia de la UE 2010-2020 para un crecimiento inteligente, sostenible e integrador[48]. En el documento, el Consejo subrayó que el patrimonio cultural como recurso atraviesa un amplio abanico de políticas públicas, incluidas las relativas al medioambiente, ofreciendo un gran potencial para la consecución de sus objetivos[49]. En consecuencia, el Consejo instó a los Estados miembros y a la Comisión a que, en sus respectivos ámbitos de competencia, utilicen el patrimonio cultural como recurso para desarrollar una sociedad basada, entre otras cosas, en valores ecológicos, y a que contribuyan a la integración del patrimonio cultural en las políticas nacionales y de la UE[50]. También solicitó a la Comisión que tenga en cuenta el patrimonio cultural y su contribución en la revisión de Europa 2020, así como que contribuya al desarrollo de un enfoque estratégico del patrimonio[51].

---

47 Conclusiones del Consejo, de 21 de mayo de 2014, sobre el patrimonio cultural como recurso estratégico para una Europa sostenible, DOUE C 183, de 14 de junio de 2014, pp. 36-38.

48 Comunicación de la Comisión "EUROPA 2020: Una estrategia para un crecimiento inteligente, sostenible e integrador", COM(2010) 2020 final, 3 de marzo de 2010. La propia Europa 2020 hace referencia al patrimonio cultural, aunque sin establecer una conexión explícita entre éste y la sostenibilidad o la protección del medioambiente. Pues, la estrategia propuesta por la segunda Comisión Barroso menciona a la diversidad cultural como uno de los puntos fuertes de la Unión para alcanzar sus objetivos e incluye la digitalización del patrimonio cultural europeo como parte de una agenda digital para Europa, cuyo objetivo era el establecimiento de un "verdadero" mercado único digital.

49 Conclusiones del Consejo, de 21 de mayo de 2014, sobre el patrimonio cultural como recurso estratégico para una Europa sostenible, párr. 8.

50 *Ibidem*, párrs. 9 y 12.

51 *Ibidem*, párrs. 26 y 27.

Siguiendo este llamamiento, en julio de 2014, la Comisión emitió la comunicación "Hacia un enfoque integrado del patrimonio cultural europeo"[52], en la que presentaba su planteamiento sobre el patrimonio cultural en diferentes ámbitos políticos, con el objetivo de potenciar su valor intrínseco y aprovechar su potencial económico y social. Reconoció que, aunque los bienes del patrimonio cultural se enfrentan a retos importantes como, entre otros, el cambio climático, también pueden ser un catalizador de la creatividad y el crecimiento sostenible:

> A medida que los sitios del patrimonio se convierten en espacios públicos que producen capital social y medioambiental, las ciudades y regiones en las que están situados pasan a ser motores de actividad económica, centros de conocimiento, polos creativos y culturales y lugares de interacción comunitaria y de integración social; en pocas palabras, generan innovación y contribuyen a un crecimiento inteligente, sostenible e inclusivo, en consonancia con los objetivos de la Estrategia Europa 2020[53].

Partiendo de este enfoque, y tras nuevos llamamientos del Consejo[54], el Parlamento Europeo[55] y el Grupo de Expertos en Patrimonio Cultural de Horizonte 2020 de la Comisión[56] para poner de relieve el patrimonio cultural en las políticas de la UE, en

---

52 Comunicación de la Comisión al Parlamento Europeo, al Consejo, al Comité Económico y Social Europeo y al Comité de las Regiones "Hacia un enfoque integrado del patrimonio cultural europeo", COM(2014) 477 final, 22 de julio de 2014.

53 *Ibidem*, p. 6.

54 Conclusiones del Consejo sobre la necesidad de poner de relieve el patrimonio cultural en las políticas de la UE, DOUE C 196, de 8 de junio de 2018, pp. 20-22.

55 Resolución del Parlamento Europeo, de 8 de septiembre de 2015, hacia un enfoque integrado del patrimonio cultural europeo (2014/2149(INI)), DOUE C 316, de 22 de septiembre de 2017, pp. 88-98.

56 COMISIÓN EUROPEA, DIRECCIÓN GENERAL DE INVESTIGACIÓN E INNOVACIÓN, *Getting cultural heritage to work for Europe: report of the Horizon 2020 expert group on cultural heritage*, Oficina de Publicaciones de la Unión Europea, Luxemburgo, 2015.

diciembre de 2018 la Comisión propuso el ya mencionado Marco europeo de actuación sobre el patrimonio cultural. El Marco de actuación pretende contribuir a la integración (*mainstreaming*) del patrimonio cultural en las políticas de la UE, poniéndola en práctica en diversos ámbitos de actuación de la UE, como el desarrollo regional, urbano y rural, el medio ambiente, así como la agenda de sostenibilidad y la adaptación al cambio climático. De relevancia para los fines de nuestro estudio, el Marco de actuación reconoce explícitamente los bienes y sitios culturales como un "recurso insustituible que puede mejorar el capital social, impulsar el crecimiento económico y garantizar la sostenibilidad medioambiental"[57]. Para aprovechar este potencial transformador, propone "tres grupos de acciones dirigidas a a) regenerar las ciudades y las regiones a través del patrimonio cultural; b) promover la reutilización adaptativa del patrimonio inmobiliario; y c) compaginar el acceso al patrimonio cultural con el turismo cultural sostenible y el patrimonio natural"[58].

Finalmente, también el Plan de trabajo en materia de cultura del Consejo de 2019-2022[59], la principal hoja de ruta plurianual para la cooperación en materia de política cultural a nivel de la UE, ha situado la contribución de la cultura al desarrollo económico y social sostenible en un lugar destacado. El Plan de trabajo determinó la sostenibilidad en el patrimonio cultural como uno de los cinco ámbitos prioritarios, destacando su potencial como recurso para el desarrollo sostenible cultural, social, medioambiental y económico en Europa y estableció a través del Método Abierto de Coordinación (MAC)[60] un grupo de expertos de los

---

57 COMISIÓN EUROPEA, DIRECCIÓN GENERAL DE EDUCACIÓN, JUVENTUD, DEPORTE Y CULTURA, *Marco europeo de actuación sobre el patrimonio cultural*, p. 11.

58 *Ibidem*, p. 12.

59 Conclusiones del Consejo sobre el Plan de trabajo en materia de cultura 2019-2022, DOUE C 460, de 21 de diciembre de 2018, pp. 12-25.

60 El MAC es un marco no vinculante a través del cual se estructura la cooperación de los Estados miembros en ámbitos políticos que son

Estados miembros sobre el refuerzo de la resiliencia del patrimonio cultural ante el cambio climático.

5. EL PAPEL DEL PATRIMONIO CULTURAL EN EL PACTO VERDE EUROPEO

5.1. ¿Sin lugar para la cultura?: la ausencia del patrimonio cultural en la propuesta inicial de la Comisión

El Pacto Verde Europeo es la estrategia de la Comisión Von der Leyen (2019-2024) para hacer frente a los retos que plantea el cambio climático. Su objetivo autodeclarado es transformar la Unión Europea en una sociedad equitativa y próspera, con una economía competitiva, eficiente en el uso de los recursos y con emisiones netas nulas. Al mismo tiempo, aspira a proteger, mantener y mejorar el capital natural de la UE y a proteger la salud y el bienestar de sus ciudadanos frente a los riesgos medioambientales. Por consiguiente, al igual que Europa 2020 —cuyo sucesor es el PVE[61]—, el Pacto Verde es fundamentalmente una estrategia de crecimiento económico (sostenible), que contempla la mitigación y la adaptación del cambio climático como elementos centrales. En efecto, el PVE podría describirse como el "principal instrumento de la Unión Europea para dar vida a los Objetivos de Desarrollo Sostenible de las Naciones Unidas para 2030"[62].

---

de su competencia parcial o plena. Sobre su aplicación en el ámbito de la cultura, véase PSYCHOGIOPOULOU, E., "The cultural open method of coordination: A new boost for cultural policies in Europe?", *op. cit.*

61 Véase MUNTA, M., *The European Green Deal: A game changer or simply a buzzword?*, Friedrich-Ebert-Stiftung Regional Office for Croatia and Slovenia, Zagreb, 2020, p. 4.

62 *Ibidem.* La traducción es nuestra.

Considerando que, como hemos podido apreciar, en los últimos años el patrimonio cultural ha sido reconocido progresivamente por las instituciones de la UE como un recurso clave para el desarrollo económico y social sostenible de Europa, en particular en el contexto de la Estrategia Europa 2020, cabría esperar que la PVE se basara en ello e integrara el patrimonio en sus políticas y medidas clave. Sin embargo, la Comunicación del 11 de diciembre de 2019, con la que la Comisión anunció la hoja de ruta de políticas clave que se conoce como el Pacto Verde Europeo, no menciona en modo alguno el patrimonio cultural ni, en términos más generales, la cultura. Esto parece sorprendente, dado el enfoque holístico del PVE y que muchos, si no la mayoría, de sus elementos, como la economía limpia y circular, la renovación de edificios, las estrategias "de la granja a la mesa" y de biodiversidad, así como su dimensión social, atañen directamente al patrimonio cultural y a las industrias relacionadas.

La ausencia de toda mención al patrimonio cultural en la propuesta inicial de la Comisión ha sido señalada desde diferentes partes. Así, en 2020, la Alianza Europea del Patrimonio, una red informal de 50 organizaciones del sector del patrimonio, publicó un manifiesto en el que, entre otras cosas, pedía que se tuviera en cuenta la dimensión cultural de la transformación verde de nuestra sociedad y nuestra economía y se incluyera en el PVE[63]. Asimismo, en marzo de 2021, Europa Nostra, en colaboración con ICOMOS y con el apoyo financiero del Instituto del Banco Europeo de Inversiones, publicó un Libro Verde del Patrimonio Cultural Europeo[64]. Este Libro Verde aboga por situar el patrimonio común europeo en el

---

63 Véase EUROPEAN HERITAGE ALLIANCE, "Cultural Heritage: a powerful catalyst for the future of Europe", 2020, p. 3, <https://www.europanostra.org/wp-content/uploads/2020/05/20200509_EUROPE-DAY-MANIFESTO.pdf>.

64 POTTS, A., *European Cultural Heritage Green Paper*, Europa Nostra, La Haya & Bruselas, 2021.

centro del PVE, proponiendo de forma detallada cómo pueden contribuir los bienes y sitios culturales a la consecución de los objetivos de las distintas políticas y acciones propuestas por la Comisión[65].

Estas posiciones se vieron reforzadas en 2022, cuando el ya mencionado grupo del MAC de expertos de los Estados miembros sobre el refuerzo de la resiliencia del patrimonio cultural ante el cambio climático presentó su informe final[66]. En este informe, el grupo de expertos constata la carencia de concienciación y acción sobre el patrimonio cultural en el contexto del cambio climático, tanto en cuanto víctima del mismo como en cuanto activo para la acción climática, tanto a nivel nacional como de la UE. Dada tanto la exposición del patrimonio europeo a los impactos del cambio climático como su potencial para ofrecer soluciones sostenibles al cambio climático, el grupo defiende que el patrimonio cultural debe integrarse en todas las políticas y planes de acción nacionales y europeos sobre el clima, especialmente en el PVE. Con este fin, el informe contiene una serie de recomendaciones políticas para la UE y los Estados miembros, que pretenden contribuir a la salvaguarda del patrimonio cultural y habilitar su potencial para alcanzar los objetivos del PVE.

5.2. El patrimonio cultural en las iniciativas y actuaciones sectoriales del PVE

Si bien la hoja de ruta inicial del PVE presentada por la Comisión en su Comunicación de diciembre de 2019 no contiene ninguna mención al patrimonio cultural, esta carencia se ha

65 A favor de la integración del patrimonio cultural en el PVE, véase también DE VRIES, G., *To make the silos dance: Mainstreaming Culture into EU Policy,* European Cultural Foundation, 2021.

66 COMISIÓN EUROPEA, DIRECCIÓN GENERAL DE EDUCACIÓN, JUVENTUD, DEPORTE Y CULTURA, *Strengthening cultural heritage resilience for climate change, op.cit.*

ido corrigiendo, al menos hasta cierto punto, a través de las actuaciones clave que se anunciaron posteriormente para hacer realidad los distintos objetivos del Pacto. Así, como veremos a continuación, varias de las distintas iniciativas, en mayor o menor medida, hacen referencia al patrimonio cultural o incluso le atribuyen un papel activo en la consecución de sus respectivos objetivos.

5.2.1. La Oleada de renovación para Europa y la Nueva Bauhaus Europea

A este respecto, destaca la llamada Oleada de renovación para Europa y su iniciativa de la Nueva Bauhaus Europea. Ya prevista en la Comunicación de la Comisión sobre el PVE, la oleada de renovación fue anunciada por la Presidenta Von der Leyen en su Discurso sobre el Estado de la Unión del 16 de septiembre de 2020, en el que destacó que la iniciativa no era sólo un proyecto medioambiental o económico, sino también cultural, que iba a alinear estilo con sostenibilidad[67]. Un mes después, el 14 de octubre de 2020, la Comisión presentó la Comunicación *Oleada de renovación para Europa: ecologizar nuestros edificios, crear empleo y mejorar vidas*[68].

La estrategia, cuyo objetivo es mejorar la eficiencia energética de los edificios públicos y privados, por un lado, reconoce que la renovación debe hacerse respetando el patrimonio cultural. Así, uno de los principios clave que deberá seguir la renovación de edificios hacia el objetivo de neutralidad climática

---

67 COMISIÓN EUROPEA, "Discurso sobre el estado de la Unión de la presidenta Von der Leyen en la sesión plenaria del Parlamento Europeo" [en línea], <https://ec.europa.eu/commission/presscorner/detail/es/SPEECH_20_165>.

68 Comunicación de la Comisión al Parlamento Europeo, al Consejo, al Comité Económico y Social Europeo y al Comité de las Regiones "Oleada de renovación para Europa: ecologizar nuestros edificios, crear empleo y mejorar vidas", COM(2020) 662 final, 14 de octubre de 2020.

para 2050 es el respeto de "los principios de diseño, artesanía, patrimonio y conservación de los espacios públicos"[69]. Según la estrategia, la formación en las competencias necesarias para la gestión adecuada de los edificios históricos formará parte de un Pacto por las Capacidades de la UE. El reconocimiento de la necesidad de una oleada de renovación respetuosa con el patrimonio constituye una importante premisa para que la necesaria transformación hacia la eficiencia energética no perjudique la integridad del vasto parque europeo de edificios histórica y culturalmente relevantes, que, como destaca la propia comunicación de la Comisión, es una expresión única de la diversidad cultural del continente. Por ello, es desafortunado que la estrategia no contenga propuestas ni directrices concretas sobre cómo alcanzar este objetivo, como critica acertadamente el Libro Verde[70].

Por otra parte, la comunicación también incluye una iniciativa específica, la Nueva Bauhaus Europea (NBE), que pretende dotar al PVE de una dimensión cultural y creativa al ser una "incubadora para que la innovación y la creatividad impulsen el diseño sostenible en Europa"[71]. En esta iniciativa, el arte, la cultura, la ciencia y la tecnología deberán unirse para "mejorar la innovación, la tecnología y la economía sostenibles [y aportar] los beneficios de la transición medioambiental a través de experiencias tangibles a nivel local"[72] en el entorno construido, los espacios públicos, pero también en la moda y el mobiliario. Para lograr estos objetivos, la NBE lleva a cabo acciones específicas dedicadas a promover los valores fundamentales de la iniciativa —sostenibilidad, estética e inclusión—, de forma parti-

69 *Ibidem*, p. 5.

70 POTT, A., *op.cit.*, p. 24.

71 *Ibidem*, p. 23.

72 Comunicación de la Comisión al Parlamento Europeo, al Consejo, al Comité Económico y Social Europeo y al Comité de las Regiones "La Nueva Bauhaus Europea: hermosa, sostenible, juntos", COM(2021) 573 final, 15 de septiembre de 2021, p. 2.

cipativa y transdisciplinar. Además, la iniciativa cuenta con una red de más de 700 organizaciones asociadas oficiales de sectores como el patrimonio cultural, las artes, la educación, el medio ambiente, la moda o la economía social, que contribuyen a su diseño e implementación[73]. La iniciativa de la NBE también ha encontrado el apoyo del Consejo, que en diciembre de 2021 emitió unas conclusiones, en las que subrayó explícitamente que la cultura, la arquitectura y el entorno construido de alta calidad pueden contribuir a alcanzar los objetivos del PVE y que el patrimonio cultural constituye un activo importante que puede inspirar y alimentar la cohesión social, la innovación, la transformación y la regeneración[74].

Desde el punto de vista del patrimonio cultural, la NBE es prometedora, ya que no sólo incluye el patrimonio cultural en el PVE desde una perspectiva de salvaguardia, sino que abre un espacio a través del que puede aprovecharse el potencial del patrimonio, y de los sectores relacionados, para contribuir activamente a la consecución de los objetivos del Pacto. En efecto, muchos de los proyectos financiados hasta ahora están relacionados con el patrimonio cultural. El proyecto *EYES HEARTS HANDS Urban Revolution (EHHUR)*, uno de los cinco "demostradores faro" de la NBE[75],

---

73 Véase la lista de los socios oficiales disponible en: <https://new-european-bauhaus.europa.eu/about/official-partners_en>.

74 Conclusiones del Consejo sobre la cultura y la arquitectura y el entorno construido de alta calidad como elementos esenciales de la iniciativa Nueva Bauhaus Europea, DOUE C 501I, de 13 de diciembre de 2021, párrs. 5, 9. El nuevo Plan de trabajo del Consejo en materia de cultura para el periodo 2023-2026 también contempla la promoción a gran escala de la NBE como parte de sus acciones prioritarias. Resolución del Consejo sobre el Plan de Trabajo de la UE en materia de Cultura para el período 2023-2026, DOUE C 466, de 7 de diciembre de 2022, pp. 4, 8.

75 Se trata de un conjunto de proyectos piloto que se consideran emblemáticos de los valores de la NBE y pretenden servir como ejemplos de buenas prácticas para futuras acciones. En mayo de 2022, la Comisión anunció cinco de estos proyectos en trece países que se financiarían

por ejemplo, incluye la transformación del patrimonio cultural y las infraestructuras tradicionales mediante el diseño estético aprovechando los recursos locales de materiales y técnicas como uno de sus pilares para convertir las ciudades participantes en sostenibles, resilientes e inclusivas[76]. Otros proyectos se centran en mejorar la biodiversidad urbana mediante la integración de jardines silvestres en las azoteas de los edificios históricos[77], en hacer más sostenibles y accesibles los sitios del patrimonio industrial[78], o en emplear el arte moderno para promover la renovación urbana y social[79].

Ahora bien, también existen retos y deficiencias. Para alcanzar sus objetivos y aprovechar plenamente el potencial de la cultura, la iniciativa necesita una financiación adecuada y previsible. Sin embargo, la NBE no dispone de un programa específico, sino que depende de la financiación de varios programas de la UE ya existentes, por lo que la movilización de fondos para la iniciativa ha sido uno de los principales desafíos hasta la fecha[80]. Por ello, el

---

con un total de 25 millones de euros. Véase COMISIÓN EUROPEA, "Lighthouse demonstrators of the New European Bauhaus" [en línea], <https://ec.europa.eu/newsroom/neb/items/745953/en>.

76 Véase la página web del proyecto disponible en: <https://eyeshearts-hands.eu/>.

77 Véase UNIÓN EUROPEA, "Project: Xifré's Rooftop: Floating Wild Garden" [en línea], <https://new-european-bauhaus.europa.eu/get-inspired/inspiring-projects-and-ideas/xifres-rooftop-floating-wild-garden_en>.

78 Véanse UNIÓN EUROPEA, "Project: LaFábrika detodalavida (LFDTV)" [en línea], <https://new-european-bauhaus.europa.eu/get-inspired/inspiring-projects-and-ideas/lafabrika-detodalavida-lfdtv_en>.; UNIÓN EUROPEA, "Project: Retrofitting the UNESCO site of Ivrea" [en línea], <https://new-european-bauhaus.europa.eu/get-inspired/inspiring-projects-and-ideas/retrofitting-unesco-site-ivrea_en>.

79 Véase UNIÓN EUROPEA, "Project: Esseri Urbani" [en línea], <https://new-european-bauhaus.europa.eu/get-inspired/inspiring-projects-and-ideas/esseri-urbani_en?prefLang=es>.

80 Véase Informe de la Comisión al Parlamento Europeo, al Consejo, al Comité Económico y Social Europeo y al Comité de las Regiones "In-

Parlamento Europeo pidió que se creara una Misión en el marco de Horizonte Europa sobre la NBE financiada con 500 millones de euros y que se incluyera la NBE como programa independiente con una financiación adecuada en el próximo Marco Financiero Plurianual (MFP)[81]. En julio de 2023, la Comisión efectivamente propuso una nueva Misión Horizonte con el fin de reforzar las sinergias entre los distintos programas de financiación, pero la propuesta fue rechazada por los Estados miembros[82]. Dado este marco financiero actual, queda por ver hasta qué punto la NBE puede aportar una contribución exhaustiva y sostenible a la consecución de los objetivos del PVE[83]. Aparte de las cuestiones de financiación, también se ha criticado el enfoque y la orientación de la NBE como tal, por no reconocer el potencial de los conocimientos vernáculos o indígenas para una acción climática eficaz[84].

---

forme sobre el estado de la Nueva Bauhaus Europea", COM(2023) 24 final, 16 de enero de 2023, p. 5. En 2021 y 2022, la financiación total para la ejecución de la NBE ascendió a 106,3 millones de euros, proporcionados principalmente a través de Horizonte Europa y el Fondo Europeo de Desarrollo Regional.

81 Resolución del Parlamento Europeo, de 14 de septiembre de 2022, sobre la Nueva Bauhaus Europea (2021/2255(INI)), DOUE C 125, de 5 de abril de 2023, párrs. 15, 16.

82 Véase NAUJOKAITYTĖ, G., "No more New European Bauhaus Mission" [en línea], *Science|Business*, 28 de noviembre de 2023, <https://sciencebusiness.net/news/missions/no-more-new-european-bauhaus-mission>. En su lugar, a partir de 2025, la NBE se integrará como un programa de trabajo dentro del Pilar 2 de Horizonte Europa, pero con un presupuesto asignado de sólo 20 millones de euros.

83 Véase también BERNOVILLE, G., "A New Bauhaus for the Green Deal: A cultural approach to Europe's recovery", en EUROPEAN HORIZONS (Ed.), *Cornerstones for an Evolving Europe: New Policy Approaches to Economic Development, Environmental Policy, and Human Rights*, Nomos, Baden-Baden, 2022, pp. 23-34.

84 Véase HU, M., ŚWIERZAWSKI, J., KLESZCZ, J. y KMIECIK, P., "What are the concerns with New European Bauhaus initiative? Vernacular knowledge as the primary driver toward a sustainable future", *Next Sustainability*, 1, 2023.

5.2.2. El patrimonio cultural en otras iniciativas del PVE

Si bien la NBE es el caso más destacado de integración de las consideraciones culturales en el PVE, otras iniciativas también hacen referencia al patrimonio cultural, aunque de forma mucho más tangencial. El Pacto Europeo por el Clima, por ejemplo, que pretende apoyar el PVE mediante el fomento de la movilización social y la sensibilización hacia la acción climática y los comportamientos sostenibles, menciona la destrucción del patrimonio cultural como uno de los impactos directos del cambio climático[85]. Sin embargo, el patrimonio no figura entre las áreas prioritarias en las que el Pacto por el Clima centrará sus acciones. Tampoco se ocupa de cómo puede utilizarse el patrimonio cultural como vehículo a través del cual llevar a cabo dicha sensibilización y movilización en pro del PVE. Se trata de una oportunidad perdida, ya que el patrimonio cultural y, en términos más generales, la cultura son activos poderosos que alimentan "tanto el sentimiento de pertenencia a una comunidad local como el sentimiento de cohesión y solidaridad que pueden apoyar la capacidad y la voluntad para una acción climática ambiciosa"[86].

De forma similar, la estrategia de adaptación al cambio climático de la UE de 2021, que establece cómo puede adaptarse la Unión a los impactos del cambio climático y ser resiliente al cambio climático de aquí a 2050, incluye el patrimonio cultural entre los elementos amenazados por los efectos del cambio climático[87]. Además, también hace referencia a los beneficios cul-

---

85 Comunicación de la Comisión al Parlamento Europeo, al Consejo, al Comité Económico y Social Europeo y al Comité de las Regiones "Pacto Europeo por el Clima", COM(2020) 788 final, 9 de diciembre de 2020, p. 5.

86 POTTS, A., *op.cit.*, p. 86. La traducción es nuestra.

87 Comunicación de la Comisión al Parlamento Europeo, al Consejo, al Comité Económico y Social Europeo y al Comité de las Regiones "Forjar una Europa resiliente al cambio climático — La nueva estrategia de adaptación al cambio climático de la UE", COM(2021) 82 final, 24 de febrero de 2021, p. 1.

turales de las medidas de adaptación[88]. Pero, una vez más, estos puntos no se desarrollan más allá de afirmaciones generales. Asimismo, aunque muchas de las acciones incluidas pueden resultar beneficiosas para el patrimonio cultural, no se proponen acciones específicas relacionadas con el patrimonio cultural. Mientras que la estrategia incluye, por ejemplo, el establecimiento de un Observatorio Europeo del Clima y la Salud en el marco de la Plataforma Europea de Adaptación al Clima, con el fin de lograr una comprensión más profunda de los riesgos para la salud relacionados con el clima, no se propone ninguna acción similar en relación con el patrimonio[89]. La ausencia de medidas específicas relacionadas con el patrimonio es especialmente preocupante, ya que el patrimonio cultural es muy susceptible de sufrir daños por una mala adaptación, cuando las medidas de adaptación al cambio climático no tienen suficientemente en cuenta los impactos negativos (inadvertidos) sobre los bienes culturales[90].

Algo más concreta es la estrategia de la UE para una economía azul sostenible[91]. Tanto en sus manifestaciones materiales como inmateriales, el patrimonio cultural puede contribuir de forma

---

88 *Ibidem*, p. 2.

89 Una medida de este tipo podría ser una forma de remediar la actual falta de conocimientos profundos sobre los impactos del cambio climático en el patrimonio cultural, tal como identificó el grupo de expertos del MAC. Véase COMISIÓN EUROPEA, DIRECCIÓN GENERAL DE EDUCACIÓN, JUVENTUD, DEPORTE Y CULTURA, *Strengthening cultural heritage resilience for climate change, op. cit.*

90 Sobre los riesgos de la mala adaptación y la necesidad de incluir el patrimonio cultural en todas las acciones de adaptación y mitigación del clima, véase *ibidem*, p. 27.

91 Comunicación de la Comisión al Parlamento Europeo, al Consejo, al Comité Económico y Social Europeo y al Comité de las Regiones sobre un nuevo enfoque de la economía azul sostenible de la UE: Transformar la economía azul de la UE para un futuro sostenible, COM(2021) 240 final, 17 de mayo de 2021 [en adelante: Comunicación sobre un nuevo enfoque de la economía azul sostenible].

importante a la economía azul, sobre todo como activo para el turismo cultural en las regiones costeras[92]. Por ello, es fundamental que las políticas de potenciación de la economía azul reconozcan y aprovechen este potencial. Al mismo tiempo, es necesario que se aborde la salvaguarda de los bienes, lugares y prácticas culturales frente a posibles impactos negativos del turismo y que se tengan en cuenta los intereses de las comunidades locales[93]. La estrategia de la Comisión se muestra consciente de ello, incluyendo en su capítulo dedicado a apoyar la recuperación de las regiones costeras como una línea de actuación la promoción y el apoyo, a través de los fondos de la UE, al desarrollo del ecoturismo marino y costero. Objetivos específicos de este apoyo de la UE serán "presentar la diversidad del patrimonio marítimo del continente, gestionar los flujos turísticos de manera inteligente, diversificar la oferta turística y aumentar el turismo de fuera de temporada"[94]. Esto abre la puerta a la financiación de modelos turísticos sostenibles que integren y promuevan el patrimonio cultural marítimo local, contribuyendo así al desarrollo sostenible local y regional. Fuera del contexto del turismo azul sostenible, sin embargo, otras partes relevantes del planteamiento de la UE, como las relativas al conocimiento de los océanos, la investigación y la innovación o el compromiso ciudadano, guardan silencio sobre el patrimonio cultural.

Mientras que —como acabamos de ver— algunos de las iniciativas del PVE abordan, al menos tangencialmente, el patri-

---

92 TRAKADAS, A., "Maritime Intangible Cultural Heritage: A Role within the Decade of Ocean Science for Sustainable Development 2021–30", *ICH Courier*, 47, 2021, p. 7.

93 Sobre los efectos positivos y negativos del turismo en el patrimonio cultural (costero y marítimo), véase FERREIRA DA SILVA, M., VEGAS MACIAS, J., TAYLOR, S., FERGUSON, L., SOUSA, L., LAMERS, M., FLANNERY, W., MARTINS, F., COSTA, C-, y PITA, C., "Tourism and coastal & maritime cultural heritage: a dual relation", *Journal of Tourism and Cultural Change*, 20, 6, 2022, pp. 806-826.

94 Comunicación sobre un nuevo enfoque de la economía azul sostenible, p. 20.

monio cultural, otras políticas clave no incluyen consideraciones patrimoniales en absoluto. Un ejemplo es la Estrategia de la UE sobre biodiversidad para 2030[95], que pretende detener la pérdida de biodiversidad e invertir la degradación de los ecosistemas mediante una serie de compromisos accionables que deberán cumplirse antes de 2030[96]. Esto también atañe directamente al patrimonio cultural. La designación de zonas protegidas, por ejemplo, cuya ampliación es una prioridad de la estrategia de biodiversidad, puede tener importantes repercusiones en el patrimonio cultural de las comunidades locales, tanto positivas como negativas, lo que también a su vez puede repercutir en la actitud de las comunidades afectadas hacia la medida[97]. Asimismo, es cada vez más reconocido que la diversidad biológica y cultural están interconectadas y que las prácticas y los conocimientos tradicionales pueden favorecer la conservación y el uso sostenible de la diversidad biológica[98]. De hecho, se ha argumentado, de forma convincente, que el "patrimonio biocultural" debe situarse en primera línea de los esfuerzos de

---

95 Comunicación de la Comisión al Parlamento Europeo, al Consejo, al Comité Económico y Social Europeo y al Comité de las Regiones sobre la biodiversidad de aquí a 2030 “Reintegrar la naturaleza en nuestras vidas”, COM(2020) 380 final, 20 de mayo de 2020.

96 Sobre la estrategia, véase GARCÍA URETA, A., “La estrategia de biodiversidad de la Unión Europea 2030: entre la ambición y la realidad”, en GARCÍA URETA, A. (Dir.) y SARASIBAR IRIARTE, M. (Coord.), *La estrategia de biodiversidad de la Unión Europea 2030: Aspectos jurídicos*, Marcial Pons, Madrid, 2022, pp. 13-44.

97 Véase JONES, N., GRAZIANO, M. y DIMITRAKOPOULOS, P. G., “Social impacts of European Protected Areas and policy recommendations”, *Environmental Science & Policy*, 112, 2020, p. 136.

98 Véase BRIDGEWATER, P. y ROTHERHAM, I. D., “A critical perspective on the concept of biocultural diversity and its emerging role in nature and heritage conservation”, *People and Nature*, 1, 3, 2019, pp. 291-304. Esta relación ha sido reconocida también por la propia UE. Véase COMISIÓN EUROPEA, DIRECCIÓN GENERAL DE MEDIO AMBIENTE, *Linking Natura 2000 and cultural heritage: case studies*, Oficina de Publicaciones de la Unión Europea, Luxemburgo, 2017.

conservación y restauración de la biodiversidad[99]. La estrategia de la UE, desafortunadamente, no aborda estas cuestiones[100].

Otras políticas del PVE relevantes para el patrimonio cultural, pero que no contemplan su potencial para promover la mitigación y adaptación al cambio climático, son, entre otras, la Estrategia "De la Granja a la Mesa"[101], el Plan de Acción para la Economía Circular[102] o el Plan de Acción para proteger y restaurar los ecosistemas marinos en pro de una pesca sostenible y resiliente [103]. También es preocupante la ausencia de conside-

---

99 ROTHERHAM, I. D., "Bio-cultural heritage and biodiversity: emerging paradigms in conservation and planning", *Biodiversity and Conservation*, 24, 2015, pp. 3405-3429.

100 Cabe mencionar que la propuesta de la Comisión de una Ley de restauración de la naturaleza —un elemento clave de la estrategia sobre biodiversidad— al menos reconoce en su preámbulo que los elementos culturales en las tierras agrícolas son positivos para la biodiversidad y la mitigación y adaptación al cambio climático. Propuesta de reglamento del Parlamento Europeo y del Consejo sobra la restauración de la naturaleza, COM(2022) 304 final, 22 de junio de 2022.

101 Comunicación de la Comisión al Parlamento Europeo, al Consejo, al Comité Económico y Social Europeo y al Comité de las Regiones "Estrategia 'de la granja a la mesa' para un sistema alimentario justo, saludable y respetuoso con el medio ambiente", COM(2020) 381 final, 20 de mayo de 2020. Sobre una propuesta de cómo el patrimonio agrícola, gastronómico y alimentario de Europa podría informar e impulsar la Estrategia, véase POTTS, A., *op. cit.*, pp. 40-45.

102 Comunicación de la Comisión al Parlamento Europeo, al Consejo, al Comité Económico y Social Europeo y al Comité de las Regiones "Nuevo Plan de acción para la economía circular por una Europa más limpia y más competitiva", COM(2020) 98 final, 11 de marzo de 2020. Sobre cómo puede contribuir el patrimonio a los objetivos del Plan de Acción, véase POTTS, A., *op. cit.*, pp. 16-20.

103 Comunicación de la Comisión al Parlamento Europeo, al Consejo, al Comité Económico y Social Europeo y al Comité de las Regiones "Plan de acción de la UE: proteger y restaurar los ecosistemas marinos en pro de una pesca sostenible y resiliente", COM(2023) 102 final, 21 de febrero de 2023. Para una crítica de la falta de integración de los aspectos socioeconómicos, culturales y patrimoniales

raciones patrimoniales en las propuestas de la Comisión para la expansión de la capacidad de las energías renovables[104]. Para alcanzar los objetivos del PVE en relación con la transición hacia una energía limpia, será necesario aumentar drásticamente la capacidad existente, tanto en tierra como en el mar. La infraestructura energética necesaria puede tener, y en algunos lugares ya está teniendo, un impacto negativo en el patrimonio cultural, ya sean paisajes culturales, prácticas del patrimonio inmaterial o yacimientos arqueológicos[105]. Por tanto, como señala acertada-

---

en las políticas de gestión de la pesca de la UE, véase GÓMEZ, S. y MAYNOU, F., "Balancing ecology, economy and culture in fisheries policy: Participatory research in the Western Mediterranean demersal fisheries management plan", *Journal of Environmental Managment*, 291, 2021.

104 Véanse Comunicación de la Comisión al Parlamento Europeo, al Consejo, al Comité Económico y Social Europeo y al Comité de las Regiones "Una estrategia de la UE para aprovechar el potencial de la energía renovable marina para un futuro climáticamente neutro", COM(2020) 741 final, 19 de noviembre de 2020; Comunicación de la Comisión al Parlamento Europeo, al Consejo, al Comité Económico y Social Europeo y al Comité de las Regiones "Cumplir las ambiciones de la UE en materia de energías renovables marinas", COM(2023) 668 final, 24 de octubre de 2023; Comunicación de la Comisión al Parlamento Europeo, al Consejo, al Comité Económico y Social Europeo y al Comité de las Regiones "Plan de Acción Europeo sobre la Energía Eólica", COM(2023) 669 final, 24 de octubre de 2023. Cabe mencionar que la Directiva sobre energías renovables revisada permite a los Estados miembros hacer excepciones a los procedimientos breves previstos para la concesión de permisos y a la dispensa de las evaluaciones de impacto ambiental para la instalación de equipos de energía solar y el correspondiente almacenamiento de energía coubicado en estructuras artificiales existentes o futuras, así como bombas de calor, con fines de protección del patrimonio cultural. Véase Directiva (UE) 2018/2001 del Parlamento Europeo y del Consejo de 11 de diciembre de 2018 relativa al fomento del uso de energía procedente de fuentes renovables (versión refundida), DOUE L 328, de 11 de diciembre de 2018, p. 82.

105 En 2021, por ejemplo, el Tribunal Supremo noruego se enfrentó a un caso en el que la construcción de un parque eólico terrestre in-

mente el Libro Verde, es necesario que se tengan adecuadamente en cuenta el patrimonio y los paisajes culturales a la hora de evaluar las posibles repercusiones económicas, medioambientales, sociales y culturales de tales proyectos[106]. Para ser social y culturalmente sostenible, la transición a una energía limpia y renovable no debe producirse a expensas indebidas del patrimonio cultural.

6. CONSIDERACIONES FINALES

En definitiva, podemos afirmar que el patrimonio cultural puede y debería desempeñar un papel importante en el Pacto Verde Europeo; y, de hecho, en cierta medida ya lo está haciendo. Aunque la propuesta inicial de la Comisión no hacía referencia al patrimonio cultural, las políticas y estrategias posteriores para alcanzar los distintos objetivos sectoriales del Pacto han subsanado en cierta medida esta carencia. Destaca la iniciativa de la Nueva Bauhaus Europea de la Comisión, que proporciona un espacio para aprovechar el potencial de los bienes culturales en el contexto del entorno construido y las industrias asociadas, contribuyendo así a los ambiciosos objetivos del PVE.

No obstante, el papel actual atribuido al patrimonio cultural por el PVE está lejos de ser satisfactorio. A pesar del creciente reconocimiento, también por parte de las propias instituciones de la Unión, del potencial del patrimonio para el desarrollo sostenible y la acción por el clima, muchas políticas clave del Pacto no se hacen eco de esta evolución. Además, no se puede identificar en el PVE ningún planteamiento global sobre cómo salvaguardar

---

terfería con el pastoreo consuetudinario de renos de las comunidades sami locales. Véase CORTE SUPREMA DE NORUEGA, *HR-2021-1975-S, (case no. 20-143891SIV-HRET), (case no. 20-143892SIV-HRET) and (case no. 20-143893SIV-HRET),* Sentencia de 11 de octubre de 2021.

106 POTTS, A., *op. cit.*, pp. 11.

los bienes culturales de los impactos actuales y futuros del cambio climático ni cómo aprovechar el diverso y rico patrimonio europeo para contribuir a la transformación ecológica y social a la que aspira el Pacto.

Para abordar esta situación, tres medidas parecen de importancia cardinal. En primer lugar, debería promoverse y fortalecerse la NBE con vistas a transformarla en un programa propio en el próximo MFP, a fin de poner de relieve el potencial transformador de la cultura y el patrimonio. Esto debería incluir la promoción de la inclusión de la NBE en las estrategias nacionales de desarrollo socioeconómico y territorial[107]. En segundo lugar, las consideraciones relativas al patrimonio cultural deberían integrarse de manera consistente en las políticas y acciones ya existentes y, en particular, en las futuras del PVE[108]. Esto ayudaría también a evitar o limitar los posibles impactos negativos de las propias medidas de mitigación y adaptación sobre los bienes y sitios culturales. En tercero lugar, la Comisión debería proponer, en forma de una comunicación, una estrategia sobre cómo movilizar los recursos culturales para alcanzar los objetivos del PVE, garantizando que la transformación prevista sea sostenible no sólo desde el punto de vista medioambiental, económico y social, sino también cultural[109]. Esta comunicación debería, reconociendo la distribución competencial, contener líneas de actuación concretas y accionables, y podría adoptar una forma similar a la comunicación de la Comisión de 2014 sobre un en-

---

107 Véase Conclusiones del Consejo sobre la cultura y la arquitectura y el entorno construido de alta calidad como elementos esenciales de la iniciativa Nueva Bauhaus Europea, párr. 27.

108 El ya mencionado Libro Verde contiene un amplio abanico de propuestas sobre cómo podría materializarse dicha integración. Véase POTTS, A., *op. cit.*

109 Ésta es también la principal recomendación del grupo de expertos del MAC. Véase COMISIÓN EUROPEA, DIRECCIÓN GENERAL DE EDUCACIÓN, JUVENTUD, DEPORTE Y CULTURA, *Strengthening cultural heritage resilience for climate change, op. cit.*, p. 9.

foque integrado del patrimonio cultural para Europa, adaptándola al contexto del PVE.

RESUMEN: El patrimonio cultural está estrechamente relacionado con el cambio climático. Por un lado, las consecuencias del cambio climático amenazan cada vez más la integridad del patrimonio cultural, tanto material como inmaterial. Por otro lado, el patrimonio cultural también puede ser una poderosa herramienta para promover la acción por el clima. En este contexto, el patrimonio se reconoce cada vez más como un recurso clave para el desarrollo sostenible, entre otros por la Unión Europea. Este capítulo examina cómo se refleja este aspecto en el Pacto Verde Europeo, analizando qué papel desempeña el patrimonio cultural en esta propuesta más reciente de la UE para afrontar el cambio climático.

ABSTRACT: *Cultural heritage is closely linked to climate change. On the one hand, the consequences of climate change increasingly threaten the integrity of cultural heritage, both tangible and intangible. On the other hand, cultural goods can also be a powerful tool to promote climate action. In this context, heritage has been increasingly recognised as a key resource for sustainable development, not least by the European Union. This chapter examines how this aspect is reflected in the European Green Deal, analysing what role cultural heritage plays in this most recent proposal of the EU to address climate change.*

PARTE IV

ALGUNOS ASPECTOS DE LA DIMENSIÓN EXTERIOR DEL PACTO VERDE EUROPEO

Sinergias entre el Pacto Verde Europeo y la Agenda renovada de la UE sobre la gobernanza internacional de los Océanos: La "diplomacia azul" del Pacto Verde

BELÉN SÁNCHEZ RAMOS[1]

SUMARIO: 1. INTRODUCCIÓN. 2. EXPLORANDO LA DIMENSIÓN OCEÁNICA DEL PACTO VERDE EUROPEO Y SU INTERACCIÓN CON LA AGENDA RENOVADA DE LOS OCÉANOS. 2.1 Tintes azules del Pacto Verde Europeo y otros instrumentos conexos. 2.2 La Agenda renovada de los Océanos: la promoción exterior de la dimensión oceánica del Pacto Verde Europeo. 3. ALGUNOS EJEMPLOS DE LA PARTICIPACIÓN DE LA UNIÓN EUROPEA EN LA GOBERNANZA INTERNACIONAL DE LOS OCÉANOS. 3.1 Proceso de negociación del Acuerdo BBNJ y el futuro acuerdo sobre la contaminación por plásticos. 3.2. La promoción de la protección del medio marino a nivel regional. 3.3. Asociaciones de los Océanos con China y Canadá. 4. PARA CONCLUIR.

---

1 Profesora Titular de Derecho Internacional Público y Relaciones Internacionales de la Universidad de Vigo (bsanchez@uvigo.gal).

1.INTRODUCCIÓN

La Comisión Europea y la Alta Representante de la Unión Europea para Asuntos Exteriores y Política de Seguridad, adoptaron, en 2016, la Agenda para el futuro de nuestros Océanos[2] (en adelante, Agenda de los Océanos) que supuso no sólo una profundización de la política marítima internacional de la Unión Europea, sino también su respuesta al ODS 14 de la Agenda 2030 de Naciones Unidas. Con la Agenda de los Océanos la UE perseguía varios objetivos, concretamente, "garantizar que los Océanos sean seguros, estén protegidos, sean limpios y sanos y estén gestionados de manera sostenible"[3]; objetivos que debían abordarse desde un enfoque "internacional, coherente y transversal y basado en normas para garantizar la seguridad, la protección y la limpieza de los océanos, así como la sostenibilidad de su gestión"[4]. La Agenda de los Océanos era toda una declaración de intenciones en tanto en cuanto ponía el acento en el papel que la UE debería jugar como líder mundial[5] ante los numerosos desafíos a los que se enfren-

---

2 Comunicación conjunta de la Comisión Europea y la Alta Representante de la Unión para Asuntos Exteriores y Política de Seguridad al Parlamento Europeo, al Consejo, al Comité Económico y Social Europeo y al Comité de las Regiones "Gobernanza internacional de los océanos: una agenda para el futuro de nuestros Océanos", JOIN (2016) 49 final, Bruselas, 10.11.2016.

3 Comisión Europea y Alta Representante de la Unión para Asuntos exteriores y política de seguridad. Informe conjunto al Parlamento Europeo y al Consejo "Mejora de la gobernanza internacional de los Océanos-Dos años de avances", JOIN (2019) 4 final, p. 1.

4 JOIN (2016) 49 final, p. 4.

5 En este este sentido la Comisión Europea y la Alta Representante destacaban que la UE estaba "en situación de diseñar la gobernanza internacional de los océanos sobre la base de su experiencia en el desarrollo de un enfoque sostenible para la gestión de los océanos, especialmente a través de su política de medio ambiente (en concreto, su Directiva Marco sobre la estrategia marina); su política marítima integrada (en concreto, su Directiva sobre ordenación del espacio marino); la política pesquera común reformada, la acción contra la pesca ilegal

tan mares y océanos entre los que se encuentran el cambio climático, la acidificación, la contaminación o la pérdida de biodiversidad. Transcurridos dos años desde su adopción, la Comisión y la Alta Representante presentaron un informe[6] en el que se realizaba un balance de las acciones implementadas hasta entonces[7] y se establecía el compromiso de analizar los desafíos actuales y futuros a los que se enfrenta la gobernanza internacional de los océanos[8]; análisis que cristalizaría con la

---

no declarada y no reglamentada (INDRN) y su política en materia de transporte marítimo. (…) La UE coopera en materia de gobernanza de los océanos con socios bilaterales, regionales y multilaterales de todo el mundo y su principal impulsor jurídico es la CNUDM. Ha firmado acuerdos y ha creado asociaciones estratégicas con socios e interlocutores internacionales clave y se ha comprometido profundamente con varias potencias emergentes (…) La UE debería tomar como base las disposiciones ya existentes para mejorar la gobernanza de los océanos y fortalecer la coordinación con foros regionales e internacionales. La UE ha procurado activamente desarrollar ámbitos de cooperación con sus vecinos en materia de política Europea de Vecindad, tanto en su dimensión oriental como meridional. Realiza asimismo una contribución decisiva a la gobernanza mundial del trabajo en el transporte marítimo y a la lucha contra el trabajo forzoso y la trata de seres humanos", JOIN (2016) 49 final, pp. 4-5.

6 JOIN (2019) 4 final. Véase también Joint Staff Working Document accompanying the document Joint Report to the European Parliament and the Council *"Improving International Ocean Governance-Two years of progress"*, SWD (2019) 104 final, Brussels, 15.3.2019.

7 En esta línea, la Comisión Europea y la Alta Representante destacan que "la agenda ha promovido la cooperación internacional en todos los continentes y en los tres pilares de la agenda de la gobernanza de los océanos, reforzando así el papel de la UE como: socio fiable para la construcción de un marco de gobernanza internacional, tomando como principal referencia la Convención de Naciones Unidas sobre Derecho del Mar; principal donante para proyectos que crean capacidad y estimulan la acción a escala local, regional y mundial; firme defensora y proveedora de servicios para la investigación, supervisión y vigilancia de los Océanos; socio empresarial coherente de la economía azul con una perspectiva inclusiva y sostenible", JOIN (2019) 4 final, pp. 1-2.

8 JOIN (2019) 4 final, p. 8.

presentación por parte de la Comisión y el Alto Representante en junio de 2022 de la Agenda de la UE de gobernanza internacional de los océanos[9] (en adelante, Agenda renovada de los Océanos), con el objetivo de que la UE desempeñe "un papel aún más activo en la gobernanza internacional de los océanos y en la aplicación de la Agenda 2030 de las Naciones Unidas y su ODS 14"[10].

Por otra parte, hay que destacar que durante la implementación de la Agenda de los Océanos la Comisión Europea presentó dos Comunicaciones que han tenido una incidencia fundamental en la configuración de la Agenda renovada de los Océanos; nos referimos al Pacto Verde Europeo (PVE)[11] y a la Comunicación conjunta sobre el refuerzo de la contribución de la UE a un multilateralismo basado en normas[12]. En este sentido, si la Comunicación sobre el multilateralismo pone el acento en la necesidad de reforzar la gobernanza internacional de los océanos

---

9 Comunicación conjunta de la Comisión Europea y el Alto Representante de la Unión para Asuntos Exteriores y Política de Seguridad, al Parlamento Europeo, al Consejo, al Comité Económico y Social Europeo y al Comité de las Regiones "*Establecer el rumbo para un planeta azul sostenible. Comunicación conjunta relativa a la Agenda de la UE de Gobernanza Internacional de los Océanos*", JOIN (2022) 28 final, Bruselas, 24.6.2022.

10 JOIN (2022) 28 final, p. 2.

11 Comunicación de la Comisión Europea al Parlamento Europeo, al Consejo Europeo, al Consejo, al Comité Económico y Social Europeo y al Comité de las Regiones *"El Pacto Verde Europeo"*, COM (2019) 640 final, Bruselas, 11.12.2019.

12 Incidencia que se deriva de la necesidad de articular la respuesta a los desafíos mundiales -y por tanto, también los vinculados a mares y océanos- desde una gobernanza multilateral y una cooperación internacional basada en normas. Véase, Comunicación de la Comisión Europea y el Alto Representante de la Unión para Asuntos Exteriores y Política de Seguridad, al Parlamento Europeo y al Consejo sobre "*el refuerzo de la contribución de la UE a un multilateralismo basado en normas*", JOIN (2021) 3 final, 17.2.2021.

como una prioridad[13]; diferentes "elementos"[14] del PVE tienen una indudable dimensión oceánica. Este trabajo pretende abordar la mencionada dimensión oceánica del PVE y su interacción con los objetivos de la Agenda renovada de los océanos (2), para, posteriormente, explorar cómo y a través de qué mecanismos la UE ejerce -o pretender ejercer- su liderazgo en la gobernanza internacional de los océanos (3).

2. EXPLORANDO LA DIMENSIÓN OCEÁNICA DEL PACTO VERDE EUROPEO Y SU INTERACCIÓN CON LA AGENDA RENOVADA DE LOS OCÉANOS

2.1. Tintes azules del Pacto Verde Europeo y otros instrumentos conexos

Como es sabido, el PVE se configura como una nueva estrategia de crecimiento destinada a "transformar la UE en una sociedad equitativa y próspera, con una economía moderna, eficiente en el uso de los recursos y competitiva, en la que no habrá emisiones netas de gases de efecto invernadero en 2050 y el crecimiento económico estará disociado del uso de los recursos"[15]. Se persigue, por tanto, la transformación de la economía de la UE hacia un futuro sostenible a través de una hoja de ruta que se articula en torno a ocho acciones: 1) una mayor nivel de ambición climática de la UE para 2030 y 2050; 2) suministro de energía limpia, asequible y segura; 3) movilización de

---

13 En este sentido, la Comisión establece que "la UE tiene interés en ampliar la normas y estándares internacionales y la cooperación mundial en ámbitos prioritarios en los que existe una gobernanza limitada o nula o en los que es necesario reforzar dichos ámbitos como es el caso de (…) los océanos", JOIN (2021) 3 final, p. 9.

14 Utilizando la terminología del PVE, COM (2019) 640 final, p.3.

15 COM (2019) 640 final, p. 2.

la industria en pro de una economía limpia y circular; 4) uso eficiente de la energía y los recursos en la construcción y renovación; 5) contaminación cero en un entorno sin sustancias tóxicas; 6) preservación y restablecimiento de los ecosistemas y la biodiversidad; 7) "De la granja a la mesa", un sistema alimentario justo, saludable y respetuoso con el medio ambiente; 8) acelerar la transición a una movilidad sostenible e inteligente. Estas acciones no sólo se articulan desde una dimensión interna, sino que también ponen el acento en la dimensión exterior, dado que "los retos mundiales del cambio climático y la degradación del medio ambiente reclaman una respuesta mundial". Consecuentemente, la UE está llamada a ser líder mundial en la promoción de los objetivos del PVE en el exterior[16].

Identificadas las principales acciones del PVE, cabe explorar sí y en qué medida el "medio marino" puede no sólo contribuir a su consecución, sino que, además, forma parte de la respuesta en la medida en que mares y océanos son esenciales para la regulación del clima, y para hacer frente a desafíos mundiales como la seguridad alimentaria, la energía y la transición

---

16 En este sentido, el PEV establece expresamente que "la UE seguirá promoviendo y aplicando ambiciosas políticas de medio ambiente, clima y energía en todo el mundo. Desarrollará una "diplomacia del Pacto Verde" más rigurosa, centrada en convencer a los demás y en ofrecer apoyo a quienes asuman su parte de la política de fomento del desarrollo sostenible (…). La Comisión y el Alto Representante colaborarán estrechamente con los Estados miembros para movilizar a todos los canales diplomáticos, tanto bilaterales como multilaterales, como las Naciones Unidas, el G7, el G20, la Organización Mundial del Comercio y otros foros internacionales", COM (2019) 640 final, p. 23. En esta misma línea, el PE ha destacado que "los desafíos mundiales del cambio climático y la degradación medioambiental exigen una respuesta global; destaca la necesidad de que la Unión se muestre ambiciosa, pero también de movilizar a otras regiones del mundo para trabajar en la misma dirección; subraya el papel de la Unión como líder mundial en materia de medio ambiente y acción por el clima", *Resolución del Parlamento Europeo, de 15 de enero de 2020, sobre el Pacto Verde Europeo,* P9_TA (2020)0005, punto 8.

ecológica[17]. En este sentido, de una simple lectura de las ocho acciones anteriormente mencionadas, cabe ya intuir que mares y océanos juegan un papel fundamental en la consecución de los objetivos del PVE -tanto desde una dimensión interna como externa-. Estamos ante lo que Sobrino Heredia denomina la "dimensión oceánica" o la "dimensión azul" del PVE[18], que, como veremos, nos llevará a la Agenda renovada de los Océanos. De hecho, algunas de las acciones identificadas ahora en el PVE estaban ya presentes en la Agenda los Océanos de 2016 -básicamente en el primer y segundo pilar-.

La dimensión oceánica del PVE se deriva, principalmente, del papel que mares y océanos juegan en la lucha contra el cambio climático, la contaminación, la pérdida de biodiversidad o el desarrollo de energías renovables marinas[19]. De hecho, la adopción del PVE propició la presentación por parte de la Comisión Europea de una Comunicación sobre un nuevo enfoque de la economía azul[20] que implica un cambio de paradigma en

---

17 JOIN (2022) 28 final, p. 1.

18 SOBRINO HEREDIA, J.M., "La política marítima integrada se tiñe de verde: la dimensión oceánica del Pacto Verde Europeo", en FERNÁNDEZ PROL, F. (coord.), *Pesca marítima y crecimiento sostenible: análisis en clave jurídica*, J. M. Bosch, Barcelona, 2021, pp. 21-43.

19 COM (2019) 640 final, pp. 16-17.

20 Comunicación de la Comisión al Parlamento Europeo, al Consejo, al Comité Económico y Social Europeo y al Comité de las Regiones sobre *"un nuevo enfoque de la economía azul sostenible de la UE. Transformar la economía azul de la UE para un futuro sostenible"*, COM (2021) 240 final, Bruselas, 15.5.2021. La Comisión Europea destacaba hace unos meses que la mencionada Comunicación "fija una agenda detallada y realista para que la economía azul desempeñe un papel importante en la consecución de los objetivos del PVE", Comisión Europea. Documento de trabajo de los servicios de la Comisión. *Situación actual de la política pesquera común* que acompaña al documento Comunicación de la Comisión al Parlamento Europeo y al Consejo "La política pesquera común de hoy y de mañana: un Pacto de Pesca y de Océanos en pro de una gestión de la pesca sostenible, basada en la ciencia, innovadora e integradora, SWD (2023) 103 final, Bruselas, 21.2.2023, p. 30.

la medida que "debemos dejar de centrarnos en el crecimiento azul y concentrarnos en la economía azul sostenible"[21]. Por otra parte, hay que destacar que la economía azul sostenible "conecta las políticas verde y azul de la UE"[22], dado que, como subraya la Comisión, "nuestro océano y la "economía azul" que este sustenta son indispensables para lograr la transformación propuesta en el PVE"[23]. Acorde con este objetivo, se fija una agenda "detallada y realista para que la economía azul desempeñe un papel principal en la consecución de los objetivos del PEV" que se articula en torno a tres pilares: transformar las cadenas de valor de la economía azul[24]; apoyar el desarrollo

---

21 COM (2021) 240 final, p. 2.

22 COM (2021) 240 final, p. 2.

23 COM (2021) 240 final, p. 2. En esta misma línea, Frans Timmermans, vicepresidente ejecutivo para el PVE señaló, con ocasión de la presentación del PVE que "la salud de los océanos es una condición previa para una economía azul próspera. La contaminación, la sobrepesca y la destrucción de hábitats, unidas a los efectos de la crisis climática, suponen una amenaza para la riqueza de la biodiversidad marina de la que depende la economía azul. Hemos de cambiar de bordo y desarrollar una economía azul sostenible en la que la protección del medio ambiente y la actividad económica vayan de la mano". Asimismo, el Comisario de Medio Ambiente, Pesca y Asuntos Marítimos apuntaba que "para ser verdaderamente "verdes", tenemos también que pensar en "azul"". Véase, Comisión Europea. Comunicado de prensa *"Pacto Verde Europeo: desarrollar una economía azul sostenible en la Unión Europea"*, Bruselas, 17 de mayo de 2021.

24 En este Pilar se identifican las siguientes acciones: alcanzar los objetivos de neutralidad climática y contaminación cero, particularmente mediante el desarrollo de energía renovable marina y la ecologización del transporte marítimo y los puertos; culminar la transición hacia una economía circular y reducir la contaminación a través de medidas tales como la renovación de normas para el diseño de las artes de pesca o la adopción de medidas para reducir la contaminación por plásticos o microplásticos; preservar la biodiversidad e invertir en la naturaleza; favorecer la adaptación al cambio climático y la resiliencia de las costas; garantizar una producción de alimentos sostenible; mejorar la gestión del espacio en el mar, COM (2021) 240 final, pp. 3-12.

de una economía azul sostenible[25] y crear las condiciones para una gobernanza sostenible[26].

La dimensión azul u oceánica del PVE también se refleja en dos Estrategias directamente relacionadas con éste como son la Estrategia europea sobre la biodiversidad[27] y la Estrategia de la Granja a la mesa[28], pilares claves para la consecución de los

25 Comprende las siguientes acciones: un mayor conocimiento de los océanos y sus ecosistemas, lo que permitirá a la industria, a las autoridades públicas y a la sociedad civil tomar decisiones informadas; fomentar la investigación y la innovación marinas y marítimas en la medida en que son fundamentales para alcanzar la ambición de la UE de ser climáticamente neutra de aquí a 2050, para la protección y la restauración de los ecosistemas marinos y para convertir la economía azul en una fuente de ideas y acciones para generar innovación sostenible; creación de capacidades y empleos azules, COM (2021) 240 final, pp.12-17.

26 Comprende las siguientes acciones: ordenación del espacio marítimo, herramienta esencial para evitar conflictos entre prioridades políticas y reconciliar la conservación de la naturaleza con el desarrollo económico; fomentar la participación ciudadana y cultura oceánica; cuencas marítimas, cooperación regional y apoyo a las regiones costeras; seguridad marítima, en tanto que un espacio marítimo seguro y protegido es una condición indispensable para la preservación de los intereses estratégicos de la UE, como la libertad de navegación, el control de fronteras exteriores, el suministro de materiales esenciales y la protección de las actividades económicas y los ciudadanos, tanto en el mar como en las costas; promoción de la economía azul sostenible en el exterior. Esta acción disfruta de una relevancia especial para nuestro trabajo en tanto en cuanto las distintas acciones que se promueven estaban en consonancia con la agenda de los Océanos (2016), COM (2021) 240 final, pp.18-23.

27 Comunicación de la Comisión al Parlamento Europeo, al Consejo, al Comité Económico y Social europeo y al Comité de las Regiones Estrategia de la Unión Europea *"Estrategia de la UE sobre la biodiversidad de aquí a 2030. Reintegrar la naturaleza en nuestras vidas"* COM (2020) 380 final, Bruselas, 20.5.2020.

28 Comunicación de la Comisión al Parlamento Europeo, al Consejo, al Comité Económico y Social europeo y al Comité de las Regiones "*Estrategia de la Granja a la mesa para un sistema alimentario justo, saludable y respetuoso con el medio ambiente*", COM (2020) 381 final, Bruselas, 20.5.2020.

objetivos del PVE. En este sentido, en relación a los recursos marinos, la Estrategia europea sobre la biodiversidad se centra básicamente en cuestiones relativas a una explotación sostenible, la política de tolerancia cero en relación a las prácticas de pesca ilegal no declarada y no reglamentada, la reducción de la contaminación -dado que es uno de los principales factores causantes de la pérdida de biodiversidad-; así como al papel que la UE debe jugar, en consonancia con la Agenda de los Océanos, en la gobernanza internacional -tanto a escala mundial, regional y bilateral- en pro de la adopción de instrumentos destinados a la protección y conservación de la biodiversidad marina[29].

Por su parte, la Estrategia de la Granja a la mesa -elemento esencial del PVE[30]-, incide en la trazabilidad de la cadena de valor de los productos pesqueros. Dicha trazabilidad es, en nuestra opinión, imprescindible en todos los niveles de la cadena de suministros tanto para la identificación de productos procedentes de pesca ilegal, como para proteger a las víctimas de violaciones y abusos de derechos humanos, y, por tanto, para luchar tanto contra el trabajo forzoso, el trabajo esclavo y el trabajo infantil, que, como ya hemos apuntado, en demasiadas ocasiones caminan de la mano de la cadena de valor de los productos pesqueros. En este sentido, la Comisión Europea apuesta por la obligatoriedad de certificados de capturas digitalizados para impedir que se introduzcan en el mercado UE productos procedentes de pesca ilegal.

Asimismo, otros instrumentos, como el Plan de Acción "Contaminación cero para el aire, el agua y el suelo"[31] -que incluye

---

29 COM (2020) 380 final, especialmente pp. 12-13, 16, 23-24.

30 COM (2020) 381 final, p. 2.

31 Comunicación de la Comisión al Parlamento Europeo, al Consejo, al Comité Económico y Social Europeo y al Comité de las Regiones "La senda hacia un planeta sano para todos: Plan de Acción de la UE "Contaminación cero para el aire, el agua y el suelo", COM (2021) 400 final, Bruselas, 15.2.2021.

el anhelo de reducir los residuos plásticos y los microplásticos en un 50 y 30% respectivamente de aquí a 2030-, la mencionada comunicación sobre economía azul sostenible o la nueva Comunicación relativa a la Política Pesquera Común[32] contribuyen a reforzar el PVE[33], a la vez que inciden en el desarrollo de la agenda renovada de los océanos.

2.2. *La Agenda renovada de los Océanos: la promoción exterior de la dimensión oceánica del Pacto Verde Europeo*

Como ya hemos apuntado, la Comisión Europea y la Alta Representante para Asuntos Exteriores y Política de Seguridad presentaron, en el año 2016, la Agenda de los Océanos con la finalidad de responder con un "enfoque internacional coherente, transversal y basado en normas" a las múltiples amenazas a las que se enfrentan mares y océanos, tales como la sobreexplotación, el cambio climático, la acidificación, la contaminación y la reducción de la biodiversidad. Desde una perspectiva interna, la Agenda de los Océanos pretendía no sólo contribuir a articular

---

32 Comunicación de la Comisión Europea al Parlamento Europeo y al Consejo *"La política pesquera común de hoy y de mañana: un Pacto de Pesca y de Océanos en pro de una gestión sostenible, basada en la ciencia, innovadora e integradora"*, COM (2023) 103 final, Bruselas, 21.2.2023.

33 En este sentido, la Comisión ha destacado, con ocasión de la presentación de la Comunicación de la política pesquera común de hoy y mañana que "al combinar objetivos de sostenibilidad medioambiental, social y económica, la PPC fue precursora del PVE y sus estrategias conexas. A su vez, el PVE reforzó el enfoque de la PPC, haciendo hincapié en la triple contribución de la pesca y la acuicultura a la economía y el empleo de las regiones costeras, la seguridad alimentaria en la UE y la protección del medio marino", COM (2023) 103 final, p. 1. Y es que no debemos olvidar que la PPC ha sido la base para desarrollar normas estrictas para la conservación y gestión de los recursos marinos vivos, así como para contribuir a la protección del medio ambiente marino; consecuentemente muchas de las acciones identificadas en el PVE han estado presentes en el desarrollo de la PPC.

una acción coherente entre las políticas de dimensión interior y exterior de la UE; sino también incidir en el papel de la UE como líder a nivel mundial en la gobernanza internacional de los océanos[34]. Desde una perspectiva externa, la Agenda establecía el compromiso de la UE con la Agenda 2030 de Desarrollo Sostenible de Naciones, concretamente con su ODS 14, vida submarina[35].

Conforme a la Agenda, la UE estaba llamada a liderar la gobernanza internacional de los Océanos mediante "asociaciones sólidas, el diálogo multilateral y la cooperación internacional, como medio para subrayar la imperiosa necesidad de actuar para garantizar la conservación y el uso sostenible de nuestros océanos"[36]. Esa "necesidad de actuar" se articulaba en torno a tres pilares[37]: mejorar el marco de gobernanza internacional de los Océanos (Primer Pilar)[38]; reducir la presión a la que

---

34 En este sentido, la Comisión destacaba que "la UE está en situación de diseñar la gobernanza internacional de los Océanos sobre la base de su experiencia en el desarrollo de un enfoque sostenible para la gestión de los Océanos, especialmente a través de su política de medio ambiente (en concreto, su Directiva Marco sobre la estrategia marina), su política marítima integrada (en concreto, su Directiva sobre ordenación del espacio marítimo), la política pesquera común reformada, la acción contra la pesca ilegal, no declarada y no reglamentada (INDNR) y su política en materia de transporte marítimo", JOIN (2016) 49 final, p. 4.

35 En esta línea la Comisión ponía de manifiesto que "la UE está totalmente comprometida con este objetivo y su aplicación. Las acciones recogidas en la presente Comunicación conjunta forman parte integrante de la respuesta de la UE a la Agenda 2030", JOIN (2016) 49 final, p. 3.

36 Informe conjunto de la Comisión Europea y la Alta Representante de la Unión para Asuntos Exteriores y Política de Seguridad al Parlamento Europeo y al Consejo "*Mejora de la gobernanza internacional de los océanos-Dos años de avances*", JOIN (2019) 4 final, Bruselas, 15.3.2019, p. 1.

37 Pilares que, como veremos, se implementaron a través de 14 acciones.

38 Para la consecución de los objetivos del Primer Pilar se articularon 5 acciones: Acción 1: cubrir los vacíos existentes en el marco de gobernanza internacional de los océanos; Acción 2: fomentar la gestión regional de la pesca y la cooperación en zonas oceánicas clave con el objetivo de

están sometidos los Océanos y los mares y crear las condiciones para que pueda florecer una economía azul sostenible (Segundo Pilar)[39]; y el fortalecimiento de la investigación y la obtención de datos sobre los Océanos a escala internacional (Tercer Pilar)[40].

Durante la implementación de la Agenda de los Océanos la Comisión presentó, como hemos destacado ya, el PVE[41]. La sinergia entre ambas acciones es indiscutible: cambio climático, pérdida de biodiversidad, lucha contra la contaminación, uso sostenible de los recursos son algunos de los objetivos compartidos. En este sentido, el Parlamento Europeo en el año 2020, en su Resolución sobre el PVE subrayaba que "la integración de las diferentes políticas en una visión holística es el verdadero valor

---

solventar las deficiencias regionales en materia de gobernanza; Acción 3: mejorar la coordinación y la cooperación entre organizaciones internacionales y poner en marcha asociaciones con los océanos para gestionarlos; Acción 4: crear capacidades; Acción 5: garantizar la seguridad y la protección de los mares y océanos, JOIN (2016) 49 final, pp. 7-12.

39 En este Pilar se identifican 6 acciones: Acción 6: aplicar el acuerdo COP 21 y mitigar el impacto perjudicial del cambio climático en los océanos, las costas y los ecosistemas; Acción 7: combatir la pesca ilegal y reforzar la gestión sostenible de los recursos alimenticios de los océanos a escala mundial; Acción 8: prohibir subvenciones a la pesca perjudiciales; Acción 9: luchar contra la basura marina y el "mar de plástico"; Acción 10: fomentar la ordenación del espacio marítimo a escala mundial; Acción 11: alcanzar el objetivo mundial de proteger el 10% de las zonas marinas y costeras y promover la gestión eficaz de las zonas marinas protegidas, JOIN (2016) 49 final, pp. 12-17.

40 Este Pilar comprende tres acciones: Acción 12: una estrategia coherente de la UE sobre observación de los océanos, obtención de datos y contabilidad marina; Acción 13: reforzar la inversión en ciencia e innovación "azules"; Acción 14: investigación, innovación y asociaciones científicas internacionales sobre océanos, JOIN (2016) 49 final, pp. 17-19.

41 Nos referimos tanto al PVE como a los instrumentos conexos que hemos analizado en el anterior epígrafe.

añadido del PVE"[42]. Esa visión holística se refleja en todos los instrumentos de dimensión oceánica conexos al PVE que se han ido adoptando -economía azul sostenible[43], política pesquera común de hoy y mañana[44], plan de contaminación cero[45]...-, así como en la Agenda renovada de los Océanos. De hecho, el PVE, unido tanto a las crecientes amenazas que sufren mares y océanos[46], como a la necesidad de reforzar aún más el papel de la UE "como fuerza motriz y socio creíble para aportar soluciones rea-

---

42 Resolución del Parlamento Europeo, de 15 de enero de 2020, sobre el Pacto Verde Europeo (2019/2956(RSP)), punto 3.

43 COM (2021) 240 final.

44 COM (2023) 103 final.

45 COM (2021) 400 final.

46 En este sentido, la Comisión ha identificado las siguientes amenazas: 1) las especies marinas desaparecen a un ritmo dos veces superior al de las especies terrestres debido al calentamiento; 2) el 34,2 % de la pesca marina mundial está sobreexplotada; 3) en los últimos cuarenta años, el Ártico ha perdido una superficie de hielo equivalente a aproximadamente seis veces el tamaño de Alemania, 4) más del 99% de los arrecifes de coral se perderían con un calentamiento de 2º C; 5) cada año se producen 300 millones de toneladas de residuos plásticos. Sin embargo, solo se recicla del 9%; 6) el nivel medio del mar seguirá aumentando hasta unos 0,3 metros de aquí a 2050 y hasta 2 metros de aquí a 2100, en la hipótesis de unas emisiones de gases de efecto invernadero muy elevadas (lo que llevaría al riesgo de desplazamientos forzosos de hasta 340 millones de personas de aquí a 2050 y de 630 millones de personas de aquí a 2100); JOIN (2022) 28 final, p. 2. Además, la nueva Agenda también refleja cambios significativos que han tenido lugar a escala mundial desde 2016 tales como: la necesidad urgente de actuar ante la triple crisis del clima, la biodiversidad y de la contaminación; el papel cada vez más reconocido que desempeña el océano en nuestras vidas y los profundos cambios en el océano causados por el cambio climático y la insostenible actividad humana en el mar; la necesidad de proteger el océano como una de las mayores fuentes de vida y de biodiversidad de la Tierra; la prioridad otorgada a la seguridad alimentaria; y la seguridad marítima, que ha pasado a primer plano con la agresión no provocada de Rusia contra Ucrania, SWD (2023), 103 final, p. 48.

les y sostenibles a los retos que se enfrentan nuestros océanos"[47], son los principales motivos que propiciaron la adopción de la nueva Agenda. Consecuentemente, la sinergia entre el PVE y los mares y océanos se reproduce también en la Agenda renovada los Océanos, lo que se refleja en sus siete prioridades clave: la lucha tanto contra el cambio climático para un océano sano como contra la contaminación marina; detener e invertir en la pérdida de biodiversidad marina, proteger el fondo marino, garantizar una pesca y una acuicultura sostenibles, garantizar la conformidad con las normas internacionales, así como el desarrollo de conocimientos sobre los océanos[48]. La Agenda renovada, constituye además, en nuestra opinión, un claro ejemplo, -en línea con la Comunicación sobre el refuerzo del multilateralismo-, de identificación de objetivos estratégicos claros con la finalidad de que la UE ejerza, de manera más eficaz, su liderazgo en el sistema multilateral tanto contribuyendo a reforzar la Convención de Naciones Unidas sobre Derecho del Mar, como ampliando el multilateralismo a nuevas cuestiones mundiales en las que existe una gobernanza mundial limitada o nula -como la contaminación por plásticos[49]-.

En el siguiente epígrafe identificaremos las diferentes "herramientas" con las que cuenta la UE para la promoción de la gobernanza internacional de los océanos que nos llevarán a una "diplomacia azul" tanto de carácter multilateral como bilateral, que, además, deberían articularse como vasos comunicantes. En este sentido, la Comisión Europea y el Alto Representante para Asuntos Exteriores y Política de Seguridad han afirmado que la UE deberá garantizar "una mayor coherencia entre su diplomacia multilateral y bilateral "multilateralizando" su compromiso

---

[47] Declaración del Alto Representante de la Unión para Asuntos exteriores y Política de Seguridad como motivo de la presentación de la Agenda renovada de los océanos Comisión Europea. Comunicado de prensa. *Gobernanza internacional…*, *op. cit.*

[48] JOIN (2022) 28 final, p. 3.

[49] JOIN (2021) 3 final, pp. 3 y 9.

bilateral y "bilateralizando" el enfoque multilateral. La dimensión multilateral debería integrarse de manera más sistemática en todos los diálogos políticos de la UE con terceros países, ya se trate de cumbres o de contactos de trabajo. La UE dejará claro que espera que los socios pongan en práctica los compromisos conjuntos y utilizará su red y su influencia a tal fin"[50]. En nuestra opinión, el hecho de que la UE participe -como miembro u observador- en un gran número de Organizaciones Internacionales así como en diferentes foros internacionales -como el G7 o el G8-, unido a las relaciones que mantiene con un gran número países ya sea a través de la celebración de acuerdos bilaterales, multilaterales u asociaciones estratégicas, la sitúan en una posición privilegiada no sólo para la promoción exterior de sus acciones encaminadas a la protección de mares y océanos, sino también para "multilateralizar" su compromiso bilateral y "bilateralizar" el enfoque multilateral.

3. ALGUNOS EJEMPLOS DE PARTICIPACIÓN DE LA UNIÓN EUROPEA EN LA GOBERNANZA INTERNACIONAL DE LOS OCÉANOS

Uno de los objetivos de la Agenda renovada de los Océanos es "reforzar el marco de gobernanza internacional de los océanos a escala mundial, regional y bilateral"[51], con la finalidad de articular una respuesta ante los numerosos desafíos a los que se enfrentan los mares y océanos. Desafíos de dimensiones mundiales ante los que la UE quiere actuar como promotora de respuestas multilaterales coordinadas. En este sentido, como hemos apuntado ya, la UE se encuentra en una situación "privilegiada" derivada no sólo de su relevante papel en la escena internacional[52]; sino también

---

50 JOIN (2021) 3 final, p. 16.

51 JOIN (2022) 28 final, p. 2.

52 En este sentido, el Consejo de la UE destacaba en sus Conclusiones sobre las prioridades de la UE en las Naciones Unidas durante el 78°

de las diversas "medidas" adoptadas en el ámbito interno que la sitúan a la vanguardia de la mejora de la gobernanza de los Océanos[53]. Así, a título de ejemplo, cabría destacar la adopción, en

---

período de sesiones de la Asamblea General de las Naciones Unidas que "la UE mantiene su compromiso con el refuerzo de la gobernanza internacional de los océanos, también en los foros multilaterales pertinentes y, en particular, en la Conferencia de las Naciones Unidas sobre los Océanos de 2025, y seguirá promoviendo dicho refuerzo. El Marco Mundial de la Diversidad Biológica y el Acuerdo relativo a la biodiversidad fuera de las jurisdicciones nacionales, así como las negociaciones mundiales hacia un tratado sobre los plásticos, son ámbitos en los que los miembros de las Naciones Unidas han elegido la vía del multilateralismo porque existe un interés común en demostrar que puede ofrecer resultados, incluso en tiempos difíciles". Conclusiones del Consejo de la UE sobre las prioridades de la UE en las Naciones Unidas durante el 78º período de sesiones de la Asamblea General de las Naciones Unidas (septiembre 2023-septiembre 2024) adoptadas por el Consejo en su sesión nº 3965 celebrada el 20 de julio de 2023; Bruselas, 10 de julio de 2023, Doc. 11688/23.

53 La Agenda renovada de los Océanos incide en que el verdadero liderazgo empieza en casa, dado que "predicar con el ejemplo puede inspirar avances y contribuir a crear una visión compartida para desarrollar un enfoque sostenible de la gestión de los océanos en todo el mundo". En ese sentido, se destacan diversas acciones internas que contribuyen a ese liderazgo mundial entre las que encontramos, además de la mencionada Directiva marco sobre la Estrategia marina de la UE, la política pesquera común reformada, el enfoque de la Unión sobre una economía azul sostenible, la Directiva sobre ordenación del espacio marítimo; los marcos de las cuencas marítimas y macrorregionales; la Estrategia de Biodiversidad de aquí a 2030, el plan de acción contaminación cero; su política climática que gira básicamente en torno a la Legislación Europea sobre el clima, el paquete de medidas "Objetivo 55" y la Estrategia de Adaptación; su legislación en materia de protección del transporte marítimo; y las acciones en materia de datos, observación e investigación, en particular en el marco del componente Copernicus del Programa Espacial de la UE, el programa de financiación de la investigación y la innovación "Horizonte Europa 2021-2027" y la misión Europea "Restaurar nuestro Océano y nuestras Aguas de aquí a 2030", JON (2022) 28 final, pp. 4-5.

2008, de la Directiva marco de Estrategia Marina[54], primer instrumento que abordó las principales fuentes de contaminación marina y que aspiraba a lograr y mantener un buen estado ambiental[55] en las aguas marinas de los Estados miembros en el año 2020. De hecho, las siete prioridades clave identificadas en la Agenda renovada para reforzar el marco de gobernanza internacional de los océanos tanto a escala mundial, regional y bilateral reflejan, en gran medida, la translación al exterior de medidas o políticas internas[56].

En este epígrafe veremos en qué medida la UE a través de la diplomacia azul -bilateral, regional o multilateral-, actúa como líder o coordinadora de la agenda internacional de los océanos. Con esta finalidad analizaremos tres ejemplos de participación de la UE en la gobernanza internacional de los océanos: el proceso de negociación del Acuerdo BBJN y del futuro acuerdo internacional sobre la contaminación por plásticos; la promoción de la protección del medio marino a nivel regional tanto a través de su participación en los convenios marinos regionales como con

---

54 Directiva 2008/56/UE, de 17.6.2008, por la que se establece un marco de acción comunitaria para la política del medio ambiente marino, DO L 164, de 25.6.2008, modificada por la Directiva 2017/845, de 17 de mayo de 2017 en lo que se refiere a las listas indicativas de elementos que deben tomarse en consideración a la hora de elaborar estrategias marinas. DOUE L 125, de 18.5.2017, p. 27.

55 Por buen estado ambiental se entiende el estado ambiental de las aguas marinas en la que estas dan lugar a océanos y mares ecológicamente diversos y dinámicos, limpios, sanos y productivos en el contexto de sus condiciones intrínsecas, y en el que la utilización del medio marino se encuentra en un nivel sostenible, quedando así protegido su potencial de usos y actividades por parte de las generaciones actuales y futuras (art. 3.5). El buen estado ambiental se determina conforme a los descriptores del Anexo I.

56 En esta línea, la Comisión Europea y el Alto Representante destacaban en la Comunicación relativa al refuerzo del multilateralismo que “el aumento de la capacidad de la UE para ser un actor global significa también garantizar la coherencia entre las acciones exteriores de la UE y sus políticas internas”, JOIN (2021) 3 final y anexo.

la celebración de acuerdos multilaterales; así como ya de carácter bilateral, las asociaciones sobre asuntos oceánicos con China y Canadá.

3.1. Proceso de negociación del Acuerdo BBNJ y el futuro acuerdo sobre la contaminación por plásticos

La Agenda renovada de los Océanos identifica, entre sus prioridades clave, la adopción de acuerdos internacionales en dos ámbitos como son la protección de la diversidad biológica marina de las zonas situadas fuera de la jurisdicción nacional (acuerdo BBNJ)[57] y la lucha contra la contaminación por plásticos[58].

Como es sabido, tras un agónico proceso de negociación, el 19 de junio de 2023 se adoptó el Acuerdo en el marco de la Convención de Naciones Unidas sobre el Derecho del Mar relativo a la conservación y el uso sostenible de la diversidad biológica marina de las zonas situadas fuera de la jurisdicción nacional[59]. Con su adopción, se ponía fin a un proceso iniciado en el año 2004 con la creación, por la Asamblea General de Naciones Unidas, de un Grupo de Trabajo especial oficioso

---

57 Una de las siete prioridades clave de la UE en materia de gobernanza internacional de los Océanos es la protección y la conservación de la biodiversidad marina, para lo que, entre otras acciones se propone la conclusión, lo antes posible un ambicioso Tratado de Alta Mar de las Naciones Unidas, JOIN (2022) 28 final, p. 3.

58 En relación a la lucha contra la contaminación marina, una de las acciones se circunscribe a la participación activa de la Unión Europea en las negociaciones para un acuerdo mundial jurídicamente vinculante sobre el plástico. JOIN (2021) 3 final y anexo.

59 Comisión Europea, Propuesta de Decisión del Consejo relativa a la firma, en nombre de la UE, del Acuerdo en el marco de la Convención de Naciones Unidas sobre el Derecho del Mar relativo a la conservación y el uso sostenible de la diversidad biológica marina de las zonas situadas fuera de la jurisdicción nacional, COM (2023) 353 final, Bruselas, 30.6.2023.

de composición abierta encargado de estudiar las cuestiones relativas a la conservación y uso sostenible de la diversidad biológica marina fuera de las zonas de jurisdicción nacional[60] que desarrollaría sus funciones entre los años 2006-2015[61]; la posterior creación, en 2015, de un Comité Preparatorio "encargado de formular recomendaciones sustantivas a la Asamblea General de Naciones Unidas sobre los elementos de un proyecto de texto de un instrumento internacional jurídicamente vinculante en el marco de la Convención de Naciones Unidas de Derecho del Mar"[62], para culminar con la convocatoria -en 2017- por parte de la Asamblea General de Naciones Unidas de una Conferencia Intergubernamental que, finalmente, celebraría cinco períodos de sesiones[63]. La Unión Europea -junto con sus Estados miembros- ha participado en este proceso iniciado en el año 2004; participación que se deriva de su condición de parte en la Convención de Naciones Unidas sobre Derecho el Derecho del Mar. Hay que destacar que, desde el inicio, la UE ha jugado un papel muy activo, liderando ya en el Grupo de trabajo oficioso la opción de adoptar un instrumento jurídicamente vinculante frente a un conjunto de países que apostaban por un instrumento de *soft law*[64]. De hecho, para la UE era una ambición -tal y como se establece en la Agenda renovada de los Océanos- "alcanzar un acuerdo vinculante sobre la diversidad biológica marina de las zonas situadas fuera de la jurisdicción nacional aún en 2022, y garantizar y ratificación y aplicación

---

60 A/RES/59/24 "Los Océanos y el Derecho del Mar", Resolución aprobada por la Asamblea General el 17 de noviembre de 2004.

61 El Grupo de trabajo oficioso finalizó sus trabajos con la adopción de una Recomendación el 13 de febrero de 2015, A/69/780.

62 A/RES/69/292, de 19 de junio de 2015.

63 A/RES/72/249, de 24 de diciembre de 2017.

64 SÁNCHEZ RAMOS, B., "La explotación de recursos genéticos marinos fuera de las zonas de jurisdicción nacional: buscando respuestas jurídicas para un nuevo escenario" en CARBALLO PIÑEIRO, L., Retos presentes y futuros de la política marítima integrada de la Unión Europea, JM Bosh Editor, 2017, pp. 444-447.

efectivas"[65]. Sin lugar dudas, la UE ha trabajado durante todas las fases del proceso -Grupo de trabajo oficioso, Comité Preparatorio y Conferencia Intergubernamental[66]- en pro de esa

---

[65] JOIN (2022) 28 final, p. 5. Hay que destacar que la Agenda para el futuro de nuestros Océanos ya había establecido que "la comisión seguirá participando activamente en el desarrollo de un instrumento jurídicamente vinculante con arreglo a la Convención de Naciones Unidas sobre Derecho del Mar sobre la conservación y el uso sostenible de la diversidad biológica marina en zonas situadas fuera de las jurisdicciones nacionales", JOIN (2016) 49 final, p. 7.

[66] Sobre las diferentes "fases" de este proceso puede consultarse, entre otros, VÁZQUEZ GÓMEZ, E., "La protección de la diversidad biológica marina más allá de la jurisdicción nacional. Hacia un nuevo acuerdo de aplicación de la Convención de Naciones Unidas sobre Derecho del Mar", *REEI*, nº 37, 2019, pp. 1-29; SÁNCHEZ RAMOS, B., "La explotación ...", *op. cit*, pp. 429-454; MOVILLA PATEIRO, L., "Desafíos de los países en desarrollo en el acceso y el reparto de beneficios derivados de la utilización de los recursos genéticos marinos", en OANTA, G., *El Derecho del Mar y las personas y los grupos vulnerables*, JM Editor, 2018, pp. 157-195, esp. pp. 183-190; en CASADO RAIGÓN, R., MARTÍNEZ PÉREZ, E.J. (Dirs.), JIMÉNEZ PINEDA, E. (Coord.), *La contribución de la Unión Europa a la protección de los recursos biológicos en espacios marinos de interés internacional*, Tirant lo Blanch, Valencia, 2021, pueden consultarse las siguientes contribuciones: VÁZQUEZ GÓMEZ, E., "La configuración de los objetivos y principios rectores destinados a regir la diversidad biológica marina en los espacios de interés general", pp. 237-270; FERNÁNDEZ-TRESGUERRES SÁNCHEZ, A.E., "Consideraciones en torno a la posición de la Unión Europea en las negociaciones BBNJ: especial referencia a los recursos genéticos marinos", pp. 271-295; GARCÍA GARCÍA-REVILLO, M., "La naturaleza jurídica de los recursos genéticos marinos de la zona como una de las cuestiones clave para la negociación de un futuro acuerdo sobre la protección de la biodiversidad en áreas más allá de la jurisdicción nacional. Consideraciones y propuestas sobre una cuestión polémica", pp. 297-325; ALCAIDE FERNÁNDEZ, J., "Equidad por seguridad jurídica. La conservación y uso sostenible de la diversidad biológica marina de las zonas situadas fuera de la jurisdicción nacional", pp. 327-344; SÁNCHEZ RAMOS, B., "La explotación de los recursos genéticos a la luz de los trabajos de la conferencia intergubernamental sobre la conservación de la diversidad biológica marina

"ambición"[67] y finalmente, como ya hemos apuntado, el Acuerdo se adoptaría en junio de 2023 y que la UE firmaría -previa autorización del Consejo[68]-, el 20 de septiembre de 2023.

La UE está jugando también un papel esencial -junto con sus Estados miembros- en el proceso de negociación de un instrumento internacional jurídicamente vinculante sobre la contaminación por plásticos[69]. El 2 de marzo de 2023 la Asamblea de Naciones Unidas sobre el Medio Ambiente (UNEA), en una jornada que ella misma calificó como "día histórico en la campaña para combatir la contaminación por plásticos"[70], adoptó una Resolución[71] en la que se establece un mandato de negociación

---

en las zonas situadas más allá de la jurisdicción nacional: ¿demasiados desacuerdos para lograr alcanzar un Acuerdo?, pp. 345-364.

67 En este sentido, durante el proceso de negociación, la UE lideró la creación de una coalición de gran ambición sobre la diversidad biológica marina de las zonas situadas fuera de la jurisdicción nacional con la que "urge States to reach agreement and conclude in 2022, year of the 40th anniversary of the UNCLOS, the international legally binding treaty under the UNCLOS for the conservation and sustainable use of marine biological diversity of areas beyond national jurisdiction ("BBNJ Treaty")", Ref. Ares (2022) 1078687/07/01/2022.

68 Decisión (UE) 2023/1974 del Consejo de 18 de septiembre de 2023 relativa a la firma, en nombre de la UE, del Acuerdo en el marco de la Convención de la Convención de Naciones Unidas sobre el Derecho del Mar relativo a la conservación y el uso sostenible de la diversidad biológica marina de las zonas situadas fuera de la jurisdicción nacional, DOUE, L235, 25.9.2023.

69 Para un análisis del marco jurídico internacional actual para responder a la contaminación marina por plásticos véase HINOJO ROJAS, M., "Los plásticos y el Derecho del Mar" en CABEZA PEREIRO, J., FERNÁNDEZ DOCAMPO, B. (Coord.), *Estrategia Blue Growth y Derecho del Mar*, Editorial Bomarzo, 2018, pp. 251-288.

70 Véase comunicado de prensa de la UNEP de 2 de marzo de 2022.

71 *"Poner fin a la contaminación por plástico: hacia un instrumento internacional jurídicamente vinculante"*, Resolución aprobada por la Asamblea de las Naciones Unidas sobre el Medio Ambiente el 2 de marzo de 2022, UNEP/EA.5/Res.14. Sobre el camino que ha desembocado en la adopción de esta Resolución pueden consultarse, entre otros, PONTE IGLE-

por parte de un Comité Intergubernamental de un "instrumento jurídicamente vinculante sobre la contaminación por plástico, incluido el medio marino (...) que podría incluir enfoques tanto vinculantes como voluntarios, basado en un enfoque global que aborde todo el ciclo de vida del plástico, teniendo en cuenta, entre otras cosas, los principios de la Declaración de Río de Janeiro sobre el Medio Ambiente y el Desarrollo, así como las circunstancias y capacidades nacionales"[72].

Con motivo de la adopción de la citada Resolución, el vicepresidente ejecutivo para el Pacto Verde Europeo, Frans Timmermans, declaraba que "es alentador ver que la comunidad mundial se une en este momento de crisis. Desde la presentación de la estrategia europea sobre el plástico en 2018, la UE ha impulsado la lucha contra la contaminación por plásticos. Estamos decididos a seguir impulsando una actuación mundial ambiciosa, ya que la lucha contra la crisis climática y la biodiversidad debe contar con la participación de todos nosotros"[73]. Es más, la Comisión Europea destacaba que "el inicio de las negociaciones de un acuerdo internacional sobre plásticos es un logro fundamental del Pacto Verde Europeo y el Plan de Acción para la Economía Circular y está vinculado a numerosas políticas y legislación de la UE, en particular, sobre la protección del medio marino y costero, especialmente la Directiva marco sobre la estrategia marina"[74]. En esta línea cabe apuntar

---

SIAS, M.T., "Revertir el ciclo de deterioro de la salud de los océanos en el 40 aniversario de la adopción de la CNUDM de 1982: la lucha contra la contaminación por plásticos", *Anuario Hispano-Luso-Americano de Derecho Internacional*, nº 26 (2023-2024), pp. 332-359, esp. pp. 348-355. Un análisis del marco jurídico internacional para responder a la contaminación marina por plásticos

72 UNEP/EA.5/Res.14, punto 3.

73 La UE contribuye a que se entablen negociaciones con miras a un histórico acuerdo mundial sobre la contaminación por plásticos, Comisión Europea. Comunicado de prensa, IP/22/1466.

74 *"Recomendación de Decisión del Consejo por la que se autoriza la apertura de negociaciones en nombre de la UE con vistas a la celebración de un acuerdo in-*

que si bien tanto el Pacto Verde, como la Agenda de los Océanos (2016) y la Agenda renovada pusieron el acento en la lucha contra la contaminación por plásticos del medio marino[75], lo cierto es que la lucha de la UE contra la basura marina se inicia en el año 2008 con la Directiva sobre la Estrategia marina[76]. En nuestra opinión, la adopción de dicha Directiva, unida a un conjunto de instrumentos que se han ido adoptando desde entonces, como la Estrategia para el plástico en una economía circular[77], el Plan de acción para una economía circular o Es-

---

ternacional sobre la contaminación por plásticos", Comisión Europea, COM (2022) 342 final, Bruselas, 12.7.2022, p. 1.

75 En la Agenda de los Océanos (2016) se apuntaba ya que "la basura marina constituye una gran amenaza para nuestros océanos (...) y que las medidas de la UE pretenden reconocer el carácter mundial del problema y la necesidad de una actuación colectiva, por ejemplo, en el contexto de acuerdos multilaterales en materia de medio ambiente"; JOIN (2016) 42 final. Por su parte, la Agenda renovada incide en la dimensión internacional del problema destacando que "la UE ha impulsado la lucha internacional contra la contaminación por plásticos a través de sus esfuerzos diplomáticos (...) Participa activamente en las negociaciones mundiales para un ambicioso acuerdo mundial jurídicamente vinculante sobre el plástico de aquí a 2024", siendo una prioridad clave "celebrar un ambicioso acuerdo mundial jurídicamente vinculante sobre el plástico de aquí a 2024", JOIN (2022) 28 final, p. 3 y 10. Cabe destacar que cada año entre 8 y 13 millones de toneladas de plástico -ya sean macro, micro, nanoplásticos o artes de pesca termina en los Océanos. Se estima que el 80% de la basura marina es de origen terrestre, y el resto de origen marino. En la UE, se estima que entre 150000 y 500000 toneladas de residuos plásticos llegan cada año a los océanos. Además de la basura marina recogida en nuestras playas y mares el 49% son plásticos de un solo uso y el 27% son residuos plásticos procedentes de la pesca.

76 Sobre este particular véase, entre otros, SÁNCHEZ RAMOS, B., "Plásticos, microplásticos, artes de pesca... La lucha de la Unión Europea contra la basura marina", en SOBRINO HEREDIA, J.M, OANTA, G. A (Coord.), *La construcción jurídica de un espacio marítimo común europeo,* JM Bosch editor, 2020, pp. 947-978, esp. pp. 953-956.

77 Comunicación de la Comisión al Parlamento Europeo, al Consejo, el Comité Económico y Social y al Comité de las Regiones *"Una estrategia*

trategia de la Comisión de contaminación cero para el aire, el agua y el suelo[78], junto con la participación en múltiples iniciativas internacionales[79], sitúan, sin lugar dudas a la UE a la vanguardia en la promoción de la lucha contra la contaminación por plásticos en el medio marino, convirtiéndose, como se destacaba en la Agenda renovada de los Océanos, en un ejemplo que puede inspirar avances y contribuir a crear una visión compartida en este marco[80].

La UE quiere ejercer el papel de líder mundial en el proceso negociador en curso. En este sentido, la Comisión identifica en las Directrices para la negociación de un acuerdo internacional sobre la contaminación por plásticos[81], la necesidad de establecer metas "para mejorar la producción y consumo sos-

---

europea para el plástico en una economía circular", COM (2018) 28 final.

78 Comunicación de la Comisión al Parlamento Europeo, al Consejo, al Comité Económico y Social Europeo y al Comité de las Regiones "La senda hacia un planeta sano para todos: Plan de Acción de la UE *"Contaminación cero para el aire, el agua y el suelo"*, COM (2021) 400 final, Bruselas, 15.2.2021.

79 Véase, entre otros, SÁNCHEZ RAMOS, B., "Plásticos, microplásticos ...", *op. cit.*, pp. 967-977. Comisión Europea "Liderar el camino hacia una economía circular mundial". Situación actual y perspectivas, Oficina de publicaciones de la UE, 2020, pp. 25-30.

80 De hecho, en el Memoradum de Entendimiento entre la Comisión Europea y el Programa de Naciones Unidas para el Medio Ambiente la lucha contra la basura marina es uno de los objetivos compartidos. Véase *Annex to the Memorandum of understanding between the European Commission and the United Nations Environment Programme for the cooperation period 2021-2025*, agreed between the European Commission and UNEP on February 2021.

81 La Unión participa en el proceso de negociación, dado que, tal y como establece la Resolución Resolución 5/14 de la UNEA, "la participación en el grupo de trabajo de composición abierta y el comité intergubernamental de negociación está abierta a todos los Estados miembros de las Naciones Unidas y a los miembros de organismos especializados, las organizaciones regionales de integración económica y los interesados pertinentes, de conformidad con las normas aplicables de las Naciones Unidas".

tenibles y circulares y la gestión de los residuos plásticos con el fin de proteger, restaurar y promover el uso sostenible de los ecosistemas terrestres y marinos, conservar y utilizar de manera sostenible los océanos, los mares y los recursos marinos para un desarrollo sostenible, reducir las emisiones de gases de efecto invernadero relacionados con los plásticos, así como garantizar pautas de consumo y producción sostenibles, incluidos niveles sostenibles de producción y consumo de plásticos y la prohibición o eliminación gradual de materiales y productos cuando proceda"[82]. Metas, que, en último término tienen su origen en las medidas adoptadas por la UE en el ámbito "interno"[83].

Si bien el análisis del proceso de negociación en curso desborda el objeto de nuestro trabajo, cabe apuntar que la Resolución 5/14 de la UNEA establece que, en primer lugar, debería convocarse durante el segundo semestre de 2022, un grupo de trabajo especial de composición abierta encargado de preparar el calendario y la organización de los trabajos del Comité Intergubernamental de Negociación. Posteriormente se celebrarán las sesiones del Comité Intergubernamental de Negociación y al término de las negociaciones del Comité se convocará una Conferencia diplomática de plenipotenciarios con el fin de aprobar el instrumento y abrirlo a la firma. Hasta el momento, se ha producido la reunión del grupo de trabajo especial de composición abierta -30 mayo al 1 de junio- y se han celebrado tres sesiones del Comité Intergubernamental de Negociación[84], estando previsto que la quinta y, en principio,

---

82 Comisión Europea, *"Anexo de la Recomendación de Decisión del Consejo por la que se autoriza la apertura de negociaciones en nombre de la Unión Europea con vistas a la celebración de un acuerdo internacional sobre la contaminación por plásticos"*, COM (2022) 342 final, Bruselas, 12.7.2022.

83 La Resolución 5/14 de la UNEA establece un listado de disposiciones que deberá contener el acuerdo. Véase punto 3 de la citada Resolución.

84 La primera en Punta de Este (Uruguay) del 20 de noviembre al 2 de diciembre de 2022); la segunda en París, del 29 de mayo al 2 de junio de 2023 y la tercera en Nairobi, del 13 al 19 de noviembre de 2023.

última sesión se celebre en noviembre-diciembre de 2024[85]. En la tercera sesión se presentó un Borrador cero[86] que, siguiendo en buena medida las "directrices" establecidas en la Resolución 5/14[87] se articula en torno a seis partes: la parte I recoge los objetivos del instrumento; en la parte II del texto, los elementos se estructuran a grandes rasgos alrededor del ciclo de vida de los plásticos y los productos plásticos con la finalidad de abordar la contaminación por plásticos. Las opciones incluidas tienen como objetivo promover de forma colectiva la producción y el consumo sostenibles de plásticos mediante, entre otras cosas, el diseño de productos y la gestión de residuos respetuosa con el medio ambiente, incluso mediante enfoques de eficiencia de los recursos y economía circular; las partes III y IV esbozan distintas opciones de medidas destinadas a abordar de forma colectiva la aplicación del instrumento; la parte V se circunscribe a los arreglos institucionales y la VI a disposiciones finales. Además, ya se ha presentado el Borrador revisado que será objeto de debate en la cuarta sesión[88]. Tanto la UE como sus Estados miembros han participado activamente en todas las sesiones celebradas hasta el momento, tal y como se deriva

---

85 La cuarta sesión se celebrará entre el 23-29 de abril en Ottawa y la quinta y última, en principio, entre el 25 de noviembre y el 1 de diciembre de 2024 en Busán.

86 Comité Intergubernamental de Negociación para la elaboración un instrumento internacional jurídicamente vinculante sobre la contaminación por plásticos, incluso en el medio marino. Tercer periodo de sesiones, Nairobi, del 13 al 19 de noviembre de 2023 *Borrador preliminar del instrumento internacional jurídicamente vinculante sobre la contaminación por plásticos, incluso en el medio marino,* UNEP/PP/INC.3/4.

87 Véase punto 3 de la citada Resolución.

88 Intergovernmental negotiating committee to develop an international legally binding instrument on plastic pollution, including in the marine environment Fourth session, Ottawa, 23-30 April 2024, *Revised draft text of the international legally binding instrument on plastic pollution, including in the marine environment,* UNEP/PP/INC.4/3.

de los sucesivos informes de la Presidencia[89]. En este sentido, cabe apuntar que ya con motivo de la celebración de la primera sesión del Comité Intergubernamental de Negociación, la UE y sus Estados miembros remitieron una Declaración escrita a la Presidencia en la que ponían de manifiesto que dado que la contaminación por plásticos incidía en la triple crisis planetaria -pérdida de biodiversidad, cambio climático y contaminación-, "*it is key that the instrument will address the whole lifecycle of plastics with priority given to the upstream parts, by commitments and provisions that lay the ground for a sustainable production and consumption of plastics, paving the way for a circular plastic economy. The new instrument should also include the necessary obligations to prevent plastics from entering into the environment. It should also address all plastic materials and products, including, microplastics and potentially nanoplastics, irrespective of their source. Unnecessary, avoidable, and problematic plastics, substances and additives should be reduced, eliminated, substituted or banned*"[90].

---

[89] Véanse, Intergovernmental negotiating committee to develop an international legally binding instrument on plastic pollution, including in the marine environment. Second session, Paris, 29 May–2 June 2023. *Report of the intergovernmental negotiating committee to develop an international legally binding instrument on plastic pollution, including in the marine environment, on the work of its second session,* UNEP/PP/INC.2/5, 7 july 2023. Intergovernmental negotiating committee to develop an international legally binding instrument on plastic pollution, including in the marine environment. Third session, Nairobi 13-19 November, 2023, *Report of the intergovernmental negotiating committee to develop an international legally binding instrument on plastic pollution, including in the marine environment, on the work of its third session,* UNEP/PP/INC.3/5, 1 December 2023

[90] Intergovernmental negotiating committee to develop an international legally binding instrument on plastic pollution, including in the marine environment. First session, *European Union and Member States Opening Statement,* Punta del Este, Uruguay, 28th November–2nd December 2022, European Union and Member States opening statement.

3.2. La promoción de la protección del medio marino a nivel regional

La UE promueve la protección del medio marino a través de diferentes mecanismos entre los que destacaremos los Convenios Marinos Regionales y los acuerdos multilaterales.

La UE es parte en el Convenio sobre la protección del medio marino del Nordeste Atlántico (OSPAR)[91], en el Convenio sobre la protección del medio marino (HELCOM)[92] y del Convenio para la protección del medio marino y la región costera del Mediterráneo (Convenio de Barcelona) [93]. Además, si bien no es parte en el Convenio sobre la Protección contra la Contaminación del Mar Negro[94], sin embargo, apoya financiera y técnicamente la adopción de medidas. La Agenda renovada de los Océanos establece que "la protección del medio marino se coordina a nivel regional a través de la participación de la UE en los convenios marinos regionales, en particular a través de los estrechos vínculos con la propia aplicación de la Directiva marco sobre la estrategia marina por parte de la UE, garantizando así que tanto los Estados miembros de la UE como terceros países aspiren a objetivos similares en materia de protección

---

91 Convenio adoptado en 1992, en vigor desde el 25 de marzo de 1998. Son partes la Unión Europea y 15 Estados, de los cuales 12 son Estados miembros de ésta.

92 Adoptado en 1992, en vigor desde el 17 de enero de 2000, son partes la UE, Alemania, Estonia, Letonia, Lituania, Suecia, Finlandia, Dinamarca, Polonia y la Federación Rusia. Véase también Strategic Action Plan for the Enviromental Protection and Rehabilitation of the Black Sea, adoptado en Sofía en 2009.

93 Como es sabido, en 1976 se adoptó el Convenio para la protección del mar Mediterráneo contra la contaminación que, en 1995 pasó a denominarse Convenio para la protección del medio marino y la región costera del Mediterráneo. De dicho Convenio cuenta con 22 partes: la Comisión Europea más 21 de los cuales solo 7 son Estados miembros de la Unión Europea.

94 Adoptado en 1992, en vigor desde 1994, son partes Bulgaria, Georgia, Rumanía, la Federación Rusa y Ucrania.

de los mares y océanos"[95]. En este sentido, la Directiva marco sobre la estrategia marina establece, en su art. 6 que "los Estados miembros utilizarán las estructuras institucionales de cooperación regional existentes, incluidas las instituidas en virtud de los convenios marinos regionales, relativas a la región o subregión marítima de que se trate". Por lo tanto, los convenios regionales son una "plataforma" en la que la UE, junto con sus Estados miembros, puede liderar la adopción de medidas para la protección del medio marino.

Aunque el análisis individualizado de cada uno de estos Convenios desborda el objeto de nuestro estudio, simplemente destacaremos que todos ellos han adoptado medidas y acciones para la aplicación coordinada de la Directiva Marco de la Estrategia marina Así, a título de ejemplo, la Estrategia de Medio Plazo 2022-2027 del Convenio de Barcelona se articula en torno a siete programas que buscan luchar contra las principales presiones que sufre el Mediterráneo como la contaminación, la pérdida de biodiversidad o el uso sostenible de los recursos

Otro ejemplo de promoción de la protección del medio marino lo constituye el reciente Acuerdo de asociación celebrado con la Organización de los Estados de África, Caribe y Pacífico (OEACP)[96] que sucede al Acuerdo de Cotonú. El Acuerdo, que consta de una base común[97] y tres Protocolos adicionales para África, Caribe y Pacífico, contiene varias disposiciones relativas a la gobernanza de mares y océanos. En primer lugar, en la "base común" del Acuerdo, el art. 56 se circunscribe a la gober-

---

95 JOIN (2022) 28 final, p. 7.

96 Firmado en noviembre de 2023, forman parte los 27 Estados miembros de la Unión Europea y 79 países de África, Caribe y Pacífico. DOUE L 2862, 28.12.2023.

97 Esa base común se articula en torno a 6 ámbitos prioritarios: derechos humanos, democracia y gobernanza, paz y seguridad, desarrollo humano y social, desarrollo y crecimiento económico sostenibles e inclusivos, sostenibilidad medioambiental y cambio climático y migración y movilidad.

nanza de los océanos, comprometiéndose a abordar conjuntamente las múltiples precisiones que sufren mares y océanos; a adoptar medidas, tanto a nivel regional como multilateral, para la protección y recuperación de los ecosistemas marinos y la conservación y gestión sostenible de los recursos marinos; caminar hacia el desarrollo sostenible de una economía azul; fomentar el diálogo y la cooperación sobre todos los aspectos de la gobernanza de los océanos, incluso sobre asuntos relacionados con el cambio climático, el aumento del nivel del mar y sus posibles efectos e implicaciones, la explotación minera de los fondos marinos, la pesca, la contaminación marina y la investigación y el desarrollo[98]. Objetivos que se desarrollan en los tres Protocolos[99]. La introducción de numerosas disposiciones relativas a la gobernanza de los océanos contrasta con el Acuerdo de Cotonú, que carecía de disposiciones en este ámbito; lo que, en nuestra opinión, pone de manifiesto la relevancia que ha adquirido la protección de los océanos a escala mundial y la capacidad de la UE para desarrollar su Agenda de gobernanza internacional de los océanos.

3.3. Asociaciones de los Océanos con China y Canadá

Las "asociaciones de los Océanos" de la UE con China (2018)[100] y Canadá (2019)[101] son uno de los instrumentos de carácter bilateral más novedosos en la gobernanza de los Océanos, cuya celebración se preveía ya en la Agenda de los Océanos

---

98 Véase art. 56 del Acuerdo.

99 Protocolo Regional de África (arts. 19, 43 y 46); Protocolo Regional del Caribe (arts. 25 y 29); Protocolo Regional del Pacífico (arts. 29-33).

100 *Declaration on the establishment of a Blue Partnership for the Oceans: towards better Ocean governance, sustainable fisheries and a thriving maritime economy between the European Union and the People´s Republic of China*, 16 de julio de 2018.

101 *Declaration by the European Union and Canada concerning the establishment of an Ocean Partnership*, 18 de julio de 2019.

de 2016[102] con la finalidad de "*build on the principles, objectives and priorities of the international ocean governance agenda with the objetive of promoting comprehensive dialogue and joint actions for ocean sustainability*"[103]. Ambas Asociaciones establecen, por tanto, un marco general de cooperación que incide en cuestiones tales como la pesca ilegal, el uso sostenible de los mares y océanos, la conservación de la biodiversidad y la lucha contra la basura marina con el objetivo final de contribuir a la implementación del ODS 14[104]. Constituyen, además, un ejemplo de la bilateralización de la agenda multilateral de la UE.

4. PARA CONCLUIR

Como hemos visto a lo largo de estas líneas, la sinergia entre el Pacto Verde Europeo y la Agenda renovada de los océanos es indiscutible tal y como se refleja en los múltiples objetivos compartidos: lucha contra el cambio climático, contra la contaminación marina; detener e invertir en la pérdida de biodiversidad marina, proteger el fondo marino, garantizar una pesca y una

---

102 Se destaca la voluntad de convertir paulatinamente las conversaciones bilaterales sobre asuntos marítimos y pesca con interlocutores claves en materia de océanos como Australia, Canadá, China, Japón, Nueva Zelanda y Estados Unidos en "asociaciones de los océanos" a lo largo de los próximos cinco años. Así como esta finalidad se establece que "la Comisión propondrá desarrollar "asociaciones de los océanos" con interlocutores clave en materia de océanos" JOIN (2016) 49 final, pp. 8-9.

103 Destacando además la Comisión que "*in its bilateral relations, the EU has reached out to key oceans partners on upscaling existing relations into ocean partnerships*", SWD (2019) 104 final, p. 5.

104 En la asociación con China se identifican cuatro grandes áreas de diálogo y cooperación: gobernanza de los Océanos, el desarrollo de una economía azul sostenible, pesquerías y cuestiones transversales. Por su parte, en la asociación con Canadá se identifican dos grandes áreas de cooperación y diálogo: gobernanza de los Océanos y su conservación y uso sostenible.

acuicultura sostenibles, garantizar la conformidad con las normas internacionales, así como el desarrollo de conocimientos sobre los océanos. Objetivos que desbordan el marco interno, de ahí que la UE esté llamada a jugar un papel de líder mundial en la protección del medio ambiente marino, intentado trasladar al exterior muchas de las acciones adoptadas en el ámbito interno. En este sentido, el hecho de que la UE participe -como miembro u observador- en un gran número de Organizaciones Internacionales, así como en diferentes foros internacionales, unido a las relaciones que mantiene con un gran número países ya sea a través de la celebración de acuerdos bilaterales, multilaterales u asociaciones estratégicas, la sitúan en una posición privilegiada para la promoción exterior de sus acciones encaminadas a la protección de mares y océanos.

RESUMEN: La nueva agenda de gobernanza internacional de los Océanos establece, entre las prioridades clave de la UE detener e invertir la pérdida de biodiversidad marina, la lucha contra el cambio climático o la contaminación marina derivada de los plásticos. Prioridades que están en consonancia con el Pacto Verde Europeo. El objetivo de nuestro trabajo es analizar la interacción entre el Pacto Verde Europeo y la Agenda renovada de los océanos y explorar cómo y a través de qué mecanismos la UE ejerce -o pretender ejercer- su liderazgo como promotora de respuestas multilaterales y regionales coordinadas para responder a las múltiples presiones que sufren los mares y océanos.

ABSTRACT: *The new international governance agenda for the Oceans establishes, among the EU's key priorities, the need to halt and reverse the loss of marine biodiversity, the fight against climate change and marine pollution derived from plastics. Priorities that are in line with the European Green Deal. The aim of our work is to analyze the interaction between the European Green Deal and the renewed Oceans Agenda and to explore how and through which mechanisms the EU exercises–or intends to exercise–its leadership as a promoter of coordinated multilateral and regional responses to the multiple pressures on the seas and oceans.*

El poder normativo y económico unilateral de la UE como complemento a la acción multilateral ambiental e instrumento para la universalización del Pacto Verde Europeo

LAURA MOVILLA PATEIRO[1]

SUMARIO: 1. PUNTO DE PARTIDA: EL LIDERAZGO AMBIENTAL DE LA UE A TRAVÉS DEL EJEMPLO. 2. LA UE COMO POTENCIA DIPLOMÁTICA AMBIENTAL. 3. LA NECESIDAD DE IR MÁS ALLÁ DE LA DIPLOMACIA Y EL MULTILATERALISMO AMBIENTAL. LA UE COMO POTENCIA COMERCIAL Y NORMATIVA. 3.1. La Política Comercial Común como instrumento para la promoción de la protección del medio ambiente y el desarrollo sostenible. 3.2. La capacidad de la UE de establecer normas para un crecimiento sostenible en todas las cadenas de valor mundiales: el "efecto Bruselas". 3.3. Las medidas

---

1 Profesora contratada doctora (acreditada a titular) de Derecho Internacional Público y Relaciones Internacionales, Universidade de Vigo (lauramovilla@uvigo.gal). Este trabajo se enmarca en el Módulo Jean Monnet "*The European Green Deal. Analysis and insights (GREENDEAL+A+I)*", 101047905; y en los proyecto de investigación financiados por el Ministerio de Ciencia en Innovación: "Hacer justicia para hacer las paces con la naturaleza: la judicialización y otras formas de protección jurisdiccional e institucional de la naturaleza (PAX NATURA)" PID2022-142484NB-C22, con duración del 1 de septiembre de 2023 a 31 de agosto de 2027; y "La dimensión marítima del Pacto Verde Europeo (MARVERDE)", PID2020-117054RB-100, con duración de septiembre de 2021 a septiembre de 2024.Todas las páginas webs mencionadas en este estudio han sido consultadas el 1 de febrero de 2024.

unilaterales como complemento del multilateralismo. 3.4. Las medidas unilaterales como medio para promover un *level playing field*. 3.5. Principales críticas a las medidas unilaterales y su compatibilidad con el régimen jurídico del comercio internacional. 4. CONSIDERACIONES FINALES.

1. PUNTO DE PARTIDA: EL LIDERAZGO AMBIENTAL DE LA UE A TRAVÉS DEL EJEMPLO

A pesar del silencio de los Tratados originarios en materia ambiental, la política de medio ambiente de la Unión Europea (UE) se ha ido formalizando jurídicamente de forma firme y expandiéndose enormemente, constituyendo hoy uno de los principales ámbitos de actuación de las instituciones europeas[2]. En consecuencia, la UE ha desarrollado a nivel interno algunos de los estándares de protección ambientales más altos que existen, así como un compromiso claro con la lucha contra el cambio climático. En las últimas décadas, la UE ha reducido así sus emisiones netas de gases de efecto invernadero (GEI) en casi un tercio, y de forma especialmente pronunciada en los sectores del suministro de energía y de las industrias de gran consumo energético, sujetos al Régimen de Comercio de Derechos de Emisión de la UE (RCDE UE)[3]. Paralelamente, la UE ha desplegado también una importante diplomacia ambiental y, en especial, climática, hacia el exterior, con el objeto de contribuir a alcanzar compromisos multilaterales ambiciosos y su efectiva implementación.

Su actuación en ambas esferas, nacional e internacional, le han hecho consolidar un liderazgo ambiental y climático a tra-

---

2 Véase, en detalle, JUSTE RUIZ, J., y CASTILLO DAUDÍ, M., *La protección del medio ambiente en el ámbito internacional y en la Unión Europea,* Tirant lo Blanch, 2014, pp.151-180.

3 EUROPEAN ENVIRONMENT AGENCY, *Trends and projections in Europe 2023,* Publications Office of the European Union, Luxembourg, 2023.

vés del ejemplo[4], tanto a través de la implementación de medidas ambiciosas a nivel interno, como promoviéndoles en las negociones multilaterales, en las que no pierde de vista que, aunque actualmente solo representa el 8% de las emisiones mundiales de CO_2, es responsable de una mayor proporción de las emisiones acumuladas[5], así como de emisiones que se producen fuera de su territorio. Estas últimas, denominadas "fugas de carbono", responden tanto a la deslocalización de la producción fuera de la UE, como al aumento de importaciones de productos intensivos en carbono, y están intentado ser atajadas a través del reciente y controvertido establecimiento de un Mecanismo de Ajuste en Frontera por Carbono (CBAM, por sus siglas en inglés)[6].

Con el Pacto Verde Europeo (PVE) adoptado en 2019 por la Comisión Europea[7], los objetivos a nivel interno se han hecho todavía más ambiciosos y van más allá de cuestiones estrictamente ambientales, al configurarse ni más ni menos que como una nue-

---

4 Véase, entre otros: TOCCI, N., *A Green and Global Europe,* Polity Press, 2022.

5 Comunicación de la Comisión al Parlamento Europeo, al Consejo, al Comité Económico y Social Europeo y al Comité de las Regiones "«Objetivo 55»: cumplimiento del objetivo climático de la UE para 2030 en el camino hacia la neutralidad climática", COM (2021) 550 final, Bruselas, 14.7.2021, p. 14.

6 Reglamento (UE) 2023/956 del Parlamento Europeo y del Consejo de 10 de mayo de 2023, por el que se establece un Mecanismo de Ajuste en Frontera por Carbono, *DOUE* núm. 130, de 16 de mayo de 2023, pp. 52-104; y Reglamento de Ejecución (UE) 2023/1773 de la Comisión de 17 de agosto de 2023 por el que se establecen las normas de desarrollo del Reglamento (UE) 2023/956 del Parlamento Europeo y del Consejo en lo que respecta a las obligaciones de presentación de informes a efectos del Mecanismo de Ajuste en Frontera por Carbono durante el período transitorio, *DOUE* núm. 228, de 15 de septiembre de 2023, pp. 94-195.

7 Comunicación de la Comisión al Parlamento Europeo, al Consejo Europeo, al Consejo, al Comité Económico y Social Europeo y al Comité de las Regiones "El Pacto Verde Europeo", COM (2019) 640 final, Bruselas, 11.12.2019.

va estrategia de crecimiento económico "destinada a transformar la UE en una sociedad equitativa y próspera, con una economía moderna, eficiente en el uso de los recursos y competitiva, en la que no habrá emisiones netas de gases de efecto invernadero en 2050 y el crecimiento económico estará disociado del uso de los recursos"[8]. La UE ha dado así un paso valiente al frente, convirtiendo en un objetivo del proceso de integración europea, algo que se ha vuelto evidente en los últimos años: que la actual gobernanza global y la respuesta normativa a los desafíos no resultan satisfactorias y es necesario ir más allá, reclamándose, entre otros, un derecho transformador que responda adecuadamente a la triple crisis ambiental -climática, de pérdida de biodiversidad y de contaminación y residuos[9]- y que reformule nuestra relación con la naturaleza[10].

El liderazgo de la UE se redirige desde entonces a encabezar la meta de la neutralidad climática, aspirando a convertirse en el primer continente en alcanzarla, y convirtiéndola en obligación jurídica a través de la adopción de la "Ley del Clima"[11]. Al mismo tiempo, este liderazgo en la descarbonización de la economía es una de las bases del que pretende ejercer para alcanzar en último

8 *Ibidem*, p. 2.

9 UNEP, *Making Peace with Nature: A scientific blueprint to tackle the climate, biodiversity and pollution emergencies*, United Nations Environment Programme, Nairobi, 2021, accesible en: https://www.unep.org/resources/making-peace-nature.

10 Véase, entre otros: ABAD CASTELOS, M., "Transformar la relación con la naturaleza exige optimizar la herramienta del derecho internacional", en DÍAZ LÓPEZ-JACOISTE, E.; FERNÁNDEZ LIESA, C. R. (COORDS.); y URBANEJA CILLÁN, J. (dirs.), *Nuevas dimensiones del desarrollo sostenible y derechos económicos sociales y culturales*, Aranzadi, 2021, pp. 269-298.

11 Reglamento (UE) 2021/1119 del Parlamento Europeo y del Consejo de 30 de junio de 2021 por el que se establece el marco para lograr la neutralidad climática y se modifican los Reglamentos (CE) nº 401/2009 y (UE) 2018/1999 («Legislación europea sobre el clima»), *DOUE* núm. 243, de 9 de julio de 2021, pp. 1-17.

término un cambio sistémico hacia un nuevo paradigma de crecimiento sostenible e integrador.

Hacia el exterior, el PVE pretende afianzar a la UE como líder ambiental global, siguiendo con la promoción y aplicación de ambiciosas políticas de medio ambiente, clima y energía en todo el mundo[12]. Al mismo tiempo, está impulsando una diplomacia por el PVE "más rigurosa, centrada en convencer a los demás y en ofrecer apoyo a quienes asuman su parte de la política de fomento del desarrollo sostenible. Al dar un ejemplo creíble respaldado por la diplomacia, la política comercial, la ayuda al desarrollo y otras políticas exteriores, la UE puede resultar un eficaz adalid en esta empresa"[13].

Paralelamente, la UE es cada vez más consciente de que el apoyo al multilateralismo a través de la diplomacia no es suficiente para promover una mayor ambición en los compromisos internacionales o una mejor implementación de estos. Resulta obvio también que, si se queda sola en la adopción de medidas ambiciosas para alcanzar la neutralidad climática y un cambio en el modelo de crecimiento, ello supondrá una desventaja para, entre otros, su sistema productivo, en relación con el de otros países que no adopten medidas similares. Por ambas razones, la UE recurre cada vez más a la adopción de medidas unilaterales que le permiten, tanto presionar a terceros Estados para que adopten estándares ambientales o climáticos más ambiciosos o cumplan con los compromisos internacionalmente acordados, como garantizar un *level playing field* a su sector productivo. Estas medidas unilaterales obedecen al poder normativo de facto que le otorga su mercado interior y su Política Comercial Común (PCC), que se van a poner al servicio de la consecución de los objetivos del PVE. De este modo, la estrategia actual de liderazgo ambiental de la UE se configura conjuntamente a través de las metas de: predicar con el ejemplo a través del PVE; recurrir a la diplomacia, el comercio y

---

12 COM(2019) 640 final, *op. cit.*, p. 23.

13 *Ibidem*, p. 23.

la cooperación al desarrollo para impulsar la acción por el clima; y establecer normas para un crecimiento sostenible en todas las cadenas de valor mundiales[14].

2. LA UE COMO POTENCIA DIPLOMÁTICA AMBIENTAL

La naturaleza global y transfronteriza de los problemas ambientales y, en especial, del cambio climático, hace imprescindible la cooperación internacional para hacerles frente. Por la misma razón, "[l]a ambición ambiental del Pacto Verde no se hará realidad si Europa actúa en solitario. Los factores que impulsan el cambio climático y la pérdida de biodiversidad son de alcance mundial y no se ven limitados por las fronteras nacionales"[15].

La cooperación internacional en torno a los problemas ambientales se ha plasmado jurídicamente en un rápido desarrollo y expansión del del derecho internacional del medio ambiente, sobre todo desde la icónica conferencia de Estocolmo de 1972 sobre el medio humano. Al contrario de lo que ocurre en muchos otros ámbitos, se trata de un sector del ordenamiento jurídico internacional reciente, innovador y que se basa en textos negociados -tanto tratados como *soft law*- y no en precedentes jurídicos o en la práctica de los Estados[16]. Su contenido normativo emana así, además de las fuentes tradicionales del Derecho Internacional, es decir, de tratados -principalmente, acuerdos multilaterales ambientales-, costumbres y principios generales, de numerosos otros instrumentos jurídicos surgidos de distintos procesos normativos

14 *La UE como líder mundial. El Pacto Verde Europeo*, diciembre de 2019, accesible en: https://ec.europa.eu/commission/presscorner/api/files/attachment/860079/EU_as_a_global_leader_es.pdf.pdf.

15 COM(2019) 640 final, *op. cit.*, p. 3

16 BOYLE, A., "International Lawmaking in an Environmental Context", *Collected Courses of the Hague Academy of International Law*, vol. 427, Brill | Nijhoff, Leiden, The Netherlands, 2022, p. 59.

multilaterales en el seno de Organizaciones Internacionales, estructuras institucionales de acuerdos multilaterales ambientales, y conferencias intergubernamentales[17]. Por otro lado, no se debe obviar tampoco la importancia de comisiones técnicas y organismos internacionales de estandarización, donde se decidirán en los próximos años, entre otros, los detalles de las tecnologías verdes que ser convertirán en estándares internacionales"[18].

En este contexto la actuación de la UE se ha caracterizado, en general, por intentar ejercer su liderazgo promoviendo consensos lo más ambiciosos posibles, especialmente -aunque con altibajos[19]- en el ámbito del cambio climático, apoyando en todo caso el multilateralismo ambiental y, como señala Teresa Fajardo, lo que se persigue con él, que es establecer las bases de un estado de derecho ambiental en el planeta[20].

---

17 Véanse, entre otros: REDGWELL, C., "Sources of International Environmental Law", en D'ASPREMONT, J. and Besson, S. (edits.), *The Oxford Handbook of the Sources of International Law,* Oxford University Press, 2017, pp. 939-959.

18 Entre otros: CORTI VARELA, J., "Breve Historia De La Diplomacia Climática Europea" (1990-2030), *European Climate Law Papers* 6/2021, accesible en: https://blogs.uned.es/derechoclimatico/?p=3249, p.13.

19 Véase, en detalle, entre otros: *ibidem*; FAJARDO DEL CASTILLO, T., *La diplomacia del clima de la Unión Europea. La acción exterior cambio climático y el Pacto Verde Mundial,* Reus Editorial, 2021; GARCÍA LUPIOLA, A., "La Unión Europea en las negociaciones climáticas: ¿referente o líder en la lucha contra el calentamiento global?", *Revista Española de Derecho Internacional,* núm. 74, vol. 2, 2022, pp. 181–220, p. 220; o GILES CARNERO, R. M., "El papel de la Unión Europea en la acción ante el cambio climático", *Anuario de la Facultad de Derecho de la Universidad Autónoma de Madrid,* núm. 26, 2022, pp. 135-156.

20 FAJARDO DEL CASTILLO, T., "El papel de la Unión Europea como potencia normativa y diplomática ante los nuevos retos ambientales", en ALDECOA LUZÁRRAGA, F. (dir.), *El debate ciudadano en la Conferencia sobre el futuro de Europa: a los 70 años de la Declaración Schuman,* Marcial Pons, 2020, p. 281. Sobre la noción de estado de derecho ambiental, véase, entre otros: UNEP, *Environmental Rule of Law: Tracking Progress and Charting Future Directions,* United Nations Environment Programme, Nairobi, 2023. Véase también: Comunicación Conjunta

En el ámbito concreto de la lucha internacional contra el cambio climático la UE ha sido y continúa siendo un actor necesario y fundamental en las negociaciones multilaterales, hasta el punto, de que sin ella no podrían haberse conseguido la adopción de los instrumentos jurídicos internacionales que le han ido dando forma en los últimos años[21], incluido el Acuerdo de París. Al mismo tiempo, aunque la UE no siempre ha influido como hubiese querido en estas negociaciones internacionales, en muchas ocasiones, la implementación de los compromisos europeos se corresponde con el principal efecto logrado dentro de ese régimen jurídico internacional[22].

Con el PVE, la UE se ha comprometido expresamente a seguir garantizando que el Acuerdo de París continúe siendo el marco multilateral indispensable para hacer frente al cambio climático[23]. Así lo ha reiterado, entre otros, en el paquete de medidas "Objetivo 55", destinado a reducir las emisiones netas al menos un 55% de aquí a 2030 con respecto a 1990 y convertir a la UE en el primer continente climáticamente neutro[24]. A través de este paquete se consolida el liderazgo mundial de la UE a través de medidas y ejemplos en la lucha contra el cambio climático, al mismo tiempo que hace un llamamiento a sus socios de todo el mundo para que colaboren[25], tanto de forma bilateral como multilateral[26], y para que cumplan también con sus compromisos de París y refuercen la diplomacia climática de la UE[27]. De este modo, con el PVE, su ya tradicional diplomacia del clima va a converger con un intento de reforzar el papel internacional de la UE como "líder ambien-

al Parlamento Europeo y al Consejo sobre el refuerzo de la contribución de la UE a un multilateralismo basado en normas, JOIN(2021) 3 final, Bruselas, 17.2.2021.

21 GARCÍA LUPIOLA, A., *op. cit.*, p. 220.

22 GILES CARNERO, R. M., *op. cit.*, pp.144-145.

23 COM(2019) 640 final, *op. cit.*, p. 23.

24 COM (2021) 550 final, *op. cit.*

25 *Ibidem*, pp.3-4.

26 *Ibidem*, p. 15.

27 *Ibidem.*

tal global" y el desarrollo de una diplomacia por dicho Pacto[28], que pretende universalizar el objetivo de alcanzar la neutralidad climática en el contexto de un cambio sistémico hacia una economía y sociedad sostenibles[29]. Más recientemente, se suma también el objetivo de desplegar una diplomacia mundial activa de fijación de precios del carbono -como la que la UE desarrolla ya en el ámbito de la aviación y el transporte marítimo en el marco de la Organización Internacional para la Aviación Civil (OACI) y la Organización Marítima Internacional (OMI)[30]-, en sinergia con otros instrumentos de política climática de la UE, como el CBAM[31]; así como el de liderar la descarbonización industrial[32].

Para facilitar la transición mundial hacia una economía sin emisiones netas, la UE pretende recurrir a toda la gama de instrumentos de política exterior de la UE[33], que van a incluir, junto a medidas adoptadas en el marco del multilateralismo ambiental, otras de carácter unilateral que las complementan para incentivar a terceros Estados a cumplir con los acuerdos consensuados a nivel internacional o mejorar su implementación, al mismo tiempo que protegen los intereses y la competitividad de la propia UE.

---

[28] *Ibidem*, pp. 23-26.

[29] GARCÍA LUPIOLA, A., *op. cit.*, p. 220.

[30] *Communication from the Commission to the European Parliament, the Council, the European Economic and Social Committee and the Committee of the Regions "Securing our future Europe's 2040 climate target and path to climate neutrality by 2050 building a sustainable, just and prosperous society"*, COM(2024) 63 final, Strasbourg, 6.2.2024, p. 5.

[31] *Ibidem*, p. 29.

[32] *Communication from the Commission to the European Parliament, the Council, the European Economic and Social Committee and the Committee of the Regions "Towards an ambitious Industrial Carbon Management for the EU"*, COM(2024) 62 final, Strasbourg, 6.2.2024.

[33] Entre otros: Reglamento (UE) 2021/1119, *op. cit.*, párr. 16 del preámbulo.

3. LA NECESIDAD DE IR MÁS ALLÁ DE LA DIPLOMACIA Y EL MULTILATERALISMO AMBIENTAL. LA UE COMO POTENCIA COMERCIAL Y NORMATIVA

A pesar de su indudable apoyo al multilateralismo ambiental, puede decirse que en los últimos años la UE ha perdido su inocencia[34] y se ha vuelto consciente de sus limitaciones y de la necesidad de introducir de forma unilateral ciertos elementos de presión para que otros Estados cumplan con los acuerdos internacionales en materia de medio ambiente, se consensuen metas e instrumentos jurídicos ambiciosos, y se implementen luego de forma efectiva. Con ello, la UE también consigue mantener su competitividad en un contexto político y económico cambiante y repleto de tensiones[35].

Esta toma de una mayor conciencia de la necesidad de adoptar medidas unilaterales debe entenderse, además, en el contexto de la crisis más general que el multilateralismo está sufriendo en los últimos años en algunos ámbitos, a favor del resurgimiento de nacionalismos y de la proliferación de crisis de diverso tipo, incluida la ambiental y climática. El sistema multilateral de comercio y, en particular, la propia organización internacional que lo preside, la OMC, tampoco son ajenos a esta crisis, manifestada, entre otros,

---

34 ESPLUGUES MOTA, C., "El (complejo y poliédrico) fin de la edad de la inocencia de la UE: El Primer informe anual sobre el control de las inversiones extranjeras directas en la Unión Europea como ejemplo", *Bitácora Millennium DIPr: Derecho Internacional Privado*, núm.15, 2022, pp. 1-25; o CHARVERIAT, C., "The Green Deal: Origins and Evolution", *Géopolitique, Réseau, Énergie, Environnement, Nature*, Vol. 3, Issue 1, January 2023, pp. 14-17.

35 Como reconoció la Comisión en la propia comunicación sobre el PVE: "[l]a UE seguirá liderando los esfuerzos internacionales y quiere forjar alianzas con quienes compartan sus ideas. Al mismo tiempo, reconoce la necesidad de preservar su seguridad de abastecimiento y su competitividad incluso si otros no están dispuestos a actuar". COM(2019) 640 final, *op. cit.*, p. 3.

en las dificultades para concluir las negociaciones comerciales de la Ronda de Doha, lanzada ya en 2001 y que hasta ahora ha proporcionado escasos resultados; la proliferación de acuerdos comerciales bilaterales o regionales que le restan protagonismo; las guerras comerciales, desencadenadas sobre todo entre Estados Unidos y China; el bloqueo de la designación de nuevos miembros de su Órgano de Apelación, u otras cuestiones internas como la dimisión de su director general en 2020[36].

Todo ello, unido a eventos más recientes como la pandemia de la covid-19 o la invasión rusa de Ucrania, ha provocado un "despertar geopolítico"[37] de la UE en la que busca su lugar en el mundo a través de una estrategia propia, más defensiva y diferenciada de la de otros actores como Estados Unidos y China, con los que compite por el liderazgo, así como desarrollar una autonomía o soberanía estratégica[38]. Esta respuesta de la UE "a su manera" a la evolución reciente del (des)orden[39] internacional –también conocida como "doctrina Sinatra"- se basa, en palabras del actual Alto Representante de la Unión para Asuntos Exteriores y Política de Seguridad, Josep Borrell, en dos pilares: "seguir cooperando con Pekín para dar respuesta a los retos globales como el cambio climático (...) a la vez que fortalecemos la soberanía estratégica de la UE, protegiendo nuestros sectores económicos

---

36 Véase, entre otros: FERNÁNDEZ PONS, X., "Auge y crisis de la Organización Mundial del Comercio", en BADIA MARTÍ, A., HUICI SANCHO, L. (dirs.); SÁNCHEZ COBALEDA, A. (ed.), *Las Organizaciones Internacionales en el siglo XXI*, Marcial Pons, 2021, pp. 189-190.

37 SANAHUJA, J. A., "El Pacto Verde, NextGenerationEU y la nueva Europea geopolítica", *Documentos de Trabajo. Fundación Carolina* (2ª época), 63, 2022.

38 BORREL, J., "Por qué es importante la autonomía estratégica europea", Blog del AR/VP, Servicio Europeo de Acción Exterior (SEAE), 03.12.2020, accesible en: https://www.eeas.europa.eu/eeas/por-qu%C3%A9-es-importante-la-autonom%C3%ADa-estrat%C3%A9gica-europea_es.

39 Entre otros: PUREZA, J.M. y ALCAIDE-FERNÁNDEZ, J.: "La Guerra en Ucrania: ¿Qué (des)orden antecede a qué nuevo (des)orden)?", *Revista Electrónica de Estudios Internacionales*, nº 44, 2022.

tecnológicos, claves para disponer de la autonomía necesaria y promover los valores e intereses europeos internacionales"[40]. Su éxito dependerá "en gran medida, de la capacidad para aprovechar el potencial del mercado único europeo, mantener la unidad entre los Estados miembros y hacer valer nuestros estándares internacionales"[41]. En este contexto, la Comisión Europea ha expresado también recientemente como, para seguir siendo un líder mundial y un socio de confianza en la acción por el clima, la UE reforzará simultáneamente su autonomía estratégica abierta y diversificará sus cadenas de valor mundiales sostenibles para ser dueña de su destino en un mundo volátil[42].

Como ha señalado José Antonio Sanahuja, este nuevo enfoque de las relaciones exteriores europeas "expresa el rol geopolítico de la UE como actor normativo y regulador global, y su capacidad de influencia a través de las interdependencias socioeconómicas y los estándares técnicos, más que como potencia militar o política tradicional"[43]. La UE va a complementar así la faceta diplomática de su *soft power* con su rol como potencia normativa[44].

---

40 BORREL, J., "La doctrina Sinatra", *Política Exterior,* núm. 197, 2020, accesible en: https://www.politicaexterior.com/articulo/la-doctrina-sinatra/; o BORREL FONTELLES, J., *European Foreign Policy in times of Covid-19,*Publications Office of the European Union, 2021, p. 114.

41 *Ibidem.*

42 COM(2024) 63 final, *op. cit.*, p. 2.

43 SANAHUJA, J. A., "El Pacto Verde ..., *op. cit.*, p. 11. Véase también; la Comunicación de la Comisión al Parlamento Europeo, al Consejo Europeo, al Consejo, al Comité Económico y Social y Social Europeo y la Comité de las Regiones "Hacia una Europa más resiliente, competitiva y sostenible" Bruselas, COM(2023) 558 final, 27.9.2023, en especial, sus pp. 4-6.

44 BROSSET, E., and MALJEAN-DUBOIS, S, "The Paris Agreement, EU Climate Law and the Energy Union", en PEETERS, M., and ELIANTONIO, M. (eds.), *Research handbook on EU Environmental Law,* Edgard Elgar Publishing, 2020, pp. 412–427, p. 417, o, FAJARDO DEL CASTILLO, T., "El papel de la Unión Europea ...*op. cit.*

En el marco del PVE, la respuesta de la UE a la invasión rusa a Ucrania, como ha señalado Teresa Fajardo, "puede convertirla de nuevo en un modelo a seguir en la medida en que ha hecho de la necesidad virtud, convirtiendo la descarbonización de su economía en su imperativo estratégico y su principal baza para superar su dependencia del gas y del petróleo ruso"[45]. Nótese además, como apunta la misma autora, que la UE no solo se encuentra en una situación de dependencia en relación con el abastecimiento de recursos energéticos, sino también respecto a materias primas críticas para sus industria, lo que también ha requerido una reinterpretación geopolítica de los instrumentos comerciales y de la diplomacia del PVE, que necesitan contemplar el incremento de la competencia con Estados Unidos y China[46]. Ello se ha plasmado ya en la adopción por parte de la Comisión Europea en marzo de 2023 de una estrategia y una propuesta de reglamento -ya adoptado por el Parlamento y el Consejo- para un suministro seguro y sostenible de materias primas fundamentales para contribuir a la doble transición -ecológica y digital- a través de tres objetivos: el desarrollo de la cadena de valor de las materias primas fundamentales dentro de la UE, el fomento de la diversificación de la oferta y de las asociaciones mutuamente beneficiosas en apoyo de la producción mundial, y el fomento del abastecimiento sostenible y la promoción de la circularidad[47].

---

45 FAJARDO DEL CASTILLO, T., "La Unión Europea y la diplomacia del clima tras la agresión de Rusia a Ucrania", *Revista UNISCI*, núm. 64, Enero 2024, pp. 95-119, p. 97.

46 *Ibidem*, p. 103.

47 Comunicación de la Comisión al Parlamento Europeo, al Consejo, al Comité Económico y Social Europeo y al Comité de las Regiones Un suministro seguro y sostenible de materias primas fundamentales para contribuir a la doble transición (ecológica y digital), Bruselas, 16.3.2023, COM (2023) 165 final; y Reglamento (UE) 2024/1252 del Parlamento Europeo y del Consejo, de 11 de abril de 2024, por el que se establece un marco para garantizar un suministro seguro y sostenible de materias primas fundamentales y por el que se modifican los Reglamentos (UE) n ° 168/2013, (UE) 2018/858, (UE) 2018/1724 y (UE) 2019/1020, DOUE L, 2024/1252, 3.5.2024.

La UE va a recurrir así al comercio para impulsar la acción por el clima, y al establecimiento de normas para un crecimiento sostenible en todas las cadenas de valor mundiales[48], poniendo en valor su PCC, el hecho de constituir una potencia comercial global, y el poder normativo que le proporciona el enorme mercado común europeo.

3.1. La Política Comercial Común como instrumento para la promoción de la protección del medio ambiente y el desarrollo sostenible

La UE es uno de los principales actores comerciales de la comunidad internacional junto a China y Estados Unidos, lo cual le otorga un gran poder de influencia en este contexto[49]. Además, la PCC no es ajena al fenómeno a través del cual la protección del medio ambiente ha ido permeando las demás políticas de la UE. Esta "ambientalización" constituye, además, una obligación jurídica de conformidad con el principio de integración establecido con carácter general en el art. 11 del Tratado de Funcionamiento de la UE (TFUE), según el cual "[l]as exigencias de la protección del medio ambiente deberán integrarse en la definición y en la realización de las políticas y acciones de la Unión, en

---

48 COM(2019) 640 final, *op. cit.*, p. 25.

49 Como se reflejó en la revisión de la PCC llevada a cabo en 2021: "[e]l comercio es una de las herramientas más importantes de la UE y el motor de la prosperidad económica y la competitividad de Europa, puesto que propicia un mercado interior dinámico y una acción exterior firme. Como consecuencia de la apertura de nuestro régimen comercial, la UE es el mayor comerciante de servicios y productos agrícolas y manufacturados del mundo y ocupa el primer puesto en términos de inversiones internacionales entrantes y salientes. Gracias a la política comercial común, la UE habla con una sola voz en la escena mundial, lo que supone un factor de influencia único". Comunicación de la Comisión al Parlamento Europeo, al Consejo, al Comité Económico y Social Europeo y al Comité de las regiones "Revisión de la política comercial–Una política comercial abierta, sostenible y firme", COM/2021/66 final, Bruselas, 18.2.2021, p. 1.

particular con objeto de fomentar un desarrollo sostenible"[50]. Una formulación similar se recoge también en el art. 37 de la Carta de los derechos fundamentales de la UE[51], y la propia comunicación sobre el PVE establece que "[t]odas las actuaciones y políticas de la UE deberán contribuir a los objetivos del Pacto Verde Europeo"[52]. La protección del medio ambiente es, además, uno de los principios y objetivos de la acción exterior de la UE, que de conformidad con el art. 21 del Tratado de la Unión Europea (TUE), "definirá y ejecutará políticas comunes y acciones y se esforzará por lograr un alto grado de cooperación en todos los ámbitos de las relaciones internacionales con el fin de", entre otros, "f) contribuir a elaborar medidas internacionales de protección y mejora de la calidad del medio ambiente y de la gestión sostenible de los recursos naturales mundiales, para lograr el desarrollo sostenible"[53]. Estos son también, en consecuencia, principios y objetivos aplicables a la PCC, tal y como se

---

50 Véase, entre otros: KARAGEORGOU, V., "The Environmental Integration Principle in EU Law: Normative Content and Functions also in Light of New Developments, such as the European Green Deal", *European Papers,* Vol. 8, 2023, nº 1, 2023, pp. 159-189.

51 De conformidad con ese artículo: ""[l]as políticas de la Unión integrarán y garantizarán con arreglo al principio de desarrollo sostenible un alto nivel de protección del medio ambiente y la mejora de su calidad".

52 COM(2019) 640 final, *op. cit.*, p. 3.

53 Estos objetivos se aplican a todos los ámbitos de la acción exterior de la UE, así como a los aspectos externos de otras políticas (art. 21.3 TUE). Aunque estas disposiciones no atribuyen una prioridad a los requerimientos ambientales, implican una obligación y un objetivo de considerar las preocupaciones ambientales como una cuestión de integración política, cuyo efecto necesita evaluarse caso por caso debido a la amplia discreción dejada al ejecutivo y legislativo de la UE, con el que es poco probable que interfiera el judicial. CARDESA-SALZMANN, A.; MORGERA, E., "The EU´s external action after Lisbon: competences, policy consistency and participation in international environmental negotiations", en PEETERS, M., and ELIANTONIO, M. (eds.), *Research handbook on EU Environmental Law,* Edgard Elgar Publishing, 2020, p. 78.

recoge en el propio TUE[54] y ha sido confirmado por el Tribunal de Justicia de la UE[55].

De hecho, la integración del medio ambiente y el desarrollo sostenible en la PCC de la UE se ha ido consolidando y aumentado en ambición a lo largo del tiempo. Como han indicado Antonio Cardesa-Salzmann y Elisa Morgera, desde 2006, la PCC ha desarrollado herramientas más sistemáticas para la integración medioambiental debido a una combinación de factores: los limitados resultados de los esfuerzos de la UE para abordar las preocupaciones medioambientales a nivel multilateral, especialmente en el marco de la OMC; y la oportunidad de utilizar el mercado y el poder económico de la UE para "exportar" sus propias normas medioambientales a través de enfoques unilaterales y bilaterales de cooperación comercial[56].

Las herramientas más importantes a las que ha recurrido para ello son: la inclusión en los acuerdos comerciales de un capítulo sobre comercio y desarrollo sostenible a través de los cuales la UE y sus socios comerciales se comprometen a respetar las normas laborales fundamentales y los principales tratados ambientales multilaterales; evaluaciones de impacto de la sostenibilidad (SIA, por sus siglas en inglés), o mecanismos preferenciales de carácter condicional[57], estos últimos, instrumentos también de

---

[54] De conformidad con el art. 207.1 TUE (*in fine*): "[l]a política comercial común se llevará a cabo en el marco de los principios y objetivos de la acción exterior de la Unión".

[55] Dictamen 2/15 del Tribunal de Justicia. Dictamen emitido con arreglo al artículo 218 TFUE, apartado 11, 16 de mayo de 2017, ECLI:EU:C:2017:376.

[56] CARDESA-SALZMANN, A.; MORGERA, E. *op. cit.*, p. 80.

[57] Véase, den detalle, entre otros: MANERO SALVADOR, A., "La política comercial común de la Unión Europea y el desarrollo sostenible", *Revista de Derecho Comunitario Europeo*, nº 66, 2020, pp. 603-627; FERNÁNDEZ-PONS, X., "The role of the EU in the promotion of sustainable development through multilateral trade", en CAMPINS ERITJA, M., *The European Union and global environmental protection. Transforming influence into action*, Routledge, 2020, pp. 50-73.

la cooperación al desarrollo de la UE, la cual también ha incluido de forma creciente mecanismos de condicionalidad ambiental[58]. En relación con los capítulos sobre desarrollo sostenible de los acuerdos comerciales cabe destacar que han tenido hasta ahora un enfoque promocional, sin un mecanismo real de implementación. Sin embargo, la Comisión Europea ha adoptado un cambio de rumbo, de la promoción a la condición, admitiendo desde 2022[59] la posibilidad de recurrir a sanciones comerciales en caso de incumplimiento de las obligaciones contenidas en dichos capítulos[60].

En el contexto del PVE se reconoce expresamente que la PCC puede apoyar la transición ecológica de la UE y servir de plataforma para colaborar con los socios comerciales en la acción por el clima y el medio ambiente[61]. Además, la UE se dedicará a facilitar el comercio de bienes y servicios medioambientales en los foros bilaterales y multilaterales, así como a apoyar unos mercados de la UE y mundiales abiertos y atractivos de productos sostenibles[62].

En el ámbito de la lucha contra el cambio climático, la posición de la UE en el comercio global le dota de una especial facultad para promover medidas de mitigación y adaptación al

---

58 Véase, entre otros: TRILLO DE MARTÍN-PINILLOS, E., "La condicionalidad medioambiental de la política de cooperación al desarrollo de la Unión Europea en el contexto del cambio climático", *European Climate Law Papers* 2/2021, accesible en: https://blogs.uned.es/derechoclimatico/?p=3167.

59 Comunicación de la Comisión al Parlamento Europeo, al Consejo, al Comité Económico y Social Europeo y al Comité de las Regiones "El poder de las asociaciones comerciales: juntos por un crecimiento económico ecológico y justo", COM (2022) 409 final, Bruselas, de 22 de junio de 2022.

60 MARTÍNEZ SAN MILLÁN, C., "Cambio de rumbo en la política comercial común de la Unión Europea: de la promoción a la condición", *Revista de Derecho Comunitario Europeo*, nº 76, 2023, pp. 185-211.

61 COM(2019) 640 final, *op. cit.*, p. 25.

62 *Ibidem.*

cambio climático a nivel global[63], como el CBAM, con el que se pretende de evitar el riesgo de fuga de carbono, reduciendo así las emisiones mundiales de carbono y apoyando los objetivos del Acuerdo de París, también mediante la creación de incentivos para la reducción de las emisiones en países terceros[64]. Este mecanismo se encuentra en vigor a través de una fase inicial transitoria que transcurre desde el 1 de octubre de 2023 hasta el 31 de diciembre de 2025, con obligaciones todavía reducidas y afectando solo a los sectores del cemento, hierro y acero, aluminio, fertilizantes, hidrógeno y la electricidad. Su objetivo es poner un precio al carbono emitido durante la producción de bienes intensivos en este elemento que entran en la UE que sea equivalente al precio del carbono de la producción en la UE. Su introducción gradual se está realizando en paralelo a la eliminación progresiva de la asignación de derechos gratuitos en el marco del RCDE UE para apoyar la descarbonización de la industria de la UE.

La PCC sirve de apoyo también a otras grandes estrategias ambientales como la Estrategia de la UE sobre la biodiversidad de aquí a 2030[65], y se ha materializado ya en iniciativas como el

---

63 GILES CARNERO, R., *op. cit.*, p. 154.

64 Reglamento (UE) 2023/956, *op. cit.*, art. 1.

65 Comunicación de la Comisión al Parlamento Europeo, al Consejo, al Comité Económico y Social Europeo y al Comité de las Regiones "Estrategia de la UE sobre la biodiversidad de aquí a 2030. Reintegrar la naturaleza en nuestras vidas", COM(2020) 380 final, Bruselas, 20.5.2020. Entre otros, se enuncia en ella como "[l]a política comercial brindará un apoyo activo a la transición ecológica y formará parte de ella. En este sentido, la Comisión velará por que se apliquen y se hagan cumplir plenamente las disposiciones relativas a la biodiversidad en todos los acuerdos comerciales, en particular a través del alto responsable de la aplicación de la política comercial de la UE. La Comisión evaluará mejor el impacto de los acuerdos comerciales en la biodiversidad, con medidas de seguimiento para reforzar las disposiciones sobre biodiversidad contempladas en los acuerdos existentes y nuevos, si procede" (p. 24).

Reglamento relativo a la comercialización en el mercado de la Unión y a la exportación desde la Unión de determinadas materias primas y productos asociados a la deforestación y la degradación forestal, adoptado en mayo de 2023[66]. Este reglamento establece normas relativas a la introducción y comercialización en el mercado de la Unión, así como a la exportación desde la Unión, de productos que contengan, se hayan alimentado o elaborado utilizando alguna de las siguientes materias primas: ganado bovino, cacao, café, palma aceitera, caucho, soja o madera[67]. Para ello, una de las obligaciones principales que establece para los operadores y comerciantes antes de introducir estos productos en la UE, comercializarlos o exportarlos, es la de presentar una declaración de diligencia debida que certifique que estén libres de deforestación y hayan sido producidos de conformidad con la legislación del país de producción. Con ello se pretende reducir al mínimo la contribución de la UE tanto a la deforestación y a la degradación forestal en todo el mundo, como a la emisión de GEI y a la pérdida de biodiversidad mundial[68].

Al mismo tiempo, la PCC constituye también una herramienta imprescindible para alcanzar la autonomía estratégica de la UE y una respuesta más asertiva a las prácticas desleales y abusivas que se producen en el comercio internacional, a través de la

66 Reglamento (UE) 2023/1115 del Parlamento Europeo y del Consejo, de 31 de mayo de 2023, relativo a la comercialización en el mercado de la Unión y a la exportación desde la Unión de determinadas materias primas y productos asociados a la deforestación y la degradación forestal, y por el que se deroga el Reglamento (UE) nº 995/2010, *DOUE* núm. 150, de 9 de junio de 2023, pp. 206-247.

67 Art. 1.

68 Véase: PIGRAU SOLÉ, A., "El nuevo reglamento de la UE para impedir el comercio de productos provenientes de la deforestación", *The Conversation,* 26 junio 2023, accesible en: https://theconversation.com/el-nuevo-reglamento-de-la-ue-para-impedir-el-comercio-de-productos-provenientes-de-la-deforestacion-208237.

inclusión de mecanismos comerciales defensivos[69]. Además de los ya citados CBAM, el Reglamento de lucha contra la desforestación, y la estrategia y el Reglamento para un suministro seguro y sostenible de materias primas fundamentales para la transición ecológica y digital, podemos citar como otros ejemplos recientes de este tipo de mecanismos: el Reglamentos de control de las inversiones extranjeras directas en la Unión[70], el Reglamento contra las subvenciones extranjeras que distorsionan el mercado interior[71], el Reglamento de protección de la Unión y de sus Estados miembros frente a la coerción económica por parte de terceros países[72], el Instrumento de Contratación Pública Inter-

---

69 Véase en este sentido: LÓPEZ-JURADO ROMERO DE LA CRUZ, C., "El difícil camino hacia la regulación de la lucha contra la coerción económica en la Unión Europea", *Revista de Derecho Comunitario Europeo,* núm. 55, 2003, p. 177; BLANC ALTEMIR, A., "Trade relations of the European Union after the pandemic and the Russian invasion of Ukraine", en BLANC ALTEMIR, A. (dir.), ORTIZ HERNÁNDEZ, E., COS SÁNCHEZ, P. (Coords.), *The trade relations on the European Union with the rest of the world. An analysis after the pandemic and the Russian invasion of Ukraine,* Aranzadi, 2023, p. 37; o WOLFGANG, W., "EU strategic autonomy and rule of law in external affairs: what future for respect for international law and multilateralism and trade policy?", en HINOJOSA-MARTÍNEZ, L. M., PÉREZ-BERNÁRDEZ, C. (eds.), *Enhancing the rule of law in the EU´s external action,* Edward Elgar Publishing, 2023, pp. 187-217.

70 Reglamento (UE) 2019/452 del Parlamento Europeo y del Consejo, de 19 de marzo de 2019, por el que se establece un marco para el control de las inversiones extranjeras directas en la Unión, *DOUE* núm. 79, de 21 de marzo de 2019, pp.1001-1014.

71 Reglamento (UE) 2022/2560 del Parlamento Europeo y del Consejo de 14 de diciembre de 2022 sobre las subvenciones extranjeras que distorsionan el mercado interior, *DOUE* núm. 330, de 23 de diciembre de 2022, pp.1-45.

72 Reglamento (UE) 2023/2675 del Parlamento Europeo y del Consejo, de 22 de noviembre de 2023, relativo a la protección de la Unión y de sus Estados miembros frente a la coerción económica por parte de terceros países, *DOUE* núm. 2675, de 7 de diciembre de 2023, pp. 1- 23.

nacional (ICPI) de la UE[73], o la propuesta de Directiva sobre diligencia debida de las empresas en materia de sostenibilidad[74].

3.2. La capacidad de la UE de establecer normas para un crecimiento sostenible en todas las cadenas de valor mundiales: el "efecto Bruselas"

Como se indicaba en la comunicación sobre el PVE:

> "La UE debería utilizar su experiencia en la regulación «verde» para animar a sus socios a diseñar normas similares a las de la UE y tan ambiciosas como ellas, facilitando así el comercio y mejorando la protección del medio ambiente y la mitigación del cambio climático en estos países.
> Al tratarse del mercado único más extenso del mundo, la UE puede fijar normas aplicables a todas las cadenas de valor mundiales. La Comisión seguirá aplicándose en la elaboración de nuevas pautas de crecimiento sostenible y utilizará su peso económico para configurar normas internacionales que estén en consonancia con las ambiciones medioambientales y climáticas de la UE"[75].

---

73 Reglamento (UE) 2022/1031 del Parlamento Europeo y del Consejo de 23 de junio de 2022 sobre el acceso de los operadores económicos, bienes y servicios de terceros países a los mercados de contratos públicos y de concesiones de la Unión, así como sobre los procedimientos de apoyo a las negociaciones para el acceso de los operadores económicos, bienes y servicios de la Unión a los mercados de contratos públicos y de concesiones de terceros países (Instrumento de contratación internacional-ICI), *DOUE* núm. 173, de 30 de junio de 2022, pp. 1-16.

74 Propuesta de Directiva del Parlamento Europeo y del Consejo sobre diligencia debida de las empresas en materia de sostenibilidad y por la que se modifica la Directiva (UE) 2019/1937, Bruselas, 23.2.2022, COM(2022) 71 final, 2022/0051(COD). A fecha de cierre de este trabajo ha sido ya aprobada por el Consejo de la UE y se encuentra pendiente de publicación en el DOUE: https://www.consilium.europa.eu/es/press/press-releases/2024/05/24/corporate-sustainability-due-diligence-council-gives-its-final-approval/.

75 COM(2019) 640 final, *op. cit.*, p. 25.

A esta capacidad de establecer unilateralmente normas aplicables a todas las cadenas de valor mundiales se le ha denominado "efecto Bruselas"[76]. Anu Bradford, quien ha popularizado este término y estudiado a fondo este fenómeno[77] distingue, además, entre lo que denomina efecto Bruselas "*de facto*" y "*de iure*". El "efecto Bruselas *de facto*" explicaría cómo las empresas globales responden a las regulaciones de la UE ajustando su conducta global a esas normas debido al incentivo empresarial que supone acceder al mercado interior y unificar su producción global. A su vez, el "efecto Bruselas *de iure*" se basaría en el anterior, desplegándose una vez que las empresas multinacionales han ajustado su comportamiento de conformidad con las normas de la UE, momento en el que tienen el incentivo para presionar a favor del establecimiento de regulaciones similares en sus jurisdicciones nacionales[78]. Estos efectos se han hecho notar ya de manera relevante en ámbitos como el del derecho de la competencia, la economía digital, o la salud y seguridad de los consumidores[79]. No son tampoco nuevos en materia ambiental, en la que ya se han desplegado también en relación con, entre otros, los estándares aplicables a sustancias peligrosas y residuos electrónicos, el régimen jurídico aplicable bienestar animal, o la mitigación del cambio climático a través de un sistema de comercio de emisiones[80].

---

76 Se trata de un guiño al denominado "efecto California", que describe el efecto similar de proyección que tuvieron las normas, sobre todo ambientales, del Estado de California, más estrictas que las de otros de Estados Unidos, a través de la presencia y presión grandes empresas internacionales operando en ese Estado y otros. Véase, entre otros: VOGEL, D., *Trading Up: Consumer and Environmental regulation in a global economy*, Harvard University Press, 1995.

77 BRADFORD, A., *The Brussel Effect. How the European Union rules the world*, Oxford University Press, 2020.

78 *Ibidem*, p. 2.

79 *Ibidem*, pp. 99- 206.

80 *Ibidem*, pp. 207- 231.

La novedad en el marco del PVE es que la UE va a recurrir a este efecto de forma plenamente consciente y estratégica y con una doble finalidad, tanto "ofensiva" como "defensiva"[81], es decir, tanto como elemento de presión para reforzar e implementar el multilateralismo ambiental, como para intentar garantizar la competitividad o *level playing field* del sector productivo europeo.

3.3. *Las medidas unilaterales como complemento del multilateralismo*

La UE acude a estas medidas unilaterales, en primer lugar, porque es consciente de que resulta imprescindible universalizar las metas ambientales y de cambio de modelo de crecimiento económico del PVE para conseguir los objetivos internacionales, entre otros, en materia de cambio climático, sobre los que la comunidad internacional lleva mucho retraso. El multilateralismo ambiental -en la actualidad representado en especial por el Acuerdo de París y la Agenda 2030- es en todo caso la brújula y meta de estas medidas unilaterales y lo que las va a legitimar. Al mismo tiempo, al constituir el PVE su propia estrategia para alcanzar a nivel europeo las metas acordadas multilateralmente, esa medidas unilaterales van a servir también para universalizar las metas del PVE.

El unilateralismo, aunque desprovisto en sí mismo de cualquier connotación jurídica[82], tiene una carga intrínsicamente negativa[83],

---

81 LAMY P., PONS, G., VAN DER VEN, C., AZEVEDO, C., "EU trade and the environment: Development as the missing side of the triangle", *Europe Jacques Delors Policy Paper*, June 2023, accesible en: https://www.europejacquesdelors.eu/publications/greening-trade-14.

82 BOISSON DE CHAZOURNES, L., "Unilateralism and environmental protection : issues and perception and reality of issues", *European Journal of International Law*, vol.11, issue 2, 2000, pp. 315–328.

83 REMIRO BROTÓNS, A., "Universalismo, multilateralismo, regionalismo y unilateralismo en el nuevo orden internacional", *Revista Española de Derecho Internacional*, vol. 51, núm. 1, 1999, p. 14.

lo cual no deja de resultar paradójico si se tiene en cuenta, por un lado, el carácter descentralizado de la sociedad internacional y que la propia base del ordenamiento jurídico internacional es la existencia de Estados soberanos y esta dimensión interestatal –aunque conviva e interactúe con la institucional y comunitaria- es precisamente la que le aporta a este ordenamiento algunos de sus caracteres definitorios y, en concreto, su carácter relativo, recíproco, dispositivo y particularista[84]. Por otro lado, tampoco debe perderse de vista que la acción unilateral o la amenaza de su uso ha tenido muchas veces un papel esencial en el desarrollo de estándares internacionales para la protección del medio ambiente[85].

Cabe plantearse así dónde termina el unilateralismo y comienza el liderazgo[86], sobre todo, cuando esas medidas están destinadas, precisamente, a presionar a otros actores para que cumplan con los compromisos ambientales consensuados de forma multilateral. Algunos autores se refieren así a una suerte de "unilateralismo multilateral"[87]. Daniel Bodansky se plantea incluso si cuando solo la ejecución es unilateral, y no las normas que se implementan, pueden considerarse siquiera como unilateralismo[88], teniendo en cuenta, además, que frecuentemente los mecanismos multilaterales de implementación no

---

84 DIEZ DE VELASCO, M., *Instituciones de Derecho Internacional Público,* Tecnos, 18ª ed., 2013, pp. 88-90.

85 Entre otros, el bombardeo por Reino Unido del Torrey Canyon para proteger sus aguas costeras de un vertido masivo de petróleo condujo a la negociación de la Convención Internacional de 1969; o, la amenaza de Estados Unidos en los 70 de imponer unilateralmente estándares de uso de doble casco a buques petroleros, a la adopción de la Convención de MARPOL de 1973 y su Protocolo de 1978. BODANSKY, D., "What's so bad about unilateral action to protect the environment?", *European Journal of International Law,* Vol.11, Issue 2, 2000, p. 344.

86 *Ibidem,* p. 340.

87 DOMINIONI, G.; ESTY D.C., "Designing effective border carbon adjustment mechanisms: aligning the global trade and climate change regimes", *Arizona Law Review,* Issue 65:1, 2023, p. 29.

88 BODANSKY, D., *op. cit.,* p. 343.

existen o son ineficientes. En esos casos no existiría realmente una acción multilateral, sino que la elección es entre unilateralismo o no hacer nada, y no entre unilateralismo y multilateralismo[89]. El quid de la cuestión consistiría en saber cuándo resulta apropiado que un Estado actúe por su cuenta en vez de en concierto con otros Estados para promover el interés de la comunidad internacional, para lo cual se deberían sopesar caso por caso los beneficios para el medio ambiente de las acciones unilaterales en relación con los costes de esa acción en términos de estabilidad del sistema internacional[90].

Reflexiones similares se han hecho también en el contexto del marco teórico de los Estados como "fideicomisarios de la humanidad". Conforme al mismo, como propone Eyal Benvenisti, los Estados pueden "legislar para la humanidad", es decir, tienen el derecho, y, en algunas circunstancias, deben, actuar unilateralmente para el bien común, siempre que cumplan con condiciones rigurosas que aseguren que el interés y las oportunidades de todos los actores interesados son tenidas seriamente en cuenta[91].

En el caso concreto del uso de medidas comerciales para la protección del medio ambiente, David Sifonios ha señalado también como este tipo de medidas encuentra su legitimidad en su fin último de conseguir un modelo global de transición económi-

---

89 *Ibidem*, p. 346.

90 Para ello, este autor propone la realización de una evaluación caso por caso a través del examen de los siguientes factores: la necesidad de esas medidas unilaterales, su efecto en los intereses legítimos de otros Estados, si son medidas destinadas a la protección del medio ambiente del Estado en cuestión o del medio ambiente global, y si esa medida puede universalizarse (de modo que esa acción unilateral pueda ser vista como una clase de liderazgo). *Ibidem*, pp. 346-347.

91 BENVENISTI, E., "Legislating for Humanity: May States Compel Foreigners to Promote Global Welfare?", *GlobalTrust Working Paper Series* 02/2013, accessible en: http://globaltrust.tau.ac.il/publications.

ca[92], contribuyendo a la consecución de intereses públicos globales protegidos por el Derecho Internacional, y pueden en muchos caso, ser útiles, o incluso, necesarias para proteger el medio ambiente[93].

Estas acciones unilaterales pueden, además, llegar a dar lugar a práctica estatal que genere a su vez normas consuetudinarias o constituir el primer paso en la construcción de un régimen multilateral convencional[94]. Pensemos, por ejemplo, en el controvertido CBAM, que pretende, entre otros, ayudar a la consecución de los objetivos del Acuerdo de París. Aunque la UE ha sido la primera en crearlo, ya se había considerado -aunque sin éxito- la adopción de medidas de este tipo de forma multilateral en el contexto de las negociaciones internacionales sobre cambio climático. Su establecimiento por la UE es probable que impulse la creación de mecanismos parecidos por cada vez más países o regiones -de hecho, ya está siendo objeto de consideración, entre otros, en Estados Unidos o Canadá-, o conduzca, incluso, en último término, al establecimiento de un mecanismo universal de este tipo[95].

3.4. Las medidas unilaterales como medio para promover un level playing field

La otra gran finalidad que la UE pretende adoptar con las medidas unilaterales a las que nos estamos refiriendo es tratar de contrarrestar la desventaja competitiva en la que se encontraría

---

92 SIFONIOS, D., *Environmental Process and Production Methods (PPMs) in WTO Law*, Springer, 2018, p. 135.

93 *Ibidem*, p. 236.

94 *Ibidem*, p. 236.

95 En todo caso, sobre lo que parece haber de acuerdo hasta el momento, es en la necesidad de establecer formas de cooperación entre los mecanismos nacionales o regionales de este tipo que puedan establecerse. Véase, entre otros: BARŠAUSKAITĖ, I., TIPPING, A., "Border Carbon Adjustments. Priorities for international cooperation", *IISD Policy Brief*, August 2023, accesible en: https://www.iisd.org/publications/brief/border-carbon-adjustments-international-cooperation.

frente a productores extranjeros si solo ella adoptase medidas ambiciosas para la protección ambiental, alcanzar la neutralidad climática y, en última instancia, adoptar un cambio en el modelo de crecimiento. La UE es, por tanto, consciente de los inconvenientes de la no universalización de esas medidas para ella y sus empresas, y de la consecuente necesidad de promover un *level playing field* que garantice unas condiciones de libre competencia para las empresas europeas y las proteja de prácticas que puedan generar, entre otros, deslocalización y fugas de carbono[96].

El concepto de *level playing field* resulta clave en el proceso de integración económica de la UE y su política de competencia, y se ha convertido también en unos de los lemas de su política económica exterior en los últimos años[97]. En el ámbito del comercio internacional, como ha señalado Annina Bürgin: "se basa en el concepto de *fairness*, es decir, establecer igualdad de condiciones en el sentido de que los actores económicos deben operar aplicando las mismas reglas. Pero un comercio equitativo no significa que todos deban tener éxito, sino que todos estén sujetos a las mismas reglas de juego, y que, además, ningún Estado (u Organización Internacional regional con una unión aduanera) distorsione el libre comercio mediante cualquier tipo de intervención que tenga como resultado una mayor protección de los actores económicos domésticos"[98]. Se trata, en definitiva, de que las empresas europeas no se encuentren en desventaja a la hora de exportar sus productos y servicios, ni a la hora de competir en el mercado interior con las importaciones de países que no tienen los mismos estándares ambientales y climáticos que ella.

---

96 FAJARDO DEL CASTILLO, T., *La diplomacia del clima ..., op. cit.*, p. 20.

97 "Tilting the Playing Field", Written by Victor Crochet and Elyse Kneller, en *Ejil:talk!*, January 11, 2023, accesible en: https://www.ejiltalk.org/tilting-the-playing-field/.

98 BÜRGIN, A. C., *Level playing field en la cadena de producción pesquera*, Cuadernos de Derecho Europeo, IUEE- Salvador de Madariaga, nº 6, 2020, p. 4.

Con el PVE y su meta de la neutralidad climática, y un escenario político y económico internacional incierto y, en muchos casos, hostil, la necesidad de un *level playing field* cobra cada vez más relevancia, al mismo tiempo que se convierte en instrumental para alcanzar también la autonomía estratégica de la UE. En el contexto de la descarbonización, el acento se pone ahora, sobre todo, en la necesidad de otros Estados adopten sus propios sistemas de tarificación del carbono, lo cual contribuirá también a aumentar la ambición climática global[99].

3.5. *Principales críticas a las medidas unilaterales y su compatibilidad con el régimen jurídico del comercio internacional*

Algunas de las críticas que estas medidas reciben están relacionadas con el hecho de que puedan constituir una forma de "eco-imperialismo" o "imperialismo verde". Este se produciría cuando la adopción de medidas unilaterales en este contexto no tiene en cuenta las condiciones locales o el marco jurídico interno de los socios comerciales -argumentos que constituyen, por ejemplo, la base de las críticas de países como Indonesia y Malasia al Reglamento de lucha contra la deforestación de la UE[100]- o se encuentran motivadas política y económicamente, y no basadas en la ciencia[101].

Estas medidas también podrían chocar con nociones de justicia climática si en su diseño no se tienen en cuenta adecuadamente la situación de países en desarrollo y menos adelantados, que no han contribuido históricamente de forma significativa a la emisión de GEI, aunque sí lo hagan en la actualidad[102]. Entrarían por lo tanto en juego cuestiones relacionadas con el principio de

---

99 COM(2024) 63 final, *op. cit.*, p. 19.

100 LAMY P., PONS, G., VAN DER VEN, C., AZEVEDO, C., *op. cit.*, pp. 3-4.

101 *Ibidem*, p. 5.

102 *Ibidem*, p.6.

las responsabilidades comunes pero diferenciadas y capacidades respectivas, y el derecho al desarrollo[103].

No obstante, unas de las acusaciones más recurrentes son las que tildan a estas medidas de proteccionistas y, en consecuencia, el mayor problema práctico que puede entrañar su adopción es su posible incompatibilidad con las normas multilaterales del comercio internacional -o, incluso, con algunas del multilateralismo ambiental que se remiten a aquellas[104]-, la cual podría ser determinada por los órganos del Sistema de Solución de Controversias (SSD) de la OMC.

La protección del medio ambiente no apareció en el contexto del Acuerdo General sobre Aranceles Aduaneros y Comercio (GATT, por sus siglas en inglés) hasta que en los años 80 se empezaron a impugnar, precisamente, regulaciones nacionales con ese fin ante el SSD de la OMC[105]. Desde entonces, se ha

---

103 Véase, entre otros: "Is the EU realizing an externally just green transition? A short analysis of the Carbon Border Adjustment Mechanism from the perspective of the CBDR principle and the right to development of LDCs", Written by Jakub Bednarek, *Ejil:talk!*, October 31, 2022, accessible en: https://www.ejiltalk.org/is-the-eu-realizing-an-externally-just-green-transition-a-short-analysis-of-the-carbon-border-adjustment-mechanism-from-the-perspective-of-the-cbdr-principle-and-the-right-to-development-of-ldcs/.

104 Nótese, entre otros, que el art. 3.5. de la Convención Marco de las Naciones Unidas sobre el Cambio Climático establece que "[l]as Partes deberían cooperar en la promoción de un sistema económico internacional abierto y propicio que condujera al crecimiento económico y desarrollo sostenibles de todas las Partes, particularmente de las Partes que son países en desarrollo, permitiéndoles de ese modo hacer frente en mejor forma a los problemas del cambio climático. Las medidas adoptadas para combatir el cambio climático, incluidas las unilaterales, no deberían constituir un medio de discriminación arbitraria o injustificable ni una restricción encubierta al comercio internacional".

105 HINOJOSA MARTÍNEZ, L. M. Y FAJARDO DEL CASTILLO, T., "Los nuevos problemas del comercio internacional", en ROLDÁN BARBERO, J., HINOJOSA MARTÍNEZ, L. M. (coords.), *Derecho Internacional Económico*, Tirant Lo Blanch, Valencia, 2022, p. 206.

producido un cierto acercamiento entre el régimen jurídico internacional del comercio y de su liberalización y la protección ambiental, y ambos se han vuelto más sensibles hacia el otro, pero los retos continúan[106] y se hace cada vez más patente la necesidad de reformar el sistema mundial de comercio para incorporar plenamente la protección del medio ambiente y la lucha contra el cambio climático[107]. La compatibilidad de las adopción de medidas restrictivas del comercio por razones ambientales (conocidas como TREMS, por sus siglas en inglés) con el GATT sigue siendo uno de ellos y se deciden caso por caso ante el SSD de la OMC.

Resumidamente, las TREMS pueden ser y han sido declaradas incompatibles en muchos casos con el GATT de la OMC por ser contrarias a principios básicos del mismo, como los relativos a la no discriminación: el principio de la nación más favorecida y el de trato nacional en materia de tributación y de reglamentación interiores (arts. I y III del GATT); y no encajar en las excepciones generales previstas en el art. XX del GATT. Estas excepciones sí permiten la adopción de medidas necesarias para proteger la salud y la vida de las personas y de los animales o para preservar los vegetales[108]; o relativas a la con-

---

106 Véase, en detalle, entre otros: ESTY, D. C., *Greening in the GATT. Trade, environment, and the future,* Institute for International Economics, 1994; BODANSKY, D., LAWRENCE, J. C., "Trade and environment", en BETHLEHEM, D., MCRAE, D., NEUFELD, R., VAN DAMME, *The Oxford Handbook of International Trade Law,* Oxford University Press, 2009, pp. 505-523; o OLAWUYI, D. S., "Environment", en BETHLEHEM, D., MCRAE, D., NEUFELD, R., VAN DAMME, I., *The Oxford Handbook of International Trade Law,* 2nd ed., 2022, pp. 674-693.

107 Entre otros: HINOJOSA MARTÍNEZ, L. M.; FAJARDO DEL CASTILLO, T., *op. cit.*, p. 207, o FERNÁNDEZ-PONS, X., "The role of the EU in the promotion of sustainable development through multilateral trade", en CAMPINS ERITJA, M., *The European Union and global environmental protection. Transforming influence into action,* Routledge, 2020, p. 65.

108 Art. XX, letra b.

servación de los recursos naturales agotables, a condición de que tales medidas se apliquen conjuntamente con restricciones a la producción o al consumo nacionales[109], que sí pueden dar cabida a la adopción de medidas de protección del medio ambiente. Pero para que estas excepciones resulten aplicables, debe cumplirse también con las condiciones para evitar medidas protecciones contenidas en el encabezado de este art. XX: no deben constituir un medio de discriminación arbitrario o injustificable entre los países en que prevalezcan las mismas condiciones, o una restricción encubierta al comercio internacional[110].

La práctica del SSD ha sumado a estas condiciones los requisitos de que las TREMS sean necesarias, proporcionales y las menos restrictivas del comercio atendiendo al objeto perseguido, así como la necesidad de que los Estados implicados en la controversia realicen un esfuerzo razonable para llegar a un acuerdo, de modo que las TREMS adoptadas resultan válidas solo

---

109 Art. XX, letra g.

110 HINOJOSA MARTÍNEZ, L. M.; FAJARDO DEL CASTILLO, T., *op. cit.*, pp. 208-210; o FERNÁNDEZ PONS, X., "La propuesta de la Unión Europea relativa a un impuesto sobre el carbono en frontera y su compatibilidad con las normas de la Organización Mundial del Comercio", *Revista de Educación y Derecho*, núm. 21, 2020. A problemas similares de compatibilidad con el GATT pueden enfrentarse otras iniciativas de la UE tomadas en otro de los grandes ámbitos en el que está recurriendo también a su poder normativo y económico unilateral, como es el de las condiciones laborales. Véase, entre otros: BURGIN, A. C., "Proposal of the Commission to prohibit placing fisheries products made by forced labour on the market of the European Union, WTO rules and challenges of the ecological and digital transition", en OANTA, G. A. (dir.), *Los derechos humanos en el mar ante los desafíos de la transición ecológica y digital*, J. M. Bosch Editor, 2023, pp. 151-184; o MARTÍNEZ SAN MILLÁN, C., "European Union´s governance through trade: Considerations on the Proposal for a Regulation on prohibiting products made with forced labour on the Union market", *Spanish Yearbook of International Law*, núm. 27, 2023, pp. 163–190.

provisionalmente hasta que sean reemplazadas por un tratado internacional celebrado con el Estado afectado[111].

Aunque el SSD de la OMC ha flexibilizado su inclinación inicial a priorizar el libre comercio, resulta cuestionable en todo caso hasta qué punto resulta el foro más conveniente para resolver unas controversias para las que no fue originalmente creado y que involucran a dos sectores -comercio y medio ambiente- con sus propios principios, objetivos y contenidos y que resultan en muchos casos antagónicos. Todo ello, en un contexto de crisis de la OMC y del propio SSD.

4. CONSIDERACIONES FINALES

La UE ha venido ejerciendo en las últimas décadas un importante liderazgo ambiental fruto de los ambiciosos objetivos ambientales y climáticos desplegados a nivel interno y la diplomacia ambiental y climática que ha desarrollado con el fin de promover compromisos e instrumentos jurídicos multilaterales ambiciosos y su efectiva implementación, de las que ella es también uno de los mejores ejemplos. Con la adopción del PVE, se potencia ese liderazgo y se enfoca ahora en nada menos que la promoción del objetivo de la neutralidad climática y de un cambio de paradigma en el propio modelo de crecimiento económico a nivel global.

Pero, en un escenario internacional caracterizado por una crisis del multilateralismo, guerras comerciales, incertidumbres y volatilidad, puede decirse que la UE ha madurado, y va a complementar su liderazgo a través del ejemplo y la diplomacia, con otras herramientas más persuasivas y defensivas que, al mismo tiempo, le permiten caminar hacia su autonomía estratégica. Se trata de la utilización consciente y estratégica del poder comercial y nor-

---

111 HINOJOSA MARTÍNEZ, L. M.; FAJARDO DEL CASTILLO, T., *op. cit.*, p. 210.

mativo que le proporciona su PCC y su mercado interior, que le permiten exportar sus estándares ambientales a través de todas las cadenas de valor mundiales. Estas medidas unilaterales pretenden un doble objetivo: el refuerzo y la implementación del multilateralismo ambiental -del que obtienen su legitimidad-, y la garantía de un *level playing field* para el sector productivo europeo.

Para no despertar recelos y hostilidades entre sus socios comerciales, la UE no debería dejar de intentar perseguir estos objetivos primeramente a través de su negociación en foros multilaterales y del diálogo bilateral con esos socios, ni olvidarse de tener en cuenta la especial situación de los países en desarrollo y menos adelantados a la hora de diseñar estas medidas. También debería cumplir con el GATT si quiere evitar que esas medidas unilaterales sean impugnadas ante el SSD de la OMC. Un SSD, que en todo caso, no pasa por su mejor momento y que probablemente no constituya el mejor foro para lidiar con controversias ambientales.

No obstante, con un derecho internacional del medio ambiente que no acaba de dar sus frutos y un sistema multilateral de comercio en crisis, estas medidas pueden ser una alternativa adecuada -e, incluso, necesaria-, especialmente mientras no sea posible alcanzar el consenso internacional que se requiere para mejorar estos dos sectores de forma multilateral e integrarlos mejor. Algo para lo que estas medidas unilaterales adoptadas por la UE pueden constituir, precisamente, ya sea por sus virtudes o por sus defectos, un revulsivo.

RESUMEN: La Unión Europea, además de seguir apostando como hasta ahora por el liderazgo a través del ejemplo y el multilateralismo para abordar los problemas ambientales, está recurriendo también de forma consciente y estratégica al poder comercial y normativo que le otorgan su Política Comercial Común y su mercado interior y que le permite establecer estándares ambientales en todas las cadenas de valor mundiales. Algunos de los ejemplos recientes más icónicos de estas medidas unilaterales son el establecimiento de un Mecanismo de Ajuste en Frontera por Carbono o la adopción de un Reglamento para luchar contra la deforestación. Este tipo de medidas tienen dos grandes finalidades:

reforzar la implementación del multilateralismo ambiental -del que obtienen su legitimidad-, y, con ello, la universalización de las metas del Pacto Verde Europeo; y garantizar un *level playing field* para el sector productivo europeo. Estas medidas resultan controvertidas y podrían llegar a ser desafiadas ante el Sistema de Solución de Controversias de la OMC.

ABSTRACT: *As well as continuing to lead by example and multilateralism in tackling environmental problems, the EU is also consciously and strategically using the trade and regulatory power granted by its Common Commercial Policy and its internal market to set environmental standards in all global value chains. Some of the most iconic recent examples of these unilateral measures are the establishment of a Border Carbon Adjustment Mechanism or the adoption of a Regulation to combat deforestation. These types of measures have two main purposes: to reinforce the implementation of environmental multilateralism–from which they derive their legitimacy–and, with it, the universalisation of the goals of the European Green Deal; and to guarantee a level playing field for the European productive sector. These measures are controversial and could be challenged before the WTO Dispute Settlement System.*

PARTE V

LUCES Y SOMBRAS DEL PACTO VERDE EUROPEO EN ESPAÑA

Vaivenes en la regulación del procedimiento de aprobación de proyectos de energías renovables en el contexto del Pacto Verde Europeo y de la crisis derivada de la guerra de Ucrania: El Régimen del Real Decreto Ley 6/2022 y su evolución normativa

ROBERTO O. BUSTILLO BOLADO[1]

SUMARIO: 1. CONSIDERACIONES INICIALES. 2. DESARROLLO. 2.1. La redacción original del Real Decreto-ley 6/2022, de 29 de marzo, *por el que se adoptan medidas urgentes en el marco del Plan Nacional de respuesta a las consecuencias económicas y sociales de la guerra en Ucrania*: aspectos generales. *2.1.1. La motivación de las medidas. 2.1.2. Síntesis y sistematización de las medidas.* 2.2. Análisis de las medidas transitorias incluidas del Real Decreto-Ley 6/2022 en relación con los proyectos de instalaciones de energías renovables. *2.2.1. El procedimiento simplificado de aprobación de proyectos. a) Planteamiento general. b) Reducción de plazos procedimentales. c) Tramitación*

---

1 Catedrático de Derecho Administrativo, Universidad de Vigo (Campus de Ourense), Miembro asociado del Instituto Universitario de Estudios Europeos Salvador de Madariaga (rbustillo@uvigo.es). Todas las páginas webs mencionadas en este estudio han sido consultadas el 31 de enero de 2024. Este capítulo es un resultado del proyecto ministerial de generación del conocimiento ref. PID2022-142484NB-C22, "Hacer justicia para hacer las paces con la naturaleza: la judicializacion y otras formas de protección jurisdiccional e institucional de la naturaleza (*Pax Natura*)", y se trata de una revisión y adaptación del artículo BUSTILLO BOLADO, R.O., "El fomento en el Derecho español de la instalación de plantas fotovoltaicas flotantes en aguas de dominio público hidráulico", *Revista de Direito e Justiça: Reflexões sociojurídicas* V. 23, N. 45, 2023.

conjunta de dos de las tres autorizaciones que hay que solicitar. d) Simplificación y aceleración del procedimiento de declaración de utilidad pública. 2.2.2. Informe de determinación de afección ambiental. 2.3. La incidencia sobre la redacción original del R.D.-Ley 6/2022 de la entrada en vigor del R.D.-Ley 11/2022, de 25 de junio. 3. CONSIDERACIONES FINALES: CRISIS, REACCIÓN, REDUCCIÓN DE GARANTÍAS Y, DE REBOTE, OBJETIVOS DEL PACTO VERDE.

1. CONSIDERACIONES INICIALES

La Constitución Española consagra entre sus principios rectores el derecho a disfrutar de un medio ambiente adecuado para el desarrollo de la persona (art. 45). Uno de los muchos frentes de batalla en la constante lucha para que ese contenido constitucional no se quede en un pío deseo es regular, controlar, limitar las actividades humanas con potencial o real efecto negativo sobre el medio.

En el momento en que entró en vigor la Constitución, el principal instrumento jurídico al servicio de este objetivo era el Decreto 2414/1961, de 30 de noviembre, por el que se aprueba el *Reglamento de actividades molestas, nocivas insalubres y peligrosas* (RAMNIP). Como explicaba Esteve Pardo en la primera edición de su *Derecho del medio ambiente*, el RAMNIP fue una norma nacida "con la pretensión de abarcar todas las actividades con incidencia ambiental" (sometiéndolas a licencia), pero "cuyo objetivo más o menos explícito (...) no es tanto la neutralización o disminución de la contaminación como el alejamiento de sus focos"[2]. En el ámbito interno, las Comunidades Autónomas desde sus competencias legislativas fueron estableciendo sus propias normas que fueron desplazando al RAMNIP[3]. Y en el ámbito internacional, tanto las exigencias que fueron llegando de Europa tras la entrada de España en 1986 en la estructura internacio-

---

2 ESTEVE PARDO, J., *Derecho del medio ambiente*, Marcial Pons, Madrid, 2005, pp. 19 y 24; (en la última edición de esta obra, la 5ª de 2022, pueden encontrarse los mismos contenidos, aunque con una redacción diferente de la citada.

3 La disposición derogatoria única de la Ley 34/2007, de 15 de noviembre, *de calidad del aire y protección de la atmósfera* dispone que:

nal que hoy conocemos como Unión Europea, como las exigencias derivadas de otros compromisos internacionales asumidos por España fueron también contribuyendo a superar poco a poco el limitado modelo de protección que ya en la parte final del siglo XX representaban aisladamente las previsiones del RAMNIP, dando lugar a un nuevo modelo más exigente, la *evaluación ambiental*, cuyas bases se encuentran en la Ley 21/2013, de 9 de diciembre, *de evaluación ambiental*. Este nuevo sistema se caracteriza por sujetar no sólo proyectos de actividades, sino también planes y programas; por tener como finalidad no alejar u ocultar, sino tratar de evitar o limitar las posibles consecuencias nocivas para el medio ambiente de los proyectos, planes o programas evaluados (o destacar y potenciar los efectos positivos, en su caso); por la relevancia que se le da a la participación ciudadana a través de la información pública; por ser más complejo y exigente (y costoso) que el mecanismo del viejo RAMNIP; y por (precisamente debido a lo anterior) no tener un alcance omnicomprensivo, sino por sujetar sólo las actividades con más potencial o real incidencia sobre el medio ambiente (las expresamente recogidas en las listas de sus *anexos*), pues para otras actividades con menor incidencia potencial o real existen otros mecanismos de control más ligeros diseñados por la legislación autonómica. El esquema de instrumentos de evaluación ambiental previstos en la Ley 21/2013 es el siguiente:

"1. Queda derogado el Reglamento de actividades molestas, insalubres, nocivas y peligrosas, aprobado por Decreto 2414/1961, de 30 de noviembre.
No obstante, el citado Reglamento mantendrá su vigencia en aquellas comunidades y ciudades autónomas que no tengan normativa aprobada en la materia, en tanto no se dicte dicha normativa".

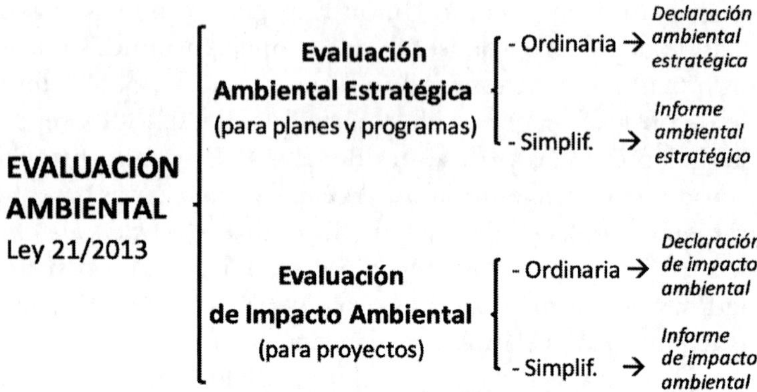

En lo que en concreto se refiere a la evaluación de proyectos (que es lo que interesa a efectos de este estudio), la *evaluación de impacto ambiental* es una herramienta que se utiliza para identificar, predecir y evaluar los efectos ambientales del proyecto antes de que se lleve a cabo. Los procedimientos de *evaluación de impacto ambiental* fueron impulsados en España desde hace décadas por el Convenio de Espoo, de 25 de febrero de 1991 (ratificado por España en 1992) y por la normativa de la Unión Europea. Actualmente, la *evaluación de impacto ambiental* en la Unión Europea se regula en *la Directiva 2011/92/UE sobre la evaluación de impacto ambiental de determinados proyectos públicos y privados*[4]. La principal finalidad de esta norma europea es garantizar que en todo el territorio de la Unión se tomen en cuenta los efectos ambientales de un proyecto en una etapa temprana de su planificación y, así, tratar de asegurar de forma anticipada que los proyectos se llevan a cabo de manera sostenible y respetuosa con el medio ambiente. En España, como ya se ha expuesto, la base legal de la *evaluación de impacto ambiental* se encuentra en la vigente redacción de la Ley 21/2013, norma cuyos contenidos básicos las Comunidades Autónomas pueden desarrollar con sus propias leyes.

---

4 En la redacción resultante de los cambios introducidos por la Directiva 2014/52/UE del Parlamento Europeo y del Consejo, de 16 de abril de 2014.

Los procedimientos de *evaluación de impacto ambiental* son hoy en día imprescindibles para la protección del medio ambiente, pero hay que tener en cuenta que son procedimientos complejos y, por tanto, costosos en tiempo (en la *evaluación de impacto ambiental ordinaria*, el límite legal son cuatro meses, prorrogables por otros dos; y en la *simplificada*, tres meses) y en dinero; por ello, como ya se ha avanzado, no se exige que "cualquier proyecto" sea sometido a *evaluación de impacto ambiental*, sino solamente aquellos que potencialmente sean susceptibles de generar más riesgos bien por sus características, bien por el lugar en el que se pretenden establecer. En España, los proyectos que es preceptivo someter a evaluación de impacto ambiental se encuentran en el art. 7 y en los anexos I a III de la Ley 21/2013. Con este sistema, se puede decir que en términos de evaluación ambiental hay tres tipos de actividades: las más potencialmente peligrosas (sometidas a *evaluación de impacto ambiental ordinaria*) las que tienen una peligrosidad potencial intermedia (sometidas a *evaluación de impacto ambiental simplificada*) y las de menos peligrosidad ambiental, que, sin perjuicio de la existencia de otras garantías administrativas ambientales autonómicas, están excluidas del deber de sometimiento a *evaluación de impacto ambiental*[5].

Así, por ejemplo (y en lo que ahora más nos interesa) las previsiones de la Ley 21/2013 en cuanto a la necesidad o no de *evaluación de impacto ambiental* de instalaciones para la generación de energía eléctrica utilizando la fuerza del viento (parques eólicos)

---

5 Por ejemplo, en España, la Ley 21/2013 somete a EIA ordinaria (Anexo I) proyectos de instalaciones destinadas a la cría de gallinas en explotaciones ganaderas de más de 40.000 plazas; o cualquier tipo de extracción de petróleo en el medio marino; o ferrocarriles de largo recorrido; o autopistas y autovías, etc. Quedan sometidas a la más liviana EIA simplificada (Anexo II) proyectos como los de instalaciones destinadas a la cría de conejos en explotaciones ganaderas de más de 20.000 plazas; construcción de vías ferroviarias no incluidas en el Anexo I; construcción de variantes entre poblaciones y carreteras convencionales no incluidas en el Anexo I.

y de plantas fotovoltaicas antes del 31 de marzo de 2022[6] eran las siguientes:

1. *Parques eólicos* (apartado "i" del Grupo 3 del Anexo I; apartado a.7º del Grupo 9 del Anexo I; y apartado "g" del Grupo 4 del Anexo II.):

   a) Necesitan EIA ordinaria las instalaciones que tengan 50 o más aerogeneradores, o que tengan más de 30 MW o que se encuentren a menos de 2 km de otro parque eólico en funcionamiento, en construcción, con autorización administrativa o con declaración de impacto ambiental; también *necesitan EIA ordinaria* (cuando se pretendan ubicar en determinados espacios protegidos) instalaciones con más 10 aerogeneradores o 6 MW de potencia (Anexo I).

   b) Necesitan EIA simplificada las instalaciones que no alcancen las exigencias de "a" y que superen el límite previsto para "c" (Anexo II)

   c) No se exige EIA para instalaciones de autoconsumo que no excedan de 100 Kw de potencia total (Anexo II, apartado 4.g)

2. *Plantas fotovoltaicas* (apartado "j" del Grupo 3 del Anexo I; apartado a.8º del Grupo 9 del Anexo I, y apartado "h" del Grupo 4 del Anexo II.):

2. *Plantas fotovoltaicas* (Apartado "j", del Grupo 3 del Anexo I, apartado a.18º del Grupo 9 del Anexo I):

   a) Necesitan EIA ordinaria instalaciones destinadas a generar energía para su venta a la red, que no se ubiquen en cubiertas o tejados de edificios existentes y que ocupen más de 100 hectáreas de superficie; también necesitan EIA ordinaria (cuando se pretendan ubicar en de-

---

6 Fecha de entrada en vigor del Real Decreto-Ley 6/2022, de 29 de marzo, cuyas previsiones en materia de energías renovables y su devenir legislativo posterior se estudian en este trabajo.

terminados espacios protegidos) las plantas destinadas a generar energía para su venta en la red que ocupen una superficie de más de 10 hectáreas (Anexo I).

b) Necesitan EIA simplificada las instalaciones que no alcancen las exigencias de "A" y que superen el límite previsto para "C" (Anexo II).

c) No se exige EIA para instalaciones destinadas a autoconsumo, ni para las ubicadas sobre cubiertas o tejados de edificios en suelos urbanos, ni para las que tengan una superficie que no exceda de las 10 hectáreas

El alcance del deber material de solicitar *evaluación de impacto ambiental* (ordinaria o simplificada) y algunos relevantes aspectos procedimentales fueron flexibilizados por el R.D. Ley 6/2022, de 29 de marzo, con motivo de la crisis energética y económica derivada de la invasión rusa de Ucrania, norma jurídica que centra el objeto de estudio de este capítulo.

2. DESARROLLO

2.1. La redacción original del Real Decreto-ley 6/2022, de 29 de marzo, por el que se adoptan medidas urgentes en el marco del Plan Nacional de respuesta a las consecuencias económicas y sociales de la guerra en Ucrania: aspectos generales

2.1.1. La motivación de las medidas

Como de forma sintética y acertada explicó Blanca Lozano, el Real Decreto-ley 6/2022 incluyó "diversas medidas dirigidas a agilizar la tramitación de los proyectos de energías renovables"[7].

---

7 LOZANO CUTANDA, B., "Real Decreto-Ley 6/2022: el nuevo procedimiento de determinación de afección ambiental aplicable a determina-

Aunque las exposiciones de motivos o preámbulos de los textos legales carecen de valor normativo (y en las últimas décadas manifiestan una tendencia a ser alegremente degradados por los propios elaboradores de la norma a la mera condición de propaganda[8]), no dejan de ser instrumentos de utilidad

---

dos proyectos de energías renovables", *Actualidad Jurídica Ambiental*, n. 123, 9-mayo 2022, p. 2.

8 Como explica Benigno Pendás, en lo que puede entenderse como una implícita referencia a las aludidas tendencias legislativas cada vez más frecuentes, "es (...) incorrecto, según las más acreditadas reglas de la técnica legislativa, que el Preámbulo de un texto legal (...) contenga exhortaciones y declaraciones didácticas o laudatorias; peor todavía es que formule proclamaciones de afecto y fidelidad" (PENDÁS GARCÍA, B., "Procedimiento legislativo y calidad de las leyes", *Revista española de Derecho Constitucional* n. 28, 1990, p. 75 ss., en concreto, 82). Benito Arruñada, catedrático de organización de empresas en la Universidad Pompeu Fabra, recoge una enumeración ejemplificativa de estas prácticas que convierten un noble y necesario complemento de la Ley en un fatuo, fútil y descalificable ejercicio de propaganda política: "también destaca otra característica menos obvia: la extensión y contenido de los preámbulos y "exposiciones de motivos" que aquí se publican como introducción a las leyes junto con su contenido "normativo". Es habitual en los últimos años que estas introducciones ocupen un tercio del texto total, aunque en algún caso (como en la ley *riders*) han alcanzado hasta el 73 % (...) Aún más notable que su extensión, es el hecho de que más que exposiciones de motivos, mucho de su contenido son exposiciones de deseos. Contienen también todo tipo de afirmaciones prescindibles e incluso inapropiadas, desde perogrulladas como que "la vivienda resulta ser, así, un bien esencial de rango constitucional que presenta múltiples dimensiones"; al brindis al sol del proyecto de ley de universidades, que promete "preocupa[rse]... por facilitar que sea el propio estudiantado el que asuma labores de tutoría, mentoría y experiencias de prácticas efectivas, [y] por la salud emocional del estudiantado" [sic]); sin que falten muestras de incontinencia verbal, como aquel otro que dice que: "en el momento actual el valor público es una de las palancas de cambio que ha de guiar el proceso de transformación de la administración y comprende una visión transversal con enfoque en los derechos

constitucionalmente reconocida para la interpretación del contenido jurídico positivo del texto[9]. En el caso de los Reales Decretos-ley sirven, al menos, para saber cuál es el presupuesto de hecho habilitante, es decir, los motivos de extraordinaria y urgente necesidad con los que el Gobierno pretende fundamentar de forma expresa la legitimidad constitucional de la norma.

Buena parte de los contenidos de la exposición de motivos del R.D.-Ley 6/2022 responde bastante bien a la poco plausible tendencia legislativa que se expone y critica en el párrafo precedente y en la primera de las dos notas a pie que lo sustentan. Una buena muestra de ello son sus dos primeros apartados, un total aproximadamente de siete páginas de Boletín Oficial del

---

y libertades de la ciudadanía, bajo una mirada global, sistémica y holística". Hasta, ocasionalmente, se cuela algún juicio de valor más propio de un mitin que de una ley, como la acusación de que, "desde la llegada al Gobierno del Partido Popular en diciembre de 2011, se inició un proceso constante y sistemático de desmantelamiento de las libertades"» (ARRUÑADA, B., *Teoría de la propaganda legislativa*, https://www.arrunada.org/es/blog/Teoria-de-la-propaganda-legislativa, 2022).

9 Como expresa el Tribunal Constitucional en el FJ 7º de su STC 31/2010, de 28 de junio (TOL1.880.189), "nuestro proceder en la citada STC 36/1981_es consecuencia de la naturaleza jurídica de los preámbulos y exposiciones de las leyes, que, sin prescribir efectos jurídicamente obligados y carecer, por ello, del valor preceptivo propio de las normas de Derecho, tienen un valor jurídicamente cualificado como pauta de interpretación de tales normas. Su destinatario es, pues, el intérprete del Derecho antes que el obligado a una conducta que, por definición, el preámbulo no puede imponer. El valor jurídico de los preámbulos de las leyes se agota, por tanto, en su cualificada condición como criterio hermenéutico. Toda vez que, por tratarse de la expresión de las razones en las que el propio legislador fundamenta el sentido de su acción legislativa y expone los objetivos a los que pretende que dicha acción se ordene, constituye un elemento singularmente relevante para la determinación del sentido de la voluntad legislativa, y, por ello, para la adecuada interpretación de la norma legislada".

Estado integradas en su mayoría por párrafos que bien podrían pasar por un puzle (con muy poca elaboración intelectual o literaria de calidad más allá del mínimo e imprescindible "corta y pega") que no aporta mucho más, en cuanto a la descripción del contexto económico y político nacional e internacional, de lo que cualquier persona podría encontrar fácilmente tras unos minutos usando *google* u otros motores de búsqueda en internet. Esas siete páginas son una buena muestra de introducción innecesaria en el preámbulo de una norma con rango de ley de abundante información que, como mucho, podría o debiera formar parte de los *antecedentes* que acompañan a la norma, pero no del contenido del texto que se publica oficialmente.

Tras la lectura de esas siete páginas, ¿qué se puede deducir, en definitiva, de los motivos que justifican el Real Decreto-ley? Pues, básicamente, que la circunstancia de extraordinaria y urgente necesidad es la muy negativa repercusión en la economía (muy especialmente en el sector energético, pero no solo en ese sector) derivadas de la guerra promovida por Rusia al invadir Ucrania, y que, para hacer frente a tal situación, y en lo que más interesa a los efectos de este estudio:

> "en este contexto de alta volatilidad, incertidumbre e inestabilidad de precios energéticos, resulta imprescindible abordar nuevas medidas de ámbito energético que contribuyan a reforzar la seguridad de suministro y garantice un precio asequible a todos los sectores, desde el ámbito doméstico al conjunto del tejido productivo en todo el territorio nacional. Estas medidas deberán abordarse (...) desde una visión omnicomprensiva, que combine medidas de naturaleza coyuntural para frenar la escalada de precios, entre las que se destacan las medidas de ámbito fiscal, con medidas de marcado carácter estructural, fomentando el autoconsumo y promoviendo la integración de nuevas tecnologías renovables que permitan reducir el precio del mercado mayorista de electricidad al tiempo que reducen la dependencia de otros combustibles energéticos [que son, por lo general, en su práctica totalidad importados], aumentando de este modo nuestra seguridad energética y nuestra capacidad de autoabastecimiento, disminuyendo potencialmente la importación, de acuerdo con el Plan Nacional Integrado de Energía y Clima (PNIEC) 2021-2030".

2.1.2. Síntesis y sistematización de las medidas

Los contenidos del R.D.-Ley 6/2022 para hacer frente a la situación descrita se recogen primero de forma ordenada en cincuenta y un artículos agrupados en cuatro títulos (*I: Medidas en el ámbito energético*; *II: Medidas en materia de transportes*; *III: Medidas de apoyo al tejido económico y empresarial*; y *IV: Otras medidas de apoyo a trabajadores y colectivos vulnerables*), y luego de forma asistemática en una larga lista de veinte disposiciones adicionales.

En tales preceptos, el R.D.-Ley 6/2022 prevé medidas de fomento genéricas aplicables, por tanto, a todo tipo de proyectos de energías renovables (art. 7 R.D.-Ley 6/2022); medidas de fomento específicas dirigidas a fomentar parques eólicos y plantas fotovoltaicas (art. 6 R.D.-Ley 6/2022); y un régimen jurídico específico para la aprobación, construcción y explotación de plantas fotovoltaicas flotantes (Disposición final Sexta R.D.-Ley 6/2022). Las medidas adoptadas pueden sistematizarse de la siguiente manera:

a) En relación con el fomento de proyectos de energías renovables: creación de un *procedimiento simplificado de autorización de proyectos* (art. 7 del R.D.-Ley 8/2002). Esta simplificación procedimental se plasma en:

   a. Posibilidad de reducir a la mitad los plazos administrativos (como consecuencia de la declaración de urgencia por razones de interés público), sólo para proyectos cuyas autorizaciones se presenten antes del 31 de diciembre de 2024.

   b. Tramitación conjunta de dos de las tres autorizaciones que hay que solicitar

   c. Simplificación y aceleración del procedimiento de declaración de utilidad pública (en el caso de que se solicite).

b) En relación con el fomento de algunos proyectos de parques eólicos y plantas fotovoltaicas: posibilidad de sustitución de la (muy garantista pero compleja) *evaluación de impacto ambiental* por un (más sencillo y rápido, pero menos garantista) *procedimiento de determinación de afección ambiental* que da lugar a la emisión de un *informe de determinación de afección ambiental* (art. 6 del R.D.-Ley 8/2022), también para proyectos cuya autorización se solicite antes del 31 de diciembre de 2024 (último párrafo del art. 6.1.).

c) En relación con el régimen jurídico para los proyectos de plantas fotovoltaicas flotantes: concreción de un procedimiento excepcional y transitorio, y previsiones de carácter tributario (Disposición final Sexta R.D.-Ley 6/2022).

En los próximos apartados, se irá analizando en qué consisten las medidas previstas en los arts. 6 y 7 del R.D.-Ley 6/2022[10]; destacando, entre otros aspectos, el carácter básico o supletorio[11] y la vigencia temporal o indefinida de tales medidas.

---

10 Para el estudio de las medidas incluidas con carácter temporal indefinido en relación con las instalaciones fotovoltaicas flotantes, véanse BUSTILLO BOLADO, R.O, "El fomento en el Derecho español de la instalación de plantas fotovoltaicas flotantes en aguas de dominio público hidráulico", *op. cit*, pp. 166 ss.; y CACHARRO RIELO, J.S.; SALGADO PONTÓN, S., "Procedimiento para la instalación de paneles fotovoltaicos flotantes en aguas de dominio público hidráulico en el Real Decreto Ley 6/2022 de 29 de marzo" (póster), *Revista de Derecho, Agua y Sostenibilidad (REDAS)* n. 7, 2023.

11 El Tribunal Constitucional -SSTC 69/1988 (TOL80.180), 80/1988 (TOL80.191), 197/1996 (TOL83.126), entre otras- exige que el legislador estatal declare, como explica Germán Fernández Farreres, "expresamente los preceptos que tienen carácter básico, o que, al menos, la estructura de los mismos ha de permitir inferir sin especiales dificultades ese carácter" (FERNÁNDEZ FARRERES, G., "El sistema de distribución de competencias entre el Estado y las Comunidades Autónomas en la Jurisprudencia Constitucional: cuestiones resueltas, problemas pendientes", *Asamblea: revista parlamentaria de la Asamblea de Madrid*, N°. 2, 1999, p. 50). Es frecuente que, efectivamente, la identificación de los preceptos que tienen carácter básico o supletorio venga expresamente recogida en la misma disposición adicional o final donde el Estado enumera los títulos competenciales que invoca en respaldo de la competen-

2.1. Análisis de las medidas transitorias incluidas del Real Decreto-Ley 6/2022 en relación con los proyectos de instalaciones de energías renovables

2.1.1. El procedimiento simplificado de aprobación de proyectos

a) Planteamiento general

Hasta la entrada en vigor del R.D.-Ley 6/2022, los procedimientos de autorizaciones administrativas para la construcción, modificación, explotación, transmisión y cierre de instalaciones de producción, transporte y distribución de energía eléctrica (cuando su aprovechamiento afectara a más de una Comunidad Autónoma o cuando el transporte y distribución de la energía saliera del ámbito territorial de una de ellas)[12] se tramitaban siempre conforme a las previsiones del R.D. 1955/2000, de 1 de diciembre, *por el que se regulan las actividades de transporte, distribución, comercialización, suministro y procedimientos de autorización de instalaciones de energía eléctrica* (arts. 111 ss.). Tras la entrada en vigor del R.D.-Ley 6/2022, ese procedimiento "ordinario" sigue existiendo, pero las personas interesadas en promover un proyecto de energías renovables pueden optar (dadas sus ventajas, lo normal es que lo hagan siempre) por la posibilidad de que su solicitud se tramite de forma más

---

cia para dictar la norma; en el caso del R.D.-Ley 6/2022, la Disposición Final cuadragésima ("Títulos competenciales") no contiene tal enumeración, así que el carácter básico o supletorio de cada precepto habrá que deducirlo de su contenido.

12 Así se establece expresamente en el art. 111 del R.D. 1955/2000, pues en coherencia con la distribución constitucional de competencias entre el Estado y las Comunidades Autónomas, si el alcance de la actividad se circunscribe a una sola Comunidad Autónoma, ésta será la competente para regular estos procedimientos, sin perjuicio de la posibilidad de aplicación supletoria de la legislación estatal.

rápida y sencilla, por el nuevo *procedimiento simplificado de aprobación de proyectos* previsto en el art. 7 del R.D.-Ley 6/2022, precepto que, como ya se ha avanzado, diseña un nuevo procedimiento con tres medidas simplificadoras: reducción de plazos de tramitación, tramitación conjunta de dos de las tres autorizaciones que hay que solicitar y obtener de acuerdo con las exigencias del R.D. 1955/2000, y agilización de la declaración de utilidad pública en el caso de que para ejecutar el proyecto sea necesaria alguna expropiación forzosa.

Todas estas medidas del art. 7 del R.D.-Ley 6/2022 tienen carácter supletorio, es decir, se aplican directamente a los "procedimientos de autorización de los proyectos de generación mediante energías renovables competencia de la Administración General del Estado" (párrafo primero del precepto), pero ni obligan a las Comunidades Autónomas ni desplazan la aplicación de las preexistentes normas autonómicas en los proyectos que sean de su competencia.

La primera de ellas (la reducción de plazos de tramitación) se podrá aplicar sólo a aquellos procedimientos que se inicien antes del 31 de diciembre de 2024 (párrafo primero *in fine* del art. 7); no está claro del todo qué sucede con las demás, pero la estructura de los dos primeros párrafos del art. 7 parece ligar el límite temporal del 31 de diciembre de 2004 a la primera medida, integrándose las dos restantes en el ordenamiento jurídico con vocación de permanencia[13] (es decir, parece que estarán en vigor hasta que sean derogadas por otra norma posterior).

---

[13] En mi opinión, si la *mens legis* fuera someterlo todo al límite del 31 de diciembre de 2024, la norma habría utilizado en este artículo 7 una fórmula más clara y directamente omnicomprensiva, como la del último párrafo del art. 6.1.

B) Reducción de plazos procedimentales

La reducción de plazos se contiene en el primer párrafo del art. 7 R.D.-Ley 6/2022, que dice lo siguiente:

> "Con el fin de lograr una reducción de la dependencia energética, la contención de precios y la garantía del suministro, se declaran de urgencia por razones de interés público, los procedimientos de autorización de los proyectos de generación mediante energías renovables competencia de la Administración General del Estado, que hayan obtenido el informe de determinación de afección ambiental favorable y siempre sus promotores soliciten acogerse a este procedimiento simplificado de autorización antes del 31 de diciembre de 2024".

La consecuencia jurídico-procedimental de la declaración de urgencia por razones de interés público que se contiene en este precepto remite al contenido del art. 33 de la Ley 39/2015, *de procedimiento administrativo común de las Administraciones Públicas*, en virtud de cual:

> *"Artículo 33. Tramitación de urgencia.*
> 1. Cuando razones de interés público lo aconsejen, se podrá acordar, de oficio o a petición del interesado, la aplicación al procedimiento de la tramitación de urgencia, por la cual se reducirán a la mitad los plazos establecidos para el procedimiento ordinario, salvo los relativos a la presentación de solicitudes y recursos".

En consecuencia, la primera medida de simplificación procedimental supone la reducción a la mitad de los plazos de los procedimientos del R.D. 1955/2000 para las correspondientes autorizaciones. Esta reducción procedimental solamente afectará a las solicitudes de autorizaciones que se presenten antes del 31 de diciembre de 2024 en las que se solicite expresamente su tramitación a través de este procedimiento abreviado.

C) Tramitación conjunta de dos de las tres autorizaciones que hay que solicitar

De acuerdo con el art. 115.1 del R.D. 1955/2000, la construcción, modificación, explotación, transmisión y cierre de instalaciones de producción, transporte y distribución de energía eléctrica requiere la obtención de tres autorizaciones:

> "a) Autorización administrativa previa, que se refiere al anteproyecto de la instalación como documento técnico que se tramitará, en su caso, conjuntamente con el estudio de impacto ambiental. Asimismo, en los casos en los que resulte necesario, permitirá la iniciación de los trámites correspondientes para la ocupación del dominio público marítimo-terrestre.
> b) Autorización administrativa de construcción, que se refiere al proyecto concreto de la instalación y permite a su titular la construcción o establecimiento de la misma.
> c) Autorización de explotación, que permite, una vez ejecutado el proyecto, poner en tensión las instalaciones y proceder a su explotación comercial".

El mismo precepto establece que la autorización administrativa previa y la autorización administrativa de construcción podrán efectuarse de forma "consecutiva" (es decir, primero un procedimiento y luego otro), "coetánea" (dos procedimientos diferentes pero tramitados simultáneamente) o conjunta (un mismo y único procedimiento para obtener las dos solicitudes. De las tres opciones, la más rápida y sencilla para el interesado es, obviamente, la "conjunta", que es la elegida como única opción para el procedimiento simplificado del art. 7 del R.D.-Ley 6/2022:

> "Se efectuará de manera conjunta la tramitación y resolución de las autorizaciones previa y de construcción definidas en los párrafos a) y b) del apartado 1 del artículo 115 del Real Decreto 1955/2000, de 1 de diciembre".

A continuación, el art. 7.1 saca provecho de esta tramitación conjunta evitando inútiles y gravosas (en tiempo y esfuerzo) duplicidades, y, así, prevé la acumulación de los trámites de información y de remisión del proyecto de ejecución a las distintas entidades afectadas y, también, la simultaneidad de tales trámites con el de información pública. Hay en esta redacción original del precepto una medida más encaminada a ganar tiempo: la reducción de los plazos para la información pública a la mitad (art.

7.1.c *in fine*); como en la redacción original del art. 125 del R.D. 1955/2000, el plazo previsto para la información pública era de veinte días, con lo que cuando, a solicitud del interesado se utilizara este procedimiento exprés del art. 7 R.D. Ley 6/2022, el plazo quedaría reducido a solamente diez días.

D) Simplificación y aceleración del procedimiento de declaración de utilidad pública

En España, el presupuesto para que una Administración Pública pueda ejercitar la potestad expropiatoria (en beneficio propio o de un tercero) es que exista una *causa expropiandi*, es decir, un motivo de *utilidad pública* o *interés social* reconocido legalmente que sirva para legitimar el uso de esta prerrogativa administrativa (art. 33.3 de la Constitución Española y arts. 9 y ss. de la Ley de 16 de diciembre de 1954, *de Expropiación Forzosa*).

En el caso de la construcción de instalaciones eléctricas de generación, transporte y distribución de energía eléctrica, el reconocimiento legal de su utilidad pública se encuentra en el art. 54.1 de la Ley del Sector Eléctrico, precepto que se desarrolla en el art. 140 del R.D. 1955/2000:

> "Artículo 140. Utilidad pública
> 1. De acuerdo con el artículo 52.1[14] de la Ley del Sector Eléctrico, se declaran de utilidad pública las instalaciones eléctricas de generación, transporte y distribución de energía eléctrica, a los efectos de expropiación forzosa de los bienes y derechos necesarios para su establecimiento y de la imposición y ejercicio de la servidumbre de paso.
> 2. Dicha declaración de utilidad pública se extiende a los efectos de la expropiación forzosa de instalaciones eléctricas y de sus emplazamientos cuando por razones de eficiencia energética, tecnológicas o medioambientales sea oportuna su sustitución por

[14] La referencia al art. "52.1" se trata de una errata en la norma reglamentaria, pues, en realidad, la utilidad pública de estas instalaciones se lleva a cabo en el art. 54.1 de la Ley de referencia.

> nuevas instalaciones o la realización de modificaciones sustanciales en las mismas.
> 3. Para el reconocimiento en concreto de utilidad pública de estas instalaciones, será necesario que la empresa interesada lo solicite, incluyendo una relación concreta e individualizada de los bienes o derechos que el solicitante considere de necesaria expropiación".

Por tanto, en caso de que la futura ejecución del proyecto de instalación eléctrica requiera expropiar propiedades o imponer servidumbres, la empresa interesada debe solicitar la declaración de utilidad pública de la futura instalación; ello permitirá a la Administración responsable expropiar los derechos que resulte necesario y transmitir su titularidad a la empresa interesada, empresa que, en su calidad de beneficiaria de la expropiación, deberá abonar las indemnizaciones correspondientes a los sujetos expropiados. Para tales supuestos, el art. 7.2 del R.D.-Ley 6/2022 prevé también varias medidas, en las que no resulta preciso abundar ahora, para simplificar y agilizar la gestión del procedimiento del reconocimiento de la utilidad pública de las instalaciones.

2.1.2. Informe de determinación de afección ambiental

Ya se ha expuesto *supra* cuáles eran los proyectos de parques eólicos e instalaciones fotovoltaicas que antes de la entrada en vigor del R.D.-Ley 6/2022 precisaban *evaluación de impacto ambiental ordinaria* o *simplificada*. Pues bien, el R.D.-Ley 6/2022 introduce aquí una simplificación que afecta a una parte de los proyectos eólicos y fotovoltaicos de su Anexo I (los de mayor impacto potencial, los sometidos a *evaluación de impacto ambiental* ordinaria) y a los de su Anexo II (los de impacto potencial intermedio, los sometidos a *evaluación de impacto ambiental simplificada*). La simplificación consiste en sustituir la *evaluación de impacto ambiental* por un todavía más sencillo *procedimiento de determinación de las afecciones ambientales* que concluye con un *informe de determinación de afección ambiental.*

Al respecto, explica Blanca Lozano que "se trata de un procedimiento de carácter excepcional y que, por ello, tiene limitada su vigencia temporal. Así resulta del hecho de que únicamente podrán acogerse a él "los proyectos respecto de los cuales los promotores presenten una de las solicitudes administrativas (...) ante el órgano sustantivo antes del 31 de diciembre del 2024» (art. 6.1) (...) Por lo que respecta a su ámbito de aplicación territorial, el real decreto ley dispone que el procedimiento no tiene carácter básico y, por tanto, sólo será de aplicación a la Administración General del Estado y a sus organismos públicos, sin perjuicio de que «en su ámbito de competencias, las comunidades autónomas podrán aplicar lo dispuesto en este artículo únicamente para los proyectos a los que se refiere el apartado 1". El precepto no precisa de qué manera las comunidades autónomas deben adoptar la decisión de aplicar el nuevo procedimiento. Parece que, en la medida en que pueda entrar en colisión con la normativa autonómica existente, deberían aprobar una norma con el mismo rango que lo incorpore, pero tampoco cabe descartar que algunas autonomías opten por la vía rápida de aplicarlo directamente"[15].

La siguiente cuestión a abordar es a qué proyectos eólicos y fotovoltaicos se aplica este *procedimiento de determinación de afección ambiental.* Pues bien, los proyectos que pueden sustituir en su tramitación la *evaluación de impacto ambiental* (ordinaria o simplificada) de la Ley 21/2013 por el *procedimiento de determinación de afección ambiental* del art. 6 R.D.-Ley 6/2022, son aquellos que cumplan los siguientes requisitos de conexión, tamaño y ubicación:

a) Conexión: proyectos que cuenten con líneas aéreas de evacuación no incluidas en el grupo 3, apartado g) del Anexo I de la Ley 21/2013[16].

---

15 LOZANO CUTANDA, B., *op. cit.*, p. 3.

16 El citado apartado g) del grupo 3 del Anexo I se refiere a las "líneas de transmisión de energía eléctrica con un voltaje igual o superior a 220

b) Tamaño: proyectos eólicos con una potencia instalada igual o inferior a 75 MW, y proyectos de energía solar fotovoltaica con una potencia instalada igual o inferior a 150 MW.

c) Ubicación: Proyectos que, no ubicándose en medio marino ni en superficies integrantes de la Red Natura 2000[17], a la fecha de la presentación de la solicitud de autorización por el promotor estén ubicados íntegramente en zonas de sensibilidad baja según la "Zonificación ambiental para la implantación de energías renovables", herramienta elaborada por el Ministerio para la Transición Ecológica y el Reto Demográfico[18].

---

kV y una longitud superior a 15 km, salvo que discurran íntegramente en subterráneo por suelo urbanizado, así como sus subestaciones asociadas".

17 "Natura 2000 es una red ecológica europea de áreas de conservación de la biodiversidad. Consta de Zonas Especiales de Conservación (ZEC) establecidas de acuerdo con la Directiva Hábitat y de Zonas de Especial Protección para las Aves (ZEPA) designadas en virtud de la Directiva Aves. (...) Su finalidad es asegurar la supervivencia a largo plazo de las especies y los tipos de hábitat en Europa, contribuyendo a detener la pérdida de biodiversidad. Es el principal instrumento para la conservación de la naturaleza en la Unión Europea" https://www.miteco.gob.es/es/biodiversidad/temas/espacios-protegidos/red-natura-2000/ .

18 Accesible en https://www.miteco.gob.es/es/calidad-y-evaluacion-ambiental/temas/evaluacion-ambiental/zonificacion_ambiental_energias_renovables.aspx . Blanca Lozano critica con rotundidad la utilización para la aplicación geográfica de esta medida del R.D.-Ley 6/2022 la preexistente zonificación ambiental, pues "la Zonificación ambiental es, ciertamente, una herramienta muy completa y fácil de utilizar, pero presenta el problema de que ni está pensada ni tiene la precisión necesaria como para ser incorporada a una norma jurídica y determinar si un proyecto puede quedar eximido de los procedimientos de evaluación de impacto ambiental —ordinaria o simplificada— regulados por la Ley 21/2013. Ello es así porque, como reconoce el MITECOR, la Zonificación es "una simplificación de la realidad para poder conocer el territorio desde un enfoque

Por lo que se refiere a las Comunidades Autónomas, "podrán optar (...) por someter los proyectos que sean de su competencia al nuevo régimen temporal introducido por el real decreto ley o por seguir aplicando el suyo (que puede ser incluso más exigente que el previsto en la Ley 21/2013). Lo que el real decreto-ley proscribe es que amplíen la aplicación del procedimiento de afección a casos distintos a los previstos en su artículo 6.1"[19].

Las distintas fases y caracteres del *procedimiento de determinación de afección ambiental* se contienen en el art. 6.3 del R.D.-Ley 6/2022. Si analizamos la norma desde la perspectiva de la eficacia en la consecución de la finalidad perseguida: simplificar trámites y reducir tiempos respecto de la *evaluación de impacto ambiental* (sobre todo, la ordinaria, pero también la simplificada), el resultado del análisis debería ser, sin duda, positivo. Ahora bien, el análisis no puede limitarse a eso; el análisis debe incluir también una valoración de aquello a lo que se renuncia para conseguir esa simplificación y esa reducción. Y cuando el análisis alcanza también este fundamental aspecto, el resultado no puede ser positivo. Y es que junto a algunas aportaciones que pueden resultar interesantes (como la simplificación de los documentos que deben acompañar a la solicitud inicial)

---

general y estratégico, lo cual no exime del pertinente trámite de evaluación ambiental, y de que se concreten los impactos de cada caso particular y en cada ubicación específica para cada proyecto de energía renovable que se quiera instalar» (resumen ejecutivo). Darle relevancia normativa resulta, por ello, muy cuestionable y puede suscitar conflictos. Uno de los más previsibles es que el valor del índice de sensibilidad ambiental del modelo pueda no coincidir con la zonificación de la planificación energética de la comunidad autónoma correspondiente cuando ésta exista, pues esta planificación autonómica —como reconoce el ministerio— se ha tenido en cuenta para elaborar el modelo, pero no se ha integrado en él (debido a la dificultad que planteaba la heterogeneidad de criterios)", (LOZANO CUTANDA, B., *op. cit.*, 6-7).

19 *Ibidem*, p. 8.

¿cuál es la principal –y más preocupante- aportación simplificadora respecto de la *evaluación de impacto ambiental*? Pues, ni más ni menos, que la elusión de la participación de los ciudadanos a lo largo del procedimiento. La Ley 21/2013 prevé en la *evaluación de impacto ambiental ordinaria* esta participación se instrumenta a través de un trámite de *información pública* y de consultas a las Administraciones afectadas y las personas interesadas (arts. 33 ss. Ley 21/2013); en la *evaluación de impacto ambiental simplificada* desaparece la información pública, aunque, eso sí, al menos, se conserva como preceptiva la consulta a las Administraciones públicas afectadas y a las personas interesadas (art. 46 Ley 21/2013). Sin embargo, el R.D.-Ley 6/2022 (que, recuérdese, se puede aplicar incluso a proyectos de gran calado que en el régimen general de la Ley 21/2013 exigirían información pública) va más allá, pues elude para el *procedimiento de determinación de afección ambiental* cualquier tipo de referencia ni siquiera a la consulta a personas interesadas; solamente, insisto, permanece la consulta a las Administraciones públicas afectadas, nada más; los ciudadanos (asociaciones, vecinos, etc.) quedan excluidos (art. 6 R.D.-Ley 6/2022). Según explica Blanca Lozano Cutanda, tal previsión puede contradecir algunas exigencias de la normativa de la UE y el art. 6 del *Convenio de Aarhus sobre el acceso a la información, la participación del público en la toma de decisiones y el acceso a la justicia en materia de medio ambiente*, en vigor en España desde 2005[20].

A lo largo del PDAA, sólo se exige que el órgano responsable de su tramitación recabe la opinión del "órgano competente en materia de medio ambiente", que tendrá solamente diez días para formular observaciones sobre la propuesta de PDAA; en caso de que el órgano ambiental se retrase, "la falta de respuesta se considerará como aceptación del contenido de la propuesta de informe a efectos de proseguir las actuaciones" (art. 6.3.c R.D.-Ley 6/2022).

---

20 LOZANO CUTANDA, B., *op. cit.*, p. 6.

El *procedimiento de determinación de afección ambiental*, de acuerdo con el art. 6.3.d R.D.-Ley 6/2022 concluirá con un *informe* que determinará una de estas tres posibilidades (que ordeno de más a menos favorable para la entidad promotora del proyecto):

a) Que el proyecto puede continuar con la correspondiente tramitación del procedimiento de autorización por no apreciarse efectos adversos significativos sobre el medio ambiente que requieran su sometimiento a un procedimiento de evaluación ambiental.

b) la obligación de someter la autorización del proyecto a las condiciones que se estime oportuno para mitigar o compensar posibles afecciones ambientales del mismo, así como a condiciones relativas al seguimiento y plan de vigilancia del proyecto

c) el proyecto debe someterse al correspondiente procedimiento de evaluación ambiental conforme a lo previsto en la Ley 21/2013, de 9 de diciembre

Solamente en el último de los tres casos (y no dentro del *procedimiento de determinación de afección ambiental*, sino después, como posible consecuencia del mismo) se abriría posibilidad de que los ciudadanos pudieran participar en el procedimiento, con lo que en los casos restantes podría plantearse, como ya se expuso, si esté régimen jurídico es conforme o no a las obligaciones internacionales en la materia de nuestro Estado.

2.2. La incidencia sobre la redacción original del R.D.-Ley 6/2022 de la entrada en vigor del R.D.-Ley 11/2022, de 25 de junio

El 27 de junio de 2022 entró en vigor el R.D.-Ley 11/2022, *por el que se adoptan y se prorrogan determinadas medidas para responder a las consecuencias económicas y sociales de la guerra en Ucrania, para hacer frente a situaciones de vulnerabilidad social y económica, y para la recuperación económica y social de la isla de La Palma.* Su inacabable título describe razonablemente bien su contenido.

En lo que a los efectos de este estudio nos interesa, el R.D.-Ley 11/2022 introduce algunos ajustes en la redacción original de los arts. 6 y 7 del R.D. Ley 6/2022. Según explica el Ejecutivo la exposición de motivos del R.D.-Ley 11/2022, se da "nueva redacción a determinados aspectos de los artículos 6 y 7 del Real Decreto-ley 6/2022, de 29 de marzo, con el objeto de reforzar la participación pública en el procedimiento de emisión de informes de afección ambiental. Asimismo, se excluye de este procedimiento a los proyectos ubicados en zonas de sensibilidad moderada según la "Zonificación ambiental para la implantación de energías renovables", conforme a la herramienta elaborada por el Ministerio para la Transición Ecológica y el Reto Demográfico". Veamos cómo se plasman tales previsiones en el articulado de la norma.

Por lo que respecta al *procedimiento simplificado de aprobación de proyectos* (art. 7 R.D.-Ley 6/2022), el R.D.-Ley 11/2022 incluye una modificación del art. 7.1.c del R.D.-Ley 6/2022, que afecta al régimen de la información pública en los procedimientos simplificados de autorización de proyectos de energías renovables que ya hemos estudiado en este trabajo. La redacción original del art. 7.1.c R.D.-Ley 6/2022 decía que:

> "c) El trámite de información pública regulado en los artículos 125 y 126 del Real Decreto 1955/2000, de 1 de diciembre, se realizará simultáneamente con el previsto en el apartado a) y sus plazos quedan reducidos a la mitad".

El R.D.-Ley 1172022 introduce en el contenido de este precepto dos modificaciones, una indirecta y otra expresa. Por lo que se refiere a la primera, en el momento de entrar en vigor el R.D.-Ley 6/2022, el plazo previsto para la información pública en el art. 125.1 R.D. 1955/2000 para el procedimiento "ordinario" era de veinte días, con lo que en el procedimiento abreviado del reproducido texto original del art. 7.1.c R.D.-Ley 6/2022 quedaba reducido a sólo diez días. Pues bien, el R.D.-

Ley 11/2022 modifica el art. 125.1 R.D. 1955/2000 ampliando el periodo de información pública a treinta días, con lo que (sin necesidad de modificar la redacción del art. 7.1.c R.D.-Ley 6/2022) el plazo de la información pública en el *procedimiento simplificado de aprobación de proyectos* aumenta a quince días, en lo que su pone un avance (pequeño, pero avance) en términos de garantías y participación pública, en el sentido anunciado en la exposición de motivos del R.D.-Ley 11/2022.

La modificación expresa del art. 7.1.c R.D.-Ley 6/2022 consiste en añadir un inciso final que establece que "en dicho trámite, se podrán realizar las observaciones de carácter medioambiental que procedan". ¿Qué significa este inciso final, que en el procedimiento "ordinario" (tal y como dice el inciso final del art. 125.1 R.D. 1955/2000) "podrán formularse por los interesados las alegaciones que estimen oportunas", mientras que en el *procedimiento simplificado de aprobación de proyectos* sólo podrán plantearse alegaciones de contenido ambiental (quedando excluidas otras, por ejemplo, de carácter urbanístico, económico, técnico...)?, ¿significa esto que todas las demás medidas analizadas incluidas en el R.D.-Ley 11/2022 avanzan en el sentido de reforzar parte del debilitamiento de la participación ciudadana que supuso el R.D.-Ley 6/2022, y ésta, sin embargo, va en sentido contrario? Parece difícil conciliar esta interpretación con el contexto de la nueva norma y con su exposición de motivos, pero desactivar esta interpretación nociva en términos de garantías y participación ciudadana exige encontrar una fórmula interpretativa que dé alguna eficacia jurídica al nuevo inciso legal.

Por último, el R-D-Ley 11/2022 recoge varias medidas respecto del *procedimiento de determinación de afección ambiental* (art. 6 R.D.-Ley 6/2022). La primera de ellas consiste en la "vuelta" a la necesidad de *evaluación de impacto ambiental* de algunos tipos de proyectos que la redacción original del art. 6.1 del R.D.-Ley 6/2022 excluyó. En concreto, recordemos que tal redacción original permitía someter a *procedimiento de determinación de afección ambiental* (y, por tanto, quedaban exentos de la necesidad de *evaluación de impacto ambiental*) los proyectos eólicos y de energía solar que cumplieran las características de conexión y de tamaño previstas en los párrafos *a)* y *b)* del art. 6.1, y que, además, cumplieran los siguientes requisitos de ubicación previstos en el primer párrafo del apartado 6.1.c:

> "c) Ubicación: Proyectos que, no ubicándose en medio marino ni en superficies integrantes de la Red Natura 2000, a la fecha de la presentación de la solicitud de autorización por el promotor estén ubicados íntegramente en zonas de sensibilidad baja *y moderada* según la "Zonificación ambiental para la implantación de energías renovables», herramienta elaborada por el Ministerio para la Transición Ecológica y el Reto Demográfico".

Tras la reforma introducida por el R.D.-Ley 11/2022, el sintagma redactado en cursiva ("y moderada") desaparece, con lo que, tal y como se expresa en la exposición de motivos, se reducen los espacios donde estos tipo de instalaciones eólicas y fotovoltaicas pueden proyectarse sin necesidad de *sometimiento a evaluación de impacto ambiental*, en lo que también puede entenderse como una medida, quizá insuficiente, pero encaminada en la dirección correcta.

La otra modificación de la redacción original del art. 6 del R.D.-Ley 6/2022 afecta a su párrafo 3.e, donde se determina lo que debe hacerse con el informe de determinación de afección ambiental una vez emitido. La redacción original del precepto establecía que:

> "e) El informe de determinación de afección ambiental será publicado en la web del órgano ambiental y notificado al promotor y órgano sustantivo en un plazo máximo de diez días".

La reforma introducida por el R.D.-Ley 11/2022 deja la siguiente redacción:

> "e) El informe de determinación de afección ambiental será publicado en la *página* web del órgano ambiental *y será objeto de anuncio por parte de dicho órgano en el "Boletín Oficial del Estado". Asimismo* será notificado al promotor y al órgano sustantivo en un plazo máximo de diez días".

La introducción de la necesidad de anuncio en el BOE del informe no aporta nada en términos de participación pública en el procedimiento de elaboración del propio informe, pero sí en términos de difusión de tal resultado y, por tanto, de posibilidad de conocimiento previo y de preparación de posibles impugnaciones por entidades legitimadas respecto del eventual futuro acto de autorización del proyecto (recuérdese que el informe, en sí mismo, no puede ser objeto de recurso –art. 6.5 R.D.-Ley 6/2022-, sin perjuicio de que, como sucede con los actos de trámite no cualificados, la posible ilegalidad de su contenido puede ser utilizada. como argumento contra la legalidad de posterior autorización).

3. CONSIDERACIONES FINALES: CRISIS, REACCIÓN, REDUCCIÓN DE GARANTÍAS Y, DE REBOTE, OBJETIVOS DEL PACTO VERDE

La invasión rusa de Ucrania y la consiguiente crisis (económica, energética humanitaria...) desatada por tal agresión bélica ha despertado, sólo en parte, a Europa de una confortable e ingenua etapa en su historia reciente, una etapa en la que durante décadas, de forma descuidada, olvidó algunas de sus necesidades estratégicas y cimentó sus necesidades energéticas en una peligrosa dependencia del exterior en abastecimiento de hidrocarburos[21].

---

21 Como tuve ocasión de expresar en otro momento, "en los años setenta, Jean Monnet, uno de los impulsores de lo que hoy conocemos como Unión Europea, señalaba que *los hombres no aceptan el cambio más que en la necesidad, y no ven la necesidad más que en la crisis.* Durante mucho tiempo, hemos sido muchos quienes pensábamos que en la UE se estaba trabajando razonablemente bien en pos de la progresiva sustitución de los combustibles fósiles por fuentes de energía renovables. Y, sin duda, tal idea es correcta si se basa en la comparación de Europa con China o Estados Unidos. Sin embargo, todo cambia si, en vez de contrastar con quienes lo están haciendo

Como se explicaba en la exposición de motivos del R.D.-Ley 6/2022, "la invasión de Ucrania por parte de Rusia está generando importantes consecuencias en todos los órdenes. Por un lado, desde el punto de vista humanitario, ha dado lugar al desplazamiento de millones de refugiados, que siguen llegando a la Unión Europea (...) Por otro, ha agravado el choque de oferta que viene sufriendo la economía europea desde el verano de 2021 a causa de la escalada del precio del gas natural y ha añadido además una elevada incertidumbre respecto a su duración e intensidad (...) se ha producido así un aumento abrupto y generalizado de costes de las materias primas y los bienes intermedios, añadido al que ya se venía produciendo como consecuencia de los cuellos de botella en las cadenas de producción debidos a las fricciones generadas por la rápida recuperación económica tras la pandemia. Las consecuencias económicas de esta evolución son un aumento de la tasa de inflación y una ralentización del ritmo de crecimiento".

Para hacer frente a tal situación, España (y el resto de la Unión Europea) ha adoptado medidas para agilizar y acelerar el avance del uso de tecnologías de generación de energía eléctrica que hagan descender nuestra dependencia de los combustibles fósiles provenientes del exterior. Sin entrar en detalles, el resultado a corto plazo de esta nueva política energética ofrece perfiles poliédricos[22], sin perjuicio de que a medio y

deliberadamente peor que nosotros, nos fijamos en la situación de debilidad energética en que ha quedado Europa tras el estallido de la guerra de Ucrania y en nuestra muy relevante dependencia del gas y el petróleo procedentes de Rusia y de otros terceros Estados", BUSTILLO BOLADO, R.O., "Crisis, necesidad, aceptación del cambio y Unión Europea", *La Región*, 6/2/2023, https://www.laregion.es/opinion/roberto-bustillo-bolado/crisis-necesidad-aceptacion-cambio-union-europea/20230205223735 1195439.html).

22 Así, por ejemplo, junto a informes que destacan un positivo gran descenso en la dependencia de la Unión Europea respecto de combustibles fósiles (https://es.euronews.com/green/2023/09/01/cambio-de-paradigma-la-dependencia-de-los-combustibles-fosiles-en-la-ue-

largo plazo es previsible que el resultado sea positivo en términos absolutos.

De esa forma, y con el objetivo de reducir la dependencia energética exterior, esta nueva política española y europea (mediante mediadas como la incentivación de la reducción del consumo o, en lo que ahora nos interesa, el fomento de las instalaciones de energías) puede incidir de forma efectiva en acercarnos más al cumplimiento de los objetivos energéticos del Pacto Verde Europeo. Y eso, aisladamente considerado, sin duda, es bueno; pero, nuevamente, el análisis no puede quedarse ahí. En materia de políticas energéticas (con conexiones económicas, ambientales, sociales...) no basta el resultado, es necesario considerar la forma.

Algunas de las medidas adoptadas en tal sentido por el R.D.-Ley 6/2022, por lo que se refiere en general a la reducción de plazos y simplificación de trámites pueden sin duda ser bienvenidas en cuanto a su orientación; ahora bien, las dudas (y no sólo dudas) surgen cuando parte de esas decisiones consisten en, en unos casos, reducir y, en otros, eliminar la participación de los ciudadanos en el procedimiento de toma de decisiones.

Las plantas fotovoltaicas y los parques eólicos juegan sin duda (por lo menos a corto y medio plazo, mientras no surja un nuevo desarrollo tecnológico alternativo mejor en términos ecológicos y económicos) un papel protagonista en un escenario con la dependencia respecto de los combustibles fósiles en retirada. Pero las virtudes macro-ambientales de estas instalaciones no pueden

---

cae-a-minimos-hist), aparecen otros datos que no son buenos, como que en la Unión Europea la importación de gas licuado ruso creció en 2023 un 40% respecto a los niveles anteriores al estallido de la guerra de Ucrania (https://www.expansion.com/empresas/energia/2023/08/30/64ef320ae5fdea88098b4625.html) o, en concreto, que en nuestro país, en los primeros meses de 2023 ya se había comprado un 43% más de gas licuado ruso que a lo largo de todo el año 2022 (https://euroefe.euractiv.es/section/energia/news/rusia-exporta-a-europa-la-cifra-record-de-175-millones-de-toneladas-de-gas-licuado/)

en ningún caso hacer olvidar sus muchas veces muy nocivos efectos ambientales y sociales sobre su entorno cercano. Diseñar, con la justificación o con la excusa de la urgencia, procedimientos de decisión que en muchos de tales casos excluyen o limitan la participación ciudadana, no parece, por tanto, en absoluto plausible; fácil y rápido sí, plausible y deseable no.

Las dos grandes previsiones del R.D.-Ley 6/2022 en la materia (el *procedimiento simplificado de aprobación de proyectos* del art. 7, y el *procedimiento de determinación de afección ambiental* del art. 6) merecen desde esta perspectiva valoraciones diferentes.

Con carácter general, las previsiones del *procedimiento simplificado de aprobación de proyectos* pueden calificarse como positivas, van en una línea en la que tanto el legislador estatal como el autonómico debieran avanzar de forma decidida: que el diseño de los procedimientos ambientales, sin reducción o con reducción mínima de las garantías, sean más ágiles y rápidos.

Sin embargo, el caso del *procedimiento de determinación de afección ambiental* es diferente. Es cierto que algunos de los, en mi opinión, excesos normativos en la reducción de las garantías y la participación ciudadana cometidos por el R.D.-Ley 6/2022 han desaparecido con la entrada en vigor del R.D.-Ley 11/2022; y es cierto que los demás desaparecerán cuando el 31 de diciembre de 2024 expire la vigencia de este procedimiento (salvo que antes de esa fecha, por medio de una nueva disposición legislativa se decida retrasar la fecha y, con ello, prorrogar esté régimen transitorio). No obstante, en mi opinión, durante el intervalo de tiempo que comenzó el 31 de marzo de 2022 y que (salvo nueva previsión legislativa en otro sentido) concluirá el 31 de diciembre de 2024, no se justifica la decisión legislativa de prescindir de la intervención de los ciudadanos en el procedimiento de aprobación de proyectos de futuros parques eólicos e instalaciones fotovoltaicas que en ausencia del comentado régimen jurídico transitorio hubieran requerido *evaluación de impacto ambiental.*

RESUMEN: Un buen número de medidas legislativas para afrontar en España la crisis económica y energética desatada por la guerra de Ucrania se contienen en el Real Decreto-Ley 6/2022. En concreto, en este trabajo se estudiarán las medidas adoptadas en relación con el procedimiento de aprobación de energías renovables (muy especialmente, parques eólicos e instalaciones fotovoltaicas). Esas medidas consisten, básicamente, en reducir plazos, simplificar el procedimiento y reducir o incluso eliminar la participación de la ciudadanía. Las primeras deben ser bienvenidas, pero no la simplificación derivada de la reducción o eliminación de la participación ciudadana. En conclusiones se pone este tema en relación con el cumplimiento de los objetivos del Pacto Verde.

ABSTRACT: *A good number of legislative measures to tackle the economic and energy crisis in Spain unleashed by the war in Ukraine are contained in Real Decreto-Ley 6/2022. In particular, this paper will study the measures adopted in relation to the approval procedure for renewable energies (especially wind farms and photovoltaic installations). These measures basically consist of reducing deadlines, simplifying the procedure and reducing or even eliminating citizen participation. The former are to be welcomed, but not the simplification derived from the reduction or elimination of citizen participation. In conclusions, this issue is related to the fulfilment of the objectives of the Green Deal.*

Incidencia de la normativa medioambiental en la instalación de parques eólicos en Galicia: Soluciones adoptadas por la reciente jurisprudencia del Tribunal Supremo

MARÍA ANTONIA ARIAS MARTÍNEZ[1]

---

1 Profesora Titular de Derecho Administrativo en la Universidad de Vigo (tona.arias@uvigo.gal). Todas las páginas webs mencionadas en este estudio han sido consultadas el 06/02/2024. Este trabajo ha sido realizado en el marco del proyecto de investigación PID2022-142484NB-C22, "Hacer justicia para hacer las paces con la naturaleza: la judicializacion y otras formas de protección jurisdiccional e institucional de la naturaleza (*Pax Natura*)" financiado por la Agencia Estatal de Investigación.

1. INTRODUCCIÓN: ENERGÍAS RENOVABLES Y PROTECCIÓN MEDIOAMBIENTAL EN EL MARCO DEL PACTO VERDE EUROPEO

La descarbonización del sistema energético de la Unión Europea para alcanzar la neutralidad climática de aquí a 2050 en el marco del Pacto Verde Europeo[2], así como del Plan *REPowerEU*[3], exige a España, al igual que al resto de Estados miembros, optar por las energías renovables de las cuales la eólica lidera la clasificación de las más utilizadas con previsiones de despliegue a nivel mundial[4].

En el marco de los citados instrumentos se ha aprobado recientemente la Directiva (UE) 2023/2413 del Parlamento Europeo y del Consejo, de 18 de octubre de 2023, por la que se modifica, entre otras normas comunitarias, la Directiva (UE) 2018/2001, con el fin de aumentar la cuota de energía procedente de fuentes renovables al 42,5% del consumo final bruto de energía de la Unión en 2030, frente al 32% inicialmente previsto[5].

---

2 Comunicación de la Comisión al Parlamento Europeo, al Consejo Europeo, al Consejo, al Comité Económico y Social Europeo y al Comité de las Regiones: El Pacto Verde Europeo (Bruselas, 11.12.2019 COM(2019) 640 final).

3 El Plan para poner fin a la dependencia de la UE con respecto a los combustibles fósiles rusos (REPowerEU) es la respuesta de la Comisión Europea a las dificultades y perturbaciones del mercado mundial de la energía causadas por la invasión de Ucrania por Rusia (Bruselas, 18.5.2022 COM(2022) 230 final).

4 Comunicación de la Comisión al Parlamento Europeo, al Consejo, al Comité Económico y Social Europeo y al Comité de las Regiones: Plan de Acción Europeo sobre la Energía Eólica (Bruselas, 24.10.2023 COM(2023) 669 final).

5 Conforme a la Directiva 2018/2001/UE, sobre fuentes de energía renovables, la cuota prevista era de 32% del consumo final bruto de energía de la Unión Europea en 2030.

Estos porcentajes ya habían sido previstos en la Ley española 7/2021, de 20 de mayo, de cambio climático y transición energética, en cuyo artículo 3.1.b) fija como uno de los objetivos mínimos nacionales para el año 2030 con el fin de dar cumplimiento a los compromisos internacionalmente asumidos, alcanzar "una penetración de energías de origen renovable en el consumo de energía final de, al menos, un 42 %".

La meta final de todas estas disposiciones normativas es, por lo tanto, apurar al máximo la expansión de energía renovable y, al mismo tiempo, acelerar la progresiva eliminación de combustibles fósiles. Ahora bien, la implantación de la energía renovable no es completamente inocua. Sin ir más lejos, la puesta la marcha de la energía eólica, renovable -procedente de una fuente inagotable-, y limpia -no produce efectos contaminantes a la atmósfera-, no está exenta de riesgos debido a que "la instalación de aerogeneradores supone servidumbres, cargas inevitables para el entorno, el medio natural, el paisaje y el hábitat en el que se localizan, que en parte deviene transformado no sólo como consecuencia del impacto visual producido por la existencia de los aerogeneradores, sino también como resultado de las infraestructuras que esos elementos requieren, como son los caminos de acceso y las líneas de evacuación"[6].

Por lo tanto, si bien la descarbonización del sistema energético de la Unión Europea es uno de los objetivos del Pacto Verde Europeo, su consecución se debe compatibilizar con la conservación de los ecosistemas y la biodiversidad que, como se sabe, es otro de los ámbitos de actuación del citado Pacto. De ahí la necesidad de someter los proyectos de energías renovables en general, y la instalación de parques eólicos generadores

---

6 En este sentido, véase la Exposición de Motivos de la Ley 8/2009, de 22 de diciembre, por la que se regula el aprovechamiento eólico en Galicia y se crean el canon eólico y el Fondo de Compensación Ambiental.

de energía eléctrica, en particular, a la pertinente evaluación ambiental.

Como señala Lozano Cutanda "la prevención de los daños al medio ambiente exige, ante todo, conocer los efectos que pueden tener las actividades humanas para así poder evitar, o paliar al menos, sus efectos negativos". En este contexto, apunta la autora, que una de las técnicas de protección ambiental que ha adquirido un mayor arraigo en todos los países industrializados consiste en la evaluación o análisis previo de los efectos en el medio ambiente de determinadas actuaciones potencialmente dañinas del entorno antes de que se lleven a cabo, con el fin de adoptar las decisiones o de introducir las medidas que permitan evitar o minimizar su impacto[7].

Precisamente, la relevancia que adquiere la evaluación de impacto medioambiental en el procedimiento de implantación de la energía eólica nos ha llevado a examinar, a la luz de la reciente jurisprudencia del Tribunal Supremo (en adelante TS), (i) la relación existente entre el proyecto de ejecución de un parque eólico (en adelante PEPE) con el instrumento de planeamiento que lo hace posible en un determinado territorio, y (ii) la relación de ambos instrumentos con la normativa ambiental.

Concretamente se aborda en este trabajo el análisis y exposición de la doctrina jurisprudencial en virtud de la cual el TS considera ajustado a Derecho (i) otorgar distinta valoración a única Declaración de Impacto Ambiental (en adelantes DIA) que precede a sendas autorizaciones administrativas (técnica y urbanística) de puesta en marcha de un parque eólico y (ii) sostener que la firmeza de la resolución final del procedimiento por el que se aprueba el PEPE no impide que en el momento de impugnación de la autorización urbanística que legitima la ejecución del proyecto, se declare ilegal la DIA que ha precedido a ambos procedimientos.

---

7 LOZANO CUTANDA, B., *Derecho ambiental y climático*, 2º edición, Dykinson, Madrid, 2023, p. 177.

2. BREVE REFERENCIA AL RÉGIMEN DE AUTORIZACIONES ADMINISTRATIVAS PREVISTO PARA LA PUESTA EN FUNCIONAMIENTO DE UN PARQUE EÓLICO EN GALICIA

2.1. Legislación estatal básica

Toda actividad de producción de energía eléctrica está sometida a un régimen de autorización tal como dispone, en su artículo 21, la Ley 24/2013, de 26 de diciembre del Sector Eléctrico. En este sentido la norma determina que para la puesta en funcionamiento de nuevas instalaciones de transporte, distribución, producción, líneas directas o modificación de las existentes se requerirá de las siguientes autorizaciones administrativas: (i) *autorización administrativa previa*, que se tramitará con el anteproyecto de la instalación como documento técnico y, en su caso, conjuntamente con la evaluación de impacto ambiental, según lo dispuesto en la Ley 21/2013, de 9 de diciembre, de evaluación ambiental; (ii) *autorización administrativa de construcción* que permite al titular realizar la construcción de la instalación cumpliendo los requisitos técnicos exigibles y (iii) autorización de explotación como fase final que permite, una vez ejecutado el proyecto, poner en tensión las instalaciones y proceder a su explotación (art. 53). Las autorizaciones señaladas en cursiva se unifican bajo el término genérico de "proyecto de ejecución de parque eólico" (PEPE).

Asimismo, la citada ley estatal impone la coordinación de dichas autorizaciones para la implantación de instalaciones de producción de energía eléctrica, con la ordenación territorial y el planeamiento urbanístico en los siguientes términos: "la planificación de las instalaciones de transporte y distribución de energía eléctrica, que se ubiquen o discurran en cualquier clase y categoría de suelo, deberá tenerse en cuenta en el correspondiente instrumento de ordenación del territorio y urbanístico, el cual deberá precisar las posibles instalaciones y calificar adecuadamente los terrenos, estableciendo, en ambos casos, las reservas de suelo necesarias para la ubicación de las nuevas instalaciones y la protección de las existentes" (art. 5). En definitiva, como es lógico, corresponde al planeamiento urbanístico legitimar la ubicación de dichas instalaciones en un determinado suelo.

Por lo tanto, para el establecimiento de un parque eólico nos encontramos con el requerimiento de una dualidad de autorizaciones vinculadas a la tramitación de sendos procedimientos sustantivos. Por una parte, está la autorización ligada a las concretas instalaciones técnicas referidas al mismo proyecto de ejecución de producción de energía eléctrica y su incorporación al sistema (PEPE). Y, por otra parte, como dichas instalaciones tienen una gran relevancia desde el punto de vista de la ordenación del territorio y el urbanismo, es necesario que el planeamiento permita la concreta ubicación de dicha construcción en el lugar pretendido.

2.2. Regulación autonómica

2.2.1. Autorización del Proyecto de Ejecución del Parque Eólico

Sobre el esquema básico estatal incide la legislación autonómica gallega cuya regulación se contiene en la Ley 8/2009, de 22 de diciembre, por la que se regula el aprovechamiento eólico en Galicia y se crean el canon eólico y el Fondo de Compensación Ambiental. En su Título IV, artículos 27 a 41, regula el régimen de autorización administrativa para la instalación de parques eólicos, con especial atención al procedimiento administrativo que debe seguirse basado en una fase de selección previa de anteproyectos y en el otorgamiento final de la autorización[8].

---

8 La Xunta de Galicia ha publicado una guía en la que se recoge el conjunto de trámites y procedimientos para implantar una instalación de producción de electricidad obtenida de la energía eólica cuya autori-

El primero de dichos preceptos realiza una remisión a los citados artículos (21 y 52), de la Ley estatal 24/2013 y señala que "la puesta en funcionamiento, la modificación sustancial, el cierre temporal, la transmisión y el cierre definitivo de parques eólicos estarán sometidos, con carácter previo, al régimen de autorizaciones establecidas en el artículo 53 de la Ley 24/2013, de 26 de diciembre, del sector eléctrico, y a su normativa de desarrollo, o normas que las sustituyan" (art. 27.1).

Además, según lo previsto en el apartado 5 del artículo 21 de la Ley 24/2013, a petición de la persona promotora, podrá solicitarse la tramitación conjunta de las autorizaciones administrativas que integran lo que hemos denominado PEPE (art. 27.3). El dictado de la resolución de otorgamiento de la autorización administrativa de aprobación del proyecto de ejecución le corresponde a la dirección general competente en materia de energía (art. 34).

2.2.2. Autorización vinculada al instrumento de ordenación territorial que legitima la ejecución del proyecto

A la coordinación de los PEPE con el planeamiento urbanístico hace referencia, como se ha señalado, el citado artículo 5 de la Ley 24/2013. Hay que tener en cuenta que el instrumento de ordenación territorial está vinculado a la planificación territorial, y su finalidad es la de contemplar la posibilidad de que esas instalaciones puedan ubicarse en un determinado suelo por quedar garantizados los fines, ciertamente amplios, que la planificación territorial comporta.

Al tratarse de actuaciones que sobrepasan el ámbito municipal, la figura de ordenación territorial pertinente era, de acuerdo con la derogada Ley 10/1995, de 23 de noviembre, de

---

zación sea competencia de la Comunidad Autónoma de Galicia. Puede verse en el siguiente enlace
https://oficinaeconomica.xunta.gal/documents/51414/51725/6.+Parques+Eolicos+C.pdf?version=1.0

Ordenación del Territorio de Galicia, el Proyecto Sectorial de Incidencia Supramunicipal (en adelante PSIS)[9]. La finalidad del PSIS es, conforme a lo previsto en el artículo 22 de la citada norma, regular "la implantación territorial de suelo destinado a infraestructuras de interés público o utilidad social cuando su incidencia trascienda del término municipal en el que se localicen, por su magnitud, importancia, demanda social o especiales características, o que se asienten sobre varios términos". A estos efectos se consideran infraestructuras, entre otras, "las construcciones y conducciones destinadas a la ejecución de la política energética".

Ciertamente, la figura del PSIS no se recoge en la Ley 2/2016, de 10 de febrero, del Suelo de Galicia ni en la vigente Ley gallega 1/2021, de 8 de enero, de ordenación del territorio. En la actualidad su finalidad la cumplen los planes sectoriales[10] que se desarrollarán por medio de los denominados "proyectos de interés autonómico"[11]. En este sentido, el apartado primero de

---

9 El objeto del PSIS es "regular la implantación de determinadas actuaciones de indudable incidencia territorial en materia de infraestructuras, dotaciones u otras instalaciones, tanto de iniciativa pública como privada, que se asienten sobre varios términos municipales o de aquellas cuya incidencia trascienda el simple ámbito local por su magnitud, importancia o especiales características" (Exposición de Motivos de la Ley 10/1995, de 23 de noviembre, de ordenación del territorio de Galicia).

10 La Exposición de motivos de la Ley 1/2021, de 8 de enero, de ordenación el territorio de Galicia, manifiesta que se redefinen los planes sectoriales, como los instrumentos de ordenación del territorio que tienen por objeto ordenar y regular la implantación territorial de actividades sectoriales, estableciendo, en su caso, las condiciones generales para las futuras actuaciones que desarrollen dichos planes y definiendo los criterios de diseño y las características funcionales y de emplazamiento que garanticen su accesibilidad y coherente distribución territorial, según su naturaleza. Se encuentran regulados en los artículos 35 a 39 de dicha norma.

11 De acuerdo con lo señalado en la citada Exposición de Motivos de la Ley 1/2021, los proyectos de interés autonómico se configuran

la Disposición transitoria tercera de la Ley 1/2021 aclara que las referencias y las remisiones de la legislación y de los instrumentos de ordenación del territorio a los PSIS, previstos en la Ley 10/1995, de 23 de noviembre, de ordenación del territorio de Galicia, podrán considerarse realizadas a los proyectos de interés autonómico. En definitiva, la puesta en funcionamiento de un parque eólico requiere la aprobación de un PEPE y del correspondiente PSIS (en la actualidad aprobación del proyecto de interés autonómico, tal como prevé la Ley 1/2021)[12].

Quedan exceptuados de la obligación de la aprobación de un proyecto sectorial aquellos proyectos eólicos y sus infraestructuras de evacuación que se implanten en aquellos ayuntamientos donde la naturaleza del uso del suelo sea compatible con este tipo de infraestructuras. La Ley prevé que para estos casos deberá adjuntarse, junto con la documentación de la solicitud, el certificado del ayuntamiento que acredite esta circunstancia, en sustitución del proyecto sectorial.

---

como instrumentos de intervención directa en la ordenación del territorio de la Comunidad Autónoma, que tienen por objeto planificar y proyectar la ejecución inmediata de actuaciones que trascienden el ámbito municipal por su incidencia territorial, económica, social o cultural, su magnitud o sus singulares características que las hagan portadoras de un interés supramunicipal cualificado, que no tengan previsión ni acomodo en el planeamiento urbanístico. Se encuentran regulados en los artículos 40 y ss. de dicha norma.

12 El artículo 40 de la Ley 8/2009, tras su modificación por la Disposición Adicional sexta de la Ley 9/2021, de 25 de febrero, de simplificación administrativa y de apoyo a la reactivación económica de Galicia, dispone que: "Todas las referencias al proyecto sectorial se entenderán referidas a la figura de *proyecto de interés autonómico de la Ley 1/2021, de 8 de enero, de ordenación del territorio de Galicia*".

3. LA EVALUACIÓN DE IMPACTO AMBIENTAL EN LA INSTALACIÓN DE PARQUES EÓLICOS

3.1. Consideraciones generales

El legislador español define la "evaluación ambiental" como "el proceso a través del cual se analizan los efectos significativos que tienen o pueden tener los planes, programas y proyectos, antes de su adopción, aprobación o autorización sobre el medio ambiente, incluyendo en dicho análisis los efectos de aquellos sobre los siguientes factores: la población, la salud humana, la flora, la fauna, la biodiversidad, la geodiversidad, la tierra, el suelo, el subsuelo, el aire, el agua, el clima, el cambio climático, el paisaje, los bienes materiales, incluido el patrimonio cultural, y la interacción entre todos los factores mencionados" [13].

Al establecer las bases que deben regir la evaluación ambiental de los planes, programas y proyectos que puedan tener efectos significativos sobre el medio ambiente, la Ley 21/2013, de 9 de diciembre, de Evaluación Ambiental (en adelante LEA) señala que se persigue garantizar en todo el territorio del Estado un elevado nivel de protección ambiental y, asimismo, promover un desarrollo sostenible. Para ello están previstas una serie de actuaciones entre las que, a efectos de este estudio, cabe destacar "la integración de los aspectos medioambientales en la elaboración y en la adopción, aprobación o autorización de los planes, programas y proyectos [art. 1.1. a)].

En este contexto, cabe recordar que la evaluación ambiental incluye tanto la "evaluación ambiental estratégica", que procede respecto de los planes o programas, como la *evaluación de impacto ambiental* (en adelante EIA) que procede respecto de los *proyectos*. En ambos casos la evaluación ambiental podrá ser ordinaria o sim-

---

13 Artículo 5.1.a) de la Ley 21/2013, de 9 de diciembre, de Evaluación Ambiental.

plificada y tendrá *carácter instrumental* respecto del procedimiento administrativo de aprobación o de adopción de planes y programas, así como respecto del de autorización de proyectos o, en su caso, respecto de la actividad administrativa de control de los proyectos sometidos a declaración responsable o comunicación previa [(5.1. a)].

Interesa precisar en este momento que a efectos de la LEA se entiende por "proyecto" cualquier actuación prevista que consista (i) en la ejecución, explotación, desmantelamiento o demolición de una obra, una construcción, o instalación, o bien (ii) cualquier intervención en el medio natural o en el paisaje, incluidas las destinadas a la explotación o al aprovechamiento de los recursos naturales o del suelo y del subsuelo, así como de las aguas continentales o marinas (art. 5.3.b). Es decir, que la evaluación ambiental tiene una finalidad preventiva de los potenciales efectos adversos de la obra o actividad a desarrollar en el medio ambiente.

Por lo tanto, los proyectos incluidos en el ámbito de aplicación de esta ley que puedan tener efectos significativos en el medio ambiente, en virtud, entre otras cosas, de su naturaleza, dimensiones o localización, deberán someterse a una evaluación ambiental antes de su autorización (art. 9.1 Ley 21/2013).

De acuerdo con lo que se ha anticipado en este estudio, la puesta en funcionamiento de un parque eólico requerirá la aprobación de un PEPE y del pertinente instrumento de ordenación territorial (PSIS, ahora proyecto de interés autonómico) pero, como se acaba de señalar, previamente es necesaria la tramitación del oportuno procedimiento de evaluación de impacto ambiental[14].

---

[14] Es importante señalar que recientemente se ha aprobado el Reglamento (UE) 2022/2577 del Consejo de 22 de diciembre de 2022 por el que se establece un marco para acelerar el despliegue de energías renovables en virtud del cual "los Estados miembros podrán *eximir* a los proyectos de energías renovables, así como a los proyectos de almacenamiento de energía y los proyectos de red eléctrica que sean necesarios para integrar la energía renovable en el sistema eléctrico, *de la evaluación de impacto ambiental* con arreglo al artículo 2, apartado 1, de la

Al mismo tiempo, hay que tener en cuenta que los PSIS (ahora proyectos de interés autonómico) quedan exceptuados de evaluación ambiental estratégica, así como los de sus infraestructuras de evacuación, cuando el proyecto de ejecución de la infraestructura concreta esté siendo o vaya a ser sometido a evaluación ambiental de acuerdo con la Ley 21/2013, de 9 de diciembre, de evaluación ambiental, o norma que la sustituya (art. 40.2 de la Ley 8/2009).

Pues bien, el proyecto de construcción de un parque eólico puede estar sometido a un procedimiento de EIA ordinaria[15] o a

---

Directiva 2011/92/UE y de las evaluaciones de protección de las especies con arreglo al artículo 12, apartado 1, de la Directiva 92/43/CEE y con arreglo al artículo 5 de la Directiva 2009/147/CE, *a condición de que el proyecto esté ubicado en una zona específica de energías renovables* o de la red para una infraestructura de red conexa que sea necesaria para integrar la energía renovable en el sistema eléctrico, en caso de que los Estados miembros hayan establecido cualquier zona de energías renovables o de la red, *y que la zona se haya sometido a una evaluación medioambiental estratégica* de conformidad con la Directiva 2001/42/CE del Parlamento Europeo y del Consejo"(art. 6). [La cursiva es nuestra].

Por lo que se refiere a la legislación española, el Real Decreto 20/2022, de 27 de diciembre, de medidas de respuesta a las consecuencias económicas y sociales de la Guerra de Ucrania y de apoyo a la reconstrucción de la isla de La Palma y a otras situaciones de vulnerabilidad, regula un *procedimiento de carácter excepcional* para agilizar la tramitación de los proyectos de energías renovables que les permite *quedar exentos de la evaluación de impacto ambiental* en la medida en que así lo determine el llamado "informe de afección ambiental" con el que finaliza.[La cursiva es nuestra]. Sobre el particular puede verse el detallado estudio crítico realizado por R.O. BUSTILLO BOLADO bajo el título "Vaivenes en la regulación del procedimiento de aprobación de proyectos de energías renovables en el contexto del Pacto Verde Europeo y de la crisis derivada de la guerra de Ucrania: El régimen del Decreto Ley 6/2022 y su evolución normativa", publicado en esta obra colectiva.

15 Este es el caso de las "Instalaciones para la utilización de la fuerza del viento para la producción de energía (parques eólicos) que tengan cincuenta o más aerogeneradores, o que tengan más de 30 MW, o que se encuentren a menos de 2 km de otro parque eólico en funcionamiento,

un procedimiento de EIA simplificado[16] que es más breve y que finaliza con un "informe de impacto ambiental" que, de forma motivada, podrá determinar que (i) el proyecto debe someterse a una evaluación de impacto ambiental ordinaria porque podría tener efectos significativos sobre el medio ambiente[17]; (ii) el proyecto no tiene efectos adversos significativos sobre el medio ambiente, así que no debe someterse a EIA ordinaria[18], o (iii) no es posible dictar una resolución fundada sobre los posibles efectos adversos del proyecto sobre el medio ambiente, al no disponer el órgano ambiental de elementos de juicio suficientes, procediéndose a la terminación del procedimiento con archivo de actuaciones.

En cuanto al procedimiento de EIA ordinaria simplemente recordar en este momento que sus principales fases son (i) solicitud por el promotor al órgano ambiental del denominado "documento de alcance" (para determinar el alcance que debe tener el estudio y las cuestiones que debe abordar), en todo caso, no es un trámite obligatorio; (ii) elaboración por el promotor del proyecto del "estudio de impacto ambiental" (análisis completo

---

en construcción, con autorización administrativa o con declaración de impacto ambiental" [(Anexo I, Grupo 3, i)].

16 Este es el caso de las "Instalaciones para la utilización de la fuerza del viento para la producción de energía (parques eólicos) no incluidos en el anexo I [(Anexo II, Grupo 4, h)].

17 "Impacto o efecto significativo sobre el medio ambiente" se define como "la alteración de carácter permanente o de larga duración de uno o varios factores que integran el concepto de medio ambiente a efectos de la evaluación ambiental tal como está definida en el artículo 5 a) de la LEA" [art. 5 b)].

18 En el anexo III de la LEA se concretan los criterios que debe aplicar el órgano ambiental para determinar si existe o no impacto significativo y son: (i) características de los proyectos (dimensiones, utilización de recursos naturales, contaminación, etc.); (ii) su ubicación (la sensibilidad medioambiental de las áreas geográficas, que puedan verse afectadas por los proyectos, por ejemplo, lugares de la Red Natura 2000) y (iii) las características del potencial impacto (probabilidad, duración, frecuencia, etc).

del proyecto desde un punto de vista ecológico); (iii) trámite de información pública y de consulta a las administraciones públicas afectadas y a las personas interesadas; (iv) solicitud por el promotor del inicio del procedimiento propiamente dicho de EIA; (v) análisis técnico del expediente por el órgano ambiental y (vi) la emisión de la Declaración de Impacto Ambiental (en adelante DIA) que pone fin al procedimiento.

En definitiva, como sostiene el TS, "el procedimiento de evaluación ambiental ordinaria se encuentra regulado en la LEA (arts. 33 y ss) como un *procedimiento tuitivo del medio ambiente*, de naturaleza participativa, como es común a los procedimientos ambientales, e *instrumental respecto del procedimiento sustantivo/sectorial* (art. 1.a), en la medida en que tiene por objeto analizar y valorar los efectos significativos sobre el medio ambiente de proyectos, tanto públicos como privados, con incidencia en el medio natural que debe llevarse a cabo de forma preceptiva antes de su aprobación respecto de la que tiene carácter "determinante" (art. 41 LEA)[19]" [el subrayado es nuestro].

Así pues, tras la DIA emitida por el órgano ambiental, los proyectos -como los que nos ocupan en este estudio-, requieren para su ejecución una autorización del órgano sustantivo que se encuentra vinculado por la DIA[20]. Si el órgano sustantivo no estuviese de acuerdo con el contenido de la misma deberá plantear la discrepancia ante el Consejo de Ministros o ante el Consejo de Gobierno de la Comunidad Autónoma que decidirá si el órgano competente para aprobar el proyecto puede o no separarse del contenido de la DIA (art. 12 LEA).

---

19 STS 1768/2023, de 21 de diciembre, rec. 3303/2022 (*TOL 9.818*.893).

20 En el mismo sentido, el artículo 9 de la Ley 1/1995, de 2 de enero, de protección ambiental de Galicia, determina que "La declaración de impacto será de carácter vinculante para el órgano de competencia sustantiva si la declaración fuese negativa o impusiese medidas correctoras".

Es importante subrayar que "la declaración de impacto ambiental no será objeto de recurso, sin perjuicio de los que, en su caso, procedan en vía administrativa y judicial frente al acto por el que se autoriza el proyecto (art. 41.4). Ya con anterioridad a la aprobación de la LEA, la jurisprudencia del TS reconocía la DIA como un acto de trámite, en cuanto informe inscrito en el procedimiento sustantivo para la aprobación o autorización del proyecto. Así pues, a pesar de su carácter esencial, se trata de un acto de trámite no cualificado, no susceptible de recurso de forma independiente de la resolución final del procedimiento de autorización de la actividad[21].

Para concluir esta apartado, ya sólo queda apuntar que en los supuestos de modificación de un proyecto ya evaluado ambientalmente, deberá someterse a EIA ordinaria en el caso de que la modificación cumpla, por sí sola, con los umbrales establecidos en el Anexo I (art. 7.1.c); cuando no sea así, esto es, cuando las modificaciones de proyectos ya autorizados, ejecutados o en proceso de ejecución, no tengan dicho carácter, únicamente necesitará evaluación de impacto ambiental simplificada si tiene efectos adversos significativos sobre el medio ambiente (art. 7.2.c) [22].

---

21 En este sentido puede citarse, entre otras, la Sentencia 13 de marzo de 2012, rec.1653/2011 (*TOL 2.488.128*) en la que el TS señala que "la jurisprudencia consolidada de esta Sala considera las declaraciones de impacto ambiental como actos de trámite simples, que no son susceptibles de recurso autónomo o independiente de la resolución final del procedimiento de autorización de la obra o actividad. A título de ejemplo, y por citar una de las últimas, nuestra sentencia de 13 de diciembre de 2011 (RJ 2012, 2719) (recurso de casación nº 545/2011) señala, con carácter general, que `la jurisprudencia de esta Sala [...] ha venido interpretando en forma muy restrictiva la posibilidad de control jurisdiccional de esas declaraciones de impacto medio ambiental, ya que las considera como actos de trámite o no definitivos que se integran, por su naturaleza, como parte de un procedimiento y no son susceptibles de impugnación independiente de la decisión final del mismo´ (...)".

22 Se entenderá que esta modificación puede tener efectos adversos significativos sobre el medio ambiente cuando suponga: 1. Un incremento significativo de las emisiones a la atmósfera. 2. Un incremento significa-

3.2. Irregularidades de la DIA que vician la resolución final del procedimiento sustantivo al que se vinculan

La impugnación del acuerdo de aprobación definitiva del proyecto del parque eólico Sasdónigas fase II, como proyecto sectorial de incidencia supramunicipal, le ha brindado al Tribunal Superior de Xustiza de Galicia (en adelante TSXG) la oportunidad de examinar la conformidad a derecho de la DIA previamente emitida. Como se acaba de señalar, la DIA no se puede recurrir de forma independiente de la resolución final del procedimiento de autorización al que se liga y que, asimismo, en el supuesto de obtener una valoración negativa o exigir medidas correctoras, será vinculante para el órgano de competencia sustantiva. En este caso, la declaración de ilegalidad de la DIA ha llevado al citado Tribunal a estimar el recurso interpuesto por los recurrentes y, en consecuencia, a declarar nulo el acuerdo de aprobación definitiva del PSIS[23].

Pues bien, con apoyo en la argumentación del TSXG -posteriormente transcrita en la Sentencia de 9 de febrero de 2022 del TS-, se expondrán a continuación algunas de las graves irregularidades que en la práctica pueden viciar la legalidad de la DIA y determinan su nulidad[24].

---

tivo de los vertidos a cauces públicos o al litoral. 3. Incremento significativo de la generación de residuos. 4. Un incremento significativo en la utilización de recursos naturales. 5. Una afección a Espacios Protegidos Red Natura 2000. 6. Una afección significativa al patrimonio cultural.

23 STSXG 269/2020, de 17 de noviembre de 2020, rec. 7135/2019 (*TOL 8.266.007*). En esta sentencia el TSXG resuelve el recurso contencioso-administrativo interpuesto contra la resolución de 3 de enero de 2019, de la Dirección Xeral de Enerxía e Minas, por la que se hace público el Acuerdo del Consello de la Xunta de Galicia, del 20 de diciembre de 2018, en virtud del cual se aprueba definitivamente el proyecto de parque eólico Sasdónigas fase II, como proyecto sectorial de incidencia supramunicipal, así como de las disposiciones normativas contenidas en el mencionado proyecto relativas a los condicionantes ambientales del proyecto sectorial que se recogen en la DIA.

24 STS 160/2022, de 9 de febrero, rec. 720/2021 (*TOL 8.810.473*).

(i) Fraccionamiento del parque eólico en dos fases:

La ley contiene previsiones específicas para evitar el fraccionamiento en fraude de ley para los parques eólicos, de tal manera que, si bien con carácter general solo deben someterse a EIA ordinaria cuando superan determinado número de aerogeneradores o tengan más de determinada potencia, se establece que los parques contiguos, que disten entre sí menos de 2 kilómetros, han de someterse al procedimiento de EIA ordinaria con independencia del número de aerogeneradores que tengan o de la potencia instalada (anexo I, Grupo 3 i). Además, cuando varios parques sean contiguos deberán evaluarse en el estudio de impacto ambiental sus efectos previsibles directos o indirectos, acumulativos o sinérgicos, tanto de los parques entre sí como de sus líneas de evacuación (que pueden ser comunes a varios de ellos).

El TS ha tenido ocasión de pronunciarse sobre la fragmentación indebida de proyectos y así lo recuerda en su Sentencia de 24 de noviembre de 2023 en la que mantiene

> "la necesidad de que cada parque eólico sea individualmente considerado desde una perspectiva unitaria, esto es, que cuente con los elementos y los equipamientos necesarios para que pueda considerarse una instalación independiente, de suerte que sus generadores no puedan compartir las mismas líneas, accesos, sistemas de control e infraestructuras comunes, como el edificio necesario para a su gestión y la subestación transformadora, que tienen que ser elementos inescindibles y propios de cada proyecto, lo que no sucede en el caso de que los parques constituyan un único conjunto unitario por contar con estructuras comunes; por supuesto, tales exigencias no pueden paliarse o neutralizarse con el preceptivo estudio de los efectos secundarios, acumulativos y sinérgicos del proyecto a que se refiere el artículo 35.1.c) de la LEA y que inciden sobre factores como la población, la salud humana, la flora, la fauna, la biodiversidad, la geodiversidad, el suelo, el subsuelo, el aire, el agua, el medio marino, el clima, el cambio climático, el paisaje, los bienes materiales, el patrimonio cultural, y la interacción entre todos los factores mencionados, durante

las fases de ejecución, explotación y en su caso durante la demolición o abandono del proyecto"[25].

Por lo tanto, es consustancial a los parques eólicos su carácter unitario de modo que los aerogeneradores en ellos agrupados necesariamente han de compartir, además de las líneas propias de unión entre sí, unos mismos accesos, un mismo sistema de control y unas infraestructuras comunes (normalmente, el edificio necesario para su gestión y la subestación transformadora). Y, sobre todo,

> "dado que la energía resultante ha de inyectarse mediante una sola línea de conexión del parque eólico en su conjunto a la red de distribución o transporte de electricidad -pues no se cumplirían los criterios de rendimiento energético y de un mínimo impacto ambiental si cada aerogenerador pudiera conectarse independientemente, con su propia línea de evacuación de la energía eléctrica producida, hasta el punto de conexión con la red eléctrica-, no es posible descomponer, a efectos jurídicos, un parque eólico proyectado con estas características para diseccionar de él varios de sus aerogeneradores a los que se daría un tratamiento autónomo"[26].

En atención a estas consideraciones, el TSXG afirma que "nos encontramos con la división artificial de un único parque eólico en dos fases (…) y la DIA debería haber sido realizada para el parque eólico incluyendo también el denominado `Parque Eólico Sasdónigas´ (conocido como Fase I) además del Parque Eólico Sasdónigas Fase II, puesto que esta última carece de los elementos y equipamientos necesarios para ser considerada una instalación independiente de la propia Fase I".

---

25 STS 414/2023, de 24 de noviembre, rec. 7100/2022 (ECLI:ES:TSJGAL:2023:7773).

26 STS de 20 de abril de 2006, rec. 5814/2003 (*TOL 956.146*).

(ii) Falta de valoración de efectos sinérgicos:

El TSXG en la citada sentencia manifiesta que tampoco se han tenido en cuenta los efectos sinérgicos o acumulativos de sendas fases del parque eólico en conjunto lo que comporta la nulidad de los condicionantes ambientales de la DIA que forman parte del proyecto. A este respecto cabe citar la Sentencia del TS 345/2018, de 5 de marzo, en la que el Tribunal manifiesta que:

> "procede circunscribir el análisis de las deficiencias advertidas en relación con la Declaración de Impacto Ambiental que son las que analizaremos a continuación. [...] h) Riesgos acumulativos o sinérgicos. Se reprocha finalmente a la DIA la falta de un estudio acumulado en el que se tome en consideración el riesgo que implica la instalación de la planta de gas junto a la actual Central térmica de generación de energía eléctrica, ubicada a unos 400 metros, así como el resto de las instalaciones existentes y por construir en la zona industrial del Puerto de Granadilla, contraviniendo el art. 10 párrafo tercero del Real Decreto 1131/1988, que ordena que en el EIA se diferencien los efectos simples de los acumulativos y sinérgicos, lo que determina la nulidad de la autorización concedida". Acaba concluyendo el TS que "la Declaración de impacto debe ser anulada, al apreciarse la existencia de una grave insuficiencia sobre un elemento especialmente relevante, que puede condicionar [el resultado de la decisión o, al menos, de las medidas y correcciones que se considere necesario establecer en relación con el proyecto presentado], lo que consecuentemente conlleva la nulidad de la autorización administrativa impugnada".

(iii) *Falta de estudio de las alternativas legalmente exigidas para la mejor valoración de la ubicación de la instalación*:

El estudio de impacto ambiental (en adelante EsIA) que corresponde elaborar al promotor del proyecto tiene que describir "las diversas alternativas razonables estudiadas que tengan relación con el proyecto y sus características específicas, incluida la alternativa cero, o de no realización del proyecto, y una justificación de las principales razones de la solución adoptada, teniendo en cuenta los efectos del proyecto sobre el medio ambiente" [art. 35.1.b)][27]. De ese precepto se desprende que tiene que existir más de una alternativa y que, al mismo tiempo, tienen que ser valoradas por razones ambientales y no por otros valores. Es decir, los proyectos que se incardinen en el Anexo I de la LEA y que se sometan, por tanto, a la regulación ambiental propia de dicho Anexo I, deben de exponer en su EsIA las diferentes alternativas de que dispone para poder realizar el proyecto.

Pues bien, el promotor del parque eólico de Sasdónigas únicamente contempla en su EsIA dos alternativas sobre el papel: la llevada a cabo y la "opción cero". A juicio del TSXG no se puede considerar esta última, bajo ningún concepto, como una alternativa de emplazamiento del parque eólico. Asimila este supuesto al previsto en la Sentencia de 16 de febrero de 2017 en la que el TS concluye que:

> "En definitiva, el tanto el Estudio de Impacto Ambiental, como la correspondiente Declaración, tienen como objetivo la preservación de los recursos naturales y del medio ambiente de una determinada zona que ha de ser elegida como consecuencia de la exclusión de otras alternativas, previa la correspondiente comparación de los efectos de la ubicación en los diversos aspectos medioambientales de la zona; circunstancia que, como hemos expuesto, en el supuesto de autos no ha acontecido, al haberse autorizado la ubicación de la planta de tratamiento y gestión de residuos peligrosos en una parcela situada en dominio público marítimo- terrestre, sin la valoración de otras posibles

---

27 El precepto aplicable por razones temporales a la evaluación ambiental del parque eólico de Sasdónigas es el art. 7.1.b) del Real Decreto Legislativo 1/2008, de 11 de enero, por el que se aprueba el texto refundido de la Ley de Evaluación de Impacto Ambiental de proyectos. Es preciso tener en cuenta que su contenido es sustancialmente idéntico al del transcrito artículo 35.1.b) de la LEA.

alternativas de emplazamiento, lo que vicia de nulidad la evaluación de impacto ambiental realizada"[28].

(iv) *Falta de valoración o incorrecta valoración en la DIA de elementos especialmente protegidos*:

El TSXG aprecia que la DIA emitida en relación con el procedimiento de autorización del parque eólico de Sasdónigas tampoco ha valorado de forma correcta elementos de especial protección como ocurre, por ejemplo, con la afectación al Camino de Santiago. Apunta el Tribunal que "los tramos no urbanos de la traza de los Caminos de Santiago no podrán ser utilizados para el tráfico rodado de vehículos de motor, cualquiera que sea su naturaleza, salvo en los casos en que resulte el único modo de acceso a parcelas y viviendas o que se trate de vehículos necesarios para su mantenimiento y conservación y de los de extinción de incendios"[29]. Es evidente, por tanto, que el tráfico rodado dentro de un tramo del Camino de Santiago se encuentra totalmente vetado para las labores de mantenimiento de un parque eólico. En el presente caso, el promotor del parque eólico utilizaba un tramo no urbano del Camino de Santiago para realizar las labores de mantenimiento del parque eólico, por lo tanto, contraviene lo preceptuado por la Ley de patrimonio cultural de Galicia.

---

28 STS 263/2017, de 16 de febrero, rec. 383/2016 (*TOL 5.973.330*).

29 Así reza el artículo 78 de la Ley 5/2016, de 4 de mayo, del patrimonio cultural de Galicia. Su contenido es idéntico al del artículo 10 de la derogada Ley 3/1996, de 10 de mayo, de Protección de los Caminos de Santiago que, por razones temporales era el aplicable a la evaluación ambiental en el caso analizado.

4. LA DIA Y LOS PROCEDIMIENTOS DE AUTORIZACIÓN TRAMITADOS PARA LA INSTALACIÓN DEL PARQUE EÓLICO

A modo de breve recapitulación conviene recordar, antes de abordar el desarrollo de este apartado, (i) que la instalación de un parque eólico requiere una dualidad de autorizaciones. Por una parte, la autorización administrativa previa y la de construcción (de carácter técnico) y, por otra, la autorización por el planeamiento urbanístico de la concreta ubicación que corresponde a las instalaciones en un determinado suelo; y (ii) que la evaluación ambiental es un procedimiento instrumental del procedimiento sustantivo autorizatorio que da lugar a un acto de trámite -la DIA-, que no será objeto de recurso sin perjuicio de los que, en su caso, procedan en vía administrativa y judicial frente al acto por el que se autoriza el proyecto.

Por lo tanto, ha llegado el momento de preguntarse ¿en qué momento procesal se pueden alegar los defectos de la única DIA emitida para la instalación del parque eólico? ¿únicamente cuándo se recurre la autorización técnica a la que se vincula? o ¿puede impugnarse también con ocasión de la interposición de un recurso contra la aprobación del instrumento urbanístico que legitima su ejecución?

El TS ha tenido ocasión de dar respuesta a estas cuestiones en sus sentencias 149/2022, de 8 de febrero (rec. 721/2021), y 160/2022, de 9 de febrero, de 2022 (rec. 720/2021) cuyo contenido se detalla a continuación[30].

---

[30] Los recursos de casación 720/2021 (*TOL 8.810.473*) y 721/2021 (*TOL 8.811.009*) se tramitaros ante el TS como recursos de casación en los que se impugnan sendas sentencias de la sala de lo contencioso del TSXG (sentencias 269/2020, de 17 de noviembre y 254/2020, de 9 de noviembre), dictadas en sendos recursos (7135/ 2019 [*TOL 8.266.007*] y 7134/2019 [*TOL 8.198.640*], respectivamente), en los que se había impugnado un mismo acuerdo del Consejo de Gobierno de la Xunta de Galicia, adoptados en sesión de 20 de diciembre de 2018, por el que

La cuestión concreta que se plantea ante el TS es determinar si, tras el otorgamiento de la autorización administrativa previa y de construcción de un parque eólico (PEPE) que deviene firme, se puede cuestionar, en el momento de impugnar el acuerdo de aprobación definitiva del PSIS -es decir, la autorización urbanística-, la conformidad a derecho de la única DIA que ha precedido a ambas autorizaciones.

4.1. La DIA y los instrumentos de ordenación que legitiman la ejecución del proyecto

El TS para resolver las cuestiones planteadas toma como punto de partida el carácter independiente del proyecto de ejecución del parque eólico respecto del instrumento de planeamiento que legitima su instalación. La autonomía de ambas autorizaciones se justifica tanto por su contenido como, sobre todo, por su finalidad, objeto, competencias y tramitación. Este carácter independiente y las razones que lo justifican le llevan al TS a sostener que igual que el proyecto de ejecución requiere evaluación ambiental tal como lo declara expresamente el artículo 53.1°.a) de la Ley 24/2013, de 26 de diciembre del Sector Eléctrico y el artículo 29.4° d) de la Ley 8/2009, de 22 de diciembre por la que se regula el aprovechamiento eólico de Galicia autonómica de 2009, deberá convenirse que el instrumento de planeamiento, el PSIS, exige también la evaluación ambiental. Y ello porque

> "el Decreto autonómico de 2000 (artículos 7, 9 y 10), así como la extinta Ley del Suelo autonómica (…) 10/1995 (artículo 23), derogada en 2021 (…); anteriores a la normativa,

---

se aprobaba definitivamente la modificación del Proyecto Sectorial de Incidencia Supramunicipal (PSIS) del proyecto de parque eólico Sasdónigas. El mencionado acuerdo de la Administración autonómica fue anulado en las referidas sentencias de la Sala territorial, siendo recurridas en casación y concluyendo con sendas sentencias (160/2022, de 9 de febrero, (*TOL 8.810.473*); y 149/2022, *TOL 8.811.009*), en las que se desestimó el recurso.

> de contenido europeo y nacional, sobre la evaluación ambiental, ya establecía la necesidad de que estos PSIS debían valorar la incidencia de estos instrumentos de ordenación en cuanto a las afecciones ambientales así como medios de corrección o minimización de tales Instrumentos de Ordenación territoriales. Es decir, no podía la Administración autonómica, en cuanto que ejercita las competencias en materia de ordenación del territorio, prescindir de la evaluación ambiental".

Asimismo, la legislación vigente, esto es, la Ley 2/2016 del Suelo de Galicia, al referirse a la regulación de los sustitutos de los PSIS, los planes especiales (artículos 75), impone de manera expresa que tales instrumentos del planeamiento se someten a la evaluación ambiental, bien ordinaria o simplificada (artículo 46). Además, la LEA exige que estos instrumentos ordenación territorial, urbana o rural, y del uso del suelo se sometan a la evaluación ambiental, ordinaria o simplificada.

4.2. La DIA vinculada a la resolución firme de autorización previa y de construcción ¿puede afectar a la validez del instrumento de ordenación territorial que legitima la ejecución del proyecto?

Ha quedado claro que el instrumento de ordenación territorial que legitima la ejecución del proyecto requiere una evaluación ambiental específica, encaminada a la protección del suelo en que se ha de asentar el parque eólico. Partiendo de esta premisa, el TS considera que solo cabe la opción de "o bien exigir una evaluación ambiental específica e independiente de la realizada para la aprobación del PSIS, que valore los concretos elementos que deben protegerse con dicho instrumento de planificación, bien diferentes de los que afectan al PEPE; o bien aprovechar la evaluación ambiental emitida en la tramitación de las autorizaciones del Proyecto de Ejecución". Si bien, a juicio del TS, podría considerarse que la mejor de las soluciones es la primera, el legislador autonómico ha optado por la segunda, lo que insiste el Tribunal "no desmerece que la valoración de una misma evaluación debe ser diferente en uno y otro supuesto por ser diferentes los fines y objeto".

Para reforzar esta argumentación, cabe recordar que el reformado párrafo segundo del artículo 40 de la Ley 8/2009, de 22 de diciembre, por la que se regula el aprovechamiento eólico en Galicia y se crean el canon eólico y el Fondo de Compensación Ambiental, dispone que "quedan exceptuados de evaluación ambiental estratégica los proyectos sectoriales de incidencia supramunicipal de los parques eólicos, así como los de sus infraestructuras de evacuación, cuando el proyecto de ejecución de la infraestructura concreta esté siendo o vaya a ser sometido a evaluación ambiental, de acuerdo con la Ley 21/2013, de 9 de diciembre, de evaluación ambiental, o norma que la sustituya". Esta excepción no puede suponer, tal como sostiene el TS, que "el órgano que deba aprobar el PSIS esté vinculado por la valoración que de la única DIA realizara el órgano encargado de aprobar el Proyecto de Ejecución".

Afirma el TS que "la Administración autonómica no solo podía, sino que debía tomar en consideración el contenido de la DIA emitida con ocasiones de la aprobación del PEPE; con independencia de los efectos que dicha evaluación ambiental hubiera surtido en la aprobación del mismo, porque no se trataba de unos mismos fines y ámbito de protección, pudiendo llegar a conclusiones diferentes; que es lo que concluye la sentencia de instancia con argumentos más que contundentes en su exhaustiva motivación, corrigiendo las conclusiones de la Administración en esa potestad de control de la ordenación territorial".

No parece lo más adecuado desde el punto de vista de la seguridad jurídica que se emitan informes o valoraciones contradictorias de la DIA desde una misma Administración, si bien, es cierto, que proceden de órganos diferentes y atienden a fines u objetivos distintos.

En definitiva, nada impide revisar la DIA en el momento de la impugnación del acuerdo de aprobación del instrumento de ordenación (PSIS) que legitima la ejecución de un concreto proyecto de ejecución (PEPE). No estamos, por lo tanto, ante una DIA vinculada a un acto firme y consentido (PEPE) en el que haya agotado sus efectos aquella evaluación ambiental.

Por ello, el TS concluye que "no se trata de que la DIA que se había tomado en consideración para la aprobación del PEPE hubiera agotado sus efectos con dicha aprobación, sino que, como una fase del procedimiento para esa aprobación, nada impide que al aprobarse el PSIS pueda tomarse en consideración dicha evaluación ambiental y con base a ella, en cuanto a la incidencia sobre la ordenación territorial, poder denegar la aprobación del instrumento el planeamiento".

5. REFLEXIÓN FINAL

Desde el punto de vista medioambiental la instalación de un parque eólico nos sitúa ante una actividad humana que de forma previa a su realización requiere, además de una serie de autorizaciones de carácter sustantivo, el sometimiento a un procedimiento de evaluación de impacto ambiental con el fin de evitar los efectos dañinos que su ejecución pueda causar al medio ambiente.

La DIA con la que finaliza el procedimiento de evaluación de impacto ambiental es un informe preceptivo y determinante para el órgano sustantivo que debe autorizar la aprobación y ejecución del proyecto. Por lo tanto, la DIA no ajustada a Derecho puede viciar de ilegalidad las autorizaciones administrativas a las que se le vincula.

Como se ha podido observar, la legalidad vigente en Galicia exige, para el establecimiento de un parque eólico, la tramitación de sendos procedimientos que darán lugar a una dualidad de autorizaciones independientes (técnica y urbanística) con contenido y finalidades diferentes. Ambas requerirán una previa evaluación ambiental que podría ser (i) específica e independiente para cada procedimiento sustantivo o (ii) una única DIA con distintas valoraciones en función del ámbito de protección correspondiente a sendas autorizaciones sustantivas. Ello implica que se puede cuestionar la validez de la DIA con ocasión de la impugnación del instrumento de ordenación que legitima la ejecución del proyecto, incluso, aunque haya ganado firmeza la autorización previa y de construcción del parque eólico (PEPE) vinculado a dicha DIA.

En este sentido se pronuncia la jurisprudencia más reciente del TS lo cual es coherente con la finalidad, reconocida a la DIA, de prevención de los efectos adversos que pueda causar en el medio ambiente la ejecución de un proyecto y, en este caso concreto, la instalación de un parque eólico.

Asimismo, la relevancia que el TS otorga a DIA en la tramitación de los diferentes procedimientos autorizatorios se encuentra en consonancia con los principios básicos del Pacto Verde Europeo que, si bien apuesta por las energías renovables para alcanzar la neutralidad climática, también reconoce la necesidad de conservar la biodiversidad y los ecosistemas para regular el clima y paliar los efectos de las catástrofes naturales.

RESUMEN: El Pacto Verde Europeo tiene entre sus ámbitos de actuación la expansión de la energía renovable y la conservación de los ecosistemas y la biodiversidad. En este contexto, la evaluación de impacto ambiental desempeña un papel fundamental en la implantación de las energías renovables en general y de la eólica en particular. En este estudio, tras examinar la relación existente entre la autorización administrativa previa y la de construcción de un parque eólico con el instrumento de planeamiento que legitima su ejecución, se analiza, a la luz de la jurisprudencia del Tribunal Supremo, en qué medida puede ser determinante para la instalación el vínculo de las autorizaciones técnica y urbanística con la Declaración de Impacto Ambiental previamente emitida.

ABSTRACT: *The European Green Deal includes among its areas of action the expansion of renewable energy and the conservation of biodiversity. In this context, environmental impact assessment plays a fundamental role in the implementation of renewable energies in general and wind energy in particular. In this study, after examining the relationship between the prior administrative authorization* *and the construction permit for a wind farm with the planning instrument that legitimizes its execution, we analyse, in light of the Supreme Court jurisprudence, to what extent the link between the technical and the urban authorizations and the previously issued Environmental Impact Statement can be decisive for the installation.*

La contribución de la planificación del paisaje a la eficiencia e integración de los recursos del ecosistema urbano como elementos clave de la salud mental y la prevención de trastornos mentales

PAULA GAMALLO CARBALLUDE[1]

---

1 Contratada predoctoral de la Xunta de Galicia, Universidad de Vigo (paula.gamallo@uvigo.gal). Todas las páginas webs mencionadas en este estudio han sido consultadas el 11 de febrero de 2024. Este capítulo es un resultado del proyecto ministerial de generación del conocimiento ref. PID2022-142484NB-C22, “Hacer justicia para hacer las paces con la naturaleza: la judicializacion y otras formas de protección jurisdiccional e institucional de la naturaleza (*Pax Natura*)”.

1. INTRODUCCIÓN

En un mundo en constante transformación, la llamada a la acción en favor de la sostenibilidad resuena más fuerte que nunca. En esta encrucijada histórica, el Pacto Verde Europeo emerge como la voluntad y una oportunidad de avanzar en la dirección correcta. En su esencia, este pacto representa un compromiso holístico que no solo tiene como objetivo transformar la forma en que interactuamos con nuestro planeta, sino también mejorar la salud y el bienestar de las personas y las generaciones futuras.

Las palabras de la Comisión Europea[2] reflejan esta visión audaz y ambiciosa. Afirmar que el Pacto Verde Europeo "aumentará el bienestar y mejorará la salud de los ciudadanos y de las generaciones futuras" encapsula una promesa trascendental. Al considerar la propuesta de "aire fresco, agua limpia, suelo sano y biodiversidad", se vislumbra el deseo de un futuro donde la salud humana y la salud del medio ambiente están intrincadamente entrelazadas.

En este capítulo, nos adentramos en la confluencia entre el Pacto Verde Europeo y los Objetivos de Desarrollo Sostenible (ODS)[3], concretamente objetivos 7, 8 y 9, los cuales se suman al núcleo del planeamiento urbanístico y la ordenación del paisaje. Estos objetivos resuenan con la esencia del capítulo, explorando cómo la planificación urbana y el diseño del paisaje pueden convertirse en cimientos sólidos para la implementación del Pacto Verde Europeo.

---

2 Comunicación de la Comisión al Parlamento Europeo, al Consejo Europeo, al Consejo, al Banco Central Europeo, al Comité Económico y Social Europeo y al Comité de las Regiones, 2022. El Pacto Verde Europeo (COM/2022/83 final).

3 Resolución aprobada por la Asamblea General de 25 de septiembre de 2015, "Transformar nuestro mundo: la Agenda 2030 para el Desarrollo Sostenible", A/RES/70/1.

Dentro de estas páginas, entre otros aspectos, desentrañamos el poder transformador de los edificios renovados y eficientes desde el punto de vista energético, que no solo reducen la huella ambiental, sino también mejoran la calidad del aire interior y promueven una mayor comodidad y bienestar para sus ocupantes; y exploramos cómo la promoción de alimentos saludables y asequibles puede redefinir la relación entre la nutrición y la sostenibilidad, garantizando la salud y el bienestar de las comunidades.

Avanzamos hacia una visión de movilidad más sostenible al indagar en la expansión del transporte público, no solo como un medio para reducir las emisiones, sino también como una forma de mejorar la calidad del aire y la accesibilidad para todos. Al explorar energía más limpia e innovación tecnológica, damos vida a la promesa de una industria competitiva y resiliente a escala global, que crea empleos con perspectivas de futuro y promueve la formación en capacidades para la transición.

Así, a medida que profundizamos en este capítulo, un tapiz de conexión emerge entre la visión del Pacto Verde Europeo y la realización de los ODS 7, 8 y 9. Desde la redefinición del entorno construido hasta la revitalización del paisaje urbano, el futuro sostenible y saludable que todos anhelamos comienza a tomar forma. Este capítulo es una invitación a explorar cómo la sinergia entre la sostenibilidad y la salud puede dar forma a un mañana más prometedor para las personas y el planeta.

2. DESARROLLO

2.1. Breve referencia al caso de la ciudad de Barcelona

Cabe comenzar este capítulo con el destacado trabajo de desarrollo profesional e investigación *in situ* de D. Jorge L. Tizón, neuropsiquiatra, psicólogo, psicoanalista y director del

Equipo d´Atenció Precoç als Pacients amb Psicosi del Institut Catalá de la Salut de Barcelona.

El trabajo de investigación de D. Jorge L. Tizón sobre "La Mina"[4], en Barcelona, pone de manifiesto la relevancia de las circunstancias sociales y los factores de riesgo psicosociales que surgen debido a los cambios. Específicamente, se destacan los siguientes aspectos:

- Los factores de riesgo cardiovasculares tienen una menor incidencia en aquellas personas que disfrutan de una mejor calidad de vida social.
- Las desigualdades sociales se identificaron como uno de los factores de riesgo que contribuyen al desarrollo de enfermedades, especialmente las cardiovasculares.
- Se identificaron factores de riesgo familiares y de género.
- La falta de apoyo o de una red social adecuada también se consideran factores de riesgo.

Estos factores de riesgo pueden tener un impacto en el desempleo, la marginación social y la aparición de trastornos psicológicos y psicosociales. A continuación, se presenta la tabla elaborada por el Dr. Jorge L. Tizón en su trabajo de investigación, en la cual se muestra una estimación de la población total en relación con los mencionados factores[5].

---

4 DAL CIN, A., DE MESONES, J., TIZON, JL., "La Mina district of Barcelona: A planning approach to psychopathology", *Butterworth Heinemann,* Cities, Vol.12, Nº2, 1995, pp.87-95.

5 *Ibidem,* p. 92.

La Mina district of Barcelona: A Dal Cin et al

Table 3 Mental health statistics as recorded by the La Mina Mental Health Unit (MHU)

Category	No	Percentage of population	Population covered by MHU	Other provincial services[a]
Patients of 4 and 5 years old	1 705	8.83	Prevalence in the MHU: 8.83% Incidence in the MHU 1.96% pa	Prevalence 0.80% 0.78% Incidence 0.19% 0.11
Medical attendance at the MHU in 1992	11 926	61.77	Double frequency for a population 10 times lesser (20 times more frequency)	Mean: 5 508 (1986) 7 197 (1991)
Mean of annual first visits	378	1.96	Incidence in service between 10 and 17 times more	366 409
Emergencies because of mental health subjects in 1992	419	2.17	119 in the MHU 40 in the Emergency Special Service, previous call 50 in the MHU without call (estimate) 200 in the Primary Care Centre (CPS)	Lesser, with statistically significant difference, in 1989[b]
Emergencies because of social and economic problems in 1992	1 257	More than 5%	Indeterminate in the MHU 153 in the Emergency Special Service, previous call 153 in the ESS without call Indeterminate in the CPS	Lesser, with statistically significant difference, in 1989[b]
Prevalence of some risk groups 1992[c]		>15 081	Whole population appointed: 19 304 (census) 25 456 (estimate) Clinic History opened in 1992: 22 852 (total) 22 147 (active) 15 081 (computerized)	Several differences, not yet tested
High tension	1 939	12.9		
Lung diseases	1 168	7.8		
Diabetes	668	4.4		
High cholesterol	1 561	10.4		
Obesity	2 700	18.0		
Tobacco habit	4 200	28.0		
Cardio-vascular problems	505	3.4		
No injected drugs	1 002	6.7		
Injected drugs	225	1.5		
VIH	94	0.6		

[a] The upper figures were provided by Barcelona Diputación until 1986. The lower figures are the averages of two CPS in mental health of Barcelona Province. These two centres have edited figures of attendance during 1991 and belong to the MHU of Sant Joan de Deu.
[b] See Andreassi et al, 1992.
[c] 1992 Report of the MHU La Mina, 15 081 cases computerized.

A modo accesorio, cabe mencionar la Sentencia del Tribunal Supremo en la Sala de lo Contencioso Administrativo de 26 de enero de 2021 STS 210/2021 – ECLI:ES:TS:2021:210[6]. En dicha sentencia se analiza la incidencia de la urbanización de las ciudades, en este caso, Barcelona, en la necesidad de alojamientos turísticos que han pasado de ser temporales a permanentes. Este fenómeno ha generado consecuencias negativas para la población residente, ya que deteriora el espacio público, limita la seguridad de las personas y sus bienes, y aumenta los precios de alquiler de viviendas, perjudicando especialmen-

6 STS 26 de enero de 2021 (*TOL 8301764*).

te a los residentes de bajos recursos, quienes se ven obligados a desplazarse a zonas periféricas de la ciudad.

En el comentado caso judicial la parte actora argumenta que es necesario "determinar en qué medida los instrumentos de planeamiento urbanístico pueden regular las condiciones de acceso y ejercicio de una actividad e, incluso, limitar en un ámbito territorial específico el ejercicio de actividades previamente legalizadas, haciendo referencia concretamente a las viviendas de uso turístico, y la influencia de esta regulación en el ámbito de la libre prestación de servicios"[7]. Por su parte, el Ayuntamiento de Barcelona sostiene que "tienen como objetivo ordenar la incidencia y los efectos urbanísticos, medioambientales y sobre el patrimonio urbano que las actividades producen en el territorio, mediante la regulación de su intensidad y las condiciones físicas de su desarrollo en función de las distancias, el tipo de vía urbana y circunstancias similares"[8].

En su fallo, el Tribunal desestima el recurso de casación de los particulares, estableciendo como criterio interpretativo lo establecido en el auto de admisión. Se argumenta que "un régimen de autorización previa aplicable en determinados municipios, donde la presión sobre los arrendamientos es especialmente intensa, está justificado por una razón imperiosa de interés general, como la lucha contra la escasez de viviendas destinadas al alquiler, y es proporcionado al objetivo perseguido, ya que este no puede lograrse mediante disposiciones menos restrictivas. Además, se destaca que un control posterior sería demasiado tardío para ser verdaderamente efectivo"[9].

Además del comentado problema de la escasez de vivienda, es necesario considerar también la necesidad de incrementar las zonas verdes, que se han visto reducidas por las urbanizaciones inestables entre 2006 y 2012. Así se menciona en el

---

7 *Ibidem.*

8 *Ibidem.*

9 *Ibidem.*

resumen de políticas sobre Infraestructura verde en zonas urbanas[10], recogido en la Orden PCM/735/2021, de 9 de julio, que aprueba la Estrategia Nacional de Infraestructura Verde y de la Conectividad y Restauración Ecológicas. La Organización Mundial de la Salud (OMS) subraya la importancia de mantener y crear más espacios verdes, ya que contribuyen al clima y a la salud de los ciudadanos al absorber gases de efecto invernadero y mejorar la temperatura.

Investigaciones, como las realizadas por el Instituto de Salud Global Barcelona en colaboración con la Universidad Estatal de Colorado y la Organización Mundial de la Salud, han demostrado que un aumento de zonas verdes en la ciudad de Barcelona ha conducido a una disminución significativa de factores que afectan la salud mental de los pacientes, reduciendo la necesidad de recetar ansiolíticos y tranquilizantes y disminuyendo las causas de muerte. Concretamente, según dicho estudio la disyuntiva sería de una reducción del 4% del índice de la sobre el incremento en un de 0,1% las áreas de zonas verdes. En este sentido, es destacable que más de la mitad de la población mundial vive en ciudades, según datos del Banco Mundial[11], que señala que el 56% de la población mundial actual reside en ciudades, mientras que el 44% vive en áreas rurales.

10 ESPON, "Resumen de Políticas Infraestructura verdeen zonas urbanas", Aect Espon, Luxemburgo, 2020, [https://www.miteco.gob.es/es/reto-demografico/temas/8269esppolicybrief_tcm30-547604.pdf].

11 Según datos del Banco Mundial en "Desarrollo urbano", [Consultado en: https://www.bancomundial.org/es/topic/urbandevelopment/overview#:~:text=En%20la%20actualidad%2C%20alrededor%20del,10%20personas%20vivirán%20en%20ciudades].

Este estudio tiene como antecedente la investigación realizada por Carrus, Sanesi & Davies en 2009[12], donde se concluye que las ciudades, debido al alto tráfico vehicular y el uso de gas natural para calefacción, emiten grandes cantidades de CO_2. Además, se determina que el aumento de las áreas verdes dentro de las ciudades, se encontraron beneficios tanto físicos como psicológicos para los ciudadanos. Por otro lado, la existencia de zonas verdes invita a las personas a pasear, lo que ayuda a reducir el estrés acumulado durante el día, promoviendo la relajación mental y mejorando los hábitos saludables en la población. Estos hallazgos coinciden con las investigaciones de Grahn & Stigsdotterr[13], quienes afirmaron que la presencia de la naturaleza y las plantas contribuye a mejorar la ansiedad, fomentando relaciones sociales, empatía y comprensión, además de mejorar la percepción de la vida, y fortalecer nuestro sistema inmunológico, lo que indudablemente mejora nuestra calidad de vida.

Resulta conveniente también mencionar el estudio realizado por Wilma Zijlema[14], el cual examinó los efectos en las personas que viven cerca de espacios verdes y áreas al aire libre. Este estudio europeo concluyó que, a pesar de no contar con resultados a largo plazo, estos espacios verdes tienen un impacto positivo en las capacidades cognitivas, mejorando la memoria y la atención de las personas. En contraste, las personas que viven lejos de áreas verdes pueden experimentar fatiga cognitiva y un mayor estrés, lo que puede contribuir al desarrollo de enfermedades mentales. La investigadora se reafirma en que la cercanía a zonas verdes ofrece beneficios significativos para la salud mental de las personas, basándose en la realización

---

12 LAFORTEZZA, R., CARRUS, G., SANESI, G. Y DAVIES, C., "Benefits and well-being perceived by people visiting green spaces in periods of heat stress", *Urban Forestry & Urban Greening*, 8, 2009, pp. 97-108,

13 NILSSON, K., *Forests, Trees and Human Health*, Springer, 2011.

14 ZIJLEMA, W.L. *et al.*, "The relationship between natural outdoor environments and cognitive functioning and its mediators", *Environmental research, 155*, 2017, pp. 268–275.

de diferentes pruebas cognitivas a más de mil quinientas personas de distintas ciudades, entre ellas: Barcelona (España), Doetinchem (Países Bajos) y Stoke-on-Trent (Reino Unido), concluyendo que las personas que viven lejos de espacios verdes sufren de fatiga cognitiva y desarrollan un mayor estrés, lo que provoca en muchas ocasiones, trastornos mentales graves.

2.2. El marco legal en España: zonas verdes y ordenación del paisaje urbano

2.2.1. La influencia del Pacto Verde Europeo

En noviembre de 2019, el Parlamento Europeo declaró la emergencia climática a nivel continental, y pocos días después, la Comisión presentó una nueva estrategia, denominada "Pacto Verde Europeo"[15], articulada en una serie de planes de acción y destinada a concretar el compromiso europeo de alcanzar la neutralidad climática. Se trata de la iniciativa climática más reciente, importante y estructural de la UE[16].

El Pacto Verde Europeo se basa en la Agenda 2030 de la ONU, de la que es parte integrante, pero identifica objetivos adicionales más ambiciosos, amplio y claramente relacionados con el entorno europeo. En particular, el de reducir las emisiones de gases de efecto invernadero en casi la mitad para el año 2030, en comparación con los niveles de 1990[17].

---

15 COM/2022/83 final, *op. cit.*

16 ÁLVAREZ CUESTA, H., "Transición justa y lucha contra el cambio climático en el Pacto verde europeo en el proyecto de ley de cambio climático en España", *IUSLabor. Revista d'anàlisi de Dret Del Treball*, vol. 2, 2020, p. 78.

17 PÉREZ DE LAS HERAS, B., "La Unión Europea en la transición hacia la neutralidad climática", *Revista española de derecho internacional*, vol. 72, nº 2, 2020, p. 121.

Se trata de una nueva estrategia de crecimiento que incluye la adaptación al cambio climático y a las necesidades del medio ambiente, contemplando como prioritaria la transición ecológica, uno de los pilares del desarrollo sostenible. En este contexto, la sostenibilidad no sólo se contempla desde el punto de vista medioambiental, sino que integra todos los ámbitos de actuación de la UE. De hecho, con este plan, la Unión pretende adoptar un enfoque integrador que sea consciente de las actuales desigualdades económicas y sociales[18].

En marzo de 2020, la Comisión presentó su propuesta de primera ley europea sobre el clima[19]. A través de esta ley, la reducción a cero de las emisiones de CO_2 para 2050 se convirtió en un objetivo jurídicamente vinculante. También se propusieron medidas para supervisar los avances, que se llevarán a cabo cada cinco años, en línea con el balance global del Acuerdo de París. La Ley Europea del Clima[20] concreta nuestro compromiso político en un acto jurídico y nos sitúa irreversiblemente en la senda hacia un futuro más sostenible. Esta ley es la pieza central del acuerdo ecológico europeo y ofrece previsibilidad y transparencia a la industria y los inversores europeos[21].

En los meses siguientes se adoptaron una serie de estrategias y planes de acción específicos dirigidos a numerosos sectores. Desde la industria y los productos químicos hasta el transporte,

---

18 FERNÁNDEZ DE GATTA SÁNCHEZ, D., "El ambicioso Pacto Verde Europeo", *Actualidad Jurídica Ambiental*, vol. 101, 2020, p. 82.

19 LÓPEZ GARRIDO, D., "La silenciosa constitucionalización de la Unión Europea", *Revista de las Cortes Generales*, 2020, p. 189.

20 Reglamento (UE) 2021/1119 del Parlamento Europeo y del Consejo de 30 de junio de 2021 por el que se establece el marco para lograr la neutralidad climática y se modifican los Reglamentos (CE) nº 401/2009 y (UE) 2018/1999 («Legislación europea sobre el clima»), DOUE L 243, de 9 de julio de 2021.

21 ZAMBRANO GONZÁLEZ, K.; GARCÍA-ARANDA, C., "El camino de la Unión Europea hacia la neutralidad climática: retos de la transición energética y ecológica tras el Pacto Verde Europeo", *Quaderns IEE*, vol. 1, nº 1, 2022, p. 200.

pasando por la arquitectura y el diseño. Para promover en ellos una mayor atención a la sostenibilidad. También se formularon planes para reducir las emisiones contaminantes, luchar contra la deforestación, fomentar la extensión de la agricultura ecológica y la implantación de un modelo de economía circular[22].

Al mismo tiempo, tampoco faltaron propuestas a nivel de participación ciudadana, por ejemplo, el "Pacto Europeo por el Clima", un espacio de intercambio e interacción con el objetivo de crear un movimiento de concienciación sobre el cambio climático. Especialmente en 2022, con la crisis provocada por el estallido del conflicto en Ucrania, uno de los temas principales ha sido la energía, en particular con el instrumento *RepowerEu*, cuyo objetivo es liberar a Europa de los combustibles fósiles[23].

Hasta la fecha, algunas de las principales propuestas que conforman el Pacto Verde Europeo son las siguientes:

- Reformas sobre la Directiva sobre energías renovables[24]
- Directiva sobre eficiencia energética[25]
- Iniciativa marítima *FuelEu*[26]

---

22 PALLÀS SECALL, P., "Perspectiva del derecho del medio ambiente y de las políticas ambientales de la Unión Europea (Primer semestre 2023)", *Revista Catalana de Dret Ambiental*, vol. 14, no 1, 2023, p. 4.

23 VEZZONI, R., "Green growth for whom, how and why? The REPowerEU Plan and the inconsistencies of European Union energy policy", *Energy Research & Social Science*, vol. 101, 2023, p. 2.

24 Directiva (UE) 2018/2001 del Parlamento Europeo y del Consejo de 11 de diciembre de 2018 relativa al fomento del uso de energía procedente de fuentes renovables (versión refundida) (Texto pertinente a efectos del EEE), DOUE L 328, 21 de diciembre de 2023.

25 Directiva (UE) 2023/1791 del Parlamento Europeo y del Consejo de 13 de septiembre de 2023 relativa a la eficiencia energética y por la que se modifica el Reglamento (UE) 2023/955, «DOUE» núm. 231, de 20 de septiembre de 2023.

26 COMISIÓN EUROPEA, Emisiones de CO_2 procedentes del transporte marítimo: fomento del uso de combustibles con bajas emisiones

- Iniciativa *ReFuelEu Aviation*[27]
- Reglamento sobre infraestructuras de combustibles alternativos[28]

Según el plan de inversiones elaborado en 2020, se necesitarían alrededor de un billón de euros para llevar a cabo todas estas propuestas. Para ello se movilizan muchos recursos de la UE, empezando por su presupuesto a largo plazo, que aportará más de 500.000 millones de euros[29].

Mientras que el programa *InvestEu* movilizará unos 280.000 millones de euros en inversiones privadas y públicas en los ámbitos del clima y el medio ambiente en el periodo 2021-2030. Otros papeles importantes los desempeñarán el Banco Europeo de Inversiones (BEI) y los dos fondos para la innovación y la modernización (al margen del presupuesto anual)[30].

Si tenemos en cuenta que, desde hace décadas, la Unión Europea reconoce el efecto sobre el clima y el medio ambiente de la presencia humana en la Tierra, parece lógico el compromiso que está adaptando actualmente para contrarrestarlo. La descarbonización es un proceso largo y complejo, ya que muchas

---

de carbono [https://ec.europa.eu/info/law/better-regulation/have-your-say/initiatives/12312-Emisiones-de-CO_2-procedentes-del-transporte-maritimo-fomento-del-uso-de-combustibles-con-bajas-emisiones-de-carbono_es)].

27 COMISIÓN EUROPEA, Combustibles de aviación sostenibles – ReFuelEU Aviation [https://ec.europa.eu/info/law/better-regulation/have-your-say/initiatives/12303-Combustibles-de-aviacion-sostenibles-ReFuelEU-Aviation_es].

28 Reglamento (UE) 2023/1804 del Parlamento Europeo y del Consejo de 13 de septiembre de 2023 relativo a la implantación de una infraestructura para los combustibles alternativos y por el que se deroga la Directiva 2014/94/UE. «DOUE» núm. 234, de 22 de septiembre de 2023.

29 LÁZARO TOUZA, L., ESCRIBANO FRANCÉS, G., "La Unión Europea rumbo a la neutralidad climática: con brújula y deriva", *Papeles de Economía Española*, nº 174, 2022, p. 229

30 FERNÁNDEZ DE GATTA SÁNCHEZ, D., *op. cit.*, p. 102.

actividades humanas implican la producción y el consumo de energía, que siguen dependiendo en gran medida de los productos derivados del petróleo y del gas natural, responsables de la emisión de grandes cantidades de contaminantes a la atmósfera. Estos agentes tienen el efecto de alterar las temperaturas y, por tanto, el equilibrio de los ecosistemas. Al mismo tiempo, provocan una serie de efectos nocivos en cadena, que también tienen importantes repercusiones en la salud y el desarrollo humanos[31].

Como señala la Agencia Europea de Medio Ambiente (AEMA), la energía es el primer sector emisor de gases de efecto invernadero, con un 26% del total. Le siguen el transporte y la industria (ambos con alrededor de un 22%). Dicho lo cual, el Pacto Verde es claramente un plan muy ambicioso, que moviliza recursos considerables para objetivos importantes y difíciles, lo que se traduce en una gran oportunidad, pero también en un reto[32].

Entre los citados desafíos podemos destacar el análisis sobre la forma y elementos en los que se emplean los citados fondos y si realmente será posible encontrar siempre un punto de encuentro entre la cuestión climática y medioambiental y otras dinámicas sociales, económicas y políticas. Ya surgieron tensiones de este tipo con la crisis energética, cuando cuestiones geopolíticas (el apoyo europeo a Ucrania a través del boicot a Rusia) y socioeconómicas (la inflación que afecta al sector energético por este motivo) pusieron a prueba a la Unión[33].

---

31 GARCÍA LUPIOLA, A., "El Pacto Verde Europeo y las propuestas para su desarrollo. ¿Mayor ambición de la UE para alcanzar el desarrollo sostenible?". *Revista de estudios europeos*, nº 79, 2022, p. 88.

32 LÓPEZ GARCÍA, A.; DURÁN ROMERO, G., "Covid-19 y medio ambiente: alcance y escenarios futuros", *Economistas*, nº 170, 2020, p. 86.

33 FAUS ONBARGI, A.; ILEANA IACOBUTA, G., "El Pacto Verde Europeo sigue siendo la respuesta", *Política exterior*, vol. 36, no 209, 2022, p. 146.

Así mismo, esta situación puede verse ralentizada por los problemas de la propia UE para gestionar los desacuerdos internos. Precisamente en el caso del acuerdo verde, por ejemplo, Polonia insistió en que quería alcanzar los objetivos climáticos a su propio ritmo, y para evitar un mayor conflicto la UE tuvo que recurrir a la cláusula de *opting-out*[34], como excepción al principio de unanimidad[35].

Pero también habrá que comprobar si los recursos se destinan a proyectos con impacto real en el entorno, y no a soluciones pasajeras, con el fin de que la descarbonización siga siendo siempre la prioridad. En este sentido, el considerable peso del sector privado en el programa de financiación puede ser un aspecto problemático, que se tendrá que considerar. Pero este no es el único problema relacionado con la financiación, ya que han sido diversos los estudios que han mencionado las ventajas y limitaciones del acuerdo verde, porque se trata también de dinero que ya existe y que se tiene que proveer por parte de la UE, porque no se están creando recursos y fondos específicos para este fin[36].

Como consecuencia, es posible observar que el plan de la UE consiste en combinar el crecimiento económico con la sostenibilidad del entorno, pero, según estudios sobre el tema, este binomio puede ser imposible o cuanto menos complejo. Así lo

---

34 Acorde con GASÒLIBA, C., "El Euro y la Unión Monetaria Europea", *Escuela Diplomática de Barcelona, Colección debate internacional*, Nº 6/2015, 2014, p. 7, la cláusula en cuestión se puede entender: "según lo establecido en el Tratado de Maastricht, de la posibilidad de mantenerse al margen hasta que decidan la integración, siempre que cumplan las condiciones fijadas para la misma. Es la cláusula conocida como "opting out"."

35 THE RIFT, "For or against the European green deal", 27 de enero de 2020 [https://therift.eu/index.php/2020/01/27/for-or-against-the-european-green-deal/].

36 MIRON, D., "Micro and Macroeconomic Impact of the EU Energy Policies". *Amfiteatru Economic*, vol. 25, no 63, 2023, p. 296.

sostiene, entre otros, la propia AEMA señala que desvincular el crecimiento económico del consumo de recursos y, por tanto, de las presiones medioambientales parece cada vez menos factible. De hecho, señala la AEMA, la probabilidad de que Europa cumpla sus objetivos es muy baja en la actualidad[37], aunque es necesario seguir trabajando en ello.

2.2.2. La progresiva normalización en nuestro sistema legislativo

La Ley 33/2015, de 21 de septiembre introduce modificaciones en la Ley 42/2007, de 13 de diciembre, del Patrimonio Natural y de la Biodiversidad[38]. Concretamente, se incluye el concepto de "infraestructura verde" en el artículo 15, que establece un plazo máximo de tres años a partir de la entrada en vigor de la ley para desarrollar una Estrategia estatal de infraestructura verde, conectividad y restauración ecológicas. Además, sigue diciendo: "esta estrategia, previo informe del Consejo Estatal para el Patrimonio Natural y la Biodiversidad, y de la Conferencia Sectorial de Medio Ambiente, será aprobada mediante orden conjunta, a propuesta de los ministerios que hubieran participado en su elaboración y publicada en el «Boletín Oficial del Estado»."

La infraestructura verde, según la Comunicación de la Comisión al Parlamento Europeo, al Consejo, al Comité Económico y Social Europeo y al Comité de las Regiones[39], sobre "Infraes-

---

37 RÂMNICEANU, V., "European Union initiatives and regulations on sustainable corporate governance", *International Investment Law Journal*, vol. 2, nº 1, 2022, p. 86.

38 Así se dispone en la Ley 33/2015, de 21 de septiembre, por la que se modifica la Ley 42/2007, de 13 de diciembre, del Patrimonio Natural y de la Biodiversidad («BOE» núm. 227, de 22 de septiembre de 2015, pp. 83588 a 83632).

39 COMISIÓN EUROPEA, Comunicación de la Comisión al Parlamento Europeo, al Consejo, al Comité Económico y Social Europeo y al Comité de las Regiones, "Infraestructura verde: mejora del capital

tructura verde: mejora del capital natural de Europa", se define como: "una red de zonas naturales y seminaturales y de otros elementos ambientales, planificada de forma estratégica, diseñada y gestionada para la prestación de una extensa gama de servicios ecosistémicos. Incorpora espacios verdes (o azules en el caso de los ecosistemas acuáticos) y otros elementos físicos de espacios terrestres (incluidas las zonas costeras) y marinos. En los espacios terrestres, la infraestructura verde está presente en los entornos rurales y urbanos."

La visión de futuro para España en 2050, dentro de la estrategia estatal, tiene como objetivo incrementar la infraestructura verde en el país para asegurar el bienestar humano, considerando el cambio climático. Este desarrollo se llevará a cabo en colaboración con el gobierno central, las comunidades autónomas y los municipios.

De la misma forma, hay que destacar la Estrategia Nacional de Infraestructura Verde y de la Conectividad y Restauración Ecológicas[40], establecida por el Ministerio para la Transición Ecológica y el Reto Demográfico. Su quinta meta incluye diferentes líneas de actuación, entre las que destaca la promoción del desarrollo de la infraestructura verde en áreas naturales y urbanas, incluyendo zonas rurales y marinas. Todo ello en consonancia con el mencionado texto legal [41], el cual establece el marco jurídico básico para la conservación, uso sostenible, mejora y restauración del patrimonio natural y la biodiversi-

natural de Europa", Bruselas, 6 de mayo de 2013, COM (2013) 249 final.

40 MINISTERIO PARA LA TRANSICIÓN ECOLÓGICA Y RETO DEMOGRÁFICO, Orden PCM/735/2021, de 9 de julio por la que se aprueba la Estrategia Nacional de Infraestructura Verde y de la Conectividad y Restauración Ecológicas, «BOE» núm. 166, de 13 de julio de 2021, pp. 83217 a 83470.

41 «BOE» núm. 299, de 14/12/2007.

dad en su artículo primero[42]. También se relaciona con la Ley 33/2015, principalmente en aspectos destacados relacionados con los espacios de mayor protección en la Red Natura 2000, incorporando normas y recomendaciones del Consejo de Europa.

El propósito de todas estas iniciativas es restaurar áreas ecológicas dañadas o degradadas, buscando su rehabilitación. En este sentido, los Principios de SER International sobre la restauración ecológica[43] guían este proceso para asegurar que los ecosistemas dañados, degradados o destruidos perduren en el tiempo. La restitución ecológica, tanto de la fauna como de la flora, se basa en ecosistemas de referencia que incluyen la biodiversidad, es decir, la taxonomía de las especies. Una vez realizada la restauración, es necesario evaluar los resultados obtenidos, analizando la salud genética del ecosistema y su resiliencia.

2.3. Actuación e incidencia de agentes externos y su regulación

2.3.1. Energías limpias y contaminación atmosférica

Es de suma importancia prevenir y abordar la contaminación atmosférica para el progreso y desarrollo humano. En este sentido, es necesario realizar modificaciones en las zonas urbanas que incidan en aspectos clave como la atmósfera, el agua, la materia

---

42 De acuerdo con la Ley 33/2015, de 21 de septiembre, por la que se modifica la Ley 42/2007, de 13 de diciembre, del Patrimonio Natural y de la Biodiversidad «BOE» núm. 227, de 22/09/2015.

43 Según los Principios de SER International sobre la restauración ecológica se busca, como fin último, la restitución tanto de la fauna como de la flora, basándose en ecosistemas de referencia que incluyen la biodiversidad, es decir, la taxonomía de las especies, (SER International, "SER Primer sobre restauración ecológica: Principios y conceptos"), [https://cdn.ymaws.com/www.ser.org/resource/resmgr/custompages/publications/SER_Primer/ser-primer-spanish].

orgánica y los residuos, con el fin de mejorar la calidad de vida de las personas.

En el ámbito de la contaminación atmosférica, el Ministerio para la Transición Ecológica y el Reto Demográfico, a través del Programa Nacional de la Contaminación Atmosférica (PNCCA)[44] propone, entre otras acciones:

- Reducir la contaminación existente en áreas con alta densidad de población, como las grandes ciudades, focalizando en la reducción de contaminantes como NO2, PM10 y O3. Esto se encuentra estipulado en el Real Decreto 102/2011, de 28 de enero, relativo a la mejora de la calidad del aire[45], modificado por Real Decreto 39/2017, de 27 de enero[46], que transpone la Directiva 2008/50/CE del Parlamento Europeo y del Consejo, de 21 de mayo de 2008, relativa a la calidad del aire ambiente y a una atmósfera más limpia en Europa[47].
- Modificar las emisiones contaminantes provenientes del transporte privado y público.

---

44 MINISTERIO PARA LA TRANSICIÓN ECOLÓGICA, *I Programa Nacional de Control de la Contaminación Atmosférica*, [https://www.miteco.gob.es/es/calidad-y-evaluacion-ambiental/temas/atmosfera-y-calidad-del-aire/primerpncca_2019_tcm30-502010.pdf].

45 La legislación que se ocupa de este ámbito de reducción de la contaminación en áreas urbanas densamente pobladas, como las grandes ciudades, se encuentra establecida en el Real Decreto 102/2011, de 28 de enero, relativo a la mejora de la calidad del aire («BOE» núm. 25, de 29/01/2011).

46 De acuerdo con el Real Decreto 39/2017, de 27 de enero, por el que se modifica el Real Decreto 102/2011, de 28 de enero, relativo a la mejora de la calidad del aire («BOE» núm. 24, de 28 de enero de 2017, pp. 6918 a 6930).

47 Así se dispone en la Directiva 2008/50/CE del Parlamento Europeo y del Consejo, de 21 de mayo de 2008, relativa a la calidad del aire ambiente y a una atmósfera más limpia en Europa («DOUE» núm. 152, de 11 de junio de 2008, pp. 1 a 44).

- Limitar el uso de sistemas de calefacción contaminantes y fomentar el uso de soluciones más sostenibles.
- Implementar controles y restricciones a las emisiones contaminantes de la industria.

Restringir las emisiones de gases contaminantes en las ciudades y entornos urbanos debe ser un objetivo prioritario, ya que estas contribuyen negativamente al efecto invernadero y afectan la salud de los residentes, así como el entorno en el que viven. La exposición a estos gases contaminantes puede causar enfermedades como asma, insuficiencia pulmonar, enfermedad cardíaca, accidentes cerebrovasculares, infecciones respiratorias, enfermedad pulmonar obstructiva crónica y cáncer de pulmón. Todas ellas son provocadas por la contaminación del aire.

Estos objetivos apuntan a una esperada reducción del 92% de los siguientes contaminantes del aire: SO2, NOx, NH3 y PM2,5, para el año 2030. Es necesario, entre otros objetivos, erradicar el consumo de combustibles fósiles en el transporte, lo que exige la renovación de vehículos (de transporte público y privado) y la progresiva generalización de sistemas motrices alimentados con energías alternativas.

Cabe hacer también una pequeña referencia al reciclado y separación de residuos, el cuál se rige por la Directiva 2008/98/CE del Parlamento Europeo y del Consejo, de 19 de noviembre de 2008, sobre residuos[48], que establece que los productores originales de residuos deben gestionarlos mediante empresas privadas o colectores públicos.

Los Estados miembros deben garantizar la productividad, recogida y transporte de los residuos peligrosos, además de etiquetarlos adecuadamente. Algunas de las enfermedades que pueden ser consecuencia de las sustancias extraídas de residuos peligrosos son, entre otras, alergias, virus, enfermedades infecciosas etc.

---

48 «DOUE» núm. 312, de 22 de noviembre de 2008, pp. 3 a 30.

Por ello, es esencial fomentar el reciclaje y se espera alcanzar un objetivo del 70% de residuos reciclados para el año 2025, aumentándolo en un 5% para 2030.

2.3.2. La contaminación lumínica

En cuanto a la iluminación, es necesario disminuir los niveles de luz, tal como se establece en el Real Decreto 1890/2008, de 14 de noviembre, que aprueba el Reglamento de eficiencia energética en instalaciones de alumbrado exterior y sus Instrucciones técnicas complementarias EA-01 a EA-07[49]. La contaminación lumínica tiene un impacto negativo en el medio ambiente, y la reducción de la iluminación no solo conlleva ahorro de energía y disminución de emisiones contaminantes, sino que también limita la interferencia lumínica molesta que altera la visión y que excede los 1 kW.

La reducción de la iluminación es esencial para combatir el cambio climático y reducir el consumo de energía, en línea con el Pacto Verde Europeo de 2021[50].

Al respecto, no resulta ocioso incidir en las nocivas consecuencias del exceso de luz artificial, que altera tanto la vida vegetal como la animal, incluyendo, por supuesto, la del ser humano[51]. La presencia de luz artificial tiene efectos negativos en los ciclos

---

49 Véase el Real Decreto 1890/2008, de 14 de noviembre, por el que se aprueba el Reglamento de eficiencia energética en instalaciones de alumbrado exterior y sus Instrucciones técnicas complementarias EA-01 a EA-07 («BOE» núm. 279, de 19 de noviembre de 2008).

50 Siguiendo la estructurada línea del Pacto Verde Europeo, la reducción de la iluminación se identifica como un elemento esencial para abordar el cambio climático y disminuir el consumo de energía. Esta perspectiva se alinea con los principios establecidos en el documento oficial de la Comisión Europea disponible en: https://commission.europa.eu/strategy-and-policy/priorities-2019-2024/european-green-deal_es.

51 CÁRDENAS, E., *Ecología. Impacto de la problemática ambiental actual sobre la salud y el ambiente*, Ediciones Ecoe, Colombia, 2013.

de vigilia y sueño, e incluso puede generar ansiedad en las personas. En el caso de los animales, puede causar desorientación en las aves y la muerte de insectos atraídos por la luz artificial.

Se busca implementar una iluminación en las zonas urbanas que combine la seguridad de los ciudadanos con tecnologías como reguladores y sensores, para proporcionar la intensidad lumínica adecuada. Esto brinda sensación de seguridad durante la noche, al tiempo que permite la preservación de la vida silvestre al evitar la exposición excesiva a la luz artificial. Cuando los sensores detectan la presencia de personas, la iluminación se intensifica.

De acuerdo con la Directiva 2012/27/UE del Parlamento Europeo y del Consejo, de 25 de octubre de 2012, sobre eficiencia energética, la cual modifica las Directivas 2009/125/CE y 2010/30/UE y deroga las Directivas 2004/8/CE y 2006/32/CE. Esta Directiva es de gran relevancia para el Espacio Económico Europeo (EEE) y busca promover el uso eficiente de la energía en todas las áreas[52].

En relación a los estudios de psiquiatría realizados por Ana González-Pinto, se destaca que la intensidad de la luz puede afectar a personas con trastornos mentales graves, incluso contribuir al inicio de trastornos como el bipolar. En este sentido, la reducción de la intensidad lumínica en las zonas urbanas puede tener un impacto positivo en la salud mental de estas personas.

2.3.3. Instrumentos de mejora

Para reducir la contaminación atmosférica, la Unión Europea ha propuesto diversas soluciones, entre las que se destacan:

Fomentar la reducción del tráfico en los centros urbanos, lo que contribuiría a disminuir tanto la contaminación atmosférica

---

[52] «DOUE» de 14 de noviembre de 2012, L 315.

como el ruido causado por la circulación vehicular. Para ello, se podrían implementar circunvalaciones externas al centro de las ciudades, permitiendo así que los grupos vulnerables, que suelen concentrarse en esas áreas, estén expuestos a una menor contaminación. Cabe mencionar que la circulación de vehículos en las ciudades representa una quinta parte de las emisiones de CO_2 en dichas áreas.

Para abordar las reducciones de CO_2, se ha establecido el marco de la neutralidad climática hasta el año 2050, según lo establecido en el Reglamento (UE) 2021/1119 del Parlamento Europeo y del Consejo[53]. Dicha legislación tiene como objetivo reducir las emisiones de gases de efecto invernadero en todos los sectores que las generan (en principio, con el plazo máximo de 2050). Se prohíbe la utilización de combustibles a base de gas o diésel tanto en vehículos como en calefacciones. El cumplimiento de este marco de neutralidad climática traerá beneficios significativos a nivel mundial, mejorando la calidad del aire y del agua, promoviendo el uso de energías renovables, aumentando la eficiencia de las viviendas y transformando el transporte público para que deje de ser contaminante y emisor de gases.

En cuanto a los combustibles alternativos para evitar las emisiones de CO_2, se han planteado diversas opciones:

- Electricidad, que se emplea en vehículos libres de emisiones. Es relevante observar el origen de la electricidad consumida, destacando el porcentaje que proviene de fuentes renovables como la energía eólica y solar. En relación a ello, se puede analizar el consumo eléctrico en España además del origen del kilovatio de dicho consumo, siendo el siguiente el consumo eléctrico en España según REE[54].

---

53 «DOUE» núm. 243, de 9 de julio de 2021, pp. 1 a 17..

54 Para un análisis más detallado del consumo eléctrico en España y el origen del kilovatio de dicho consumo, se puede consultar la información disponible en la página web de Red Eléctrica de España

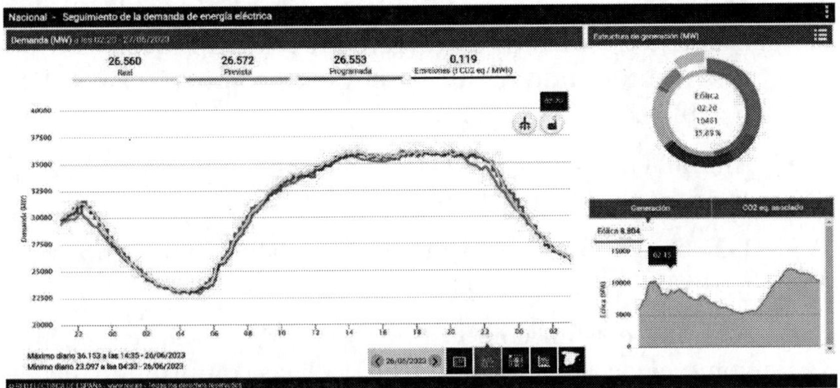

Esta imagen ejemplifica como en ese momento la energía eléctrica en España provenía de:

- Energía eólica el 26,72%
- Energía nuclear 23,87%
- Ciclo combinado 22,7%
- Energía hidráulica 13,26%
- Cogeneración y residuos 7,74%
- Térmica renovable 1,72%
- Carbón 1,02%
- Energía solar fotovoltaica 0,91%
- Motores diésel 0,82%
- Energía solar térmica 0,6%
- Turbina de vapor 0,43%
- Turbina de gas 0,22%

(REE): [https://demanda.ree.es/visiona/peninsula/nacional/total/2023-06-26].

- Hidrógeno, el cual es utilizado en vehículos pesados (especialmente vehículos de carretera), evitando la emisión de gases y utilizando fuentes renovables como la solar, eólica o el biogás.
- Amoníaco, que también evita la emisión de gases, y solamente utiliza agua y nitrógeno.
- Los biocombustibles son biodegradables generándose a partir de aceites vegetales y grasas recicladas.
- Además, existen combustibles con bajo nivel de carbono como el gas licuado de petróleo, el gas comprimido, el gas natural licuado e incluso los combustibles sintéticos y parafínicos.
- En el ámbito de la salud mental, es importante destacar la Estrategia de Salud Mental del Sistema Nacional de Salud para el período 2022-2026, del Ministerio de Sanidad[55] que resalta la importancia del hábitat para las personas con problemas de salud mental. Un entorno adecuado puede mejorar su bienestar y proporcionarles la motivación para interactuar con el entorno, fomentar sus relaciones sociales y acercarlos a la naturaleza. La creación de jardines dentro del núcleo urbano puede ser una medida efectiva para lograr estos beneficios.

3. CONSIDERACIONES FINALES: REDUCCIÓN DE DESIGUALDADES COMO FIN ÚLTIMO

Para poder exponer las desigualdades existentes en Europa frente a la posibilidad de acceso de las personas a los espacios verdes y azules públicos, se ha realizado un estudio a través de

---

55 MINISTERIO DE SANIDAD, "Estrategia de Salud Mental del Sistema Nacional de Salud" Editorial Gráficas Naciones, Madrid, 2022.

la AEMA[56]. Esta investigación analiza las desigualdades sociales, económicas y demográficas, así como las condiciones de grupos vulnerables frente a las consecuencias derivadas de la contaminación atmosférica, temperaturas extremas y contaminación acústica.

Un dato relevante del mencionado estudio es la situación en España, Portugal, Grecia e Italia, países donde los habitantes más vulnerables están más expuestos a los contaminantes atmosféricos debido a la elevada tasa de desempleo y los niveles educativos e ingresos inferiores en comparación con el resto de Europa.

Es necesario mencionar que, en las áreas con poblaciones más pobres, los niveles de ruidos suelen ser superiores, lo que podría indicar que a menudo existe una relación entre ingresos más bajos y mayor exposición al ruido.

En este sentido, resulta muy ilustrativo recordar el sintético y didáctico recorrido de García de Enterría y Parejo por las distintas etapas históricas del urbanismo[57]. Cuando estos autores llegan al fenómeno del mundo urbano del siglo XIX en Europa (con la miseria, la insalubridad y el hacinamiento jugando un papel dominante en los barrios obreros de la grandes ciudades), traen a colación el célebre informe de Edwin Chadwick en 1839, que, bajo el título de *Report on the sanitary condition of the labouring population of Great Britain* evidenciaba que la esperanza de vida en los barrios proletarios de las ciu-

56 La AEMA ha destacado la necesidad de implementar medidas adicionales para abordar las desigualdades en el acceso a los espacios verdes y azules públicos en Europa: EEA, *Unequal exposure and unequal impacts: social vulnerability to air pollution, noise and extreme temperatures in Europe, Report No 22/2018* [https://www.eea.europa.eu/publications/unequal-exposure-and-unequal-impacts/].

57 GARCÍA DE ENTERRIA, E. y PAREJO ALFONSO, L., *Lecciones de Derecho urbanístico*, Civitas, Madrid, 1981, pp. 38 y ss.

dades británicas se encontraba veinte años por debajo de la de los barrios acomodados, siendo el factor urbanístico uno de los más importantes. "Las propuestas del informe Chadwick se traducirán en medidas legislativas concretas y puede decirse que de ellas arranca el comienzo del Derecho urbanístico contemporáneo, con sus nuevas técnicas del alcantarillado, el suministro de agua potable, concepción de las calles, patios y parques como elementos de aireación y ventilación, la separación de viviendas e industrias (zonificación), los estándares higiénicos mínimos de las viviendas, etc. Es la primera manifestación de una acción reflexiva sistemática sobre las ciudades"[58], y desde entonces hasta hoy, tal acción reflexiva y sistemática de los poderes públicos no ha dejado en ningún momento de ser una necesidad para tratar de identificar, prevenir o reducir las desigualdades que en el ámbito urbano va generando la dinámica económica de la oferta y la demanda.

En la actualidad, por ejemplo, uno de los actuales desafíos urbanos en el contexto del cambio climático tiene que ver con las temperaturas extremas. Así, en el sur y sureste de Europa con Estados como España, Italia, Grecia, Bulgaria o Croacia) se encuentran regiones geográficas donde las temperaturas extremas en verano son más frecuentes. Esto tiene consecuencias para la salud de los ciudadanos de estas zonas, como alteraciones en funciones vitales, deshidratación, golpes de calor, problemas cardiovasculares y respiratorios. Además, las altas temperaturas pueden provocar asma debido a los niveles de aeroalérgenos, así como hipotermia, sabañones e incluso congelamientos. Estas condiciones climáticas adversas también se asocian con un mayor riesgo de mortalidad en personas vulnerables de estas regiones geográficas.

---

58 *Ibidem*, pp. 50-51. También en BUSTILLO BOLADO, R.O., "Integración y eficiencia de los recursos naturales en el ecosistema urbano", *Retos del desarrollo urbano sostenible e integrado,* 2018, pp. 107-131.

Conociendo estas desigualdades y sus impactos en la población, es fundamental implementar políticas que aborden estas problemáticas y promuevan un acceso equitativo a espacios verdes y azules públicos, así como medidas para reducir la contaminación atmosférica y acústica, y mitigar los efectos de las temperaturas extremas. Un enfoque inclusivo y coordinado entre países y regiones puede contribuir significativamente a mejorar la calidad de vida y bienestar de toda la población europea.

RESUMEN: Este capítulo tiene por objeto poner de manifiesto la idea básica, enmarcada por una reciente corriente doctrinal (i.e. TIZÓN, J. L.) y casi inexistente en nuestra jurisprudencia, de que toda planificación o reforma urbanística o regional debería tener en cuenta no tan solo el "impacto ambiental" o "ecológico", entendido en un sentido estrecho (el impacto sobre el paisaje, la flora y la fauna no humanas), sino también el "impacto psicosocial" de tales actuaciones. Se pretende por tanto, concurrir a la formación de nuevos estudios y análisis en el ámbito que se describe anteriormente a la vista de los escasos pronunciamientos, tanto doctrinales como jurisprudenciales, en nuestro derecho sobre una cuestión de tal relevancia como es la incidencia de los elementos del entorno urbanístico en la esfera de la vida privada del ser humano y, más concretamente, en su estado psíquico y mental, el cual puede ser sumamente modificado por las percepciones externas generadas en el conjunto del paisaje más próximo. Dicho análisis se encuentra en íntima conexión con los objetivos del Pacto Verde Europeo representa una oportunidad para mejorar la salud y el bienestar de los ciudadanos mediante la transformación del modelo económico actual, reduciendo las emisiones, mejorando la salud del medio ambiente, protegiendo la fauna silvestre... con el fin último de mejorar la calidad de vida humana.

ABSTRACT: *This chapter aims to highlight the basic idea, framed by a recent doctrinal trend (i.e. TIZÓN, J. L.) and almost nonexistent in our jurisprudence, that all urban or regional planning or reform should consider not only the "environmental" or "ecological" impact, understood in a narrow sense (the impact on the landscape, flora, and non-human fauna), but also the "psychosocial impact" of such actions. Therefore, it is intended to contribute to the development of new studies and analyses in the field described above in view of the scarce pronouncements, both doctrinal and jurisprudential, in our law on an issue as relevant as the impact of elements of the urban environment on* *the sphere of human private life and, more specifically, on their psychic and mental state, which can be greatly modified by external perceptions generated in the context of the nearest landscape. This analysis is closely connected to the objectives of the European Green Deal, representing an opportunity to improve the health and well-being of citizens through the transformation of the current economic model, reducing emissions, improving environmental health, protecting wildlife... ultimately aiming to enhance human quality of life.*

PARTE VI
MIRADAS AL PACTO VERDE EUROPEO DESDE LA ECOLOGÍA Y LA ECONOMÍA

El Pacto Verde Europeo: ¿Una estrategia suficiente para afrontar la crisis ambiental?

EMILIO FERNÁNDEZ SUÁREZ[1]

SUMARIO: 1. EL CONTEXTO: LA CRISIS AMBIENTAL GLOBAL. 2. ¿QUÉ SUPONE ALCANZAR LOS OBJETIVOS CLIMÁTICOS DEL PACTO VERDE EUROPEO?. 3. DESCARBONIZAR NO ES SINÓNIMO DE DESMATERIALIZAR. 4. ¿CRISIS AMBIENTAL O CRISIS DE SISTEMA?.

1. EL CONTEXTO: LA CRISIS AMBIENTAL GLOBAL

Al comenzar la redacción de un trabajo que aspira a aportar una visión del Pacto Verde Europeo desde la perspectiva de la Ecología, es razonable plantear una pregunta inicial: ¿por qué un pacto verde? El propio texto de este importante documento estratégico proporciona una respuesta contundente a esta pregunta "La atmósfera se está calentando y el clima cambia de año en año. De los ocho millones de especies del planeta, un millón está en riesgo de extinción. Estamos contaminando y destruyendo los bosques y los océanos". Parece evidente, por tanto, que nos encontramos inmersos en una severa crisis ambiental, que afecta a numerosos componentes del sistema natural, se manifiesta a escala global y

---

1 Catedrático de Ecología en la Universidade de Vigo (esuarez@uvigo.es).

cuya atenuación requiere la puesta en marcha de acciones decididas y urgentes por parte de todos los componentes del entramado social: individuos, colectivos, empresas e instituciones.

Esta crisis ambiental, de carácter antropogénico, se ha asociado tradicionalmente a factores demográficos. Es decir, se ha atribuido al incremento explosivo que la población humana ha experimentado desde principios del siglo XIX, momento en el que la tierra estaba habitada por unos mil millones de personas, hasta la actualidad, en que este número supera los ocho mil millones. Ciertamente, la población ha aumentado y sigue aumentando de forma intensa. Sin embargo, es conveniente precisar que la velocidad a la que se produce este incremento alcanzó su valor máximo a finales de la década de los sesenta del siglo XX, con un aumento ligeramente superior al 2%, y que, desde entonces, la tasa a la que ocurre este incremento ha ido disminuyendo de forma prácticamente continua, hasta alcanzar un valor en torno al 1% en 2019, tendencia ésta que previsiblemente se mantendrá en las próximas décadas.

El crecimiento de la población humana es innegable, pero los previsibles impactos ambientales de una especie dada dependen de la cantidad o masa total de individuos de esa especie en un espacio y tiempo determinado y del impacto por unidad de masa, y no de la tasa de incremento de sus poblaciones. En este sentido, cabe preguntarse en primer lugar si la cantidad de humanos que habitamos el planeta alcanza valores importantes en términos de masa con respecto al resto de los seres vivos con los que compartimos hábitat. Obtener una respuesta para esta pregunta implica la realización de estimaciones de enorme complejidad, razón por la cual su resolución ha permanecido pendiente hasta fechas muy recientes.

En 2018, Bar-On y colaboradores publicaron los resultados de un estudio en el que estimaron la masa de los distintos tipos de organismos que habitan la biosfera[2]. Según sus cálculos, la

---

2 BAR-ON, Y.M., PHILLIPS, R., MILO, R., "The biomass distribution on earth", *Proceedings of the National Academy of Sciences*, vol. 115, nº. 25, 2018, pp. 6506-6511.

biomasa total de organismos vivos en el planeta se estima en unas 543 Gt C (1 Gt son 10^{15} gramos, es decir, mil millones de toneladas). De éstas, sólo el 0,37% se atribuyen a los animales y únicamente 0,06 Gt C, es decir menos que la biomasa de ganado, o de artrópodos o moluscos y más de 10 veces menos que la masa de peces. La biomasa humana representa, pues, aproximadamente el 0,011% de la masa total de organismos vivos del planeta. No parece, por tanto, que los flujos energéticos naturales que discurren por la masa de humanos que habita la tierra sea la causa única que justifique la enorme capacidad de ocupación y transformación del planeta que ha demostrado nuestra especie a lo largo de su historia, especialmente de su historia reciente.

La especie humana ocupa en la actualidad más de tres cuartas partes de la superficie terrestre debido al desarrollo de muy diversos usos, y una parte importante de esa superficie, como el territorio europeo y algunas zonas de Asia y América, se viene explotando desde hace siglos e incluso milenios[3]. Por lo tanto, con algunas excepciones, los impactos antropogénicos sobre el entorno, en particular los relacionados con la pérdida de diversidad biológica, no resultan sólo de la conversión o degradación de territorios vírgenes, sino que son consecuencia, más bien, de la colonización e intensificación del uso de aquellas regiones que habían estado previamente habitadas por otras poblaciones humanas. La crisis ambiental actual no es fruto exclusivo del aumento de la población, sino de un incremento masivo del impacto promedio de cada individuo de la especie humana, impacto que se visualiza a través del análisis de la evolución histórica del consumo de energía per cápita, que, en promedio, se ha multiplicado por cuatro desde mediados del

---

3 ELLIS, E.C., *et al.*, "People have shaped most of terrestrial nature for at least 12000 years", *Proceedings of the National Academy of Sciences,* vol. 118, nº 17, pp. 1-8.
April 27, 2021

siglo XIX[4]. Este incremento, unido al aumento de población, se traduce en un intenso y exponencial incremento del consumo global de energía primaria desde comienzos del siglo XIX, incremento principalmente sustentado en un creciente consumo de combustibles de origen fósil desde el comienzo de la revolución industrial y de forma más aparente desde mediados del siglo pasado[5] (Figura 1)

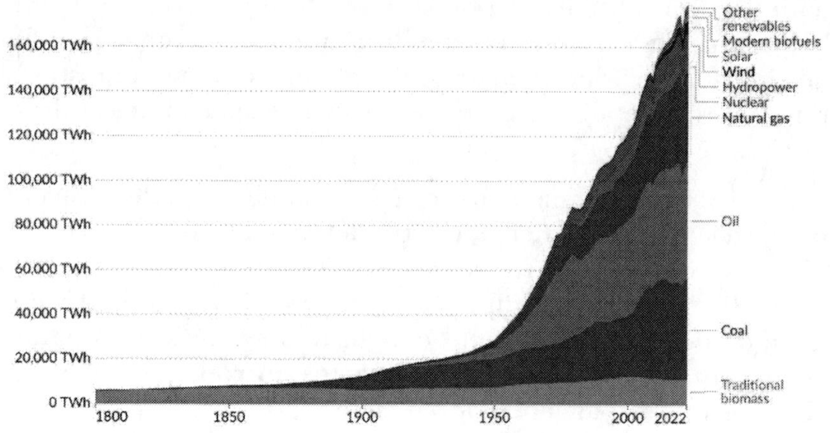

Figura 1.- Evolución histórica del consumo global de energía primaria por parte de la especie humana. Se muestra la evolución temporal del consumo de las diferentes fuentes de energía (de abajo hacia arriba: biomasa tradicional, carbón, petróleo, gas natural, nuclear, hidroeléctrica, eólica, solar, biocombustibles y otras energías renovables). Tomado de Our World in Data. Fuentes: Statistical Review of World Energy 2023 y Smil (2017).

4 TVERBERG G., "Our finite world", 2014, accessible en: http://ourfiniteworld.com/2012/03/12/world-energyconsumption-since-1820-in-charts/.

5 SMIL, V., *Energy and Civilization: A History*, The MIT Press, 2017.

Cuando se aúnan el incremento poblacional y la cada vez mayor capacidad de cada individuo humano para impactar el entorno, resulta una enorme capacidad transformadora que se traduce en la artificialización masiva del territorio, en la explotación masiva de materiales no renovables, que dan respuesta a la producción de bienes necesaria para satisfacer una creciente demanda, o en el transporte desbocado por tierra, mar y aire para transportar estos bienes hacia los centros de consumo. Un reciente trabajo publicado por Elhacham y colaboradores en 2020, ilustra con claridad el resultado de este proceso a través del estudio de la evolución en el tiempo de la producción de materiales de origen humano, tales como cemento, áridos, ladrillos, asfalto, metales o plásticos, entre otros[6]. Según las estimaciones realizadas en esa investigación, la masa total de materiales producidos por el ser humano ha aumentado de forma exponencial desde comienzos del siglo XIX hasta la actualidad, y en 2020 igualaba por primera vez en la historia a la masa total de organismos vivos que habitan en el planeta. Este crecimiento exponencial, que se observa en la mayor parte de las variables relacionadas con la acción humana, dio lugar a la idea de un planeta en transformación acelerada, y a la propuesta por parte del premio Nobel Paul J. Crutzen del concepto de Antropoceno, que definiría una nueva época geológica que sucedería al Holoceno, caracterizada por el significativo efecto que a escala global ejerce el ser humano sobre el planeta tierra[7]. La fecha de inicio de esta época es objeto de debate; algunos miembros de la comunidad científica la asocian con la Revolución Industrial mientras que otros sostienen que este efecto global comenzó con el desarrollo de la agricultura.

---

6 ELHACHAM, E., BEN-URI, L., GROZOVSKI, J., BAR-ON, Y., MILO, R., "Global human-made mass exceeds all living biomass", *Nature*, vol. 588, 2020, pp. 442–444.

7 CRUTZEN, P.J., "Geology of mankind", *Nature*, vol. 415, 2002, p. 23.

La transformación acelerada que experimenta el planeta ha derivado en que varios de los procesos relevantes implicados en la crisis ambiental hayan sufrido alteraciones de tal dimensión que los sitúan en la proximidad o incluso claramente traspasan los umbrales que garantizan un espacio seguro para el desarrollo humano. La existencia de estos umbrales dio lugar al desarrollo del concepto de "límites planetarios" propuesto inicialmente por Johan Rockström en 2009[8]. En aquel momento se identificaban tres procesos que se alejaban de este espacio de seguridad: la pérdida de biodiversidad, la alteración del ciclo del nitrógeno y, en menor medida en comparación a los anteriores, el cambio climático. Los análisis más recientes realizados utilizando la aproximación conceptual de los límites planetarios muestra la existencia de cada vez más procesos alejados de los límites de seguridad del planeta. Así, en el último estudio realizado en este campo por Richardson y colaboradores se identifican, además de los procesos descritos inicialmente por Rockström y colaboradores, la alteración del ciclo del fósforo, la alteración del ciclo del agua, los cambios en los usos del suelo y la entrada de nuevos compuestos de origen antropogénico en la biosfera[9] (Figura 2).

---

8 ROCKSTRÖM, J., "A safe operating space for humanity", *Nature*, vol. 461, 2009, pp. 472-475.

9 RICHARDSON, K., *et. al.*, "Earth beyond six of nine planetary boundaries", *Science Advances*, vol. 9, nº 37, 2023, pp. 1-16.

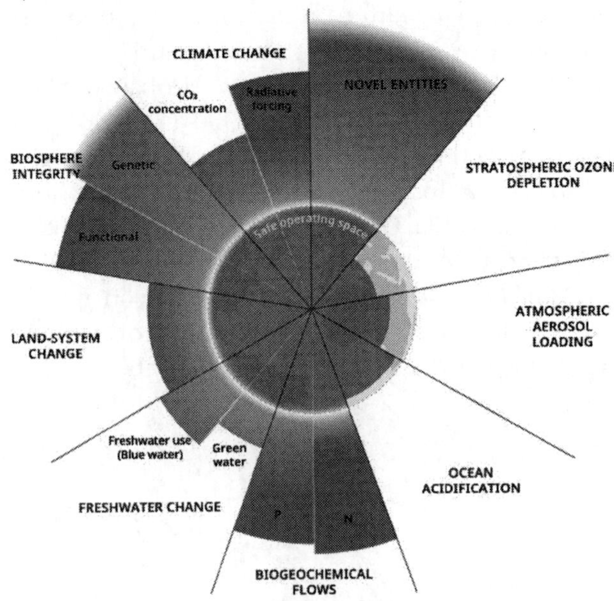

Figura 2.- Estado de los límites planetarios que muestra la superación de los límites de seguridad en el caso de la alteración de los ciclos del nitrógeno y el fósforo (biogeochemical flows), la alteración del ciclo del agua (freshwater change), los cambios en los usos del suelo (land-system change), el riesgo para la integridad de la biosfera manifestado a través de la pérdida de biodiversidad genética y funcional (biosphere integrity), el cambio climático (climate change) y las entradas en la biosfera de nuevos compuestos de origen antropogénico (novel entities). El círculo verde central indica el espacio seguro para el desarrollo humano. Los sectores en color naranja señalan la magnitud en que cada uno de los componentes de aleja del límite de seguridad. Tomado de RICHARDSON *et al.* (2023).

A pesar de no ser el proceso que más se aleja de los límites de seguridad planetarios, el cambio climático es el componente más conocido por la sociedad y por ello es útil para ilustrar la evolución de la crisis ambiental actual. Acudiremos para ello a los resultados obtenidos en el marco de un proyecto internacional que evalúa anualmente los balances de carbono del planeta, el "*Global Carbon Project*"[10], incluyendo los datos correspondientes a las emisiones

---

10 https://www.globalcarbonproject.org.

de gases de efecto invernadero a la atmósfera, una variable que resume de forma adecuada el impacto humano sobre la atmósfera asociada a las alteraciones climáticas. Al observar la evolución en el tiempo de esta variable desde 1990 (Figura 3), se detecta su crecimiento prácticamente continuo, sólo interrumpido por leves descensos asociados a relevantes hitos de la historia reciente, como la disolución de la Unión Soviética, la crisis financiera del 2008 o la situación de alerta sanitaria debida al COVID-19. Sin embargo, después de todos estos eventos, se produjo una recuperación rápida de los niveles de emisión anteriores, siendo por lo tanto su efecto muy limitado en el balance global.

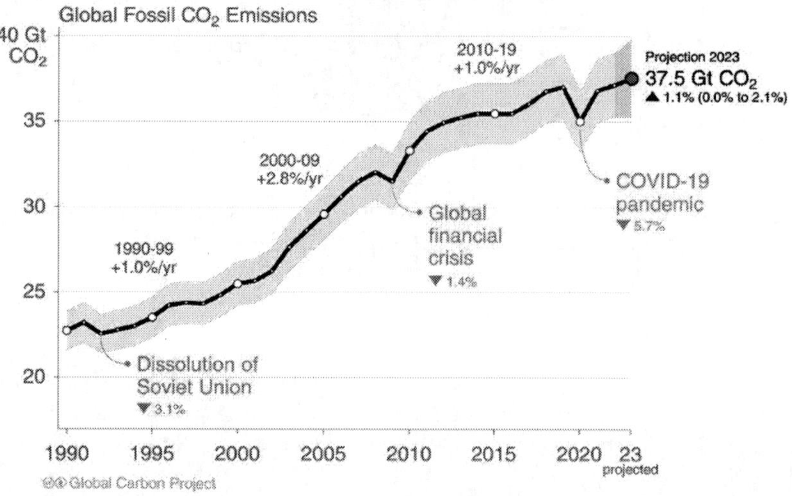

Figura 3.- Evolución temporal de las emisiones de gases de efecto invernadero derivados de los combustibles fósiles en gigatoneladas de CO_2 (1 gigatonelada son mil millones de toneladas) en periodo 1990-2023. Fuente: Global Carbon Project (https://www.globalcarbonproject.org).

Para poner en contexto lo que representa en términos cuantitativos esta entrada de gases en la atmósfera, acudiremos a las emisiones globales de gases de efecto invernadero (GEI) estimadas para el año 2022, que fueron aproximadamente 37,5 Gigatoneladas (Gt) de CO_2, esto es, unas 16 Gt de carbono, lo que representa unas 8 veces la cantidad de carbono almacenada en todos los animales que habitan el planeta.

Estas emisiones de GEI derivan mayoritariamente de la quema de combustibles fósiles (89% en promedio en el periodo 2012-2021), atribuyéndose el 11% restante a procesos asociados con los cambios en los usos del suelo, por ejemplo, la deforestación. La vegetación terrestre incorpora el 29% de estas emisiones, mientras que el océano capta anualmente unas 10,5 GtC, lo que representa el 26% de las emisiones anuales, dando lugar al proceso de acidificación oceánica.

La atmósfera acumula aproximadamente la mitad de la cantidad de GEI emitidas anualmente (48 % en promedio en el periodo 2012-2021), lo que da lugar al aumento en la cantidad de CO_2 de la atmósfera en unas 19 GtC anuales en el periodo indicado, lo que es la causa del incremento sostenido de la concentración de CO_2 de la atmósfera terrestre, desde valores inferiores a los 320 ppm (partes por millón) que se registraban sobre 1960 hasta valores que superan los 420 ppm que se miden en la actualidad. Esta acumulación de GEI en la atmósfera terrestre es la causante del incremento global de la temperatura de la atmósfera terrestre en algo más de 1,2 °C desde principios del siglo XX. Ha de señalarse, que los niveles de CO_2 atmosférico que se miden en la actualidad son los mayores que se han registrado, al menos, en los últimos 800000 años y que de acuerdo con los resultados derivados de los modelos climáticos recogidos en el último informe IPCC, no es posible reproducir el incremento de temperatura de la atmósfera observado en los últimos 150 años sin incorporar los cambios en el forzamiento radiactivo asociados al incremento de la concentración de gases de efecto invernadero.

Las proyecciones que realiza el IPCC de cara al futuro en relación con las concentraciones de GEI de la atmósfera son bien diferentes en función del tipo de escenario considerado. Estos escenarios, denominados "trayectorias socioeconómicas compartidas" (SSP por sus siglas en inglés) describen futuros alternativos pero posibles derivados del conocimiento existente en los ámbitos de las ciencias experimentales y sociales. Así, de acuerdo con las estimaciones derivadas del escenario más favorable, denominado SSP1-1,9, también llamado "camino verde", la concentración de GEI en la atmósfera alcanzaría su valor máximo aproximadamente en 2040, descendiendo ligeramente a partir de esa fecha hasta estabilizarse a finales de siglo en valores relativamente similares a los que actualmente se miden en la atmósfera. Este escenario iría asociado a incrementos de temperatura promedio de 1,4 °C con respecto a la temperatura media global en superficie en el periodo 1850-1900. Por el contrario, de acuerdo con el escenario más desfavorable, (SSP5-8,5), caracterizado por un desarrollo impulsado por los combustibles fósiles, esta concentración podría superar los 1100 ppm a finales de siglo, es decir un valor más de 2,5 veces superior al actual, lo que llevaría aparejado un aumento promedio de temperatura de 4,4 °C. Otros escenarios intermedios se asocian con concentraciones atmosféricas de GEI que se sitúan entre las anteriores: cerca de 900 ppm en el caso del escenario SSP3-7,0 (incremento promedio de temperatura de 3,6 °C) o 600 ppm en el escenario SSP2-4,5 (incremento promedio de temperatura de 2,7 °C), escenario denominado "mitad del camino", que es la senda por la que discurren las concentraciones de CO_2 atmosférico en la actualidad. Finalmente, el escenario SSP1-2,6, conduciría a valores de CO_2 en la atmósfera ligeramente superiores a los actuales e incrementos promedio de temperatura de 1,8 °C.

Este contexto de crisis ambiental antropogénica de escala global es en el que se enmarca el Pacto Verde Europeo y a afrontar sus causas y mitigar sus efectos se dirigen los objetivos que define y las acciones que en él se contemplan.

2. ¿QUÉ SUPONE ALCANZAR LOS OBJETIVOS CLIMÁTICOS DEL PACTO VERDE EUROPEO?

Según se recoge en el texto del Pacto Verde Europeo, este instrumento estratégico forma parte de la estrategia de la Comisión Europea para aplicar la Agenda 2030 y los Objetivos de

Desarrollo Sostenible de las Naciones Unidas. Dentro de estos objetivos, y ciñéndonos en este caso a lo que afecta al cambio climático, las metas fijadas a nivel internacional se concretan en los Acuerdos de París, cuya aplicación aspira, en esencia, a limitar el incremento de temperatura global por debajo de 2°C e, idealmente, se procurará que dicho aumento sea inferior a 1,5 °C. Esto significa que las concentraciones de gases de efecto invernadero deberían situarse a finales de siglo en valores no superiores a los 450-500 ppm.

Alcanzar este ambicioso objetivo supone un reto extraordinario para todos los países firmantes del acuerdo ya que implica la transición hacia una nueva estrategia económica. En este sentido, el propio texto del Pacto Verde Europeo destaca que el programa de acciones de que consta el documento constituye "una nueva estrategia de crecimiento destinada a transformar la Unión Europea en ... una economía... en la que no habrá emisiones netas de gases de efecto invernadero en 2050 y el crecimiento económico estará disociado del uso de los recursos". Este ambicioso programa se concreta en un amplio conjunto de acciones a desarrollar a corto plazo que se recogen en el paquete de medidas denominado "Objetivo 55", medidas que aspiran a alcanzar el objetivo de reducir las emisiones de gases de efecto invernadero en al menos un 55% en el horizonte de 2030. El paquete de medidas incluye propuestas de revisión de la legislación relacionada con el clima, la energía y el transporte, entre otros, de forma que se garantice una transición equitativa y justa al mismo tiempo que se mantiene y refuerza la innovación y la competitividad de la industria de la Unión Europea.

Los objetivos definidos son loables, es más, son necesarios, pero inevitablemente da pie a la formulación de varias cuestiones esenciales: ¿Cómo se consigue este objetivo?, ¿Es viable alcanzar el objetivo fijado en tan corto periodo de tiempo?, ¿Es realmente posible disociar el crecimiento económico del uso de recursos? A aportar alguna información que permita un análisis más fundamentado de este tema y trate de dar respuesta a estas preguntas se dedicarán las páginas siguientes de este capítulo.

Abordemos en primer lugar el análisis de lo que supone alcanzar la meta de que las emisiones netas sean cero a mediados de siglo. Es evidente que este objetivo sólo podrá alcanzarse mediante la reducción drástica de las emisiones de gases de efecto invernadero no sólo en las próximas décadas, sino ya en los próximos años; realmente desde este mismo momento. Los estudios que analizan las posibles trayectorias que conducen al cumplimiento de los objetivos climáticos muestran ciertas diferencias en la magnitud de los cambios necesarios y en su temporalización, pero todos ellos coinciden en la necesidad de la ya mencionada drástica reducción de emisiones de GEI. Así, por ejemplo, Teske[11] señala que las emisiones globales de GEI deben alcanzar su máximo en 2025 y apunta hacia una reducción muy intensa de las emisiones de forma que las derivadas del carbón prácticamente cesen en 2040, las resultantes del petróleo queden reducidas de forma muy significativa en esa fecha, mientras que las asociadas al gas natural deberían sufrir una reducción más paulatina, haciéndose cero más allá de 2050. Apunta también hacia la eliminación de todas las emisiones de GEI asociadas a los cambios en los usos del suelo hacia 2035. De forma paralela, los sumideros existentes deberán aumentar de forma notable su capacidad de retener carbono, y apunta hacia los cambios en las actividades agrícolas y forestales, a la reforestación y aforestación y, en menor medida, a la restauración de ecosistemas costeros como ejes principales de actuación.

Una trayectoria muy similar es la que dibujan los informes de la Agencia Internacional de la Energía, IEA[12], organismo cuya misión es trabajar con los gobiernos para diseñar un futuro energéti-

---

11 TESKE, S. (ed.), *Achieving the Paris Climate Agreement Goals*, Springer Open, 2019.

12 https://www.iea.org/analysis?type=report.

co seguro y sostenible. Cabe señalar que los países asociados a esta agencia representan el 80% tanto del consumo energético global como de las emisiones totales de gases de efecto invernadero en el planeta. IEA define varios escenarios de evolución futura en el ámbito de la utilización de energía y de las emisiones asociadas, entre los que cabe resaltar en este contexto los escenarios STEPS (*Stated Policies Scenario*), APS (*Announced pledges Scenario*) y NZE (*Net Zero Scenario*). El primero de ellos hace referencia a la proyección de futuro resultante de la aplicación de las medidas aprobadas por los estados en el momento presente. El escenario APS, contempla la evolución prevista teniendo en cuenta tanto las medidas aprobadas como los compromisos adquiridos por los estados. El escenario NZE muestra las trayectorias que podrían conducir a una situación de emisiones netas cero en 2050, el objetivo adoptado por el Pacto Verde.

Las proyecciones de futuro realizadas por la Agencia Internacional de la Energía (IEA) y publicadas a finales de 2022[13], ilustraban de forma clara las trayectorias de emisiones de gases de efecto invernadero que resultarían de la aplicación de las premisas contempladas en cada uno de los escenarios (Figura 4).

---

13 IEA, *World Energy Outlook 2022*, IEA, Paris, 2022, https://www.iea.org/reports/world-energy-outlook-2022.

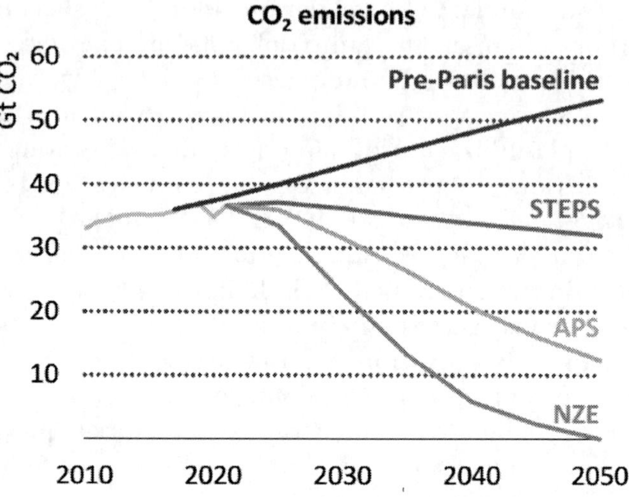

Figura 4.- Evolución temporal de las emisiones de gases de efecto invernadero hasta 2050 (en gigatoneladas de CO_2 (1 gigatonelada son mil millones de toneladas) asociadas a los escenarios STEPS, APS y NZE definidos por la Agencia Internacional de la Energía en su informe "Global Energy Outlook 2022 (ver en el texto la definición de cada tipo de escenario). Fuente: International Energy Agency (https://iea.blob.core.windows.net/assets/830fe099-5530-48f2-a7c1-11f35d510983/WorldEnergyOutlook2022.pdf).

Se observa que la aplicación de las medidas acordadas hasta la actualidad (escenario STEPS), conducirían a una ligera reducción de las emisiones de GEI a mediados de este siglo, momento en el que la liberación anual a la atmósfera de GEI superaría las 30 Gt CO_2. La puesta en marcha de las medidas comprometidas por los estados (escenario APS) tampoco sería suficiente para alcanzar el objetivo de emisiones netas cero fijado por el Pacto Verde Europeo, sino que supondría un descenso progresivo de las emisiones anuales hasta alcanzar valores algo superiores a las 10 Gt CO_2 en 2050. Para alcanzar la meta de emisiones netas cero, la reducción de emisiones de GEI debería ser muy intensa en las próximas décadas, de forma que en 2030 estas emisiones no superaran las 20 Gt CO_2 anuales Es destacable la elevada coincidencia que presentan estos resultados cuando se comparan con los que aparecen en Teske (2019) comentados anteriormente. Así, y al igual que se mostraba en dicho estudio, la consecución de los objetivos de "Emisiones Netas Cero", pasan por una disminución drástica, de más de 5 veces, en el uso de energía de origen fósil hasta 2050. Resulta evidente, por lo tanto, que los objetivos planteados son extremadamente ambiciosos y no son pocos los autores que ponen en duda la viabilidad de alcanzarlos en los plazos fijados. Sirva como ejemplo de esta incerteza el hecho de que, el último informe publicado por la IEA, en 2023, encabeza uno de sus apartados con la siguiente frase: "La senda para limitar el calentamiento global a 1,5 °C es muy dura, pero permanece abierta"[14]

No hay una única vía para alcanzar los niveles de reducción de emisiones de gases de efecto invernadero que exigen los objetivos climáticos acordados y el Pacto Verde Europeo, como toda estrategia, prioriza una serie de medidas en detrimento de otras. Una de estas vías es la reducción del consumo de energía. Es decir, rediseñar el sistema económico y muchos de los hábitos sociales de forma que la necesidad de consumir energía disminuya de forma sustancial. Ciertamente, esta alternativa requeriría de cambios muy drásticos, incluso restricciones, en actividades relevantes en el sistema económico actual como, por ejemplo, la producción de bienes o el transporte. Se trata de una vía tachada frecuentemente de utópica y que generalmente no se reconoce como la apuesta central de las políticas climáticas. Sirva como ejemplo ilustrativo de esta afirmación que, en el documento del Pacto Verde Europeo, el término reducción de emisiones aparece en 7 ocasiones y en 4 la palabra descarbonización. Sin embargo, las alusiones explícitas a la reducción del consumo de energía son, en ese documento, simplemente inexistentes. Puede sorprender esta ausencia, pero es, no obstante, coherente con la propia declaración de principios del Pacto Verde que lo

---

14 IEA, *World Energy Outlook 2023*, IEA, Paris, 2023, https://www.iea.org/reports/world-energy-outlook-2023.

define como "una nueva estrategia de crecimiento", es decir que en ningún momento contempla la alternativa de que el Producto Interior Bruto, tienda a decrecer o incluso deje de crecer.

Si no es en la reducción del consumo de energía y materiales, ¿En qué ejes sustenta entonces el Pacto Verde el reto de la reducción de emisiones de gases de efecto invernadero?. Una apuesta clara apunta hacia la aceleración de la positiva tendencia descendente de la intensidad energética global. En las últimas décadas, la cantidad de energía necesaria para producir una unidad de riqueza ha decrecido de forma sostenida y la mayor parte de las proyecciones de futuro realizadas por distintos organismos internacionales, señalan que esta tendencia proseguirá hasta mediados del presente siglo. En este sentido, el Pacto Verde representa una apuesta decidida por el desarrollo de una economía digital como instrumento para intensificar esta tendencia. Es por ello por lo que en el Pacto Verde se alude en doce ocasiones a términos relacionados con el ámbito digital. Aceptando que la digitalización puede suponer una disminución significativa de la intensidad energética de la economía, no se debe olvidar que las tecnologías digitales no se sostienen sin el aporte de energía y sin el suministro de materiales, y algunas investigaciones sugieren que el consumo de energía eléctrica asociado a estas tecnologías puede ser importante, especialmente en el futuro. Sirvan como ilustración las estimaciones que apuntan a que el consumo eléctrico del conjunto de centros de datos que operan en la tierra puede ser de una magnitud semejante a la electricidad generada por el Reino Unido en 2017 o que el consumo mundial de electricidad por los dispositivos asociados a las tecnologías de la información y la comunicación (teléfonos móviles, ordenadores, televisiones "Smart") puede ser del mismo orden que la energía eléctrica producida por Japón en ese mismo año[15].

---

15 BP, *BP Statistical Review of World Energy*, 67th ed., 2018.

No obstante, el núcleo central de la estrategia de reducción de emisiones de gases de efecto invernadero que dibuja el Pacto Verde se centra en el despliegue masivo de sistemas de generación de energía a partir de fuentes renovables, principalmente energía solar y energía eólica. No sorprende, por tanto, que hasta en 15 ocasiones el documento cite los términos "energía limpia" o "energía renovable". Es decir, el Pacto Verde contempla la progresiva sustitución de fuentes de energía basadas en los combustibles de origen fósil por fuentes de origen no fósil, de tal manera que esta sustitución asegure el mantenimiento de un consumo de energía de similar magnitud al que acontece en la actualidad.

Todos los escenarios propuestos por la Agencia Internacional de la Energía (IEA) contemplan que en las próximas décadas tendrá lugar un descenso de la producción de energía de origen fósil y un incremento significativo de la cantidad de energía basadas en fuentes renovables[16]. Las diferencias entre los escenarios estriban en la magnitud y en la velocidad a la que se estima que ocurrirá esta transición energética. Según el escenario STEPS, la producción total de energía aumentará de forma sostenida en el horizonte del año 2050, experimentando la producción de energía de origen fósil sólo un ligero descenso que se vería no sólo compensado sino ampliamente sobrepasado por la generación de energía de origen no fósil. Según este escenario, ninguno de los tipos de energía fósil, carbón, petróleo o gas natural, cesará su producción en las próximas décadas. En el caso del escenario APS, la producción total de energía también aumentaría, aunque de forma mucho menos acusada que en el escenario anterior, y el descenso de la producción de energía de origen fósil sería, por el contrario, mucho más intenso, alcanzando en el año 2050 valores de algo más del 50% con respecto a los registrados en la actualidad. Al igual que en SBEPS, este escenario no contempla el cese de

16 IEA, *World Energy Outlook 2022, op. cit.*

la producción de ninguno de los tipos de energía de origen fósil. El escenario objetivo del Pacto Verde, el correspondiente a emisiones netas cero en 2050 (NZE), prevé una reducción, si bien muy ligera, de la producción de energía total con respecto a los niveles actuales. Para alcanzar la meta implícita en la propia denominación del escenario, la sustitución de energías de origen fósil por energías de origen renovable es, en este caso, muy intensa y rápida, contemplándose la práctica desaparición de la producción de energía basada en la combustión de carbón y un descenso muy sustancial de la utilización de petróleo en el horizonte 2050. El despliegue de energías de origen renovable que se contempla en este escenario se sustenta fundamentalmente en un incremento explosivo de la energía solar, una muy intensa expansión de la energía eólica junto con incrementos muy importantes de la producción de energía geotérmica y de aquella basada en el uso de biocombustibles.

3. DESCARBONIZAR NO ES SINÓNIMO DE DESMATERIALIZAR

Al igual que comentábamos con respecto a las tecnologías de la información y la comunicación, la generación de energía de origen no fósil no es inocua desde el punto de vista ambiental. Es cierto que las emisiones de gases de efecto invernadero asociadas a la producción de este tipo de energía es despreciable con respecto a sus homólogas de origen fósil, incluso considerando la totalidad de su ciclo de vida. Pero no lo es menos que la proliferación masiva de sistemas de generación de energía de origen renovable, apuesta esencial del Pacto Verde para el cumplimiento de los objetivos climáticos fijados, implica la ocupación del espacio y el uso de materiales.

El despliegue de aerogeneradores, de campos de paneles solares o el cultivo de especies vegetales con la finalidad de obtener biocombustibles está asociado a la ocupación directa del territorio, tratándose con frecuencia de espacios caracterizados por poseer importantes valores naturales o elevados potenciales productivos agrícolas. Se trata pues, de la implantación en el territorio de nuevos usos que demandan con avidez espacio en la superficie terrestre o marina y, bien entran en conflicto con otros usos establecidos con anterioridad, o reemplazan o impactan los ecosistemas sobre los que se asientan; usos y ecosistemas que también proporcionaban una amplia serie de beneficios a las sociedades humanas.

Desde que a finales del siglo pasado se desarrolló el concepto de "servicios ecosistémicos" por parte de la economía ecológica, refiriéndose a aquellos bienes o servicios que resultan del propio funcionamiento de los ecosistemas y que generan beneficios para la sociedad[17], la percepción sobre el valor de los sistemas naturales ha cambiado de forma sustancial. Sea a través del concepto de servicio ecosistémico o del más actual de "contribución de la naturaleza a las personas"[18], la percepción del medio natural ya no se sustenta de forma exclusiva en la idea de una porción de territorio que, dotada de valores estéticos, emocionales o espirituales, genera sensaciones positivas en las personas que la disfrutan o incluso generan sentimiento de pertenencia a aquellas que han vivido en estrecho contacto con ella. El nuevo paradigma que la economía ecológica construye, sustentado en el previo cuerpo de conocimiento de la ecología de sistemas, se basa desde entonces en la consideración de la naturaleza desde una perspectiva funcional, ya que son precisamente esas funciones, y su mantenimiento, las que darán lugar al suministro de una serie de servicios por parte de todos los ecosistemas del planeta.

Estos servicios ecosistémicos, que desembocarán finalmente en la mejora de distintos componentes del bienestar humano,

---

17 Véase, entre otros: COSTANZA, R., *et al.*, "The value of the world's ecosystem services and natural capital", *Nature* vol. 387, pp. 253–260.

18 DÍAZ, S., *et. al.*, "Assessing nature contribution to people", *Science*, vol. 359, pp. 270-272.

pueden ser extraordinariamente diversos[19], pero pueden agruparse en tres tipos principales: servicios de aprovisionamiento, de regulación y culturales. Entre los primeros, cabe señalar los alimentos, fibras, combustibles (madera) o medicamentos, todos ellos proporcionados por la naturaleza con o sin intervención humana. Los sistemas de regulación derivan de funciones ecosistémicas no relacionadas de forma directa con la producción de bienes con valor económico directo, pero esenciales para el mantenimiento de las condiciones físico-químicas adecuadas para el desarrollo de la vida humana o incluso para la producción de algunos alimentos. Entre estos se encuentra la capacidad de los sistemas naturales de regular el ciclo del agua, y con ello el suministro de este elemento esencial o las crecidas de los ríos, la regulación de la composición de la atmósfera y, por lo tanto, las condiciones climáticas, la protección de la costa frente a eventos extremos, la polinización o la remineralización de nutrientes, proceso principalmente mediado por el componente microbiano de los ecosistemas. Los servicios ecosistémicos culturales hacen referencia a aquellos relacionados con la percepción humana de la naturaleza y de su potencial para generar conocimiento y para proporcionar espacios de ocio. Entre ellos, se encuentran los valores estéticos, espirituales, su contribución al ocio y al entretenimiento o su aportación al desarrollo de investigación científica, que conduce a la generación de nuevo conocimiento.

El desarrollo de las sociedades humanas ya no puede considerarse independiente del funcionamiento de la naturaleza y los impactos antropogénicos sobre los ecosistemas no son únicamente "externalidades negativas". En el modelo conceptual que define la aproximación socioecológica, los ecosistemas suministran servicios de muy diferente tipología que benefician

---

19 FABIS CONSULTING, *The Common International Classification of Ecosystem Services (CICES V5.1)*, 2018, https://cices.eu/content/uploads/sites/8/2018/01/Guidance-V51-01012018.pdf.

al sistema humano, constituido por los individuos, los colectivos y las instituciones.

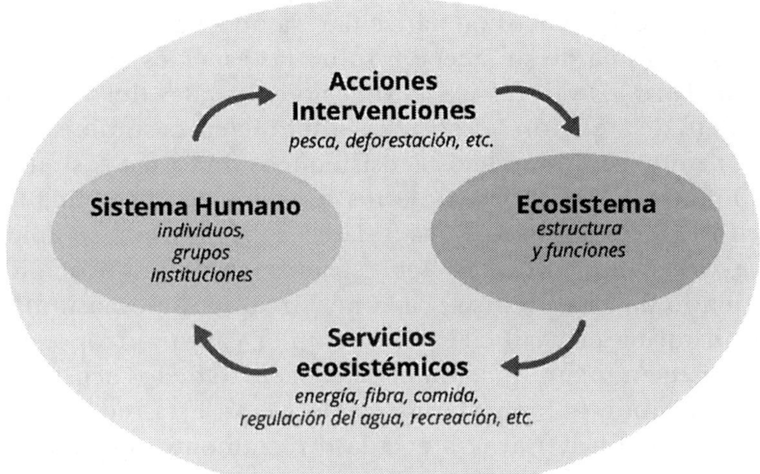

Figura 5.- Modelo conceptual de un sistema socio ecológico. Fuente: Instituto Sudamericano para Estudios sobre Resiliencia y Sostenibilidad. Disponible en: http://sarasinstitute.org/es/sistemas-socioecologicos/. Adaptado de RESILIENCE ALLIANCE, "Assessing and managing resilience in social-ecological systems", Supplementary notes to the practitioners workbook, Vol. 2, 2007.

A su vez, el sistema humano, interacciona con los ecosistemas a través de sus acciones e intervenciones, es decir, de su gestión, que puede ser de naturaleza extractiva, como la pesca, la explotación forestal o la agricultura, por ejemplo, o centrarse en la elaboración y aplicación de normativas que regulan las interacciones y aspiran a la conservación de la estructura y función del sistema natural. La dinámica de este complejo sistema está, a su vez, constreñido por las condiciones biogeoquímicas y por el contexto político y económico que opera sobre escalas espaciales muy amplias o incluso planetarias. Bajo esta perspectiva, los objetivos de gestión del sistema socio-ecológico deben garantizar la integridad estructural y funcional de los ecosistemas, fomentando su capacidad de respuesta frente a perturbaciones, y de esta manera, asegurar un suministro resiliente de los servicios ecosistémicos.

El análisis del despliegue masivo de dispositivos de generación de energía de origen renovable desde la perspectiva de la dinámica de los sistemas socio-ecológicos en general y de los servicios ecosistémicos en particular, ya no sólo debe realizarse desde el prisma de su afección sobre las especies más vulnerables o sobre los valores paisajísticos o culturales del territorio. El objeto de atención se reorienta ahora hacia el suministro del mayor número de servicios ecosistémicos de forma sostenida y resiliente, y en el aporte de estos servicios en la totalidad del territorio y no sólo en zonas aisladas sobre las que se aplican normativas específicas de los espacios naturales protegidos. Partiendo de esta premisa, cada hectárea de suelo natural que se transforma en artificial por cualquier causa antropogénica se traduce en una reducción en la capacidad de los ecosistemas para contribuir al bienestar de las personas. Esta reducción no sólo es función del área afectada directamente por la acción antrópica, sino que sus efectos pueden amplificarse como consecuencia de la afección del proceso de artificialización sobre la conectividad entre los componentes del ecosistema o incluso entre ecosistemas, lo que activa procesos ecológicos que conducen a la pérdida de biodiversidad y, consecuentemente, a una merma en la capacidad de suministro de servicios por parte de los ecosistemas[20].

Tratar de revertir el progresivo deterioro medioambiental que ilustra el creciente número de límites planetarios que se van superando a medida que avanza el siglo XXI (ver figura 2), manteniendo un nivel similar de consumo de energía, requiere inexcusablemente la ocupación de enormes extensiones de territorio para ubicar los dispositivos capaces de sustituir las actuales fuentes de energía de origen fósil por otras renovables. Pero su impacto sobre el medio ambiente no se restringe a la ocupación del territorio y a las consecuencias asociadas que hemos presentado en las páginas anteriores, sino que, como

---

20 HADDAD, N. M., *et al.*, "Habitat fragmentation and its lasting impact on Earth's ecosystems", *Sciences Advances,* vol. 1, nº 2, 2015, pp. 1-9.

equipos físicos que son, su construcción requiere de materiales que, a su vez, deben ser extraídos del medio natural. Los sistemas de generación de energía a partir del viento o del sol, así como los equipos capaces de acumular la energía producida en forma de baterías, exigen la utilización de cantidades ingentes de minerales como, por ejemplo, cobre, aluminio, níquel, litio o cobalto, algunos de ellos denominados críticos debido a que unen a su elevada importancia para un proceso productivo determinado, en este caso la generación de energía renovable, su escasez, al encontrarse en cantidades muy reducidas y distribuidos de forma dispersa en la corteza terrestre, de lo que se derivan muy interesantes implicaciones geopolíticas, que no son el objeto de este trabajo.

La cantidad de minerales que se requieren para dar cumplimiento a los objetivos climáticos fijados en los acuerdos internacionales y asumidos por el Pacto Verde Europeo es de tal magnitud que, considerando las tecnologías actuales, surgen dudas razonables acerca de la disponibilidad de reservas suficientes de estos elementos para dar respuesta a las necesidades que se prevén. Sin duda, las tecnologías que se desarrollarán en el futuro requerirán menores cantidades de materiales que las que se utilizan en la actualidad y, seguramente, serán otros los elementos implicados, pero, con certeza, los equipos necesarios seguirán necesitando la extracción de materiales dado su carácter no renovable y la imposibilidad de que los procesos de reciclaje alcancen eficiencias del 100%. No sorprende, por tanto, que el documento del Pacto Verde no haga ninguna alusión a términos como desmaterialización o reducción del consumo de materiales.

En consecuencia, la implantación de la capacidad de generación de energía renovable requerida para dar cumplimiento a los objetivos definidos en el pacto verde, no sólo están asociados a un consumo intenso y a una fragmentación de territorio generalmente dotado de importantes valores naturales y elevada capacidad de suministrar servicios ecosistémicos, sino que también requieren, y requerirán aún más, la utilización de todas las reservas disponibles de materias primas fundamentales para la transición energética. Esto exige la expansión de la minería dada la escasez de los elementos necesarios y su muy desigual distribución geográfica, a lo que ha de añadirse que las explotaciones mineras de elementos críticos se desarrollan, muy frecuentemente, en una versión muy agresiva para el medio ambiente, la explotación a cielo abierto. Paradójicamente, el documento del Pacto Verde Europeo no hace ninguna referencia a cualquier término relacionado con la minería o la explotación minera. No quiere esto decir, por supuesto, que la necesidad de obtener estos elementos se ignore por parte de la Comisión, de lo que deja constancia la elaboración cuatro años después de la aprobación del Pacto Verde de una propuesta de reglamento para garantizar el suministro seguro y sostenible de estos elementos[21].

De lo expuesto en los párrafos precedentes, se deduce que la implantación masiva de dispositivos de generación de energías renovables en el territorio debe pasar por atribuir la máxima relevancia a los procedimientos de evaluación ambiental, tanto de los proyectos como de los planes energéticos de escala regional o estatal. Más que nunca, ha de asegurarse que estos procedimientos incorporen la evaluación de la dialéctica entre el rendimiento en la producción de energía y la disminución en el suministro de servicios. Las nuevas áreas de desarrollo de los parques de generación de energía renovable no han de satisfacer únicamente el principio de optimización de la energía generada por unidad de espacio y tiempo, sino que deben guiarse por la optimización del balance entre dicha variable y la capacidad de proporcionar la mayor cantidad posible de servicios, incluidos los de regulación y los culturales. Idealmente, estas nuevas áreas de desarrollo deberían evitar los espacios

---

[21] Propuesta de reglamento del Parlamento Europeo y del Consejo por el que se establece un marco para garantizar el suministro seguro y sostenible de materias primas fundamentales y se modifican los reglamentos (UE) 168/2013, (UE) 2018/858, (UE) 2018/1724 y (UE) 2019/1020.

naturales o escasamente antropizados y aprovechar zonas ya artificializadas o aquellas que previsiblemente sufrirán procesos de artificialización en el futuro. En cualquier caso, la urgencia con la que deben reducirse las emisiones de gases de efecto invernadero no puede ser excusa para relajar la exigencia de los procedimientos de evaluación ambiental, relajamiento del que ya han dado prueba fehaciente algunas administraciones públicas. Más bien al contrario, la previsible magnitud de los impactos que estas actuaciones potencialmente ejercerán sobre el medio ambiente debe conducir a una mayor profundidad del análisis y a niveles superiores de rigor en el desarrollo de los procedimientos relacionados con la conservación de los valores ambientales.

Llegados a este punto, parece razonable concluir que alcanzar los objetivos climáticos definidos mediante el seguimiento de la senda delineada en el Pacto Verde Europeo requiere asumir un incremento de los impactos ambientales asociados a la implementación de las acciones en él contempladas. Pero, desafortunadamente, la crisis ambiental en la que nos encontramos no es sólo una crisis climática, sino que, como se ha descrito más arriba, la componente climática es sólo uno de los componentes de esta crisis e incluso no el que más alejado se encuentra de los límites de seguridad para el desarrollo de la actividad humana en el planeta. Acudiendo al marco conceptual sustentado en el concepto de límites planetarios, lo que la estrategia adoptada por la Unión Europea implica es un esfuerzo notable por controlar uno de los procesos cuyo límite de seguridad se ha traspasado, el climático, aceptando el riesgo de que se vean afectados negativamente otros componentes del cambio ambiental global cuyos límites de seguridad también se han superado ampliamente, como es el caso de los relacionados con los usos del suelo y la pérdida de biodiversidad. Por lo tanto, considerado desde la óptica de la ecología, el Pacto Verde es una plausible estrategia para, manteniendo los fundamentos del sistema económico dominante, basado en el crecimiento económico, tratar de limitar los impactos asociados a uno de los retos ambientales a los que se enfrenta la humanidad: el reto climático; pero dista mucho de ser suficiente para enfrentar el mucho más complejo y multifactorial reto del cambio ambiental de escala global.

4. ¿CRISIS AMBIENTAL O CRISIS DE SISTEMA?

Si la senda marcada por el Pacto Verde no es suficiente para contrarrestar los impactos que sobre el ambiente ejerce un sistema económico que se sustenta en la acumulación de capital, y que se alimenta del mantenimiento de un flujo idealmente creciente entre la producción de bienes o la generación de servicios y su consumo por parte de las sociedades humanas, ¿qué otras alternativas deben explorarse y eventualmente implementarse para afrontar la crisis ambiental?. La pregunta alude a un debate que no es en absoluto reciente y que cuestiona la compatibilidad entre perseguir objetivos de crecimiento económico y conservar la estructura y función de los ecosistemas.

Hace ya más de 50 años, Donatella Meadows y sus colaboradores publicaron bajo el auspicio del Club de Roma un informe de extraordinaria relevancia en el ámbito de la sostenibilidad, denominado "Los límites del crecimiento"[22]. En este informe, los autores, partiendo de la incipiente disciplina de la dinámica de sistemas y utilizando modelos globales primitivos cuando se valoran desde la óptica del presente, señalaban que, si las tendencias que ya se observaban en aquel momento en lo concerniente a la demografía, la industrialización, la contaminación, la producción de alimentos o el agotamiento de los recursos, los límites al crecimiento en el planeta se alcanzarían en algún momento dentro de los 100 años venideros, presagiando una probable, repentina e incontrolable situación de descenso de la población humana y de la capacidad industrial. Los autores indicaban que el crecimiento exponencial era la tendencia predominante en

---

22 MEADOWS, D.H., MEADOWS, D.L., RANDERS, J., BEHRENS III, W., *The limits to growth. A report to the Club of Rome*, 1972.

numerosos procesos del planeta, incluyendo los biológicos y financieros, y alertaban de las propiedades inherentes a un modelo que se basa en la constancia de la tasa de incremento lo que, de forma implícita, requiere del suministro continuo de recursos, que deben ser infinitos para que el crecimiento se sostenga en el tiempo. El mismo año de su publicación, una de las revistas científicas más prestigiosas del mundo, *Nature*, publicó un editorial titulado algo así como "Otro tufo a catastrofismo"[23]. En él, se hacía alusión a una de las conclusiones del informe que hacía referencia a que "cualquier intento de alcanzar un estado de equilibrio duradero tendría que basarse en un cambio de valores y objetivos, tanto al nivel individual como nacional y mundial", para posteriormente mofarse del estudio al sintetizar la esencia de su mensaje en la expresión "arrepentíos, el fin del mundo va a llegar".

Pocos años después, en 1977, el presidente de los Estados Unidos James Carter encargó al Consejo para la Calidad Ambiental del Departamento de Estado un informe de prospectiva sobre los escenarios previsibles en el desarrollo de la sociedad humana en el horizonte de final del milenio[24]. El informe destacaba que, de proseguir las tendencias que en ese momento se detectaban, el mundo en el año 2000 estaría más poblado, más contaminado, menos estable ecológicamente y más vulnerable a los cambios drásticos. Se vislumbraban de cara a los años siguientes, presiones importantes en lo relativo a la demografía, a la disponibilidad de recursos y al estado ecológico de los ecosistemas. Como se puede apreciar, el informe llegaba a conclusiones muy similares a las publicadas previamente por el Club de Roma.

---

23 "Another Whiff of Doomsday", *Nature*, vol. 236, 1972, pp. 47-49.

24 BARNEY, G.O., *The Global 2000. Report to the President. Entering the twenty-first century*, Technical Report. Vol 2., 1980.

Recientemente, en marzo de 2022, la revista *Nature* publicaba un nuevo editorial sobre este tema titulado ahora: "¿Existen límites al crecimiento económico? es el momento de finalizar un debate de 50 años"[25]. El editorial instaba a la comunidad investigadora a abordar y tratar de poner fin a este debate, que se prolongaba ya a lo largo de cinco décadas y reclamaba su concurso para concentrar sus esfuerzos en el objetivo de frenar la catástrofe de la destrucción ambiental y mejorar el bienestar de la sociedad. El debate es el mismo que Meadows y colaboradores planteaban en 1972, pero el mensaje que transmitía este editorial era de naturaleza muy distinta y evidenciaba una posición muy diferente a la que defendía hace 50 años. Se coloca ahora en el mismo nivel de respetabilidad desde el punto de vista científico a los planteamientos que sostienen la viabilidad de escenarios futuros basados en un crecimiento económico sostenido disociado del uso de recursos, tal como proclama el Pacto Verde, y a aquellos otros que defienden que un modelo basado en el crecimiento económico derivará de forma ineludible en la degradación de su entorno y, en consecuencia, conducirá a una profundización de la crisis ambiental.

No ha sido un parto fácil, pero a pesar de la asimetría en el número de investigadores adscrito a cada posición, especialmente en el ámbito de la economía, el debate está por fin abierto en el ámbito académico. Aunque todavía en una fase incipiente, este debate va a impulsar, sin duda, la generación de nuevo conocimiento necesario para avanzar en la definición de escenarios alternativos relativos al desarrollo futuro de las sociedades humanas. Fuera de este ámbito, las posiciones ortodoxas ancladas en la denominada economía neoclásica son abrumadoramente dominantes, y es en ellas en las que, de forma nítida, se ubica el Pacto Verde Europeo. El propio documento estratégico utiliza el término crecimiento en nueve

---

25 "Are there limits to economic growth?. It's time to end a 50-year argument", *Nature*, vol. 603, 2021, p.361.

ocasiones y, como ya se ha señalado, expresa de forma explícita que el pacto verde es una estrategia de crecimiento.

El Pacto Verde Europeo es una propuesta avanzada desde el punto de vista ambiental si lo que se pretende es hacer compatible los objetivos de crecimiento económico con un menor impacto sobre el medio natural. Es incluso probable que tenga éxito en algunos de sus componentes, como en el referido a la transición energética, ya que tal y como destaca la propia presidenta de la Comisión "su implementación creará nuevos negocios y mercados en la Unión Europea". Efectivamente, está generando nuevas oportunidades de negocio que son aprovechadas por el capital en el marco del sistema económico vigente. No es, pues, su ambición lo que suscita la visión crítica sobre el Pacto Verde que se desarrolla en este ensayo, sino que las dudas surgen del análisis de su efectividad para revertir la perniciosa dinámica de degradación de la naturaleza que ha caracterizado al sistema económico capitalista, y que se ha manifestado de forma más intensa a partir de mediados del siglo pasado. En otras palabras, el Pacto Verde Europeo constituye una loable iniciativa y una estrategia adecuada cuando se analiza en el contexto de las condiciones de contorno que impone el sistema económico. Pero son precisamente estas condiciones de contorno, esa necesidad inherente de crecer, lo que limita sus opciones para, dentro de un marco conceptual socioecológico, constituirse en un instrumento determinante para reducir de forma significativa los impactos del subsistema humano sobre el medio natural.

Se preguntarán posiblemente si es imaginable un nuevo modelo sobre el que se pueda sustentar nuestra coexistencia armónica con la naturaleza. Sí, es posible, pero requerirá, sin duda, replantearnos el concepto de bienestar basado en el consumo predominante en los tiempos en que vivimos. El nuevo modelo deberá estar centrado en el consumo de lo necesario y en la reducción drástica del uso de energía, para lo cual la digitalización deberá ser un instrumento valioso, aunque no suficiente. Implicará, además, la restricción de la movilidad prescindible, la priorización de los ciclos cortos de producción y consumo de alimentos y materiales o la racionalización del turismo, entre otras muchas transformaciones; una auténtica revolución. La pregunta que surge es si puede emerger esta revolución, esta transición radical, del mismo sistema que genera el problema. No era la finalidad de este trabajo dar respuesta a esta cuestión, pero sí lo era aportar información útil para el análisis crítico de una realidad extremadamente compleja planteando una visión alternativa a la convencional y mayoritaria. La tarea de emplear esta información para configurar posiciones personales a través de la reflexión y dar así respuesta a la pregunta planteada, queda ya en manos de las personas que, seguramente no sin voluntad y tesón, hayan alcanzado las últimas líneas de este ensayo.

RESUMEN: Compatibilizar la suficiencia energética, la seguridad alimentaria y el mantenimiento de la funcionalidad de los ecosistemas mientras las condiciones ambientales de contorno cambian de forma acelerada, constituyen un reto de dimensiones extraordinarias para nuestras sociedades. Los objetivos y metas marcados en el Pacto Verde Europeo derivan de la necesidad de hacer frente a esta crisis ambiental sin precedentes en la historia de la humanidad. En este capítulo se describe el contexto ambiental del que surge este documento estratégico acudiendo para ello a la presentación de los resultados de una serie de indicadores que ilustran la magnitud y escala de los cambios ambientales que experimenta el planeta desde la Revolución Industrial, para centrarse de forma particular en uno de los más relevantes en el contexto actual, la crisis climática asociada a las emisiones de gases de efecto invernadero. El análisis de la evolución histórica de estas emisiones y de los escenarios de cambio previsibles para el presente siglo permiten enmarcar en ellos la senda planteada por el Pacto Verde, ilustrar su muy elevada ambición e identificar los impactos ambientales que, previsiblemente, se derivan de su implementación. El masivo despliegue de sistemas de generación de energía basados en fuentes renovables supone una significativa modificación de los usos del territorio, mediante la sustitución de espacios naturales por áreas artificializadas, con la consecuente afección sobre la capacidad de los ecosistemas para suministrar de forma resiliente servicios que contribuyen al bienestar humano. Se concluye que el Pacto Verde es una estrategia coherente para tratar de limitar los impactos asociados al reto climático dentro del marco delimitado por el sistema económico dominante, pero no es suficiente para afrontar el más complejo y multifactorial reto del cambio ambiental de escala global. Se hace necesario incorporar al análisis el vigente debate entre la compatibilidad del desarrollo económico basado en el crecimiento y la conservación de la estructura y función de los ecosistemas, y con ello, poner en causa la propia eficacia del Pacto Verde.

ABSTRACT: *Reconciling energy sufficiency, food security and maintaining the functionality of ecosystems while the surrounding environmental conditions are changing at an accelerated pace is a challenge of extraordinary dimensions for our societies. The goals and targets set in the European Green Deal derive from the need to address this environmental crisis, which is unprecedented in human history. This chapter describes the environmental context from which this strategic document arises by presenting the results of a series of indicators that illustrate the magnitude and scale of the environmental changes the planet has undergone since the Industrial Revolution, focusing in particular on one of the most relevant in the current context, the climate crisis associated with greenhouse gas emissions. The analysis of the historical evolution of these emissions and the scenarios of change foreseeable for this century allow the path proposed by the Green Deal to be framed, illustrating its very high ambition and identifying the environmental impacts that are likely to result from its implementation. The massive deployment of energy generation systems based on renewable sources implies a significant modification of land use, through the replacement of natural spaces with artificialised areas, with the consequent impact on the capacity of ecosystems to resiliently provide services that contribute to human well-being. It is concluded that the Green Deal is a coherent strategy to try to limit the impacts associated with the climate challenge within the framework delimited by the dominant economic system, but it is not sufficient to face the more complex and multifactorial challenge of global-scale environmental change. It is necessary to incorporate into the analysis the ongoing debate between the compatibility of growth-based economic development and the conservation of ecosystem structure and function, and thus to question the very effectiveness of the Green Deal.*

La vertiente económica del Pacto Verde Europeo

ALBERTO VAQUERO GARCÍA[1]

SUMARIO: 1. INTRODUCCIÓN. 2. ELEMENTOS BÁSICOS DEL PACTO VERDE EUROPEO DESDE LA ÓPTICA ECONÓMICA. 3. EL MODELO DE PRODUCCIÓN LINEAL VS CIRCULAR. 4.LA FINANCIACIÓN DEL PACTO VERDE EUROPEO. 5. LAS EMPRESAS Y EL PACTO VERDE EUROPEO. 6. LIMITACIONES DEL PACTO VERDE EUROPEO. 7. CONCLUSIONES.

1.INTRODUCCIÓN

El Pacto Verde Europeo (PVE) o *European Green Deal*[2] es la respuesta de la Unión Europea (UE) a los desafíos globales de la crisis climática, la sostenibilidad ambiental y el camino hacia una economía más limpia y sostenible. El PVE es la hoja de ruta de la UE para la consecución de un ambicioso conjunto de actuaciones para abordar la emergencia climática y avanzar hacia una sociedad más sostenible y resiliente, integrando aspectos medioambientales, económicos y sociales en un enfoque holístico (Comunicación de la Comisión de 11 de diciembre de 2019).

---

1 Profesor Titular de Economía Aplicada en la Universidade de Vigo, Grupo GEN de investigación (vaquero@uvigo.gal). Todas las páginas webs mencionadas en este estudio han sido consultadas el 1 de diciembre de 2023.

2 COMISIÓN EUROPEA, *Comunicación COM 2019 640 final de la Comisión Europea. El Pacto Verde Europeo,* 2019, https://eur-lex.europa.eu/legal-content/ES/TXT/?uri=COM%3A2019%3A640%3AFIN.

Habitualmente, cuando se estudia el PVE el análisis se centra en la recopilación de las medidas que contiene este ambicioso programa de actuación. Sin embargo, no es frecuente encontrar investigaciones que analicen la vertiente económica del PVE; algo a todas luces paradójico cuando este instrumento de gobernanza supone importantes implicaciones en materia económica. Además, así lo aconseja su relevancia presupuestaria, al estar prevista una inversión de miles de millones de euros para financiar la descarbonización de la industria y la transición energética, entre otros retos.

Para realizar adecuadamente este ejercicio, es fundamental contar con dos aspectos. Por un lado, se requiere la implementación efectiva de medidas concretas; por otro lado, es esencial llevar a cabo una evaluación sistemática de los resultados obtenidos. El propósito de esta contribución es ampliar la comprensión de la dimensión económica del PVE, con el fin de analizar en qué medida es factible alcanzar los objetivos establecidos. Para ello se toma en cuenta el estado actual de la economía de la UE, evaluando su capacidad para enfrentar los desafíos que plantea este ambicioso proyecto.

La estructura del trabajo es la siguiente. Tras esta introducción en el capítulo segundo se aborda de manera sucinta los elementos básicos del PVE desde la óptica económica. El tercer apartado analiza las implicaciones económicas que supone cambiar el actual sistema de producción lineal hacia el modelo circular, clave de bóveda del PVE. El cuarto apartado aborda la financiación del PVE. El quinto realiza una aproximación a la valoración y preparación de las empresas al PVE. El sexto recoge una serie de limitaciones al PVE. Finaliza este estudio con una serie de conclusiones.

2. ELEMENTOS BÁSICOS DEL PACTO VERDE EUROPEO DESDE LA ÓPTICA ECONÓMICA

En el PVE, aprobado en diciembre de 2019, se incluyen un amplio conjunto de medidas para el control de polución y acciones contra el cambio climático, actuaciones en materia de sostenibilidad y para la reducción de emisiones contaminantes. Además, se recogen políticas en materia social, para la consecución de la eficiencia energética, economía circular[3] y economía verde.

A diferencia de anteriores políticas europeas de impulso a la sostenibilidad que dependían de un área específica, el PVE se enmarca como una actuación directa desde la Presidencia de la Comisión Europea. Se trata de un programa transversal y estructurado de acuerdo con la aplicación de la Agencia 2030 y los Objetivos de Desarrollo Sostenible (ODS) de las Naciones Unidas (NU) en todas las políticas europeas. El PVE es la nueva estrategia de crecimiento que persigue transformar a la UE en una sociedad equitativa y prospera, implementada en cuatro objetivos: conseguir un territorio climáticamente neutro en 2050; proteger la vida a través de la minoración de la contaminación; conseguir una transición justa e integradora y, finalmente, facilitar que las empresas se conviertan en referentes mundiales en productos y tecnologías limpias. Además, esto debe realizarse a través de una transición justa e integradora, que priorice la dimensión humana por encima de cualquier otra variable.

El PVE recoge 50 acciones para conseguir que la UE sea el primer continente climáticamente neutro en 2050, apostando por la economía verde y circular. Con la economía verde se busca reducir las emisiones de carbono y mejorar la eficiencia energética, para que la sociedad utilice eficientemente los recursos y mejore el bienestar humano de forma integradora y conservando los sistemas naturales. La economía circular tiene como objetivo permitir que un producto, al llegar al final de su vida útil, pueda ser reutilizado, manteniendo así su valor y asegurándole una segunda vida, con la consiguiente reducción de residuos.

Uno de los objetivos del PVE es la reducción de las emisiones de Gases de Efecto Invernadero (GEI) en un 50 % para 2030. Para poder alcanzarlo resulta imprescindible un cambio de comportamiento, tanto de los consumidores como las empresas. En

---

3 La economía circular se basa en producir con menos materias primas y generando menores residuos y emisiones.

consecuencia, para 2030 todos los Estados Miembros deben tener actualizados sus planes nacionales de energía y clima; además, será necesario considerar el problema de la "fuga de emisiones"[4].

La descarbonización de la economía pasa necesariamente por hacerlo en el sector de la energía, al representar esta actividad el 75 % de las emisiones mundiales de los GEI. Con todo, esto no significa reducir a cero las emisiones contaminantes, puesto que resulta imposible o, en el mejor de los casos, excesivamente costoso. En consecuencia, todas aquellas emisiones que no se hayan podido eliminar deberán ser absorbidas a través de sumideros naturales de carbono y tecnología de captura y almacenamiento.

Alcanzar la neutralidad climática en 2050 y la reducción de emisiones en 2030 como planteamiento intermedio, exige que las empresas realicen un ingente trabajo para sustituir las fuentes energéticas y los materiales provenientes de combustibles fósiles por otras de naturaleza renovables. Además, las empresas deben realizar un ingente esfuerzo para implantar tecnologías eficientes y contar con herramientas de compensación por las emisiones emitidas.

Aunque alcanzar este objetivo es un reto importante, esta búsqueda de la neutralidad climática supondrá grandes oportunidades para aquellas empresas que ofrezcan productos y servicios adaptados al cambio climático, como la construcción de edificaciones que utilicen energía renovable. Otro de los sectores más afectados y que, al mismo tiempo, debe desempeñar un papel más activo es el agrario. Estas actividades deben ser capaces de desarrollar productos agrarios más sostenibles y respetuosos con el medio ambiente, sobre todo con relación a la reducción en el uso de fertilizantes y pesticidas, que afectan muy negativamente a la biodiversidad.

El consumo de energía es la principal fuente de emisiones vinculada al cambio climático, por lo tanto, es necesario que el sumi-

---

4 Esto se produce cuando las empresas deciden emigrar a países menos restrictivos y exigentes con las emisiones para reducir costes, lo que traduciría en una reducción del tejido económico de la UE.

nistro y la generación energética de la UE pivote sobre energías limpias y proceda de fuentes europeas. Además, en los recientes procesos inflacionistas, la energía ha sido uno de los bienes que más se ha encarecido, generando muchos problemas para garantizar, sobre todo durante los meses de más demanda, que las familias y empresas accediesen a un producto a un precio asequible.

Lo anterior no ha sido siempre posible, sufriendo una parte significativa de la población pobreza energética. En consecuencia, es necesario que este proceso de descarbonización se consiga garantizando una energía limpia y asequible para toda la población.

Además, si bien cada Estado Miembro cuenta con su propia política energética, su diseño y aplicación debe respetar los compromisos acordados en PVE. Desde la UE se han dado los primeros pasos a partir del nuevo reglamento de la energía *Clean energy for all Europeans*[5], que persigue desarrollar la estrategia de la UE en materia energética.

El PVE reserva un importante papel para la industria, al ser uno de los sectores que más genera GEI. Esto complica en gran medida alcanzar el objetivo de descarbonización para 2050, ya que la transición hacia un modelo económico sostenible ni es inmediato ni económico. Teniendo muy presente esta limitación, es imprescindible ayudar a la industria a ser innovadora y convertirse en líder mundial de la economía verde. Sin embargo, este objetivo no resulta, por lo de ahora muy compatible con la realidad del tejido productivo, puesto que solo el 12 % de la industria europea utiliza materiales reciclados. Además, y como señala la Agencia Internacional de la Energía (AIE) las subvenciones a los combustibles fósiles[6] pueden inhibir el desarrollo económico.

---

5 COMISIÓN EUROPEA, *Clean energy for all europeans*, 2019, https://op.europa.eu/en/publication-detail/-/publication/b4e46873-7528-11e9-9f05-01aa75ed71a1/language-en?WT.mc_id=Searchresult&WT.ria_c=null&WT.ria_f=3608&WT.ria_ev=search.

6 Las subvenciones a la energía son aquellas actuaciones públicas que posibilitan una reducción del coste de la producción de la energía, un

Es necesario eliminar las practicas industriales de obsolescencia programada de los productos y garantizar el derecho a la reparación. Adicionalmente, es preciso apostar por el desarrollo de tecnologías que posibiliten contar con materias primas a partir de los subproductos y residuos industriales. A lo anterior hay que añadir la necesidad de contar con nuevos materiales de base orgánica, reduciendo la dependencia de aquellos no renovables y mitigando sus emisiones por la producción.

Otra cuestión de indudable relevancia es fomentar la eficiencia en el uso energético y de los recursos en la construcción y renovación de edificios. El PVE establece la necesidad de introducir mejoras con relación a la construcción y renovación de edificios. El uso de la energía en las edificaciones es uno de los costes más importantes a los que se enfrentan familias y empresas, ya que el 40 % del consumo energético corresponde a este gasto en toda la UE[7]. Esta cifra es previsiblemente mayor en aquellos países con un parque de viviendas más antiguo, donde el consumo racional de energía no era una prioridad.[8]

Entre otras medidas para mejorar el rendimiento energético de los edificios, el PVE señala su modernización para hacerlos más digitales y eficientes, con mayor presencia de la economía circular y la apuesta por soluciones que permitan adaptar los edificios ante posibles situaciones climáticas.

El transporte por carretera, tanto de personas como de mercancías, es también uno de los principales responsables de la emisión de los GEI, de ahí la necesidad de asegurar una movilidad sostenible e inteligente. Es preciso garantizar un mayor uso del

---

aumento del importe que reciben los productores o un reducción del precio satisfecho por los consumidores de energía (PARLAMENTO EUROPEO, *Subvenciones a los combustibles fósiles*, Dirección General de Políticas Interiores, marzo, 2017,https://www.europarl.europa.eu/RegData/etudes/IDAN/2017/595372/IPOL_IDA(2017)595372_ES.pdf).

7 COMISIÓN EUROPEA, *New EU Forest strategy for 2030*, 2021, https://environment.ec.europa.eu/strategy/forest-strategy_en.

8 https://www.sostenibilidad.com/energias-renovables/rehabilitacion-energetica/?_adin=0896444253

transporte por ferrocarril (que solo genera el 0,5 % de los GEI de la UE) y otras formas de transporte ecológicos, seguros y sostenibles. En el PVE también se recoge la necesidad de alcanzar 30 millones de vehículos con cero emisiones.

Además, a través del Mecanismo *Conect Europe* (MCE) 2021-2027[9] se busca una descarbonización en el sector del transporte, para conseguir la neutralidad climática. En concreto, el Consejo de Europa fijó unos límites de emisión de CO_2 para vehículos nuevos, de forma que durante el período 2025-2029 deberán reducir sus emisiones en un 15 % y un 30 % desde 2030. Además, están en estudio otras iniciativas como la reforma del Cielo Único Europeo II+ para la reducción de emisiones del transporte aéreo y marítimo. La propuesta es contribuir a la reducción de las emisiones de la aviación hasta en un 10 % evitando trayectos cortos y promoviendo tecnologías más ecológicas,

Sin embargo, estos objetivos no han sido apoyados en los últimos años por el incremento de los precios de la energía. En 2022 las ayudas globales al consumo de combustibles fósiles fueron casi de un billón de euros, - el doble que en 2021- en una situación donde el precio de la energía sufrió una alta volatilidad; las ayudas en 2022 fueron un 46 % más que en 2021[10].

Estas subvenciones están concentradas en los mercados emergentes y las economías en desarrollo y en los países exportadores. Los subsidios al petróleo supusieron en 2022 una dotación de 343.000 millones de dólares[11], los subsidios al carbón fueron

---

[9] El Mecanismo Conectar Europa (MCE) 2021-2027 es el programa de la UE diseñado para promover la conectividad y la integración a lo largo del continente en materia de transporte, energía y telecomunicaciones.

[10] AGENCIA INTERNACIONAL DE LA ENERGÍA, *World Energy Outlook 2022*, 2022,https://www.iea.org/reports/world-energy-outlook-2022.

[11] Esto se debió a la inestabilidad de los mercados energéticos por la guerra de Ucrania y unos precios de los combustibles fósiles extraordinariamente altos y volátiles, lo que provocó que algunos gobiernos aprobarán ayudas al consumo de energía en 2022, a pesar de los compromisos en materia climática.

de 9.000 millones, las ayudas para el gas natural 346.000 millones de dólares y para la electricidad se concedieron 399.000 millones (**Gráfico 1**).

Según la AIE[12] muchos gobiernos aprobaron ayudas extraordinarias al consumo de la energía para las empresas y los consumidores[13], lo que supuso un incumplimiento de lo acordado por las empresas en materia de cambio climático. Desde la AIE se ha señado que, si bien estas medidas pueden haber protegido parcialmente a los clientes de un aumento del coste de la energía, mantuvieron artificialmente la competitividad de los combustibles fósiles, altamente contaminantes, frente a alternativas de bajas emisiones.

Gráfico 1: Ayudas para el consumo de combustibles fósiles (2010-2022)

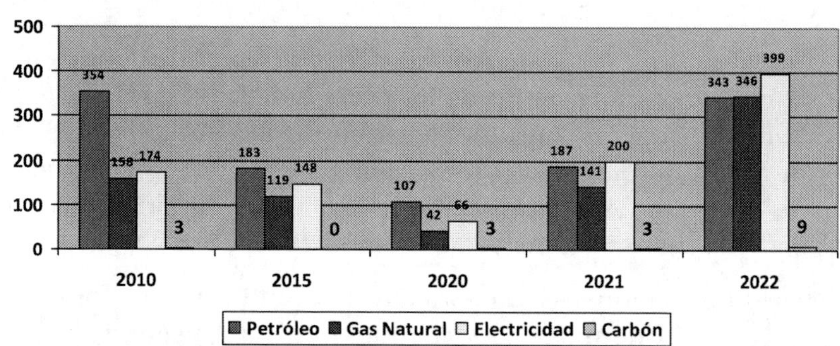

Fuente: Agencia Internacional de la Energía (2022)[14] y Statista (2023)[15].

---

12 https://www.iea.org/topics/global-energy-crisis?language=es.

13 A modo de ejemplo, el Gobierno de España aprobó una subvención de 20 céntimos por litro a los carburantes, el Reino Unido redujo notablemente su impuesto a los carburantes y Alemania limitó los precios del gas y la electricidad.

14 AGENCIA INTERNACIONAL DE LA ENERGÍA, *World Energy Outlook 2022*, 2022 https://www.iea.org/reports/world-energy-outlook-2022.

15 STATISTA, *Las subvenciones a los combustibles fósiles alcanzaron un nivel récord en 2022*, 2023, https://es.statista.com/grafico/29748/subvenciones-al-consumo-de-combustibles-fosiles-a-nivel-mundial-por-combustible/.

El PVE también señala la necesidad de garantizar alimentos a la población sin esquilmar o agotar los recursos del planeta, ya que una producción irracional daña a la biodiversidad, contamina el agua, el suelo y fomenta el despilfarro. En la actualidad, la producción intensiva de alimentos exige un alto consumo de recursos naturales, lo que provoca efectos negativos sobre la salud, biodiversidad y la economía. Para cumplir con este objetivo, el PVE apuesta por la estrategia "de la granja a la mesa" -*farm to fork strategy*- un planteamiento que está muy presente en la economía circular. Así, se persigue garantizar que la producción de alimentos en la UE reduzca la contaminación del suelo, agua y aire y, paralelamente, reducir el desperdicio alimentario que implica un derroche de recursos y problemas de gestión de envases y recursos.

Lo que se busca es conseguir un cambio hacia un sistema alimentario justo, sano y que respete el medio ambiente, siendo necesario alcanzar un impacto medioambiental neutro o positivo, evitando la pérdida de la biodiversidad y garantizando la seguridad y la asequibilidad de los alimentos.

Otro de los objetivos del PVE es alcanzar una reducción del 50 % en el uso de los plaguicidas químicos y en un 20 % el empleo de fertilizantes para 2030. Además, se pretende minorar en un 50 % la venta de los antimicrobianos para animales de granja y la acuicultura; alcanzar como mínimo que el 25 % como mínimo de las tierras agrícolas de la UE se destinen a la agricultura ecológica y reducir en un 50 % las pérdidas de nutrientes.

La pérdida de biodiversidad generada por el uso intensivo de los recursos naturales también afecta al tejido empresarial. El comportamiento humano está provocando la degradación cada vez más rápida del medio ambiente, de ahí que desde la Comisión Europea[16] se haya indicado como principales causas de la

---

16 COMISIÓN EUROPEA, *Biodiversity strategy for 2030*, 2020. https://environment.ec.europa.eu/strategy/biodiversity-strategy-2030_en.

erosión de la biodiversidad a la sobreexplotación de los recursos naturales, los cambios en el uso del mar y de la tierra y la transformación climática.

Para poder revertir esta situación desde la Comisión Europea se ha desarrollado la Estrategia sobre biodiversidad para 2030. Con ella la UE persigue la creación de zonas protegidas en al menos el 30 % del suelo y de los mares de Europa y la recuperación de los ecosistemas marinos y terrestres degradados. Esta apuesta por la "economía azul", supone un reconocimiento de su papel esencial en el proceso de adaptación del cambio climático.

Finalmente, desde el PVE se apuesta por la eliminación total de sustancias tóxicas, a partir del Plan de Acción "Contaminación cero" para el aire, el agua y el suelo, que vuelva a garantizar el funcionamiento normal de las aguas subterráneas y superficiales y conseguir un aire más limpio.

3. MODELO DE PRODUCCIÓN LINEAL VS CIRCULAR

La economía europea presenta una gran dependencia de uso de materiales nuevos, algo inherente al modelo de producción lineal. En el marco de actuaciones que configuran los compromisos del PVE, la economía circular está llamada a desempeñar un importante papel en detrimento del modelo de producción lineal, que debe ser paulatinamente abandonado. Así, frente al modelo económico tradicional o lineal de extracción, producción, consumo y eliminación, la alternativa es cambiar hacia un sistema "inteligente", donde el modelo de producción circular se debe basar en la producción y consumo que permita el aprovechamiento de los recursos y la reducción de las materias primas. En consecuencia, la economía circular es la clave de bóveda de este nuevo paradigma económico (**Gráfico 2**).

Gráfico 2: Modelo de economía circular.

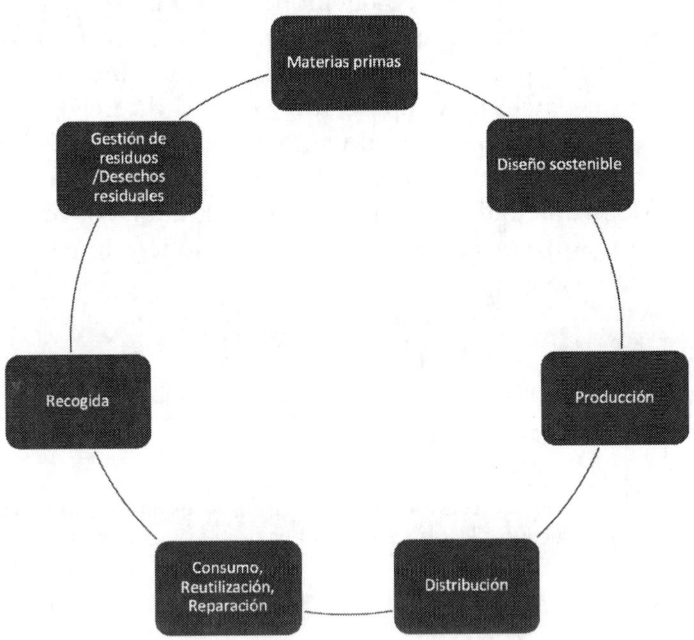

Fuente: Comisión Europea[17].

La **Tabla 1** resume el funcionamiento del modelo lineal frente al circular en sus diferentes fases (producción, diseño de producto, uso del producto y fin de la vida útil). En la fase de producción el modelo circular utiliza materias primas ya empleadas frente a la

17 COMISIÓN EUROPEA, *Financiación y el pacto verde,* 2023. https://commission.europa.eu/strategy-and-policy/priorities-2019-2024/european-green-deal/finance-and-green-deal_es; y COMISIÓN EUROPEA., *Financiar la transición verde: el Plan de Inversiones del Pacto Verde Europeo y el Mecanismo para una Transición Justa,* 2023,. https://ec.europa.eu/regional_policy/es/newsroom/news/2020/01/14-01-2020-financing-the-green-transition-the-european-green-deal-investment-plan-and-just-transition-mechanism.

alternativa lineal que emplea materias primas de nueva creación. En el diseño del producto, con el modelo circular se busca contribuir a una vida del producto durante más años; por el contrario, el modelo lineal no tiene interés en contar con un producto con ecodiseño que facilite la reparación en caso de necesidad. Por lo que respecta al uso del producto, el modelo circular persigue prolongar y optimizar la utilización de un producto a través de sistemas de propiedad o uso alternativos (alquiler, copropiedad o compartido, entre otros), mientras que el modelo lineal contempla un único uso y persona propietaria.

Tabla 1: Modelo lineal vs modelo circular

Fase	Modelo lineal	Modelo circular
Producción	Utilización de materias primas que se extraen o importan	Utilización de materias primas ya empleadas
Diseño de producto	No tiene en cuenta el ecodiseño, que puede facilitar la reparación	Se busca contribuir a una vida útil del producto más larga gracias al ecodiseño
Uso del producto	Considera un único uso y propietario	Para prolongar y optimizar el uso de los productos se opta por el cambio de la propiedad de los productos (alquiler, uso compartido, etc.)
Fin de la vida útil	Al finalizar su vida útil los productos se desechan, convirtiéndose en residuos	Los productos se reparan, reutilizan, reacondicionan o reciclan, lo que supone minimizar el nivel de residuos

Fuente: Pacto Verde Europeo[18].

Frente al modelo de "usar y tirar", el modelo circular opta por la prevención, reutilización, reparación y reciclaje. Generar cualquier bien o servicio implica un coste ambiental; además, al finalizar su ciclo de vida también tiene coste. Con la economía circular se pretende compartir, reutilizar, reparar, renovar y reciclar materiales y productos lo máximo posible. La **Tabla 2** resume estos conceptos y su contenido básico.

---

18 COMISIÓN EUROPEA, *Comunicación COM 2019 640 final, op. cit.*

Tabla 2: Etapas del modelo circular

Concepto	**Contenido**
Refabricar/ Reacondicionar	Algunos productos, como los electrónicos pueden ser reconstruidos siguiendo las especificaciones originales del fabricante, utilizando una combinación de piezas reutilizadas, reparadas y nuevas
Reciclar	Algunos productos materiales como metales, papel, vidrio o plásticos pueden reciclarse como materias primas "secundarias" para producir bienes
Reutilizar	Otros productos, como las botellas de vidrio, cartones, bolsas, etc., pueden ser utilizadas en repetidas ocasiones antes de terminar su vida útil
Reparar	Los nuevos productos suelen ser menos duraderos y reparables que hace años. Es necesario promover la reparación fabricando piezas de repuesto y facilitando este proceso
Compartir	El uso compartido de bienes mejora la eficiencia y reduce el impacto ambiental

Fuente: Pacto Verde Europeo[19].

Con la economía circular se trata de conseguir que los productos comercializados se diseñen para durar más, ser más fáciles de reutilizar, reparar y reciclar. Esto posibilitará incorporar material reciclado, restringir el uso único, luchar contra la obsolescencia programada y evitar la destrucción de los bienes duraderos no vendidos. Finalmente, se trata de minimizar la generación de residuos, transformándolos en recursos secundarios de gran calidad.

En el PVE se señalan algunos ejemplos de medidas focalizadas en sectores que tradicionalmente utilizan más recursos no renovables, pero que al mismo tiempo tienen un elevado potencial para

[19] *Ibidem.*

desarrollar la economía circular. Entre otras, se pueden señalar las siguientes:

- Garantizar incentivos tanto al producto como al servicio. De esta forma, Las empresas mantendrán la responsabilidad del producto durante todo su ciclo de vida, obligándose a realizar el mejor aprovechamiento de los recursos, el reciclaje y reutilización.
- Prevenir y reducir los residuos. El PVE apuesta por el incremento del contenido reciclado y una minimización de las exportaciones de residuos, planteando un modelo que incentive su recogida selectiva y etiquetado.
- Promover nuevos modelos de negocio. Apostar por actividades más sostenibles especialmente en aquellos sectores tradicionalmente más contaminantes, como, por ejemplo, el textil, o la agricultura y la ganadería intensiva.
- Actuar contra los microplásticos. Con el PVE se pretende restringir su uso y aumentar su captura y reciclaje en todas las fases del ciclo de vida del producto.
- Iniciativas legislativas para reemplazar los envases, vajillas y cubiertos de un solo uso, tratando de reemplazarlos por productos duraderos de múltiple uso.

4. LA FINANCIACIÓN DEL PACTO VERDE EUROPEO

Como se ha podido comprobar, el PVE es un ambicioso programa que exige importantes inversiones para acometer esta transformación económica. Para poder financiar estas actuaciones, la Comisión Europea ha creado el Plan de Inversiones del Pacto Verde -*European Green Deal Investment Plan (EGDIP)*-, que movilizará el 30 % del presupuesto plurianual de la UE (2021-2028) y el instrumento *NextGenerationEU* para la recuperación de la pandemia del COVID-19. Con este Plan se pretende fomentar la inversión, tanto pública como privada, para alcanzar una economía circular y sostenible.

La estructura del Plan de Inversiones del PVE se articula en tres dimensiones para garantizar un apoyo integral a las iniciativas económicamente sostenibles:

- Financiación. Las dotaciones previstas por la UE son la inversión más grande de la historia para combatir el cambio climático.
- Capacitación. Los proyectos aprobados contarán con tendrán siempre el debido asesoramiento.
- Apoyo práctico. Todas las inversiones que sean viables y sostenibles con el medio ambiente recibirán apoyo económico.

Los Estados Miembros que se beneficien de estos fondos, deben destinar como mínimo el 37 % de la financiación recibida por el Mecanismo de Recuperación y Resiliencia (MRR)[20] a inversiones y reformas que apoyen los objetivos climáticos del PVE. El MRR tiene como objetivo financiar las inversiones y las reformas esenciales que posibiliten una recuperación duradera, potenciar la resiliencia económica y social de los Estados Miembros y permitir las transiciones ecológica y digital. Su importe asciende a 672.500 millones de euros: 360.000 millones para préstamos y 312.500 millones para transferencias no reembolsables.

---

[20] El 21 de julio de 2020, el Consejo Europeo aprobó un instrumento excepcional de recuperación temporal denominado *Next Generation EU*. Su desembolso se realizará durante 6 años, hasta finales de 2026, estableciendo préstamos reembolsables que se devolverán antes del 31 de diciembre de 2058 y transferencias no reembolsables. Está previsto que la Comisión Europea capte el 30 % de los Fondos *Next Generation* con la emisión de bonos verdes.

Junto con el MRR se contemplan una serie de programas como el *REACT-EU*, destinado a las regiones más castigadas por la crisis, incluyendo la transición digital, con una dotación de 47.500 millones de euros.

Además, se cuenta con el Fondo de Transición Justa (FTJ) que persigue reducir los efectos socioeconómicos de este proceso de transición hacia la neutralidad climática. Con los 7.500 millones de euros del Fondo Europeo Agrario de Desarrollo Rural, se pretende impulsar aquellos cambios estructurales para la aplicación del PVE. Con el *Horizon Europe* se persigue reforzar la financiación de la investigación. A través del *InvestEU* se busca financiar proyectos en sectores vinculados a la transición ecológica y digital. Finalmente, con el *RescEU* se persigue garantizar infraestructuras que posibiliten enfrentarse a emergencias y crisis. La **Tabla 3** recoge la composición inicial por tipo de programas tanto a nivel europeo como para España.

Tabla 3: Composición inicial del Fondo de Recuperación *Next Generation EU*. Conjunto de países miembros y España, en millones de euros

Fondo	Conjunto de países miembros	España
MRR (Transferencias)	312.500	69.528
MRR (Préstamos)	360.000	70.000
REACT-UE	47.500	12.436
Fondo de Transición Justa	10.000	452
RescUE	1.900	
Horizonte Europa	5.000	
InvestUE	5.600	
Fondo europeo agrario de desarrollo rural	7.500	717
Total	**750.0000**	**153.133**

Fuente: Comisión Europea[21] y Vaquero y Cadaval[22].

---

21 COMISIÓN EUROPEA., *Comunicación COM 2019 640 final…*, *op. cit.*, y COMISIÓN EUROPEA., *Biodiversity strategy …*, *op. cit.*

22 VAQUERO GARCÍA, A. y CADAVAL SAMPEDRO, Mª., "¿Qué podemos esperar de los fondos europeos?", *Revista Administración y Ciuda-*

Conseguir el objetivo de la neutralidad climática en la UE para 2050 o la reducción de los GEI hasta 2030, no implicará el mismo esfuerzo para todos los países. Por este motivo, la UE ha creado el Mecanismo para la Transición Justa (MTJ) para garantizar ayudas financieras a aquellos países que presenten más dificultades en la transición a una economía descarbonizada. El MTJ se nutrirá de varias fuentes, la más importante es el FTJ, a la que hay que añadir el Programa *InvestEU* y el instrumento de préstamos al sector público.

Comenzando con el FTJ la dotación aprobada por los Fondos *Next Generation* es de 10.000 millones de euros para el período 2021-2023, a los que hay que añadir otros 7.500 millones para el período 2021-2027, vinculados a compromisos presupuestarios. Además, los países de la UE podrán transferir fondos destinados al Fondo Europeo de Desarrollo Regional (FEDER) y al Fondo Social Europeo Plus (FSE+) al FTJ. Los destinatarios de este Fondo serán PYMES, empresas de nueva creación y empresas emergentes, para financiar las inversiones en I+D+i, la descarbonización del transporte local, la apuesta por la digitalización y, finalmente, la creación de nuevos empleos.

Como se ha señalado, la segunda fuente de financiación del MTJ es el programa *InvestEU* que garantiza fondos para apoyar inversiones dentro de cada Plan Territorial Nacional de Transición Justa tendentes a favorecer una transición energética más respetuosa con el medio ambiente. Finalmente, hay que considerar los 10.000 millones de euros procedentes del Banco Europeo de Inversiones (BEI) y de 1.500 millones de euros de subvenciones con cargo al presupuesto comunitario. A diferencia de los dos fondos anteriores, estas últimas ayudas serán destinadas exclusivamente para entidades públicas, para financiar proyectos que no son capaces de generar los suficientes recursos para ser comercializados.

---

danía, 16(2), 29-47, 2021, https://egap.xunta.gal/revistas/AC/article/view/4880/7915.

Además, hay que tener en cuenta la adenda al Plan de Recuperación, que entre otras actuaciones posibilitará consolidar la reindustrialización estratégica, a través de nuevas transferencias (7.700 millones del MRR y más de 2.600 millones de euros del programa *REPowerEU*) y hasta 84.000 millones de euros en préstamos.

5. LAS EMPRESAS Y EL PACTO VERDE EUROPEO

Para que el PVE logre sus objetivos es necesario que las empresas tengan una participación muy activa. Por lo tanto, resulta de interés conocer su grado de conocimiento y aplicación. Entre julio y octubre de 2021 *PriceWaterhouse Coopers* realizó una encuesta a 300 empresas de 13 países europeos -entre ellos España[23]- la *European Green Deal Survey* para conocer cómo se están preparando las empresas para el PVE.

A partir de los resultados se puede señalar como el 60 % de las empresas no están familiarizadas con el PVE; el 51 % no están preparadas para los desafíos que supone la iniciativa y el 44 % no han realizado inversiones de capital para ser más sostenibles. Además, se constata como las empresas europeas tienen importantes retos que exigen actuaciones muy concretas: falta de capacidades y de los procesos organizativos necesarios para comprender lo que implica el PVE; limitaciones para la cuantificación de las implicaciones fiscales; la falta de aprovechamiento de los incentivos tributarios y la incapacidad de maximizar las oportunidades derivadas de la transición hacia economías más sostenibles.

---

[23] Esta encuesta también incluyó a empresas de Noruega, Suiza y Reino Unido, que, aunque no se encuentran dentro de la UE, sí que se verán afectadas por las nuevas normas ambientales y climáticas europea.

A partir de los resultados de la encuesta se comprueba que las empresas han tomado algunas medidas y actuaciones para reducir la generación de residuos y emisiones y promover ciclos de vida más largos y la reutilización de los productos. Así, el 78 % de las empresas han optado por un consumo de energía más limpia; el 60 % han establecido medidas para la reducción del consumo de energía; el 59 % han optado por una rebaja del uso de residuos y plásticos y un porcentaje idéntico han decidió apostar por una disminución de las emisiones de carbono.

Asimismo, se comprueba que el mayor desafío para las empresas es integrar las dimensiones del PVE en toda la organización para cuantificar el coste que supone la aplicación de las recomendaciones, el potencial de los incentivos disponibles y las oportunidades de la transición hacia una economía sostenible.

En resumen, los resultados permiten señalar como las empresas no se encuentran familiarizadas con el PVE y sus implicaciones, que les falta preparación y coordinación interna. La mayoría señalan no estar preparadas para el PVE y carecen de una implicación integral para responder a sus implicaciones y no son capaces de tener una visión general del impacto total de las medidas del PVE.

Además, si bien estos problemas y limitaciones son mayores a medida que se reduce el tamaño empresarial, no resultan ajenos a las grandes empresas, ya que incluso con departamentos especializados en materia económica, fiscal, en I+D+i y sostenibilidad, tampoco están totalmente informadas y preparadas para los desafíos del PVE.

6. LIMITACIONES DEL PACTO VERDE EUROPEO

No se duda de la bondad de las medidas recogidas por el PVE, ya que la UE persigue un nuevo modelo económico más sostenible. Sin embargo, el PVE no está exento de problemas para el cumplimiento de los objetivos de forma efectiva y eficiente. Así, entre otras limitaciones, se pueden señalar la siguientes:

Primera. El PVE supone un completo plan de actuación para convertir a la UE en una economía sostenible y respetuosa con el medio ambiente, pero al mismo tiempo presenta una escasa concreción de las medidas, en buena medida por la magnitud del proyecto. Esto es un hándicap para conocer su verdadero potencial y alcance.

Segunda. A pesar de la necesidad de contar con un análisis económico del PVE, se carece de esta información, en especial de las consecuencias derivadas de la aplicación de las medidas para la transición climática. Esto sin duda va a generar importantes problemas y limitaciones para muchas empresas, que siguen todavía apostando por el modelo de producción tradicional.

Tercera. El PVE señala la necesidad de tomar medidas para buscar el equilibrio entre garantizar bienes y servicios para toda la población y el respeto al medio ambiente en varios frentes, entre los que destaca la actividad agrícola, ganadera e industrial. Para los dos primeros se apuesta por un impulso a la producción ecológica; para lo el segundo por una industria menos contaminante. Sin embargo, estas actuaciones son muchos más caras y exigentes que cuando se emplea el sistema de producción lineal, cuestión que no queda cuantificada en el PVE.

Cuarta. En el PVE no queda claro cómo se va a instrumentar todo este proceso de transición hacia un modelo económico sostenible. Esto exigiría un análisis completo del impacto económico, que cuantifique los beneficios y costes de cada medida. En consecuencia, hacen falta estudios económicos que midan adecuadamente su potencial impacto y la corriente económica, algo que hasta el momento no se dispone.

Quinta. En el PVE quedan importantes cuestiones sin resolver. Por ejemplo, cómo lograr la elevada importante reducción de los GEI y al mismo tiempo que esto no afecte a la producción y los precios. Tampoco se recoge cómo afectarán estas medidas a los países no europeos al quedar fuera de estas recomendaciones, pero con los que la UE se mantiene relaciones comerciales. Es más, puede darse la paradoja de exigir unos estándares excesivamente exigentes en materia de sostenibilidad a las empresas europeas y, al mismo tiempo, que se importen productos de fuera de la UE que no cumplan las indicaciones europeas.

Sexta. No queda claro si estas actuaciones afectarán a la competitividad de las empresas europeas, ya que se supone que los costes de una producción sostenible son mayores que los generados por el modelo de producción lineal.

Séptima. Debido a la profunda crisis sufrida por la pandemia del COVID-19, la UE se impuso como objetivo el rescate a la economía productiva, dejando para un segundo plano la transición verde y digital de la economía. Incluso se apostó incluso por ayudar a sectores y actividades que generan grandes emisiones de GEI o subvencionando el uso de combustibles fósiles por la escalada de precios de la energía. Esto supuso un retraso en el cumplimento de los objetivos previstos en el PVE.

Octava. El 90 % del presupuesto de los Fondos *Next Generation* es a través del MRR, articulado a través de los Planes Nacionales, que exigen ciertos porcentajes en inversión verde, lo que puede condicionar la realización de determinadas inversiones.

Novena. El PVE señala que gracias a la I+D+i se podrá aumentar la producción y, al mismo tiempo, se reduciría el empleo de energía y la generación de residuos. Sin embargo, no queda suficientemente especificado cómo se va a realizar esta apuesta.

Décima. El PVE parte del postulado que la UE impulsará al resto de países a trabajar en el mismo objetivo de desarrollo sostenible, pero no se concreta cómo se va a realizar esta tarea.

7. CONCLUSIONES

El PVE persigue una UE más limpia y competitiva a través de un amplio conjunto de actuaciones que buscan la sostenibilidad de los productos, fomentar el consumo sostenible y la conservación el mayor tiempo posible los recursos. Se trata de un modelo nuevo de indudable repercusión económica y social.

El PVE es uno de los componentes fundamentales de la estrategia de crecimiento de la UE y del camino hacia una recuperación verde y sostenible de la pandemia, por ello se ha puesto a disposición de los Estados Miembros una gran cantidad de recursos financieros a través de distintos fondos y mecanismos de financiación.

Cumplir con los ambiciosos objetivos recogidos en el PVE es el reto más importante a corto plazo para las economías europeas. Sin embargo, este instrumento precisaría una mayor concreción con relación a las medidas y actuaciones y en cuantificación de los costes y beneficios, algo que por el momento no se ha explicitado.

En consecuencia, es necesario un mayor detalle concreción sobre de cómo se pretende lleva a cabo todos los ambiciosos objetivos del PVE plan, tanto por la parte que afecta a los consumidores, como especialmente para las empresas, que están obligadas a realizar importantes inversiones y cambios en los próximos años y que como se ha señalado tienen un reducido grado de conocimiento de las medidas y de cómo deben aplicarlas.

RESUMEN: El Pacto Verde Europeo (PVE) es la respuesta de la Unión Europea para los importantes desafíos que supone la crisis climática, la sostenibilidad ambiental y la transición hacia una economía más limpia y sostenible. Se trata de un ambicioso plan que recoge una visión integral para combatir la emergencia climática y avanzar hacia una sociedad más sostenible y resiliente.

Sin duda, el PVE presenta importantes implicaciones económicas. Sin embargo, no resulta habitual que las investigaciones traten esta vertiente. Algo que sin duda es muy necesario no solo por su inversión en recursos, sino por los efectos que sobre el tejido productivo y el consumo tiene la aplicación de estas medidas, especialmente si tenemos presente la fuerte dependencia de toda la economía del modelo de producción tradicional. En consecuencia, resulta imprescindible abordar esta realidad. Este es precisamente el objetivo de esta contribución, que pretende ampliar la comprensión de la dimensión económica del PVE, teniendo en cuenta el estado actual de la economía europea, las medidas que se postulan en este programa y la capacidad para enfrentarse a los desafíos planteados.

ABSTRACT: *The European Green Deal (EGD) is the European Union's response to the major challenges of the climate crisis, environmental sustainability and the transition to a cleaner and more sustainable economy. It is an ambitious plan for a comprehensive vision to combat the climate emergency and move towards a more sustainable and resilient society.*

The EGD undoubtedly has important economic implications, however, it is rare for research to address this aspect. This is undoubtedly necessary not only because of its investment in resources, but also because of the effects that the implementation of these measures has on the productive fabric and consumption, especially if we bear in mind the strong dependence of the entire economy on the traditional production model. It is therefore essential to address this reality. This is precisely the aim of this contribution, which seeks to broaden the understanding of the economic dimension of the EGD, taking into account the current state of the European economy, the measures put forward in this programme and the capacity to face the challenges posed.

Conclusiones finales

Con la adopción de Pacto Verde Europeo (PVE) en 2019 la Unión Europea (UE) decidió enfrentar de forma ambiciosa y audaz los desafíos que plantea la sostenibilidad ambiental, social y económica en el actual contexto de degradación ambiental y modelo de crecimiento económico.

Los distintos ámbitos de actuación sectoriales en los que se ha ido concretando el PVE, con la meta principal de las descarbonización progresiva de la economía como camino para llegar a la neutralidad climática en 2050, han tenido hasta el momento desarrollos y resultados diversos. En esta obra colectiva se ha examinado cómo la transición energética se planteaba como uno de los pilares del Pacto, a pesar de los vaivenes por los que la cuestión energética ha pasado a lo largo del proceso de integración europea: desde su papel protagonista en la CECA y la Euratom, a su ausencia en el derecho originario hasta 2009. En este contexto de convergencia, por fin, entre las políticas climática y energética de la mano del PVE, la invasión de Rusia a Ucrania ha hecho acelerar, entre otros, la transición energética con la adopción del Plan *REPowerEU*. Este plan fue puesto en marcha en mayo de 2022 para, precisamente, reducir rápidamente la dependencia de los combustibles fósiles rusos y adelantar la transición ecológica. En su contexto se han producido también situaciones paradójicas, como la reactivación temporal de algunas centrales eléctricas de carbón o la concesión de la "etiqueta verde" a la energía nuclear y el gas.

Otros ámbitos sectoriales en el marco del PVE no escapan tampoco a una miscelánea de avances y desafíos. Se ha analizado algunos de los más destacados, como la reconversión del transporte marítimo hacia el uso de combustibles sostenibles, su descarbonización y su electrificación. Sus elevados costes exigen una aplicación progresiva, e incentivos, excepciones y ayudas que puedan garantizar que la transición que exige el

PVE se produzca en condiciones de competencia leal en un mercado tan competitivo a nivel europeo y mundial. También se ha puesto de manifiesto cómo la Iniciativa Contaminación Cero resulta muy ambiciosa pero al mismo tiempo es un tanto ambigua e imprecisa y sigue un modelo tradicional de protección ambiental. En otros ámbitos, las dificultades a la hora de desplegar el PVE son mayores, como lo ilustran los tira y afloja alrededor del reglamento europeo sobre la restauración de la naturaleza. Otro ejemplo lo constituye el hecho de que, en el contexto de la estrategia "De la granja a la mesa" no haya sido posible plantear todavía la que debería ser su propuesta legislativa estrella: la relativa a un sistema alimentario sostenible, al mismo tiempo que persisten desafíos alrededor de la competencias de la UE en este ámbito o en relación con la consecución de un *level playing field* entre productos europeos e importados. Se plantean asimismo desafíos y oportunidades en relación con la protección de los derechos de las personas y las vías judiciales para su reparación en caso de violación en el marco del PVE, o sobre cómo integrar en mayor medida el potencial del patrimonio cultural para el desarrollo sostenible y la acción por el clima en el marco del Pacto.

Se han analizado también algunos aspectos de la relevante dimensión exterior del PVE. En un escenario internacional caracterizado por una crisis del multilateralismo, guerras comerciales, incertidumbres y volatilidad, la UE está complementado su liderazgo ambiental y climático tradicional a través del ejemplo y la diplomacia –como en el ámbito de la protección de los mares y océanos y las sinergias entre el PVE y la Agenda renovada de los océanos, examinados también en esta obra- con otras herramientas más persuasivas y defensivas que, al mismo tiempo, le permiten caminar hacia su autonomía estratégica. Para ello, la UE va a utilizar de forma consciente y estratégica el poder comercial y normativo que le proporciona su Política Comercial Común y su mercado interior, que le permiten exportar sus estándares ambientales a través de todas las cadenas de valor mundiales. Estas medidas unilaterales pretenden un doble objetivo: el refuerzo y la implementación del multilateralismo ambiental -del que obtienen su legitimidad-, y la garantía de un *level playing field* para el sector productivo europeo. Aunque lo deseable sería la adopción de consensos internacionales para una mejora de las sinergias entre el comercio internacional y la protección ambiental, estas medidas unilaterales adoptadas por la UE pueden constituir, precisamente, ya sea por sus virtudes o por sus defectos, un revulsivo para avanzar en la búsqueda de esos consensos.

Además, se han analizado en esta obra colectiva algunas luces y sombras de la aplicación concreta de algunas medidas del PVE a nivel nacional, incluidas las medidas legislativas para afrontar en España la crisis económica y energética desatada por la guerra de Ucrania contenidas en el Real Decreto-Ley 6/2022, y, especialmente, las relacionadas con el procedimiento de aprobación de energías renovables. Esas medidas consisten, básicamente, en reducir plazos, simplificar el procedimiento y, lo que resulta más controvertido: la reducción o eliminación de la participación ciudadana. Se ha puesto de relieve igualmente la necesidad de someter los proyectos de energías renovables en general, y la instalación de parques eólicos generadores de energía eléctrica en particular, a la pertinente evaluación ambiental, en línea con la jurisprudencia del Tribunal Supremo y la legislación gallega; así como de que toda planificación o reforma urbanística deba tener en cuenta no solo su impacto ambiental o ecológico, sino también el psicosocial.

En relación con cuestiones más estructurales en torno al PVE, se ha planteado, incluso, hasta qué punto puede resultar suficiente para lograr un cambio significativo. Se ha dejado patente así que puede constituir una estrategia adecuada cuando se analiza en el contexto de las condiciones que impone el sistema económico actual. Sin embargo, se ha argumentado también cómo serían precisamente esas condiciones, basadas en la necesidad inherente de crecer, lo que limitaría sus opciones para, dentro de un marco conceptual socioecológico, constituirse en un instrumento determinante para reducir de forma significativa los impactos del subsistema humano sobre el medio natural. Un verdadero cambio requeriría un replanteamiento del concepto de bienestar basado en el consumo predominante en actualidad, y que transcendería la actual configuración del PVE. Paralelamente, desde el punto de vista económico, y ante las grandes repercusiones económicas y sociales del PVE, se ha planteado además la necesidad de una mayor concreción de las medidas y actuaciones y la cuantificación de sus costes y beneficios, tanto por la parte que afecta a los consumidores, como especialmente a las empresas, que están obligadas a realizar importantes inversiones y cambios en los próximos años y que tienen en muchos caso un reducido grado de conocimiento de las medidas y de cómo deben aplicarlas.

Por lo tanto, aunque ambicioso y meritorio, el PVE se enfrenta a importantes desafíos y necesidades y oportunidades de mejora, con algunas iniciativas sectoriales, como las relacionados con el sistema alimentario más estancadas y despertando mayores reticencias. Ello no tiene que suponer, ni mucho menos, como algunos parecen pronosticar en el contexto de las protestas del sector agrícola, el fin del PVE. No debe olvidarse que se configuró desde un principio como una hoja de ruta inicial de las políticas y medidas clave que se iría actualizando a medida que evolucionasen las necesidades y se formulasen las distintas respuestas políticas. Se trata, en consecuencia, de una estrategia en pleno desarrollo y evolución que, esperemos, vaya mejorando su eficacia y coherencia. De lo que no se puede dudar, es de la necesidad -y de la urgencia- de una estrategia de este tipo, holística y valiente, para hacer frente a los desafíos ambientales, climáticos, económicos y sociales a los que se enfrenta el futuro de la humanidad y del planeta.